역사,
길 위에
서다

역사, 길 위에 서다

초판 1쇄 인쇄   2014년 04월 21일
초판 1쇄 발행   2014년 04월 25일

지은이   이동혁
펴낸이   손형국
편집인   선일영
편 집   이소현 이윤채 조민수
디자인   이현수 신혜림 김루리
제 작   박기성 황동현 구성우
마케팅   김회란
펴낸곳   (주)북랩
출판등록   2004. 12. 1(제2012-000051호)
주소   153-786 서울시 금천구 가산디지털 1로 168,
            우림라이온스밸리 B동 B113, 114호
홈페이지   www.book.co.kr
전화번호   (02)2026-5777
팩스   (02)2026-5747
ISBN   979-11-5585-137-1 03910(종이책)
          979-11-5585-138-8 05910(전자책)

이 도서의 국립중앙도서관 출판시도서목록(CIP)은 서지정보유통지원시스템 홈페이지(http://seoji.nl.go.kr)와
국가자료공동목록시스템(http://www.nl.go.kr/kolisnet)에서 이용하실 수 있습니다.
(CIP제어번호: 2014012069)

비바람 속에서 누가 묻는다
역사에도 희망이 있는가?

역사,
길 위에
서다

이동혁 지음

book Lab

　우리 사회에 가득 찬 물질만능과 출세주의 풍조는 전통적 가치가 아니었
다. 우리의 전통적 유교 가치관은 공리功利를 극력 배척했는데 인간이 공
리의 노예가 되면 짐승처럼 된다고 믿었으며, 공리를 숭상하는 시대는 난
세亂世요 도덕이 숭상되는 시대를 치세治世로 보았던 것이다. 유교적 문치
주의文治主義를 국가 통치이념의 근간으로 삼았던 조선조에서는 "마음과
행동이 깨끗하며 부끄러움을 아는 사람을 선비"라 하여 그들의 정신적 가
치를 귀하게 여겼다. 이 세상에 수많은 생명이 살고 있지만 부끄러움을 아
는 생명은 인간이 유일하며 이는 함께 사는 상대편에 대한 최소한의 배려
이자 양심이기도 한 것이다.

　이 시대를 가름하는 안타까움 중의 하나가 부끄러움을 모르는 사회 현
상이다. 그것은 범법 그 자체보다 무서운 일이며, 이에 대한 불감증은 이미
우리 주변 곳곳에 깊은 뿌리를 내리고 있다. 부끄러움이 사라지면 도덕과
정의를 좇는 사회적 양심도 무너질 것이며, 수단과 방법을 가리지 않고 자
기 이익에만 급급한 비겁한 사회가 되는 것은 자명한 이치다. 모든 것을 물
질적 속성에만 의존하는 정서가 어쩔 수 없는 세태의 반영이라면 세상은
이미 구제할 수 없는 절망에 길들여진 것이 된다.

　지난 세기 우리 사회는 좌우익·반공·독재·경제개발 우선 등 국가 운영
체제를 힘의 우위가 세상을 억누르면서 달려온 '부조리의 근대화'였다. 그
결과 경제적으로는 상당한 성취를 이룬 것은 사실이지만 이를 뒷받침하는
도덕과 양심의 기억을 덮어 버린 사회·경제적 위기는 일상화되었다. 우리

의 정신적 취약성과 주체적 문화의 상실은 결국 인간에 대한 예의를 잃어버린 시장 유일 체제와 성과주의, 소외계층의 사회적 배제를 외면하는 유용한 도구가 되었을 뿐이며, '잘살아 보세' '부자 되세요' '2등은 아무도 기억하지 않는 세상'이라는 참담한 구호가 난무하는 서글픈 시대로 내몰리게 한 원인을 제공하였다.

우리의 역사는 오랜 아픔의 그것이었다. 잦은 외세의 침략과 간섭, 저항과 굴종, 지도자와 권력의 비겁함과 무책임으로 인하여 비틀거리다가는 일어서고, 길을 잃었다가는 다시 찾아내면서 면면이 이어온 것이다. 비극적인 근대를 살아온 우리 민족에게 누가 일제식민지 치하의 36년을 긴 세월이라고 할 수 있을까? 해방 후 아홉 명의 대통령이 거쳐 간 얼룩진 세월은 무려 60년이나 되지 않았는가? 역사의 굽이마다 수많은 고통을 참고 견뎌 온 민중들의 아픔을 보듬고 달래 줄 마음속의 지도자, 사상과 이념·지역과 정파를 떠나 민족의 어른으로 우러러 볼 어른을 갖지 못한 것이 우리 역사의 비애다.

제국주의의 침탈로부터 민족통일의 과업을 완성한 베트남의 국부 호치민은 그의 사후에 국민들이 호치민 기념관을 만들려고 하다가 또 한 번 눈물을 흘렸다고 한다. 그가 남긴 재산은 딱 세 가지뿐이었는데 쓰고 있던 안경, 입고 있던 인민복, 신고 있던 슬리퍼 그것이 전부였다고 한다. 기념관을 만들려고 했으나 갖다 놓을 물건이 없었다는 것이다. 역사와 리더십은 물질적·정신적 자기 절제의 분량만큼 커지며, 아무 것도 갖지 않는다는 무소유의 힘과 희생의 바탕 위에서 위대한 생명을 얻는 것이다.

역사에서 배울 것이 없으면 차라리 버릴 것을 배우라는 말처럼 체험에서 배우려 하지 않는 국가와 개인은 희망이 없다. 죄악의 역사는 긴장을 놓치면 반복하기 때문이다. 우리 역사를 바꾸는 힘은 항상 낮은 곳에서 말없이 이 땅을 지켜 온 민중들의 몫이었다. 그들이야말로 진정 위대하고 경외받아야 할 이 땅의 주인들이다. 그들은 정직한 역사를 갈망하며 마음속 깊은 곳에 역사의 미래를 품고 있는 사람들이다. 그들의 땀과 승리를 바탕으로 시대가 요구하는 새로운 변화가 추동될 때 역사는 미래를 선점하는 기회가 되며, 이러한 변화가 역사의 진정성이라면 그 역사는 분명 진보다.

별다른 인연도 없이 만난 역사라는 무게 앞에 짓눌린 고통은 대단한 것이었다. 그것은 내가 역사를 잘 알아서 이 책을 쓴 것이 아니라 내가 살아온 세상을 내가 판단하는 기준으로 해석하고 싶은 욕심 때문이었다. 그러나 이번 출간의 조그만 변명이라도 보탠다면 상식과 자존마저 증발해 버린 이 시대에 대한 우려와 조바심 때문인 것은 분명하다. 뒤돌아보는 내 인생에 아쉬움은 없지만 그래도 한 세상은 추억처럼 허무하다. 이 책을 오랜 병고에 시달리다 얼마 전 운명하신 한많은 어머니의 영전에 눈물처럼 바치고 싶다. 이 책은 관련서적과 논문·신문·인터넷 등을 필자가 소화하여 참고하였다. 일일이 출처를 밝히고 양해를 얻어야 하지만 참고문헌으로 대신하였다. 끝으로 거친 원고를 한권의 책으로 만들어 주신 (주)북랩의 손형국 대표님이하 편집진 여러분에게 깊은 감사의 말씀을 드린다.

2014년 4월
이동혁

목 차

I

역사, 운명처럼 흐르는 강

역사는 민족의 가슴에 감동과 회한으로 체화體化된 긴 흐름의 서사시다. 그 아픔도 설움도 함께 어울려야 하는 숙명 같은 운명이다. 우리는 그로부터 미래를 설계하며 그 장대한 흐름을 연연히 이어가야 할 책임을 배우는 것이다. 나는 역사의 비관주의를 믿지 않는다. 이것은 단순한 신념의 문제일 수는 없지만 대단히 엄격한 증거일 필요도 없다. 우리의 희망을 위하여 필요한 것은 확실성이 아니라 가능성이기 때문이다.

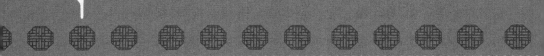

역사가 민족을 만든다

한민족 5000년의 삶과 흐름
|

한민족의 역사는 주변의 이민족으로부터 크고 작은 931차례[1]의 외침과 국난을 이겨낸 강인하고 끈질긴 저력의 바탕 위에 서 있다. 청동기시대 이후 만주와 한반도에는 알타이어계 언어를 가진 수많은 종족들이 농경문화를 꽃피우고 있었으나 대부분이 중국문명에 흡수되어 역사의 뒤안길로 사라져 버렸고, 우리 민족만 유일하게 역동적 정체성과 창의적인 전통문화를 오랜 세월 지켜왔다.

중국을 통일한 수양제는 612년 6월, 고구려에 전쟁을 선포하고 113만 명의 병력과 보급부대를 합하여 무려 200만 명을 앞세워 공격을 시작했다. 당시 고구려의 국력으로 수나라 군대와 맞붙는 것은 죽음을 의미했다. 그러나 고구려는 발 빠른 외교 전략과 효율적인 선제공격으로 전쟁을 승리로 이끌었다. 고구려 민중은 한 사람 한 사람이 싸워야 할 목적과 의미를 충분히 자각하고 있었기 때문에 강해질 수 있었던 것이다.

수나라는 고구려와 벌인 무리한 전쟁의 실패와 이로 인하여 각 지방에서 일어난 민란으로 618년 멸망하고 말았다.

백제의 계백장군은 신라와의 마지막 전투에서 전황이 불리하다고 판단

----

1) 한 민족을 침범한 외침은 삼국시대 이전 2000년 11회, 삼국시대 992년 143회, 고려시대 456년 417회, 조선시대 518년 365회다.

되자 처자가 받을 수모를 피하기 위해 스스로 처자를 죽이고 구국의 전쟁터로 출전하였다. 그러나 전쟁터에서 나이 어린 관창의 훌륭한 활약을 보고 그를 죽이지 못하고 포로로 붙잡아 그대로 돌려보냈다. 그 호의를 받을 수 없는 관창은 다시 출전하였고, 계백은 할 수 없이 그를 잡아 목을 베고 예를 갖추어 적진으로 돌려 보냈다. 그 싸움에서 계백 자신도 전사한다. 세계 어느 전사와 겨누어도 부끄럽지 않은 우리 무인들의 당당한 모럴이요 호국정신이다.

고려의 역사는 침탈과 항쟁의 역사였다. 동북아의 작은 국가로서는 벅찬 수난의 여정이었으며 유래가 드문 외침이었다. 그러나 잇단 전란 속에서도 몽골제국을 상대로 명분보다 실리를 추구하고 저항과 협상을 오가면서 왕조를 지켰다는 점에서 고려의 외교술과 저항정신은 높히 평가 할 만하다. 끊임없는 외침의 역사는 자랑할 것이 못 되지만 이를 극복하고 민족의 정체성을 지켰다는 사실에는 긍지를 가져도 좋을 것이다.

조선 말기 동학농민전쟁은 "사람이 하늘이다"라는 사민평등의 혁명 정신으로 맨손의 농민군이 막강한 제국주의 군대에 맞서 싸운 전쟁이었다. 이들은 공주 우금티牛金峙 항전의 패배로 좌절하였지만 이길 수 없는 싸움임을 알면서도 30만여 명의 동학군이 꽃잎처럼 숨겨간 새로운 세상의 꿈은 무엇이었을까? 그들은 한없이 낮은 세상을 원했다. 천지를 개벽하여 높은 곳에 오르기를 원한 것이 아니라 사람과 사람이 고르게 낮고 평평해지는 대동의 세상을 바란 것이다. 치욕과 불의에 저항한 한말과 일제 식민지시대의 치열한 독립운동은 우리들의 저항적 유전자 속에 이미 오래전부터 엄존하고 있었던 것이다.

조선은 문文으로 빚고 예禮로 다듬어서 이 땅에 정신문화의 꽃을 피운 선비의 나라였다. 역사의 잘못을 되풀이하지 않도록 경계하기 위해 모든 치적을 사실대로 기록에 남겨온 직필의 역사관, 인륜과 도덕을 강조했던 인본교육의 엄격함, 도덕정치에 바탕을 둔 민주적 통치철학의 오랜 전통을 지켜온 국가였다. 이러한 가치는 선비들에 의해 그 생명력이 지속됐으며 선비는 나라를 이끄는 관료이자 학자, 격조 높은 문화를 다듬은 문화·예술인이었다.

우리 민족의 가장 두드러진 문화전통의 특징은 언어와 문자라 할 수 있다. 독창적 문자인 한글을 창제하여 고유의 언어와 문자로 사고하고 살아가는 세계에서 몇 안 되는 민족으로 자주·민본·실용으로 압축되는 정치·문화의 대표적 업적이다. 중국의 소수민족 중 만주족은 약 1,500만 명의 인구를 가진 비교적 큰 종족이었다. 이들은 1644년 중국을 정복하고 청 왕조를 세워 1910년까지 중국을 지배했으나 지배자의 언어인 만주어가 한어漢語에 밀려 사라져 버렸다. 군사적·정치적으로는 만주족이 지배자 행세를 했지만 문화적으로는 중국문명에 정복당한 결과다. 이런 현상은 중국을 정복하고 왕조를 세웠던 이민족들이 거듭해서 겪은 일이었다.

우리는 갖가지 불운을 자기 것으로 소화할 줄 아는 예지를 가진 민족이었으며 시련의 소용돌이 속에서도 역사의 수레바퀴를 꾸준히 전진시켰다. 우리 민족이 갖추고 있는 두 가지 주류는 감투정신(Fight Sprit)과 지적탐구(Thirst for Knowledge) 열망이다. 감투정신이 역동적인 힘의 원천이었다면 지적탐구심은 지성적인 슬기를 바탕으로 하였다. 우리의 역사를 짧게 보면 억울하고 슬픈 패배의 기록들이었지만 길게 보면 대견하고 꿋꿋한 승리의 기록이었다. 도대체 무슨 힘이 있기에, 무슨 뜻이 있기에 우리는 역사의 가혹한 수난으로부터 허리를 펴고 다시 일어섰는가? 역설적이지만 국난의 비상시기에 더 큰 문화 발전을 이룩하였는데 당나라와 싸우면서 건설한 신라 문화, 몽골세력과 싸우면서 창조한 팔만대장경이 그것이다.

병자호란 이후 긴장이 없는 태평성대는 오히려 당쟁이라는 퇴화현상이 나타났다. 이 말은 외침이 많을수록 문화 발전이 된다는 것이 아니라 도전에 굴하지 않고 응전으로 문화를 창조한 우리의 저력을 말함이다. 우리 민족 힘의 바탕에는 사회·경제·정치·문화 등 각 부문의 우수성도 있겠으나 이 모든 요인의 바탕은 '한민족의 지식을 열망하는 전통'이 그 원천이다. 지식은 아는 데 그치지 않고 인격 도야의 수단, 국가 봉사의 수단이었으며 이러한 전통은 조선의 선비들에게서 완성을 보았다. 대원군 이후 양반·선비 제도가 무너지고 한·일 병합이 된 후 일제가 토지조사를 실시하였는데 대부분의 대지주가 아전출신이었다는 것이 밝혀졌다. 적어도 선비들은 부당한 치부를 몰랐던 것이다.

■ 문화의 저력과 역동성

한국의 고대문화는 중국을 비롯한 중국 동북부 지방에서 활동하고 있던 수많은 종족들과 끊임없는 접촉의 결과로 나타난 것이다. 따라서 우리문화의 성격도 이러한 인식을 바탕으로 이해하는 것이 정당할 것이다. 이 시기의 문화는 전혀 폐쇄성을 찾아볼 수 없는데, 중국문화는 물론 북방의 문화 요소들이 남긴 각종 문물들이 그대로 반영되어 있다. 그러나 이러한 문화의 개방성이 모방성에만 머무르지 않았다는 특징이 있다. 비파형 청동단검이나 돌무덤과 같은 군사문화와 매장문화는 다른 종족에서 찾아볼 수 없는 특유의 문화라는 사실이 이를 뒷받침한다.

우리 민족의 형성 요인을 자연과 역사의 두 가지 측면에서 본다면 자연과의 관계는 철저한 관조이고 사회의식은 강한 평등의식이었다. 또한 우리의 민족성을 은근과 끈기로 표현하는가 하면 냄비근성으로 자조하는 평가도 있으나 이 부분은 우리 스스로 긍정적으로 받아들이고 해명해야 할 필요가 있다. '은근과 끈기'는 유장悠長함이요, '냄비근성'은 우리 민족의 역동성이었다.

13세기 몽골은 세계 최강의 제국이었다. 무수한 유럽국가와 중원대륙은 그들의 말발굽 아래 유린되어 초토화되었다. 고려는 그들의 적수가 되지 못했다. 그러나 몽골의 요구가 국권을 위협할 정도가 되자 협상은 전쟁 회피에 지나지 않는다는 것을 알고 40년을 저항하며 민족의 생존을 지켜 왔다. 그만큼 우리 민족은 역동적이어야 살맛을 느끼고 또한 아무리 어렵고 힘들어도 오히려 거기서 보람을 느끼는 독특한 '다이나믹스'를 집단적으로 가지고 있다. 국가가 위난을 당하면 자기 불만은 스스로 용해되었던 것이다. 이순신의 백의종군이 그것을 의미한다.

최근 거세게 일고 있는 한류韓流란 1990년대 후반부터 중국과 동남아에 불어닥친 한국 대중문화 열풍을 말한다. 한류란 그저 지나가는 놀이 문화의 유행이 아니라 아시아의 문명사적 의미를 갖고 있다. 20세기를 이끌어 온 서구적 근대문화는 아시아인의 마음 깊은 곳을 사로잡지 못했지만 한국의 섬세하고 역동적인 문화는 달랐다. 한류 열풍이 아시아인에게 마음으로부터 강렬한 호응을 얻게 된 것은 그 뿌리에 지역적·정서적 공감대라는 향수가 있었기 때문이다.

거슬러 올라가면 한류는 옛날에도 있었다. 원나라에 끌려간 공녀들이 황실의 궁녀가 되거나 고관들의 시중을 맡으면서 고려의 의복제도·음식·풍속 등 고려의 생활양식이 고려양高麗樣이란 이름으로 원나라의 황실에까지 대유행을 한 것은 익히 알려진 사실이다. 원 세조는 고작 세금이나 거두고 시구나 읊조리는 중국인들보다 고려인들이 기술면에서 나을 뿐아니라 유학경서에도 능통하다는 찬사를 보내면서 고려국유학제학사高麗國留學提學司를 설치해 고려 유학을 전문적으로 연구하도록 했다. 그 이전 삼국시대에도 중국 사회에 한류가 인기를 끌었다는 기록이 남아 있다. 특히 1,500년 전에 일본에 불어닥친 백제 열풍은 대단한 것이었다. 일본서기에 의하면 475년 백제 사람들이 재봉 기술을 일본에 전했다고 한다. 지금도 아스카의 시골마을에는 구레쓰히꼬라는 신사가 있는데 이것이 바로 백제에서 건너가 베 짜고 옷 만드는 기술을 처음 전수한 기술자 부부를 모신 신사다.

백제인들의 일본열도 이주가 본격화된 것은 백제가 멸망한 뒤였다. 이때 이주한 백제인의 수는 문헌으로 확인된 것만 4,000명이 넘는다. 이들은 현재 오사카인 시가滋賀현 일대에 정착하여 건축·토목 등 고급 기술을 일본에 전수했다. 일본으로 간 집단 중에는 백제왕실의 후손도 있었는데 무령왕의 후손인 야마토노 오토쓰구和乙繼의 딸이 고난光仁 천황과 결혼하여 칸무桓武천황을 낳는다. 칸무천황은 "백제 왕씨는 나의 외척이다."라는 조서를 내려 백제 왕씨에게 벼슬을 주기도 했다. 현재 오사카에는 백제사百濟寺와 함께 백제 왕씨를 모시는 백제왕신사百濟王神社가 나란히 있다. 이들은 세계 최대의 불상 도다이지東大寺대불을 건립하는 총책임을 맡기도 했으며 훗날 일본 정계의 실력자로 부상한다.

우리는 2004년 월드컵 당시 붉은 악마의 거대한 동력과 촛불집회의 사회적 감수성을 경험하지 않았는가? 민족의 흐름은 역사 상황에 따라 몇 번이고 굽이쳤으나 그때마다 민족의 바탕은 보존되어 시대의 새로운 민족성 형성에 반영되었다.

■상생相生과 대동大同의 DNA

조선시대에는 유교가 정치이념으로서 숭상되었지만, 그것은 어디까지나 지배계급에서의 일이지 서민의 의식에까지 영향을 미친 것은 아니었다. 생활면에서 보면 유교의 영향은 정치제도와 가족제도에 크게 미쳤지만, 일반 서민의 일상적인 의식주 생활에 있어서는 오랜 옛날부터 전해오는 본래적인 문화적 요소를 보존하여 온 면이 더 강하다. 우리 속담에 이웃사촌이라는 말이 있다. 이 말은 경제생활에서 중요한 의미를 가지는데 농사를 지을 때, 화재나 홍수 등 자연재난을 만났을 때, 장례를 치를 때, 기근을 당했을 때는 지역공동체의 힘이 절대로 필요했기 때문이다.

우리나라는 오래 전부터 지역공동체를 위해 많은 조직이 있었는데 마을 사람들이 농사일을 위해 서로 도와주고 마을 축제를 함께 치르는 두레, 돈이나 곡식을 출자하여 어려운 사람을 도와주는 계契라는 것도 있었고, 불교행사를 함께 치르는 향도香徒도 있었다. 전통적인 논농사에서 형성된 자연친화적 생태계는 사람들의 가치관과 사회적 관계에 영향을 미쳤으며 대표적인 예가 조선시대의 향약鄕約이다. 향약은 봉건적인 체제 아래서 작동했다는 근본적인 한계에도 불구하고 구성원 모두가 동등한 권한을 갖고 발언하고 대표자를 선출했다는 점에서 민주적인 공동체였으며 평등사회를 의미하는 대동사회 건설을 이념으로 삼고 있었다. 경제적으로 어려운 사람을 도와주는 환난상휼患難相恤, 도덕적인 행동을 서로 권하는 덕업상권德業相勸, 미풍양속을 서로 나누는 예속상교禮俗相交, 죄지은 사람을 서로 벌주는 과실상규過失相規의 네 가지 규칙을 지키는 공동체였다.

이 중에서 지역사회 복지의 원형이라 할 수 있는 환난상휼은 공동체 성원들이 철저한 무보수원칙에 입각해서 어려움을 나누는 것을 지향했다. 가령 어느 집 굴뚝에 연기가 나지 않으면 식량이 떨어진 것으로 알고 곧바로 데려다 함께 식사를 하였다. 이렇듯 향약은 상생의 가치를 생활문화로 정착시켰다. 지역자치공동체로서 향약은 세계 역사에 유례를 찾아보기 힘들 정도로 정연한 체계를 갖추었던 것으로 평가되며, 이러한 마을 공동체 전통이 한국인의 사회의식을 키워주는 나눔의 풍속으로 이어지고 있다.

1907년 2월 21일자 대한매일신보에는 서상돈과 김광재 연명의 발기취지서가 실렸다. "국채 1300만 원은 대한제국의 존망과 직결되는 것으로 이를 갚지 못하면 나라가 망할 것인데 국고로는 해결할 도리가 없으므로 이천만 인민들이 3개월 동안 흡연을 폐지하고 그 대금으로 국고를 갚아 국가를 위기에서 구하자."는 내용으로 이후 국채보상운동은 요원의 불길처럼 번져 나갔다. 수많은 사람이 일시에 담배를 끊었으며 남자들 뿐만 아니라 부인들도 "나라를 위하는 마음에 어찌 남녀가 다르랴." 하며 간직했던 패물을 내놓았고, 여학생들은 머리카락을 잘라 판 돈을 내기도 했다. 경기도 양평 양근에서는 숯장사들이 나무 팬 돈을 모아 기탁했는가 하면, 짐승 취급도 못받던 백정들도 고기 판 돈을 보냈다. 심지어 대구에서는 장애인 거지가 20전을 내놓아 사람을 울리기도 했다. 하와이에서 노예 취급을 받으며 일하던 교포들과 블라디보스토크에서 밑바닥을 쓸고 다니던 한인들도 돈을 보냈다. 어려움을 닥치면 먼저 일어나는 독특한 역사적 유전자가 발휘되는 순간이었다. 1997년 외환위기가 왔을 때 '금 모으기 운동'으로 세계를 놀라게 한 상생과 대동의 뿌리가 여기에 있었다.

■기록문화의 위대한 유산

한국문화의 또다른 특징은 기록문화의 발달이다. 한국인들은 사생활이든 공직생활이든 기록을 철저히 하면서 이를 후세에 남기려고 애썼다. 선비들은 친구나 사제 간에 오고간 서신을 반드시 기록으로 남기고, 여행을 하면 기행문과 시를 남겼으며, 가까운 사람의 묘지명이나 만장·행장 등을 쓰면 그것을 기록으로 남겼다.

고려 고종 38년(1251년)에 완성된 팔만대장경(국보 32호)은 몽골의 고려 침입을 부처님의 힘으로 물리치기 위해 만들었다. 경판의 수가 8만 1,258판으로 이 엄청난 분량의 경판에 새겨진 글자의 수는 무려 5천2백만 자이며 착수한 지 장장 16년 만에 완성하였다. 이 엄청난 분량의 경판에 글씨를 쓰고 새기는 일에 참여한 사람들은 3천여 명으로 알려져 있다. 8만여 장의 경판에 새겨진 5천 2백만 자의 글자는 꼭 한 사람이 쓴 것처럼 필체가 똑같고, 한 자의 오자 탈자도 찾을 수 없을 만큼 정확하며, 한 자를 새길 때마다 향을 피우고 삼배를 올린 지극한 정성을 드린 구국의 사업이었다.

조선왕조실록은 태조부터 25대 철종에 이르는 472년 간의 역사를 편년체로 서술한 공식적인 국가 기록이며, 1997년 10월 1일 유네스코 세계기록유산으로 등록되어 세계적으로도 그 가치를 인정받고 있는 소중한 기록문화유산이다. 실록은 그 객관성과 공정성을 유지하기 위해서 임금들도 열람을 할 수 없도록 제도적 장치를 마련하였고, 가장 안전하게 실록을 보관하기 위해서 각 지방별로 분산 보관하는 불편함까지 기꺼이 감수하였다. 일단 왕이 승하하면 임시로 실록청을 설치한 후, 사관들이 선왕 대에 작성한 사초史草와 시정기時政記 등을 광범위하게 수집하여 실록의 편찬을 착수하였다.

왕은 매일 대신들과 정책을 논의하고 결정하는데 이를 시사視事라고 하며, 이때 승정원과 예문관의 관리들이 옆에 앉아 참석자들의 말과 행동을 나누어 기록했다. 이렇게 만든 현장 기록을 사초라고 하는데 사초는 기록관의 집에 보관하였다가 왕이 죽고 실록을 편찬할 때 정부에 바쳐서 참고자료로 삼았다. 시정기는 서울과 지방의 각 관청에서 시행한 업무들을 문서로 보고 받아 춘추관에서 중요사항을 기록으로 남긴 것이다. 승정원일기·관상감일기·춘추관일기·내의원일기 등이 이에 해당하며 후세에는 조보朝報·비변사등록·일성록 또한 중요 자료로 추가되었다. 실록은 현재 남한에 2부(정족산본·태백산본), 북한에 1부(적상산본)가 남아 있다. 오대산 실록은 일제강점기 때 동경으로 가져갔는데 1923년 관동대지진 때 타버렸다. 남한에 있던 2부의 실록 중에서 정족산본은 본래 전주사고에 있던 것으로 현재 서울대학교 규장각에서 소장하고 있으며, 1973년 12월 31일 국보 제151호로 지정되었다.

세계에서 실록을 제대로 만든 나라는 한국과 중국뿐이며 우리나라 실록이 내용·인쇄술·종이 등에서 훨씬 우수하다. 조선왕조실록은 정족산본 완질의 경우 1,707권 1,188책(약 6,400만 자)에 이르는 방대한 기록이다. 승정원일기(국보 303호)는 왕이 관청에 내린 문서와 관료 및 초야의 유생들이 왕에게 올린 정책 건의문과 승정원에서 보고들은 일들을 모두 일기로 남겼는데 지금은 조선 후기 288년(1623~1910년)의 일기만 남아 있지만 그 수량은 3,243책, 약 2억 4천만 자에 달하는 방대한 기록물이다. 역대 중국 역사를 기록한 이십오사二十五史는 3,996만 자이고 명실록明實錄은 1,600만 자이다.

1997년 유네스코 세계기록문화유산으로 조선왕조실록朝鮮王朝實錄·훈민정음訓民正音이 지정되는 것을 필두로 2001년 승정원일기承政院日記·직지심체요절直旨心體要節, 2007년 조선왕조의궤朝鮮王朝儀軌·고려대장경판 및 제경판, 2009년 동의보감東醫寶鑑, 2011년 일성록日省錄·5.18 민주화운동기록물, 2013년 난중일기·새마을운동기록물 등 11건이나 등재되어 대한민국이 최다 보유국에 거의 근접해 있다.

■무적함대와 신기전神機箭의 나라

고려 우왕 6년(1380년), 왜구 2만여 명이 500여 척의 배를 끌고 진포(지금의 군산)에 상륙하여 내륙을 공격하였다. 고려 조정은 전선 80척을 동원하여 왜구를 토벌하였는데, 최무선이 개발한 각종 화약무기로 무장한 고려 군함은 500여 척의 왜구 선단을 모조리 바다의 제물로 만들었다. 진포해전은 두 가지 면에서 큰 의미를 가진다. 하나는 고려가 자체 개발한 화약과 화포로 무장한 수군이 치른 최초의 해전이며, 다른 하나는 세계 최초로 해전 전술상 화포를 장착한 전함이 투입된 전투라는 점이다. 고려 수군이 왜구 토벌전에서 승세를 잡자 일본은 고려에 사신을 보내 방물을 바치면서 관계 개선에 노력하고 외교사절을 보내 칭신稱臣을 자처하였다. 중국에 대해서도 칭신하지 않으며 버티던 일본이 갑자기 고려에 대해 자세를 낮춘 것이다.

진포해전은 세계 최초의 함포 해전으로 서양에서 근대 함포해전의 효시로 보는 레판토 해전(Battle of Lepanto)[2]보다 무려 190년이나 앞선 기록이다. 최무선이 고려 수군의 전선에 장착한 함포가 그 위력을 제대로 발휘할 수 있었던 것은 고려의 탁월한 조선 기술이 뒷받침되었기 때문이다. 임진왜란 중 조선 수군의 함포에 연전연패한 왜군은 서둘러 배에 화포를 장착했으나 크기가 작은 일본의 전선은 대형 화포의 발사 충격으로 뒤집히기 일쑤였고 흔들림이 심해 조선 수군에 비해 화포의 명중률이 현저하게 낮았다. 때문에 임진왜란과 정유재란 내내 왜군은 전선에 대형 화포를 탑재할 수가 없었고 이것이 왜군이 조선 수군에 일방적으로 패배한 주요 원인 중 하나가 된다.

1593년 3월 14일, 권율權慄 장군과 승장 처영處英이 이끄는 2,300명의 조선군은 행주산성에서 왜군의 공격을 기다리고 있었다. 평양성에서 퇴각한 왜군은 조선군에 비해 10배 이상의 병력을 한양 인근에 집결하였고, 총대장 우키다宇喜多秀家와 조총으로 무장한 왜군 1~2대가 행주산성으로 몰려오자 조선군은 승자총통勝字銃筒·비격진천뢰飛擊震天雷를 전진 배치했다. 비격진천뢰는 일종의 시한폭탄으로 시차를 두었다가 갑자기 폭발하는 무기였다.

예상치 못한 완강한 수성에 당황한 왜군 총대장 우키타는 3만 명의 군대가 겨우 2~3천 명에 불과한 조선군에 고전한다는 사실이 믿겨지지 않았다. 이때 조선군의 첨단무기, 아니 당시 세계 최고의 첨단무기였던 신기전神機箭이 발사되었다. 행주산성의 방어망을 뚫고 진입을 시도하던 왜군은 비격진천뢰보다 더 엄청난 신기전의 화력 앞에 망연자실할 수밖에 없었다. 신기전의 위력은 가공할 화력과 함께 타격 위치를 정확하게 잡아주

----

[2] 1571년에 그리스의 레판토 항구 앞바다에서 에스파냐·베네치아·로마 교황의 기독교 연합 함대가 오스만 제국의 함대와 싸워서 크게 이긴 싸움. 이 전투에서 승리한 기독교권은 실질적인 이득을 보지는 못하였으나 무패를 자랑하던 오스만 제국의 함대를 처음으로 격파하여 유럽인의 사기를 높였다는 데에 의의가 있었다.

는 정밀 시스템을 내장하고 있었기 때문에 위력을 배가할 수 있었다. 전투를 지휘하던 우키타는 날아오는 신기전에 큰 부상을 입고 후퇴할 수밖에 없었다. 이 전투가 임진왜란 승전사에 빛나는 행주대첩이다. 신기전은 1474년 편찬된 국조오례서례 병기도설國朝五禮序例 兵器圖說에 그 설계도가 실려 있는데 세계우주항공학회(LAF)는 이것을 세계에서 가장 오래된 로켓 설계도로 공인했다. 이 기록은 1805년에 영국이 만든 로켓보다 360여 년이나 앞서는 것으로 18세기 이전의 로켓 가운데서 가장 큰 것이다.

우리의 상무尙武 전통은 오래된 것이다. 고구려 개마무사鎧馬武士의 투구와 갑옷 입힌 말은 서양보다 10세기 앞선 것이었으며, 이는 그 당시 세계 어느 나라도 갖지 못한 강철을 주조하는 기술을 보유하고 있었기 때문에 가능한 것이었다. 고구려가 한민족 사상 가장 광대한 영토를 영유한 이유가 결코 우연에 의한 것은 아니었다. 그러나 아쉽게도 조선 후기로 접어들면서 국가 전체가 문약에 빠지면서 우리의 상무정신과 우수한 과학기술은 기억에서 잊혀져가기 시작했다.

■ 정착과 확산

한민족은 알타이족의 이동 과정에서 일찍부터 갈라져 나와 만주의 서남부 요령지방(요동·요서를 합친 지역)에 정착하여 농경과 청동기문화를 발달시켰으며, 그 가운데 한 갈래가 한반도에 이주하여 이 지역에 살고 있던 선주민인 옛 시베리아족을 정복·동화하여 오늘날의 한민족이 형성되었다. 이들에 의해서 여러 읍락국가邑落國家가 형성되고 나아가서 읍락국가의 연맹체가 성립되었으며 고조선이 바로 그 연맹의 맹주국이 되었다. 이러한 과정을 거쳐 정치적·사회적 공동체를 이룩함으로써 하나의 민족 단위가 성립되었고, 여러 집단의 언어가 통일되어 한국어가 되었다.

한국민족의 신화와 습속은 시베리아 샤머니즘의 전통을 이어받았는데 우리 민족의 기층문화가 주로 시베리아 지방에 있는 여러 민족의 원시문화와 맥락을 같이하는 것은 한국 민족의 기원과 계통이 그들과 가까운 관계에 있기 때문이다. 이렇게 우리 민족이 하나의 민족단위로 성립된 것은 요령지방에서 농경과 청동기문화를 발달시킨 때부터이며 그것은 단군신화에서 전하는 고조선의 건국연대와 대체로 부합되는 BC 2000년대로 볼 수 있다.

근대에 들어서 한국인이 나라 밖으로 나가기 시작한 것은 1860년대 구한말 기근과 부패한 관리의 학정을 피해 만주·연해주·하와이·멕시코·쿠바 등지로 떠나면서부터 였다. 일제강점 초기엔 일본인들에게 땅을 빼앗긴 농민들이 간도로 떠났다. 1932년 일본인들이 만주국 건설을 계기로 조선인을 대규모로 집단 이주를 시켰는데 1930년대에는 만주지역의 조선인 인구가 50만여 명으로 늘었다.

1937년 9월, 스탈린의 인종청소 명령에 따라 18만 명에 이르렀던 연해주·하바롭스크 일대 조선인들은 거의 한 명도 남김없이 중앙아시아 미개 척지에 버려졌다. 조선인 강제 이주는 일본이 소련의 후방을 공격할 경우 조선인들이 일본에 협력할 가능성이 있다고 판단하였고, 1930년대 초반 대기근과 집단농장 정책의 실패로 카자흐스탄에서 130만 명이 굶어죽고 170만 명이 중국 등으로 도주하자 방치된 땅을 개간할 노동력의 필요 때문이었다. 열차의 가축 수송칸에 타고 카자흐스탄의 황무지까지 실려가는 도중 많은 동포들이 죽었으며 시신은 기차 밖으로 버려졌다. 당시 사람들은 조선인 수송열차를 '귀신열차'라 불렀는데 첫해에만 7만 2천 명의 동포들이 동토에서 죽어갔다.

일본으로의 이주는 일제가 노동력 보충을 위해 조선인을 강제노동에 동원하여 토목공사장·광산에서 집단노동을 하도록 한 것으로 중·일전쟁 후부터는 국가총동원법을 공포하고 국민징용령을 실시하여 본격화되었다. 1939년~1945년까지 강제 동원된 조선인은 약 146만 명으로 추산되는데 이들의 상당수는 전후 일본에 정착하였다. 1945~1962년 무렵에는 미국과 캐나다로 전쟁고아, 미국인과 결혼한 여성, 혼혈아, 유학을 원하는 학생들이 많이 이주했다. 1963년 무렵부터는 브라질·아르헨티나·파라과이·볼리비아 등 남미로 농업 이민자들이 많이 갔으며 이들 중엔 이 지역을 교두보 삼아 북미로 진출하는 이들이 많았다.

유럽은 독일이 거점이 되었는데 1963년부터 1977년까지 5,323명의 광부, 1976년까지 1만 32명의 간호사들이 독일로 떠났다. 1997년 외환사태 이후에는 캐나다·오스트레일리아·뉴질랜드·동남아시아로의 경제이주가 봇물을 이루었는데 고용불안 탓에 30대를 중심으로 이민 바람이 분 것이다. 최근의 가장 두드러진 흐름은 동남아시아와 중국으로의 이주가 증가세인데 사업과 투자를 목적으로 한 것이 대부분이다. 21세기 한국인들에게 디아스포라는 이제 슬픈 이산離散의 동의어가 아니라 자신이 원하는 삶을 찾아 떠나는 적극적이고 창의적인 형태인 것이다.

2013년 말 현재 우리 민족은 남한 5천만 명, 북한 2천4백만 명, 해외 7백만 명으로 합계 8천만 명에 이른다. 그 중 해외에 거주하고 있는 사람은 미국 2백2십만 명, 일본 9십만 명, 중국 2백7십만 명, 러시아 5십만 명 정도이며 이들이 살고 있는 나라 수는 무려 175개국에 이르러 세계 거의 모든 곳에 퍼져나가 있다.

고조선은 한민족의 뿌리

고조선의 시작을 언제로 볼 것인가? 위치는 어디로 설정할 것인가 하는 우리 역사의 가장 기본적인 시공간의 문제는 아직도 학계의 의견이 좁혀

지지 않은 실정이다. 일제 강점기 식민사학자들은 고조선의 실재를 부인했다. 일본은 우리 역사에서 단군이 부정되어야만 중국 이주자인 기자·위만 그리고 한사군을 내세워 우리 역사가 오래 전부터 식민지로 시작되었다고 주장할 수 있었으며, 식민지로 출발한 한국이 일제의 식민지로 지배받는 것은 이상할 것이 없다는 논리를 확립하기 위한 것이다.

식민사학자들은 단군은 부인한 반면 기자나 위만은 인정했는데 이는 기자나 위만 등 중국인에 의해 한국의 역사가 시작되었다고 주장하기 위함이었다. 우리 고대사 체계의 잘못은 매우 중요한 문제와 연결되는데, 그것은 우리를 주체적인 역사 전개의 능력이 없는 민족으로 전락시키고 있다는 점이다. 우리 민족이 세운 단군 조선은 중국에서 망명한 기자로 말미암아 교체되고, 기자의 후손인 준왕은 중국에서 망명한 위만에게 정권을 빼앗기고 말았으며, 그 뒤 위만조선을 멸망시킨 중국은 그 땅을 자신의 영토로 만들어 낙랑·임둔·진번·현도군 등 네 개의 군을 설치함으로써 우리 민족은 기자가 망명해 온 BC 1100년 무렵부터 낙랑군이 축출된 AC 313년 무렵까지 무려 1400년 동안 중국인의 지배를 받은 것이 되는 것이다.

일제강점기 식민사학자들은 삼국유사가 고조선 멸망 직후가 아니라 1500여 년이 지난 고려 후기에 저술되었다는 사실만으로 단군조선의 부인 근거로 삼았는데, 몽고의 침략을 받고 고려가 국난을 맞아 민족의 힘을 하나로 모으기 위해 단군의 사적을 의도적으로 조작했다는 것이다. 이러한 해석은 단군조선을 부정확한 기록과 상상에 의거한 허구인 것으로 비판하는 우리 주류 역사학계의 주장과 같은 것으로 후대에 썼다는 이유만으로 역사적 사실이 부인된다면 역사학은 존립의 근거를 상실하게 된다. 따라서 단군조선에 관한 고찰은 첫째 이들 말살론에 대한 검토로부터 시작해야 될 것이며 둘째 단군신화의 원시적 요소와 후래적後來的 요소를 가려내는 작업이 필요하고 셋째 종족과 영토의 문제가 연구되어야 한다.

미국의 사학자 존 코벨(John Covell)은 "고고학자들이 10만 년 전에 한반도에 사람이 거주했다고 밝히는 것에 비하면 단군의 고조선 건국은 최근세에 해당한다. 10만 년 전 구석기 시대 이 땅에 살았던 인류들이 어떤 사람이었는지 유럽인인지 몽고족인지 또 다른 인종인지 조차 알 수 없다. 그러나 단군시대에 와서는 이런 것들이 보다 분명해진다. BC 이천 수백 년 전 매우 강력한 힘을 가진 집단들이 이 땅에 군림했다는 사실이 단군 이야기로 응축돼 전해진 것이다."라고 말했다.

단군신화는 일연이 삼국유사를 쓰기 전부터 사람들의 입으로 전해지면서 새로운 내용이 덧붙여졌을 수는 있다. 논란의 여지가 있는 것은 사실이지만 이는 신화에 대한 근본적인 이해가 부족하기 때문이다. 그렇다면 그리스·로마신화는 믿을 만한가? 그리스·로마신화야말로 말도 안 되는 이야기로 가득 찬 상상의 세계가 아닌가? 단군신화에 담긴 상징과 비유를 다시 읽어보면 그 동안 무심코 지나친 새로운 의미가 우리에게 다가올 것이다. 세계적인 신화학자이자 인류·역사학자인 클로드 레비스트로스(Claude Levi-Strauss)는 "어떤 경우에나 고대사회에서 신화가 갖던 가치를 거의 그대로 갖는 영역이 있다. 바로 역사다. 우리가 역사를 어떻게 인식하고 어떻게 평가하든 그 시각으로 우리는 과거를 재구성하고, 현재를 이해하며 미래를 만들어 간다."고 했다.

이집트의 고대왕국과 잉카·마야·아스텍 문명은 청동기시대에 성립한 국가가 아님에도 국가로서 인정받는다. 중남미의 경우도 석기시대였고 고대 이집트에서 발견된 청동제품도 북방에서 온 교역품으로 분석된다. 인도문명도 청동기의 영향으로 번성했다고 보지 않는다. 국가라는 말은 사회의 발전 과정을 설명하는 역사용어로 법이 출현하여 권력을 뒷받침하는 사회적 단계다. 그러므로 고고학적으로 신석기시대·청동기시대·철기시대를 불문하고 이같은 성격의 법이 생긴 사회는 당연히 국가다.

역사에 일반적 전제를 설정하고 청동기시대에만 국가가 발생한다는 공식을 반복하는 것은 역사학이 아니다. 한국의 상고사는 고조선을 거쳐 북방의 부여 및 각 열국이 일어나는 일련의 과정을 연속적으로 이해하는 것이 중요하며 고조선부터 열국시대에 이르는 수천 년의 역사를 단절적인 역사로 해석하면 많은 모순과 무리가 생기게 된다. 만주 서북부지역에서 시작하여 한반도까지 확장되는 우리 역사의 가장 앞머리에 있는 국가가 고조선이다.

■ 홍산紅山문화, 고조선을 품다

중국내 몽골자치구 적봉赤峰시 동북쪽에 철이 많아서 붉게 보이는 홍산紅山이 있다. 몽골 사람들이 우란하따鳥蘭哈達라고 부르는 이 붉은 바위산 인근에서 학계를 놀라게 한 거대한 제단壇·신전廟·적석총塚 등 후기 신석기 문화가 발견됐는데 이 유적은 중국 요녕성과 내몽골, 하북성 경계의 연산燕山 남북, 만리장성 일대에 널리 분포되어 있다.

홍산문화를 세상에 처음 알린 사람은 일본 고고학자 도리이 류조鳥居龍藏였다. 1906년 적봉 일대 지표조사를 하던 중 많은 신석기 유적과 적석묘 등을 발견했는데 동북지방과 만주·한반도 일대에서만 발견되는 무덤 형태였다. 이것이 발단이 되어 적봉을 중심으로 광범위한 지역에서 엄청난 유물이 계속 발굴되자 1955년 이러한 유물과 연관 문화 일체를 '홍산문화'로 이름 붙였다. 이후 1982년 요녕성 뉴허량牛河梁 유적에서 BC 5500년경까지 올라가는 대형제단·여신묘·적석총군群이 발굴되자 각국의 언론들은 5천 년 전 신비의 왕국이라며 대서특필했다.

황하문명보다 앞선 BC 4500~3000년경으로 추정되는 홍산문화는 이미 문명 단계 또는 초기 국가 단계에 진입하였다. 현재까지 발견된 것은 BC 6

천 년까지 올라가는 소하서小河西문화가 가장 이른 시기인데, 그보다 더 이른 시기의 유적과 유물이 나올 가능성도 얼마든지 있을 것으로 보인다. 문명단계가 성립하려면 청동기·문자·권력분립 등의 징표가 있어야 하나 홍산문화 시기에는 청동기문화가 나타나지 않았지만 이것이 없는 국가 단계는 몽골의 역사 등 세계 역사에서 전례가 많은 점을 들어 중국의 학자들은 서양 중심으로 구분된 타제석기·마제석기·청동기·철기의 시대 구분을 동아시아에서는 적용할 수 없다고 주장한다.

신석기 문화를 발굴하고 중국은 고민에 빠질 수밖에 없었다. 예로부터 중국은 만리장성을 중원과 변방을 가르는 북방한계선으로 인식해 왔으며 요하문명은 중국의 역사에 없었다. 그간 중국은 자기들의 뿌리는 황하문명이라고 주장을 해왔으며 만리장성 이북은 오랑캐의 땅으로 '문명이 없다'고 폄하했는데 만리장성 서북쪽 1,000여 km 지점인 요하 상류지역에 황하문명보다 최소 1,000년 이상 앞선 고대 문명이 존재한 것이다. 모순에 빠진 중국은 중화문명은 요하문명에서 시작되었다는 역사 재편 작업에 들어갔다. 중국은 요하 일대가 원래 중화민족의 시조라는 황제黃帝의 영역이라는 주장과 함께 중화문명의 기원이 한 곳이 아니라 여러 곳이라는, 이른바 '다多기원론'을 들고 나왔다.

중국은 오랫동안 황화문명을 중화문명의 기원지로 보았지만, 1970년대 들어서는 장강문명, 그리고 최근엔 요하문명의 발굴에 따라 이제 그들의 자부심이었던 황하문명과 만리장성을 넘어 요하문명을 그들 문화의 뿌리로 탈바꿈시키고 있는 것이다. 그러나 여기서 나온 유물과 유적은 중국문명과는 확연히 다른 것이었으며 지금까지 알았던 황하문명이 아니라 새로운 제5의 문명인 요하문명 또는 동아시아 문명의 새로운 발견이었다.

과연 요하문명을 주도했던 세력, 그 진정한 주인공들은 누구였을까?

황하문명보다 앞선 BC 3500년경으로 추산되는 홍산문화는 통상 청동기 시대에나 출현 가능한 분업화가 이루어진 국가 형태를 띠고 있다. 특히 가면과 옥 장식 등에 곰 형상이 투영된 유물이 대거 발견되었는데 옥기문화의 전형적 특성인 곰 숭배사상은 중국보다는 동북아시아 종족이 갖고 있던 보편적 신앙이었다. 국내 학자들은 곰 토템을 지닌 웅족과 고조선 이전 한민족 원류 중 하나인 배달족이 자리했던 곳으로, 이 지역이 단군조선 건국의 토대일 가능성이 높은 유적으로 보고 있다.

홍산문화가 소하연 문화를 거쳐 하가점 하층문화로 연결되는 것은 이미 중국학계에서도 공식화된 것이며, 소하연 문화에 이어지는 하가점 하층문화에서는 고조선의 건국 연대보다 조금 앞서는 BC 2400년경의 청동기 유적인 화살촉·칼·창 등도 발굴되었다. 또한 홍산문명은 황하문명보다 먼저 고대국가를 형성한 유적으로 석성에 치雉를 갖춘 성곽과 왕궁터가 발견되어 고조선의 건국 전에 이미 고대국가의 발판을 만들었다는 역사학자들의 주장을 뒷받침하는 근거가 되고 있다.

홍산문명이 우리 한민족의 상고시대 도시국가라는 유물·유적의 근거는 매우 다양하다. 이곳에서 발굴된 돌무지무덤이라 불리는 피라미드 적석총은 우리 한민족 고유의 무덤 형태로 중국 한족은 토광묘土壙墓를 쓴다. 발굴된 옥기의 재질은 압록강에 인접한 요령성 수암岫岩에서 출토되는 수암옥이며 같은 요하문명인 홍릉와興隆洼에서 나온 옥 귀걸이와 동일한 형태가 강원도 고성군 문암리에서 발견되었다. 이는 당시 한반도지역과 요서·요동지역이 단일 문화권이라는 증거다.

중국학자들은 황하 지역과 전혀 다른 요서 지방 토기의 가장 큰 특징이 빗살무늬(之자문) 토기[3]라고 밝히고 있으며 요하문명의 특징 중의 하나는 빗살무늬 토기와 조상 숭배 풍속이다. 결국 BC 6000년 당시부터 만주와 한반도 그리고 요서 지방과 발해만 연안은 중원과 다른 독자적 문화권을 형성하고 있었다는 증거가 된다. 홍산지역에서 나온 유골을 DNA 분석한 결과, 가장 많은 분포를 나타낸 35.71%가 N9a 16172라는 하위 변이變異에 속하며 이는 중국 한족에서는 잘 나타나지 않고 대부분 현대 한국인과 일본인의 유전자에서 나타나는 변이며, 실제로 현대 한국인 중 일부는 이 유전자변이와 완벽하게 일치한다. 홍산문화의 주인공들은 중국 한족의 조상들이 아니라 한민족의 조상인 동이東夷 배달족이다.

■ 단군은 창조된 신화인가?

일본이 조선의 역사적 뿌리를 제거하기 위해 만든 기관인 '조선사편수회'에서 조선사 왜곡에 그 누구보다 앞장선 사람이 이마니시 류今西龍다. 조선사 편찬의 중심인물이기도 한 이마니시는 일제가 강탈한 조선사 문헌을 총체적으로 연구한 끝에 조선의 시원 역사를 말살할 결정적인 작품을 만들어 냈다. 다름 아닌 삼국유사 고조선기記의 석유환국昔有桓國을 석유환인昔有桓因으로 뜯어고친 것이다. 이로써 "옛적에 환국이 있었다."는 인류 창세사의 건국 이야기를 "옛적에 환인이 있었다."는 한낱 인물사로 바꾸어 버렸다. 국國을 인因으로 글자 한자를 변조함으로써 한민족 상고사의 첫 번째 나라인 환국을 통째로 지워버린 것이다.

----
3) 빗살무늬 토기들이 나온 곳들을 살피면 이른바 발해문명권, 다시 말해 중국인들이 말하는 동이족의 영역임을 쉽게 알 수 있다. 인(人)자형은 한반도 압록강·대동강·재령강·한강유역은 물론 두만강과 동해안, 그리고 남해안 등 전국적으로 분포되고 있으며, 지(之)자형은 평북 의주읍 미송리 동굴유적, 경남통영 상노대도, 김해 수가리 유적에서 보이고, 빗점무늬는 대동강의 궁산·남경유적, 재령강의 지탑리 유적, 한강유역의 암사동 유적, 동북부의 서포항 유적 등에서 확인된다. 한반도 전역을 포함한 발해연안이 바로 빗살무늬 토기문화라 해도 과언이 아니다. (이형구 교수)

이마니시는 석유환국의 국자를 깨트림으로써 환국에서 뻗어나간 배달과 고조선도 잘라내는 일거양득의 효과를 얻게 되었다. 환국의 역사가 부정되면서 마지막 환인천제로부터 천명을 받아 백두산에서 동방 한민족사를 처음 개척한 환웅도 신화 속의 인물로, 환웅의 신시개천을 계승한 고조선의 건국자 단군도 허구의 인물로 부정된 것이다. 한민족 상고사가 송두리째 뿌리가 뽑혀 버린 것이다.

단군의 실제와 관련해서는 일연 탄생 이전(고려 목종 9년, 1008년)부터 황해도 구월산에 환인·환웅·단군을 제사 지내는 삼성사三聖祠가 건립되어 있었으며, 중국 전한시대(BC 202년~AC 24년) 때 만들어진 산동성 가상현의 무씨사당武氏祠堂 석실의 벽에 설치되어 있는 화상석畵像石[4]은 삼국유사가 쓰이기 천여 년 전에 만들어진 것으로 산동성 지역이 상고시대에는 동이족의 거주지였다는 사실과 단군고사와 흡사한 이야기가 발해 연안에 알려져 있었음을 뜻한다. 고조선에 관한 기록은 삼국유사가 저술되기 훨씬 전 중국 측 문헌 사료에도 기록이 나타하고 있는데 사기·한서 같은 정사는 물론, BC 8세기~1세기에 걸친 시대를 포괄하는 산해경과 BC 7세기경을 기록한 관자管子의 내용이다.

최근까지 주류 역사학계는 한반도의 청동기문화는 BC 10세기를 넘을 수 없기 때문에 고조선의 건국 시기도 이 시기를 뛰어넘을 수 없다고 인식해왔다. 그러나 고조선은 한반도에서 시작된 것이 아니라 만주지역에서 먼저 시작되었기 때문에 이 지역의 청동기 사용 연도를 폭넓게 적용해야 할 것이다. 최근의 고고학 발굴 성과에 따르면 요동반도의 청동기문화는 BC 1500년~1300년까지 올라가는데 이는 앞으로 더 많은 발굴 성과에 따라 그 시기가 올라갈 가능성이 있다. 중국 내몽골 지역의 청동기문화는 BC 2000년

---

4) 산동성 무씨사당 후석실의 3석에 4층으로 된 그림은 단군 신화의 내용과 유사점을 가지고 있다. 이 그림은 환웅이 지상으로 내려오는 것과 바람신, 구름신, 비신을 상징하는 것으로 보인다. 더욱이 비신 아래 형벌을 내리고 있는 모습은 "목숨·질병·형벌 제도와 선악의 구별 등을 다스리면서 인간 세상의 삼백예순 날들을 갈무리하였다."는 삼국사기의 기록과 연결해 생각해 볼 수 있다.

~1700년경까지 올라가며 그 이상 올라가는 것도 출토된다. BC 2000년까지도 추정할 수 있는 현재까지의 청동기 발굴 성과만 가지고도 BC 2300여 년이라는 삼국유사의 고조선 건국 연대와도 큰 차이가 없게 된다.

한반도에서도 BC 2500년으로 올라가는 청동기 유적이 두 곳이나 발굴되었는데 전라남도 영암군 장천리 유적의 집자리와 경기도 양평군 양수리의 고인돌 유적으로 다섯 기의 고인돌 무덤에 대한 방사성 탄소연대 측정 결과에 의한 것이다. 이 유적에서 청동기 유물은 출토되지 않았으나 고인돌은 청동기시대의 유물이라는 것이 학계의 정설이므로 이 연대를 청동기 연대로 볼 수 있는 것이다. 고조선지역의 청동기 개시가 황하 유역보다 앞섰다면 다른 문화 수준도 그만큼 앞섰을 가능성이 있으며 국가사회로의 진입도 그만큼 빨랐을 가능성이 있는 것이다.

단군조선에 대한 현존하는 가장 오래된 기록은 삼국유사 기이편紀異篇의 고조선조에 나오는 세 개의 인용문인데 이는 위서魏書[5]·고기古記[6]·배구전裵矩傳[7]에서 인용한 것이다. 일연이 인용한 세 개의 책 중 위서와 고기는 현재 전하지 않고 있으며, 배구전은 수서隨書나 신구당서新舊唐書에 모두 나오며 인용이 올바르게 되었음을 증명하고 있다. 그 밖에 삼국유사의 많은 인용문도 몇 개의 착오를 제외하면 전체적으로 정확하다. 신화나 전설의 전승 과정에서 어느 나라에도 있는 약간의 윤색가감을 일연의 조작으로 돌리는 것은 잘못된 처사다.

이 밖에 이승휴의 제왕운기帝王韻紀, 조선 초기의 기록인 고려사, 동국통감, 응제시주應製詩註, 세종실록지리지, 동국여지승람에도 단군 이야기가 실려 있

----

5) 중국 남북조시대 북제(北齊)사람 위수(魏收)가 지은 것으로 후위서라고 한다. 지금 전하는 위서에는 송나라 때 20편이 없어져 단군에 관한 기록은 찾아 볼 수 없다.

6) 단군고기를 말하는 듯하다. 이 책은 단군의 시작에 관한 가장 오래된 기록으로 이승휴의 제왕운기에서는 단군본기로 되어 있다. 그러나 '고기'가 여러 가지 옛 기록의 총칭이지 특정한 책을 가리키는 것이 아니라는 설도 있다.

7) 당나라 고조 때 사람 배구의 전기로 당서(唐書)에 열전이 실려 있다.

는데 그 내용은 조금씩 다르며 일반적으로 우리가 단군에 관한 문제를 논급할 때는 일차적으로 삼국유사의 기록을 인용한다. 20세기 초에 일반에 알려진 규원사화·단기고사·환단고기·부도지 등이 역사서 형식으로 고조선의 역사를 상세하게 기술하였으나 상당한 역사학자들이 이를 위서로 판단하여 인정하지 않는 실정인데 이는 학문적 진지함을 외면한 편견이다.

삼국유사에서는 "옛날 옛적에 하느님인 환인桓因은 그 아들 환웅桓雄이 인간 세상에 내려가서 천하를 다스리고자 하는 뜻을 알았다. 그리하여 하늘에서 천하를 내려다보니 태백산(太白山: 지금의 백두산 또는 구월산이라고 함)이 인간을 널리 이롭게 할弘益人間 수 있는 곳이라고 생각했다. 이에 천부인天符印 세 개를 주어 가서 다스리게 했다. 환웅은 무리 삼천 명을 거느리고 태백산 꼭대기 신단神壇의 박달나무 아래에 내려와 신시神市를 열고 세상을 다스렸다. 이때 한 동굴에 사는 곰과 호랑이가 신인 환웅에게 사람이 되게 해 달라고 빌었다. 이에 환웅께서 신령스러운 쑥 한 움큼과 마늘 스무 톨을 주면서 '너희들이 이것을 먹고서 햇빛을 백일 동안 보지 아니하면 곧 사람 모습이 되리라.' 하였다. 곰과 호랑이는 이를 얻어 곰은 시킨 대로 잘 지켜서 여자의 몸이 되었으나 호랑이는 금기를 제대로 지키지 못하여 사람이 되지 못하였다. 이 여자는 혼인할 남자가 없어서 늘 신단의 나무 아래에서 잉태하게 해 달라고 빌었는데 이에 환웅이 거짓 사람으로 꾸며 혼인하였다. 이 여자가 잉태하여 한 아들을 낳으니 이분이 단군壇君왕검이시다."라고 했다.

제왕운기에서는 "상제인 환인에게 서자인 웅雄이 있었다. 아버지가 일러 말하기를 내려가 삼위태백三危太白에 이르러 널리 사람에게 도움을 주라 하여 웅이 천부인天符印 세 개를 받아 귀신 삼천 명을 이끌고 태백산 꼭대기 신단수 아래 내려오니 이가 바로 단웅천왕이다. 단웅은 손녀로 하여금 약을 마셔 사람이 되게 하고 단수신檀樹神과 혼인하여 단군檀君을 낳았는데 그가 조선지역에 근거하여 왕이 되었다. 그런 까닭에 시라(尸羅: 신라)·고례(高禮: 고구려)·남북옥저南北沃沮·동북부여東北扶餘·예濊·맥貊이 모두 단군의 후계이다. 1,038년 동안 다스리다가 아사달 산에 들어가 신이 되었으니 죽지 않은 까닭이다."고 썼다.

단군에 관한 내용을 전하고 있는 고려시대의 두 기록은 기본적인 내용에서는 비슷하나 세부적인 부분에서는 차이를 나타내고 있다. 먼저 단군을 표현함에 있어 삼국유사에서는 '제단 단壇' 자로 단군을 기록하고 있고 제왕운기에서는 '박달나무 단檀' 자를 사용하여 그 의미를 각기 다르게 나타내고 있다. 일반적으로 학계에서는 후자로써 단군을 나타낸다.

한편 삼국유사에서는 고조선조에서 단군조선과 기자조선을 함께 기록하고 있으나, 제왕운기에서는 전조선前朝鮮이라는 항목에서 단군에 의한 조선을 기술하고 후조선後朝鮮 항목에서 기자에 의한 조선을 언급하여 후속하는 위만조선과 함께 삼조선으로 구분하여 파악하는 특성을 보여주고 있다. 또한 삼국유사는 "단군왕검은 BC 2333년에 평양에 도읍을 정하고 나라 이름을 조선이라 일컬었다."고 적고 있다. 평양은 고대에서는 도읍과 같은 큰 취락지를 뜻하는 보통명사로서 중국 국경과 가까운 요동 근방에 단군이 도읍한 평양이 있었다고도 하며 또한 압록강 서북쪽에 있었다고도 한다.

단군은 1,500년 동안 나라를 다스리다가 중국 주나라에서 현인 기자箕子가 오자 왕위를 물려주고 아사달에 은거하여 산신이 되어 1,908세까지 살았다고 하는데 이 대목이 가장 논란을 빚어 왔다. 단군의 나이는 그 후손들이 약 2,000년 동안 계속 왕위를 이어 왔음을 상징적으로 표현했다고 보는 것이 순리에 맞을 것이다. 단군의 실존과 관련한 주류 역사학계와 재야 역사학자 간의 논쟁은 1974년이 시발점이었다. 검인정이었던 국사교과서가 국정화함에 따라 단군에 관한 역사기술의 태도가 선명성이 요구되었기 때문이다. 문교부가 펴낸 초·중·고교 국사교과서가 첫 선을 보이면서 '식민사관'과 '국수주의'라는 첨예한 논쟁이 서로 맞서며 학계와 재야의 공방이 시작되었다.

이 논쟁의 중심에 서 있던 국사학계의 원로 이병도는 그 동안 학계에서 많은 논란을 일으킨 단군신화에 관하여 "단군조선은 신화가 아닌 실제적 사실"이라고 1986년 10월 9일자 조선일보에 기고한 '개천절의 역사적 의의'에서 밝혔다. 그는 그간 발표한 여러 논문들을 열거, 삼국유사와 삼국사기 단군기록은 충분한 사료적 근거가 있다고 지적하면서 단군조선 실제론과 삼국사기 등 고대사서의 신빙성을 인정했다. 그는 지금까지 각종 고대사서와 문헌기록 등을 검토해 볼 때 단군과 단군조선은 단순한 신화와 전설로 처리할 수 없다고 지적하며, 단군왕검 실존을 전제로 고고학·민속학 등 인접학문과 협력하여 단군조선 이후 삼국시대 초기까지 한국상고사의 공백을 역사과학으로 정립하는 학계의 노력이 시급하다고 밝혔다. 그는 또한 단군 및 단군조선을 신화로 규정하여 한국사 서술에서 제외하고 고대사의 폭을 축소한 일인 학자들의 연구는 비판받아야 할 것이라고 말했다.

이병도가 단군과 그의 광역국가 개국과 환인 아닌 환국을 인정한 것은 많은 사연이 있다. 그의 일본 와세다 대학 동창생이자 오랜 비판자인 최태영의 3년 여에 걸친 끈질긴 노력과 이희승·윤태림·송지영 등의 인사들이 이병도를 설득한 결과였다. 1989년 두 사람의 공저로 한국상고사 입문을 출간하고 공개강연회를 며칠 앞두고 이병도가 작고하였다. 발표 후 후배들은 '노망들었다'고 그를 매도했는데, 아직도 역사가 바로 서지 못하는 이유가 이병도의 제자들이 학계를 주름잡고 왜곡된 역사를 고치기 꺼리기 때문이다.

청산되지 않은 역사

|

해방 후 오늘에 이르기까지 우리가 가장 많이 들은 말 중의 하나가 일제 잔재의 청산일 것이다. 그러나 우리는 그 치욕의 36년보다 더 긴 세월을 주권국가의 국민으로 살아왔다는 사실을 간과할 수 없으며, 그럼에도 불구하고 일제가 남겨 놓은 식민사관 하나 불식하지 못하고 있다면 그간 우리의 역사 인식이 얼마나 때 묻고 구겨졌으며 편견에 사로잡혀 있었던가를 먼저 반성해야 한다.

역사는 개인과 집단의 정체성을 담고 있어 역사 없는 개인은 없으며 거기에 자신과 조상, 민족과 공동체가 있어 삶의 원동력이 된다. 그런데 한국사에는 역사는 없고 좌절의 기억만 박제되어 있을 뿐이다. 이의 중요한 원인은 해방 이후 우리 역사학계가 왜곡된 역사 청산을 위한 노력에 미진한 부분이 많았고 우리가 이를 지나치게 학문적·실증적으로 해답을 찾으려 했기 때문에 오히려 미해결의 장으로 방치된 것임을 인정하여야 한다.

이제 우리는 한국고대사 왜곡의 목적이 무엇인가? 누가 그것으로 이익을 얻을 수 있는가? 왜 결정적인 사료의 특정부위·특정조건만 변조되었는가? 변조의 시기가 언제인가? 일본의 어느 세력이 변조한 것으로 추정되는가? 일본은 관행적으로 자국의 역사 변조도 자행하는바 그들의 가치관 왜곡은 심각하지 않은가? 일제 초기 한국고대사의 분서를 그 행위 자체로만 설명하려는 단순함은 과연 정당한가? 등에 대한 가장 기본적인 의문과 상식적인 부정으로부터 문제 해결의 방향을 잡아야 한다.

일제는 조선을 침탈하면서 자기네보다 유구하고 우월한 역사를 가진 조선인들에게 고조선이라는 강대하고 광활한 독립국가가 있었다는 사실은 어떻게 해서든 잊어버리도록 해야만 통치하기가 수월했다. 일본은 역대 환웅천황이 천 수백 년간 다스린 환국은 물론 고조선도 단군도 모두 실제 아닌 신화라는 사상을 퍼뜨리느라 환국으로 기재된 삼국유사를 불태우거나 변조하고 일본이 일찍이 한국을 지배하기도 했다는 거짓말을 사실처럼 날조했다. 한국고대사 왜곡의 앞잡이 이마니시 류는 한국사는 신라 때부터 시작되었다는 당치도 않은 설을 실증주의 사학이라고 주장함으로써 그 이전 수천 년의 한국고대사를 못믿을 것으로 돌려버렸다. 특히 단군조선의 실재와 한사군의 위치문제는 역사왜곡과 현대사의 잘못된 근원을 해결하는 원점적 열쇠라 할 수 있다.

일제는 정치·경제·군사적 침략과 함께 그 침략을 용이하도록 하기 위하여 한국의 역사·지리·법제·풍속 등을 연구하였다. 이 과정에서 그들이 발견한 것은 한국문화의 저력과 역사 인식의 폭과 깊이였다. 이는 1938년 조선사편수회 사업개요를 보면 "조선인은 다른 식민지에서의 야만·반미개민족과 달라서 독서와 글짓기에서 감히 문명인에게 뒤지지 않는다. 예로부터 역사서가 많이 있어 왔고 또 새로이 서술되는 것도 적지 않다. 그런데 전자는 독립시대의 저술로서 현재와의 관계는 결여되어 독립국의 옛 꿈을 회상시키는 폐단이 있다. 또한 후자는 근대조선에서의 일·청, 일·러의 세력 경쟁을 서술하여 조선의 향배를 말하거나 한국통사로 불리는 재외 조선인의 저서와 같이 사실의 진상은 살피지 아니하고 망녕된 말을 함부로 하는 경우가 많다. 이들 역사서가 민심을 미혹에 빠지게 하는 해독은 참으로 말로 다할 수 없으나 이를 절멸시키는 대책을 강구하는 것은 헛수고일 뿐 아니라 자칫 그 전파를 격려할지도 모른다. 하나의 옛 역사서를 금지시키는 대신에 공명·정확한 역사서로 대체하는 것이 첩경이고 그 효과도 두드러진 것이다. 이것이 조선반도사의 편찬을 하는 주된 이유다."라고 설명했다.

일본은 조선이 다른 식민지와 달리 문명국가란 점을 인식하고 있었다. 식민 지배의 논리는 이러한 문명의식을 잠재우면서 그 반대로 열등하다는 의식을 심는 방향으로 재편되었고, 그리하여 그들은 먼저 한국인에게 민족의식을 고취시킬 수 있는 한국사의 독서를 금지시켰다. 1910년 그들의 한국 강점과 더불어 한국사에 관한 서적을 불살라 버렸다든가 한국사를 읽는 자에게 신체적 고통을 가했다는 사실이 이를 입증한다.

일제의 식민정책은 단순한 금압에 머물지 않고 그들의 구상에 따라 한국사를 재구성하는 것으로 방향을 결정했다. 그들이 주창하는 일선동조론이나 강압만으로는 한민족의 복종을 기대하기 어렵고 한국인들이 역사서를 통하여 민족의식과 독립운동을 고취하는 상황에 비추어 새로운 한국사 정책이 필요하게 된 것이다. 따라서 식민사관은 조선 역사는 짧았고 영역은 좁았으며, 조선민족은 주체성이 없어 타민족의 영향과 지배를 받았으며, 천여 년간 사회적·경제적으로 정체된 사회였고, 조선민족은 열등하고 사대성과 당파성이 심하였기 때문에 주체적인 발전 능력이 없으므로 일본의 조선 통치는 당연한 것으로 조선은 이에 감사하여야 한다는 것이다. 이러한 전제로부터 단군조선은 역사가 아니라 신화다, 위만이 고조선을 통치하면서 고조선은 비로소 국가로 성장했다, 한나라가 고조선을 정복하고 세운 한사군은 한반도에 있었다, 중국과 일본의 지배로 한국이 발전했다, 삼국사기 초기기록은 역사적 사실이 아니라는 한국 주류 역사학계의 '부동의 정설'이 수립된다.

■ 역사 말살은 식민통치의 수단

일본인들이 서술한 한국역사는 왜곡이라는 말만으로는 설명할 수가 없다. 실로 악의에 찬 개악과 조작으로 일관된 것이 대부분이기 때문이다. 그들은 한국인의 민족성이 흉악하고 비열하다는 데서 출발하여 한국사의 주조主潮를 설명하였다. 한국사 왜곡과 말살에 앞장섰던 장본인은 조선총독들이다. 일제강점기 당시 조선총독은 일왕의 대리권자로서 조선의 제반 통치행정을 책임지고 있었던 사람이었다. 조선총독은 행정·입법·사법·군사 통수권까지 장악한 채 우리나라를 포괄적으로 통치했는데 형식상 일본 총리 하에 있었으나 식민지 통치와 관련해서는 대부분 전권을 가지고 있었다.

1910년 8월 29일, 조선을 강탈한 일제는 1906년에 설치했던 통감부를 조선총독부로 바꾸고 1910년 10월 1일 관보를 발행하기 시작했다. 조선총독부 관보를 근거로 하면 일본 군부의 최고 권력자였고 한국민의 민족운동을 압살했던 초대 총독 데라우치 마사타케寺內正毅는 취임한 즉시 전국의 각 행정기관을 동원하여 1910년 11월부터 1911년 12월 말까지 1년 2개월 동안 전국의 서적을 색출하여 단군조선 관계 고사서 등 51종 20여만 권, 그 뒤 15년 동안 차입한 사료 4,950종을 압수하고 이를 불태워 버린 것이다. 일제는 단군조선 등 한국사 관련 사료 등을 수집 시 한반도는 물론 일본·중국·만주에 있는 것도 수집하였다고 한다.

단군조선을 비롯한 한국사 왜곡과 말살 실태에 대한 자료는 조선총독부 조선사편수위원회가 편찬한 조선사편수회사업개요를 비롯, 제헌국회사, 일제강점기 때 군수를 했던 문정창 씨의 군국일본 조선강점 36년사, 30여 년 동안 단군조선 관계 사료를 수집·정리한 이상시 변호사가 조선일보 1985년 10월 4일자 11면 머리기사로 폭로한 '일제의 한국고사서 대량분서'의 기사와 '일제의 한국상고사 말살실태와 단군실사'라는 표제의 논문집, 단군실사에 관한 고증연구, 우리 상고사는 다시 쓰어져야 한다 등이다. 특히 조선일보 80년 사사社史 편찬실장 서희건이 주간조선에 1985년 10월 20일부터 1986년 10월 26일까지 총 51회에 걸쳐 특별기획으로 연재한 '단군조선은 이렇게 말살됐다'와 조선일보의 광복 41주년 특별기획으로 1986년 8월 15일부터 말일까지 11회 연재한 '국사교과서 새로 써야 한다.'에 잘 나와 있다.

일본의 사학자이면서 평론가인 하라타 사카에루原田榮는 저서 역사와 현대에서 "1923년 7월, 조선총독부 조선사 편찬위원회 구로이타黑板 고문이 대마도에 사료 탐방을 하였을 때 한국과 관계가 있는 문서·고기록 등이 대주구 번주藩主 종백작가宗伯爵家에 다수 있는 것을 알고 고문서류 66,469매, 고기록류 3,576책, 고지도 34매 등을 은폐 또는 분서했다."고 밝히고 있다. 일제의 우리 고사서 인멸은 단군조선 등 한국사를 왜곡하고 말살하기 위한 전초작업이었던 것이다. 조선총독부 취조국은 단군조선 등 한국사를 왜곡 편찬하는 데 필요한 일부 서적만 남기고 모두 불태워 버리고 현재 단군조선에 대해 논란이 되고 있는 삼국사기나 삼국유사 같은 극히 일부 사서만 남겨 놓았다.

조선사편수회는 1938년 전 35책 2만 4천 페이지에 달하는 조선사를 완성했는데, 일왕의 명령에 의해 국력을 동원하여 추진된 조선총독부 최대의 프로젝트로서 16년이란 기간과 1백만 원이란 거액이 투자된 사업이었다. 이 책은 2백부 소량만이 제작되었는데 후일 사학자 장도빈이 생전에 이를 어렵게 구해 그 내용을 처음 폭로했다. 경성제대 교수로서 조선사 편찬에 참여했던 스에마쓰 야스카즈末松保和는 해방 후 일본으로 돌아가 "이 35권의 조선사가 일본의 조선 통치시대의 선물이 되기는 하겠지만 그것이 조선사 연구에 어느 정도 도움이 되었느냐 하는 관점에서 본다면 다소의 이론이 있을 것입니다. 이 조선사 편찬사업은 조선통치의 수단, 즉 정치의 한 부분으로서의 작업이었습니다."라고 고백했다고 한다.

1933년부터 12년간 쇼료부(書陵部: 황실도서관)에서 우리 상고사 관련 사서를 분류하는 일을 담당했던 박창화朴昌和는 해방 후 "일본 궁내청 쇼료부에 단군조선과 관련된 책들이 쌓여 있다."는 사실을 언론에 공개했다. 그러나 현실적으로 쇼료부 소장본들은 목록으로 정리된 것들만 접근이 가능해 그의 말이 사실이라도 확인하기는 불가능에 가깝다.

■ 역사의 시간과 공간을 지배하라

일본은 조선사 편찬을 통하여 일본에는 없는 유구한 상고사의 고조선과 단군·기자·발해를 노골적으로 우리 역사에서 없애 버렸다. 무단정치로 악명이 높던 초대 총독은 취조국이 관장하던 업무를 1915년 중추원으로 이관하고 편찬과를 설치하여 조선반도사 편찬을 담당시켰다. 이완용과 권중현 등을 고문으로 앉힌 조선총독부 중추원은 1916년 1월, 중추원 참의와 부참의 15명에게 편사 업무를 맡기고 일본 동경제국대학 구로이다 가쓰미黑板勝美 와 일본 경도제국대학 미우라三浦周行 교수, 경도제대 이마니시 류 등 3인에게 지도·감독을 의뢰하였다. 구로이타 가쓰미는 시간과 공간을 지배하는 것이 곧 역사를 지배하는 것으로 한국사의 타율성을 정당화하는 작업과 아울러 유적 발굴을 식민통치에 이용하고 식민사관의 실질적 근거로 삼고자 하였다. 특히 이마니시 류는 경성제국대학 한국사학과 교수로 취임하여 한국고대사를 강의하면서 수많은 한국인 제자를 양성하여 이병도를 중심으로 하는 식민사관의 뿌리를 이어가게 했다.

조선사편수회 사업개요는 "…새로운 사서를 읽히는 것이 조선인에 대한 동화의 목적을 달성하는 첩경이며 또한 그 효과도 현저할 것이다. 이것이 조선반도사 편찬이 필요한 이유요 또한 편찬사업의 근본정신이다."라고 밝혀 한국 사료의 대량 분서와 한국사의 왜곡 편찬배경을 극명하게 입증해 주고 있다.

1919년 8월 12일, 문화정치를 표방하고 부임한 제3대 총독 사이토 마코토齋藤實는 한국사람을 반일본인으로 만드는 소위 교육시책에서 "먼저 조선 사람들이 자신의 역사·전통을 알지 못하게 만듦으로써 민족혼·민족문화를 상실하게 하고 그들의 선조와 선인들의 무위無爲, 무능과 악행 등을 들추어내 그것을 과장하여 조선인 후손들에게 가르침으로써 조선인 청소년들이 그 부조父祖들을 경시하고, 멸시하는 감정을 일으키게 하여 그것을 하나의 기풍으로 만들고, 그 결과 조선인 청소년들이 자국의 모든 인물과 사적에 관하여 부정적인 지식을 얻어 반드시 실망과 허무감에 빠지게 될 것이니 그때에 일본사적·일본인물·일본문화를 소개하면 그 동화의 효과가 지대할 것이다. 이것이 제국일본이 조선인을 반 일본인으로 만드는 요결인 것이다."라고 말했다.

일제의 마지막 총독 아베 노부유키는 "우리는 패했지만 조선은 승리한 것이 아니다. 내가 장담하건대 조선 국민이 제정신을 차려 찬란하고 위대했던 옛 조선의 영광을 되찾으려면 100년이라는 세월이 더 걸릴 것이다. 우리 일본은 조선국민에게 총과 대포보다 무서운 식민교육을 심어 놓았기 때문이다. 결국 조선국민은 서로 이간질하며 노예적 삶을 살 것이다. 보라! 실로 조선은 위대했고 찬란했지만 현재 조선은 결국 일본 식민교육의 노예로 전락했다. 그리고 나 아베 노부유키는 다시 돌아올 것이다."라고 마지막 순간까지 저주를 퍼부었다. 일본이 식민 달성이라는 정치적 목적을 위하여 가장 큰 에너지를 쏟은 것이 역사전쟁이었다. 오늘날 우리가 겪고 있는 소통의 혼란은 역사에 대한 정확한 지식이 없기 때문에 발생한 것이다. 뿌리와 역사가 없는 민족은 내일도 없다.

잃어버린 역사의 흔적

한사군은 한반도에 있었는가?
|

　우리 역사학계의 논란의 중심에 서 있는 한사군의 위치비정은 식민사관에서 말하는 외세지배론의 핵심이 되는 중요쟁점이다. 일제의 식민사관은 동양사의 주체였던 한민족의 역사를 한반도 내로 압축하여 반도 북부는 중국의 식민지, 반도 남부는 임나일본부에 의한 통치를 받음으로써 오늘날까지 제대로 된 완전한 독립을 해본 적도 없다는 엉터리 주장을 하기 위한 것이다. 이러한 논점은 조선은 위만조선으로부터 시작되었다는 추론의 근거가 되었으며, 반도적 지리 여건으로 독립이 불가능하여 자립·자치 능력이 없는 민족으로 매도함으로써 일본의 식민지정책을 정당화한 것이다.

　일제의 의도가 너무도 명백한 조선사의 편찬이 오늘날까지 지대한 영향을 미치고 있다는 점에서 한사군 문제에 대한 심각성이 있다. 주류 역사학계는 흉노전匈奴傳과 한사군 전쟁 10년 전에 이미 죽은 사마상여司馬相如가 저술하여 위서 논란이 있는 무릉서茂陵書, 대동강 유역 평양지역에서 발굴된 유적·유물, 그리고 한나라 계통의 중국계 유물 분포가 청천강을 경계로 구분된다는 점을 들어 청천강이 패수요 낙랑군이 평양에 있었다고 주장한다. 또한 재야 역사학계는 한사군은 기자조선·위만조선·한사군의 상호계승 관계로서 같은 위치에 존재해야 하고 기자조선과 위만조선이 있던 지역에 수성현과 갈석산이 있는 것이 증명된 사실을 들어 낙랑군 등 소위 한사군은 지금의 난하灤河 유역이라고 주장한다.

　한사군은 중국을 통일한 한 무제가 기원전 108년에 설치하여 서기 313년 낙랑군이 멸망할 때까지 421년간 존속되었다고 하나 기간 중 전한이 기원 8년에 멸망하였고, 이후 왕망의 신新나라·후한·위·서진이 건국되었다. 중국 25사에 의하면 중국의 한나라부터 명나라까지 2000년간 흥망을 거듭한 왕조는 25개로서 300년 넘은 왕조는 없으며, 200년 넘은 왕조도 후한·당·명·청 뿐으로 멸망한 왕조의 식민지가 400년 넘게 존속했다는 사실은 인정하기 어렵다. 사기史記는 한무제 당대에 사마천이 쓴 것으로 130권 중 115권이 조선열전이다. 조선열전의 한사군에 관한 기록은 누구도 부정 못 할 제1차 사료인데 여기에는 "마침내 조선이 평정되어 사군이 되었다遂定朝鮮爲四郡."고 기록되었을 뿐 낙랑樂浪·진번眞番·임둔臨屯·현토玄菟라는 한사군의 이름이 없다.

　한사군에 대한 기록은 약 200년 뒤 반고班固의 한서 조선전에 사기 기록인 수정조선위사군의 '위爲와 사四' 자 사이에 낙랑·진번·임둔·현도라는 8자가 가필되었고 나머지 내용은 사기 조선열전을 복사하였다. 사기 조선전에는 한이 조선을 멸망시킨 후 조선이 있던 지역에 평주平州·날양捏陽·추저萩苴·홰청澅淸이라는 사군을 설치하여 한에 항복한 조선사람 겹·최·음·삼이 다스렸다는 기록이 나온다. 한사군전쟁은 조선족 원거주민 출신들 장상 등 반란세력들이 우거왕과 끝까지 저항하던 성기成己를 죽이고 항복하면서 종결되었고, 조선을 평정한 한나라는 조선사군을 두고 이들을 후候로 봉하였다. 이들 4인의 후는 사기 연표에 정확히 기록되었지만 한사군은 사기년표에 기록이 없다. 또한 삼국지 위서 동이전 한조의 기사만으로도 고조선이 평양 일대의 소국이었다는 논리는 성립될 수 없다.

삼국지三國誌 위서동이전魏書東夷傳에서 위략魏略을 인용하여 "옛날 기자의 후예 조선후朝鮮後가 스스로 왕이라 칭하고, 연을 공격하려 하였다. 후에 자손이 점점 교만해지고 포악해지자 연나라 장군 진개를 파견하여 고조선의 서쪽지역을 침공하고 2천 여리의 땅을 빼앗아 만번한滿番汗에 이르는 지역을 경계로 삼았고 조선은 마침내 약화되었다."고 하였는데 한나라 이전 시대에 2천리를 빼앗긴 상황에서 고조선이 요동현 속현을 연나라와 국경으로 삼았다면 고조선이 평양 일대에 있었다는 사실은 절대로 성립할 수 없다. 한반도 전체가 3천리이고 현재의 평안남도는 2백여리이다. 한사군의 위치와 고조선의 위치는 떼어서 생각할 수 없다. 왜냐하면 고조선이 멸망하고 거기에 설치된 것이 한사군이기 때문이다.

■ 수성현遂城顯과 갈석산碣石山

현재 중국의 동북공정과 일본의 학계 및 국내의 주류 역사학계는 한나라가 고조선을 멸망시키고 세웠다는 낙랑군 수성현의 위치를 황해도 수안遂安으로 비정하고 있으나 낙랑군 수성현은 하북성 산해관 서쪽 갈석산 인근에 위치한바, 이병도 등이 주장하는 황해도 수안지역은 갈석산 지역으로 볼 수 없다. 이병도가 낙랑군 수성현을 황해도 수안군으로 비정하기 위해서 인용한 '신증 동국여지승람의 수안군 건치 연혁'에는 "고려 초기에 지금 이름 수안으로 고쳤다"고 적고 있다. 고려 초에 수안이란 이름이 생겼다는 뜻이다.

또한 김정호도 대동지지大東地志에서 "고려 태조 23년(940년)에 수안이란 이름으로 고쳤다"고 쓰고 있다. 이병도가 낙랑군 수성현을 황해도 수안현으로 비정한 유일한 근거가 '수遂' 자가 같다는 것인데 그것마저 고려 초기에 생긴 지명으로서 아무리 빨라도 10세기 이전에는 사용하지 않은 지명이다. 사기 하본기夏本紀 태강지리지太康地理誌에는 "낙랑 수성현에 갈석산이 있다. 장성이 시작된 곳樂浪 遂城縣 有碣石山 長成起所"이라 적었는데, 그 갈석산은 현재 하북성河北省 창려현昌黎縣에 있다. 북한의 역사학자 이지린 은 "패수는 낙랑군 루방현에서 흘러나와 동쪽으로 임패현을 지나서 동쪽 으로 바다에 흘러든다. 浿水出 樂浪郡 鏤方縣 東南過 臨浿縣 東入于海"는 수경 水經의 기록을 인용하면서 패수의 한반도설을 주장하는 남한학자들을 비 판하고 서쪽 바다로 흘러가는 대동강·청천강이 아니라고 하였다.

이지린은 "수경이라고 하는 책의 서문을 보면 수경이 오늘날 만리장성의 남쪽과 양자강 이북 사이에 있는 물에 관한 기록이지 만주에 관한 기록이 거나 바다와 대륙을 넘어 한반도의 물에 관한 기록이 아니다."라고 한다. 박지원은 열하일기에서 "어떤 자는 대동강을 패수라 하고, 어떤 자는 압록 강을 패수라 하며, 또 어떤 자는 청천강을 가리켜 패수라 하나, 이는 조선 의 옛 땅을 싸우지도 않고 남에게 내어주는 꼴이다."라고 하면서 열하성까 지 여행을 한 후 중국의 패수를 직접 보고 썼다.

또한 사기 지리지·수경·서경書經 우공禹貢편 등은 중국의 지리서인데 이 들의 기술 범위가 장강 이북에서 만리장성 이남의 중국 본토 지리에 국한 하고 있다고 서문에서 밝히고 있다. 그러므로 이 책에 기록한 낙랑·현도· 진번·임둔, 요동·요수·왕검성 그리고 조선·고구려·창해 등의 지명은 모두 중국 본토 안에 있는 지명이지 한반도의 지명이 아니며 낙랑군은 수성현· 갈석산·만리장성이 합쳐진 곳으로 한사군의 위치가 현재의 평양일 수가 없다.

중국의 공식 견해를 대변하는 중국역사지도집은 갈석산을 황해도가 아 니라 하북성 창려현 근방에 표시해 놓았다. 이 한 가지 사실로도 한강 이 북이 중국의 역사 강역이었다는 중국의 동북공정 핵심 논리는 파탄이 난 것이다. 중국은 왜 갈석산을 황해도에 그려놓지 못했을까? 갈석산은 우리 나라로 치면 설악산 정도 되는 유명한 산이어서 일반인도 그 허구성을 쉽게 알아볼 수 있고 또한 아홉 명의 황제가 올라서 구등황제산九登皇帝山으로 불리기 때문이다. 고조선을 침략하기 전 한무제, 고구려를 침략하기 전 수양제隋煬帝, 당 태종이 모두 이 산에 올라 전의를 다졌다는데 그 산이 황해도 수안에 위치해 있다면 이들은 공격도 하기 전에 황해도를 먼저 방문했다는 허망한 이야기가 된다.

■ 낙랑군 유물·유적

일제 관변사학자들은 한사군의 낙랑군이 평안남도와 황해도 북부에 걸쳐있었고 그 치소治所는 대동강변의 토성동이라고 주장했다. 그들은 낙랑군이 한반도 내부에 있었다는 전제 하에 우리 고대사의 시간과 공간을 배치하는 고고학적 근거로 만들었으며 발굴된 유물들은 삼국유사를 바꿔써야 할 만큼 명확한 것이라고 주장했다. 그러나 이들이 근거로 제시한 봉니封泥·동종銅鐘·각석刻石·와당瓦當·묘전(墓塼: 묘를 축조하는데 사용한 벽돌) 등 다섯 가지 유물 모두가 석연치 않은 의문점을 가지고 있다. 이 유물들은 낙랑군이 대동강 지역에 위치해 있었음을 강변하기 위해 억지로 짜맞추려 했던 의구심이 많은 유물이기 때문이다.

봉니는 다른 곳에 보내는 문건을 나무함에 넣어 열지 못하도록 매듭에 진흙을 붙이고 책임자의 도장을 찍은 것이다. 일종의 우편함으로 한반도 평양 지역에서 낙랑의 봉니가 발견되었는데 한 곳의 유적에서 수집된 봉니의 숫자가 너무 많은 것으로 1931년까지 200여 개가 나왔다. 또한 봉니에 찍힌 도장의 규격도 당시의 것과 맞지 않았으며, 봉니에 찍힌 군현 명칭이 모두 낙랑군에만 국한되어 있었다. 낙랑대윤장樂浪大尹章이라 찍힌 봉니의 인장에서 대윤은 왕망시대의 관직으로 서한시대에는 군을 다스리는 지방장관을 태수라 했다. 대윤이라는 관직명에 따르면 이 봉니는 왕망시대의 것처럼 보이나 왕망시대에는 서한시대에 사용하던 모든 군의 명칭을 개정하였는데 낙랑군은 낙선군이 되었다. 이 봉니가 왕망시대에 만들어졌다면 낙선대윤장이 되어야 하므로 군명과 관직명이 일치하지 않아서 진품으로 볼 수가 없는 것이다.

또한 한나라 중앙에서 내려 보낸 봉니가 하나도 없는 것은 낙랑토성의 지역집단이 한나라와는 무관한 세력이라 볼 수도 있는 것이다. 일본학자 후지다 료사쿠藤田亮策는 고조선 문화총람에서 "천 년이 지난 봉니의 형태가 너무 완전하고, 그 인영이 갓 찍어 놓은 것처럼 생생하고, 모든 봉니의 도장·색상·구조가 동일하며, 첫 발견 지점에서는 한 조각도 더 발견되지 않는다."고 의문을 표시했다.

중국의 조범이라는 학자가 요령성 단동시 애하점 고성지에서 '안평락미앙'이라 새겨진 기와를 발견하였다. 국내 주류역사학계는 이 기와 와당과 그에 대한 중국학자의 논문을 인용하여 "만주쪽에서 흘러 들어온 압록강의 지류인 애하 하구의 삼각지 유적에서 1976년 출토된 한대漢代 기와편에 '안평락미앙安平樂未央'이라는 명문이 새겨져 있었다. 이 명문의 안평은 지명이고 낙미앙은 한대에 흔히 쓰던 길상구다. 이 와당이 출토된 지점은 곧 한대의 요동군 서안평현의 유지임을 말해 준다. 이렇듯 한대의 요동군이 오늘날의 요동지역에 있었고, 그 속현인 서안평현이 압록강 지류지역에 있었다면 자연 요동군의 동편에 있었던 낙랑군은 한반도의 서북부에 위치하였음이 분명하다."며 평양 낙랑군설에 대한 새로운 증거로 제시하였다. 그러나 이러한 견해는 잘못된 것이다. 한시대의 기록인 사서와 한서에 의하면 당시 요동지역은 난하지역에 있었고 그 명문의 안평은 서안평을 뜻하지 않는다. 안평락미앙은 '평안함과 즐거움이 아직 다하지 않았다'는 뜻의 길상구이며 한대의 와당 명문에는 지명이 기록된 것이 아직 발견된 예가 없다.

또 하나의 쟁점인 점제현 신사비는 일본인 고고학자 세키노 다다시關野貞와 이마니시 류가 1913년 평남 온천군 성현리에서 발견하였는데, 이들은 이

신사비가 발견된 곳이 성현리 토성이라고 하는 고대 성곽과 인접하고 있어 점제현 치소, 즉 점제현을 다스리던 관청이 있던 곳으로 간주하였다. 그러나 치소는 방어시설이 가장 중요한데 대동강변의 토성동은 사방이 탁트인 구릉지대이며 비석이 발견된 지역은 유명 휴양지다.

사기 조선열전은 고조선의 우거왕이 "험준한 곳에서 저항했다."고 적었는데 대동강변 토성 주위에는 험준한 곳이란 존재하지 않는다. 이런 곳에 2000년간 서 있던 비석을 아무도 보지 못하고 세키노가 단번에 발견하였다는 점, 비석 내용에 사당과 왕릉이 있는데 토성동 일대에 그런 유적이 없고, 비석을 발견한 다음 동네 아이와 찍은 사진을 정상적 시각으로 볼 수 없으며, 비석을 세운 지역은 2000년 전 물이 들어온 지역으로 비석을 세울 수 없고, 성분 분석 결과 대동강 유역의 화강암이 아니었으며 비석 기초에 시멘트를 사용하였다. 이 모든 사실의 본질은 유물·유적의 대량 위조와 함께 날조된 논리를 마음대로 갖다 붙인 당시 일본 관변 사학자들의 견강부회이며 식민지 침략에 눈이 먼 학문적 파렴치와 죄악의 흔적이다.

■ 낙랑국과 낙랑군

낙랑국樂浪國은 서기 32년을 전후해서 지금의 평양 부근에 실존했으며, 이 시기는 낙랑군이 지금의 평양군에 존재한 것으로 되어 있어 이렇게 되면 평양에는 낙랑국이라는 독립국과 낙랑군이라는 한의 식민지가 동시에 존재한 것이 된다. 한나라의 사군현이 기원전 108년에 설치되어 고구려에 의해 축출되는 313년까지 421년간 우리나라 북부에 존재했다면 낙랑국이라는 독립적 존재는 어떻게 설명되어야 하는가? 이에 대해서는 역사학계에서도 최리崔理 낙랑국의 존재를 전설 정도로 치부하고 전혀 언급을 하지 못하고 있는 실정이다. 식민사학자들은 낙랑군이 곧 낙랑국이라는 논리를 주장하며 최리가 낙랑군 태수라고 주장하는데 이는 그들이 만든 동양사 사전을 그대로 모방한 구태의연한 논리 밖에 되지 않는다.

낙랑관련 기록은 삼국사기 고구려 본기 대무신왕大武神王 15년조의 기록에도 "4월에 왕자 호동이 옥저지방을 유람하고 있었는데 마침 낙랑왕 최리가 그곳을 출행하여 그를 보고 '그대의 얼굴을 보니 보통 사람이 아닌데 혹시 북국(北國: 고구려) 대무신왕의 아들이 아닌가?' 라고 묻고는 마침내 그를 데리고 돌아와 사위를 삼았다."는 내용이 나온다. 여기서 최리를 낙랑태수가 아니라 낙랑왕이라고 표현한 점에 유의하여야 한다. 이 낙랑국은 낙랑공주와 호동왕자 사이의 로맨스 끝에 32년에 멸망하였다. 낙랑군이 고구려에 멸망하는 것은 이보다 281년 후인 313년(미천왕 14년)의 일이다. 낙랑국의 위치는 어디였을까? 앞의 대무신왕조는 고구려를 북국이라고 표현하고 있다. 이는 낙랑이 고구려의 남쪽에 있었음을 말하며, 유리이사금 13년의 '낙랑이 북쪽 변경을 침략하여 타산성朶山城'이 함락되었다는 기록은 낙랑이 신라의 북쪽에 있었음을 말해 준다. 낙랑국은 고구려의 남쪽, 신라의 북쪽에 있던 나라였다.

우리는 흔히 약삭빠르고 시리市利에 민감하게 잔머리 잘 굴리는 사람들을 가리켜 '왜놈 같다'고 경멸한다. 그들이 자랑하는 일본정신이라는 것도 잔인한 폭력성이 감추어져 있는 목적론적 전통에 바탕을 둔 것이다. 그것은 결국 '왜곡과 모방'의 문화를 낳았으며 침략과 호전성으로 역사의 허기짐을 채웠다. 일본이 자기들의 역사는 물론 이웃나라의 역사까지 현실적 목적에 맞게 단장취의斷章取義식으로 왜곡하고 조작하는 것을 단순히 역사의식의 무지 때문이라고 치부하기는 어렵고, 허구의 진실을 믿도록 교육된 일본의 정신적 위선과 유전적 야만성에 기인한다고 보아야 한다.

고토故土가 아니라 미해결의 땅

청나라는 백두산이 청 왕조가 일어난 신령한 산이라며 자신의 땅이라고 오래 전부터 주장하였다. 청나라의 의도는 간도지방 봉금지대의 하한선을 압록강과 두만강으로 설정하고, 백두산을 확보하면서 이를 자신의 영토로 주장하기 위함이었다. 그러나 19세기 후반 조선은 토문강을 송화강 상류로 청나라는 두만강을 토문강으로 각기 달리 해석하여 토문강의 위치를 놓고 간도귀속에 대한 분쟁을 일으켰다. 지금은 북한과 중국의 접경이어서 남한에 살고 있는 우리들은 국경이라는 인식조차 희박하지만 조선시대만 해도 선조들은 백두산을 우리 영토의 끝이 아니라 중심이라고 생각했다. 백두산은 우리 민족 영토인식의 근원으로 단군의 역사가 시작된 곳이고 모든 산줄기가 여기서부터 시작되는 민족의 영산이기 때문이다.

간도는 잃어버린 고토가 아니라 미해결의 땅이라 불러야 한다. 이러한 생각의 한 가운데는 300년 전인 1712년(숙종 38년), 국토 분쟁의 해결 기준으로 청나라와 합의를 거쳐 세운 백두산정계비가 있으며 이것의 진정한 의미는 우리 영토의 실제 범위를 밝혀주는 중요한 출발점이 된다는 데 있다. 백두산정계비는 천지 동남쪽 2~3㎞ 지점에 세워져 있었다. 그런데 1931년 7월 29일 등반 시 발견되었으나 30일 하산 시 이 백두산정계비가 흔적도 없이 사라졌다.

왜 백두산정계비는 갑자기 사라졌을까? 1931년까지 중요한 국경비로 존재했던 백두산정계비가 없어진 이유를 지도 한 장에서 찾을 수 있다. 1908년 제작된 대한제국 지도에는 두만강 북쪽 간도가 조선 영토로 표기되었다. 그런데 3년 후 조선총독부가 만든 또 다른 지도는 조선의 영역을 두만강 이남으로만 표시하고 있다. 불과 3년 사이에 우리 백성들은 모르고 조선총독부만 아는 어떤 일이 일어난 것일까? 그 원인은 1909년 9월 4일, 일본은 북경에서 '간도에 관한 청일협약'을 맺어 남만주철도 부설권을 얻는 대신 간도를 청나라에 넘겨주었기 때문이다. 이 협약 제1조는 "도문강圖門江을 청·일 양국 국경으로 하고 강의 발원 지역은 경계비를 기점으로 하되 석을수石乙水를 양국의 경계로 할 것"이라고 정해 토문土門을 도문圖門으로 둔갑시켰다.

이렇게 일제는 조선의 외교권을 강탈하고 조선의 영토인 간도를 불법적으로 팔아먹음으로써 우리 현대사의 지형에 큰 변화를 초래했다. 당사자인 조선을 배제한 채 일본과 청나라가 마음대로 조선의 국경선을 확정한 것이다. 국제법에 의하면 간도협약은 법적 요건을 갖추지 못했으므로 원천무효다. 우선 협약 당사자에서 조선이 제외되고 일본이 들어 있다는 점이다. 제3국인 일본이 협약에 참가하려면 조선이 서면으로 명시적 동의를 해야 하는데 그렇지 않았고, 일본이 조선의 보호국 위치에 있다 하더라도 피보호국인 조선의 이름으로 조약을 맺지 않았기 때문에 국제법적으로 아무 효력이 없다.

■ 토문土門강은 두만豆滿강이 아니다

한 지역이 특정 국가의 영토가 되기 위해서는 몇 가지 조건을 갖추어야 한다. 첫째는 국경을 접한 양국의 협조가 중요하다. 다음으로는 누가 실제로 그 땅을 점유했느냐 여부가 영유권을 주장하는 중요한 근거가 된다. 압록강은 현재 북한과 중국의 국경선이다. 압록강 하류에서 북쪽으로 올라가면 단동지역에서 고구려 산성으로 유명한 봉황산 산성이 있다. 봉황산 산성이 자리한 평청의 우리식 지명은 봉성鳳城으로 조선시대 중국으로 가는 사신들이 반드시 거쳐가던 교통의 요충지였다. 이곳에서 자동차로 약 10분 거리에 벤먼邊門이라는 마을이 있다. 벤먼은 국경지역을 뜻하는 지명으로 조선시대에 책문柵門이라 부르던 곳이다.

이곳 벤먼에 있는 기차역의 이름은 현재 일면산역이나 현지인은 이곳이 고려문역이라 불렀다고 증언한다. 왜 이곳을 고려문역이라 불렀을까? 정계비가 세워진 훨씬 후대인 19세기에 미국인 선교사가 펴낸 조선소개서의 지도는 봉성을 조선의 옛 국경문으로 표기했다. 고려문이라는 지명은 여기서 유래된 것이다. 황여전람도皇與全覽圖 제작에 참여했던 프랑스인 선교사 레지(Regis)가 남긴 비망록에는 봉성 동쪽이 조선의 서쪽 국경선이라는 기록이 나온다. 이 기록에 따르면 당시 조선의 국경선은 압록강과 두만강이 아니라 봉성을 기점으로 훨씬 북쪽에 있었다.

세종조에 편찬한 용비어천가에는 서위압록 동위토문西爲鴨綠 東爲土門 故於分水嶺이라는 기록이 남아 있으며, 조선 조정이 압록강 이북을 관할했다는 영조실록의 기록도 보인다. 두만강 이북의 국경도 마찬가지다. 북관유적도첩北關遺跡圖帖은 고려 예종부터 조선 중기까지 북방개척에 관한 역사를 기록한 화첩이다. 이 책에 있는 척경입비도拓境立碑圖는 동북 9성을 개척한 윤관이 고려의 국경비를 세우는 장면을 담은 그림인데 비석에는 '고려지경 高麗之境' 네 글자가 뚜렷하다. 기록에 의하면 윤관의 국경비는 선춘령先春嶺에 세워졌는데, 18세기 지도의 선춘령은 두만강 북쪽 즉 지금의 간도 땅이다.

조선의 간도 점유를 확실하게 보여주는 또 다른 증거는 고종 때 만들어진 간도지역 사람들의 변계호적안邊界戶籍案인데 이 호적안 작성자는 조선 조정에서 파견된 서변계 관리사 서상무다. 내용 역시 매우 상세하여 지명과 함께 실제 거주자까지 정확하게 기록되어 있다. 조선의 행정력이 간도에 미쳤음을 보여주는 움직일 수 없는 증거다. 1897년 기록을 보면 청나라 사람에 비해 조선 사람의 수가 약 열 배나 많았다. 이처럼 간도 땅의 실제 점유자는 조선인이었지만 청나라는 간도를 포기하지 않았다. 결국 간도는 조선과 청 양국 사이에서 갈등의 땅이 되었다.

조선과 청은 1885년과 1887년 두 차례 감계회담勘界會談을 열었는데 이때 조선의 대표가 안변부사 이중하였다. 이중하는 조선 후기 꼿꼿한 관리로 이름이 높던 청백리였다. 청나라에 비해 열세한 입장에서 국경회담을 열어야 했던 이중하는 "내 목은 내놓을 수 있어도 나라 땅은 한 치도 내놓을 수 없다."는 단호한 태도로 회담에 임했다. 첫 회담은 1885년 9월 회령에서 열렸다. 회담은 시작부터 난항이었다. 청은 국경 조사를 두만강 하류부터 조사하자고 주장했으나 조선은 백두산정계비부터 조사하자고 맞섰다. 팽팽한 대립 끝에 결국 1차 회담은 결렬되었다. 청은 두만강을 토문강이라 여기고 두만강 하류부터 거슬러 올라가며 조사하자고 했다. 이는 두만강을 국경으로 삼겠다는 의도였다. 이에 맞선 조선은 백두산정계비에서 가장 가까운 물줄기를 찾아가자고 주장했다. 이는 백두산정계비에서 토문강으로 이어지는 선을 국경선으로 삼고자 함이었다.

2년 후인 1887년 다시 국경회담이 열렸으나 청의 태도는 1차 때보다 완강했다. 청은 아예 대놓고 임오군란과 갑신정변을 거론하며 조선 대표로 나선 이중하를 압박했다. 2차 회담이 진행되던 도중 조선 측은 매우 중요한 정보를 입수한다. 회담에 임하는 청의 기밀문서를 손에 넣은 것이다. 그것은 청나라의 군기대신 이홍장이 직접 내린 훈령으로 함경북도 무산군에 흐르는 두만강의 지류인 서두수西頭水와 토문강 사이에서 국경을 정하라는 내용을 담고 있었다. 즉 두만강의 가장 남쪽에 있는 홍단수紅丹水로 국경을 정하겠다는 것이다.

청의 입장을 확인한 이중하는 깊은 고민에 빠지고 결국 이중하는 두만강의 가장 북쪽 지류인 홍토수紅土水를 국경으로 삼기로 하고 회담에 임한다. 그러나 합의는 이루어지지 않았고 결국 2차 회담도 결렬되고 만다. 조선과 청의 국경회담은 이것이 마지막이었다.

토문강과 두만강이 서로 다른 강인 것이 1964년 북한과 중국 간 국경 문제를 정리한 중조변계의정서中朝邊界議定書를 통해 밝혀졌다. 중국은 간도 땅을 차지하기 위해 역사 기록에서 백두산정계비에 새겨진 토문강土門江의 이름을 장기간에 걸쳐 도문강(圖們江: 두만강)으로 조작해 왔는데 토문강의 실체는 간도 문제와 밀접한 관련이 있기 때문이다. 조선과 청나라가 1712년 세운 백두산정계비에서 국경을 '서쪽은 압록, 동쪽은 토문'이라고 규정한 이래 토문강은 조선과 중국의 영토분쟁의 고리였다. 토문강이 두만강이라면 간도는 중국의 영토가 되며, 별개의 강이라면 토문강 동북쪽 영토의 귀속 문제가 제기되는 것이다.

중조변계의정서에 따르면 21개의 경계 팻말 가운데 9호에서 10호 사이에 토문강이 흐르는데, 흑석구黑石構라는 명칭 바로 뒤에 한문으로 토문강이라고 적혀 있다. 토문이라 함은 우리말로 흙벽인데 실제 9호·10호 국경비 사이의 주변은 다른 강과 달리 거대한 흙벽이 강의 양 옆에 서 있으며, 토문강의 중국어 지명이 흑석구 또는 흑수하黑水河인데 실제로 강 밑에 검은 돌이 깔려 있어 강이 검게 보인다.

토문강은 백두산 천지와 쌍목봉 사이에서 발원한 강으로 두만강 발원지에는 21호 팻말을 세웠다. 두 강의 명칭은 별도로 사용됐고 간격도 60km 이상 떨어져 있다. 중국은 토문강을 두만강이라고 주장하는데 토문土門과 두만豆滿은 한자가 다르다. 지금 중국에서는 두만강을 도문강(圖們江: 중국 발음으로 투먼)이라고 부른다. 이는 토문의 중국 발음인 '투먼'과 발음이 같기 때문에 토문과 두만강이 같다고 주장하는 것이다.

최근 중국 국제전략연구기구의 '중국·조선 국경선 분쟁의 발단'이란 논문은 변경 지식이 부족한 무관 출신 목극등穆克登이 조선 관원에 의지해 국경선을 잘못 그었다고 주장했다. 목극등은 레지의 측정 결과보다 청에 유리하게 하기 위해 조선의 대표인 접반사 박권을 늙어서 산에 오르는 것이 힘들다는 이유로 현지에 동행도 못 하게 하였는데도 말이다.

또 하나의 역사전쟁, 동북공정
|

2003년 6월 24일, 중국 공산당 기관지 광명일보에 실린 "고구려 역사연구의 몇 가지 문제에 대한 시론-한민족은 고구려와 기자조선을 도용해 갔다."는 글이 국내에 소개되었는데, 그간 우려해 오던 중국의 한국고대사 빼앗기가 사실로 확인되었다. 중국의 동북공정 논리에 의하면 고조선은 중국 전국시대 연燕나라의 속국이었으며 그 지위가 진秦제국과 한漢제국에 까지 이어지다가 결국 한사군으로 귀결되면서 완전히 중국 군현으로 편입되었다고 주장한다. 이러한 주장은 우리의 상고사 체계를 완전히 뒤엎는 것으로써 학계뿐만 아니라 시민사회의 분노를 유발시키는 역사 왜곡이 분명하다. 이때부터 우리 정부·학계·언론계 등에서 중국의 동북공정을 주목하면서 한국고대사 1,000년의 역사귀속권을 둘러싼 역사전쟁이 시작되었다.

동북공정이란 '동북변강역사여현상계열연구공정東北邊疆歷史與現狀系列研究工程'의 줄인 말로 쉽게 풀면 '동북 변강의 역사와 그에 따라 파생되는 현상에 대한 체계적인 연구 프로젝트'란 뜻이다. 중국변강사지연구중심中國邊疆史地研究中心은 변강의 역사와 지리 연구를 전담할 목적으로 1983년 중국사회과학원 직속기관으로 설립되었으며, 동북공정은 중국변강사지연구중심이 주관한 5년 계획으로 2002년에 시작해서 2007년에 마무리되었다. 동북이란 지린성吉林省·헤이룽장성黑龍江省·랴오닝성遼寧省의 동북 3성을 가리키는 말로서 역사적으로 '만주' 또는 '간도'라는 명칭이 더 일반적인데 중국이 굳이 동북이란 용어를 사용한 데는 나름의 이유가 있다. 만주는 1931년 일본이 만주를 침략해 세운 괴뢰국을 환기시키거나 중국의 온전한 영토가 아니었다는 기억을 되살린다는 점에서, 간도는 조선 후기 이래 한국인이 만주로 들어와 개척한 땅이라는 점에서 사용을 기피한다.

중국은 1990년대 이후 국가통합·민족단결·변강안정을 목표로 티베트와 신장웨이우얼 자치구를 대상으로 서남공정을 시행해 왔고, 동북공정이 끝난 2007년에는 타이완이 중국에서 결코 분리할 수 없는 일부라는 것을 증명하기 위해 '대만문헌사료 출판공정'에 박차를 가하고 있다. 그러나 동북공정은 여타의 공정과 달리 중국사회과학원 산하의 모든 조직과 동북 3성의 행정조직, 공산당 조직, 대학 등이 모두 참여하였는데 중국 당국이 다른 공정보다 동북공정을 매우 중시하고 있다는 사실을 알 수 있다.

중국은 동북공정을 시작하는 취지를 동북지방을 중심으로 한 국제정세의 변화, 21세기 이후 동북변강의 안정이 동북아의 안정에 기여할 것이라는 지정학적 위상, 일부 국가의 연구기구와 학자, 소수 정치인들이 특별한 의도를 가지고 동북 역사를 왜곡하고 있다는 역사 문제 등을 들었다. 여기서 언급한 일부 국가, 소수 정치인이란 한국과 한국인을 가리킨다. 중국 측이 특별한 의도라며 민감하게 반응하는 데에는 1992년 한·중수교 이후 중국 방문이 자유로워지면서 중국을 자극하는 여러 가지 불미스러운 일들이 일어난 것도 사실이다. 한·중 수교 이래 연변에 사는 많은 조선족이 코리안 드림을 꿈꾸며 한국으로 이주 노동을 오고 한국의 종교인이나 사업가들이 연변 등지로 진출하면서 그 동안 단절되었던 민족적 정체성이 형성되는 계기가 되었다. 또한 1996년 이후 북한의 탈북자가 대거 조선족 사회에 유입되면서 탈북자와 조선족, 한국인 사이에 형성되는 민족적 정체성이나 영토 의식이 중국을 긴장하게 만드는 요인이 되었을 것이다.

■ 중화 패권주의와 식민사관의 공통점

동북공정과 식민사관 100년의 공통점은 한국사를 한반도라는 공간에 가두는 것이다. 또한 단군·위만·기자조선의 역사 중에서 단군조선을 인정하지 않음으로써 역사의 시간적 단축을 만드는 것이었다. 따라서 동북공정은 만주지역과 관련된 역사 문제일 뿐 아니라 영토 문제와 연결되는 정치적인 문제로 판단하여야 한다.

중국은 역사적으로 중화민족 제일주의를 추구하면서 필요하면 역사 왜곡도 서슴지 않는 전통이 있다. 때문에 중국의 역사관을 논리적·물증적으로만 접근하려 한다면 큰 혼란에 빠질 우려가 있다. 중국사 중에서 5호 16국·금·요·원·청 등은 중국 원래 민족인 한족이 이민족에 정복당해 만들어진 국가들이다. 요나라는 한족국가인 송나라가 고전 끝에 멸망시킬 수 있었고, 금나라는 원에 의해 망했으며 원나라는 지나치게 확장된 영토 때문에 역시 한족 국가인 명나라에 의해 멸망된 것이다.

그러나 문제가 되는 것은 청나라다. 금의 후예이자 여진족에 의해 세워진 청나라는 현재 중국 영토의 판도를 최대로 넓힌 왕조이기 때문이다. 사실 중국 한족은 북방을 점령·경략해 본 역사가 없는 것은 물론 이들에게 번번이 참패만 당했다. 한고조가 북방 선우족에게 패하여 공주를 볼모로 보냈다거나 명조에는 토목보의 변(土木堡之變: 하북성 회래현 서쪽)[8]이 있었고, 현재의 중국 영토를 만들어준 것도 만주족의 팔기군이었다. 팔기군은 최초로 몽골의 본토를 점령했고 신강·청해 등의 서북 영역을 개척했으며 그들은 원래 만주족이었으므로 만주 땅이 최초로 중국 영토로 편입되었기 때문이다.

중국은 왜 소수민족 문제에 민감하게 반응하는가? 그 이유는 중국 내 55개 소수민족과 한족의 인구 구성비와 지역 면적 등을 비교하면 이해할 수 있다. 중국 인구 중 한족이 91.9%이고 나머지 소수민족이 8.1%로 한민족

---

8) 명나라 정통제 14년(1449년)에 발생한 명나라와 몽골부족을 통일한 오이라트 사이에서 벌어진 전쟁에서 영종이 대패하여 오이라트에 포로가 된 사건이다. 북경의 관료들은 생각지도 못한 사태에서 대공황에 빠졌고 병부좌시랑 우겸(于謙)의 주도하에 정통제의 아우 경태제(景泰帝)를 황제로 옹립하여 위기를 극복하였다. 그러나 오이라트의 에센(也先)은 명 왕조를 지배하려는 야망은 없었으며 전쟁으로 인한 경제적 파탄은 오히려 피하려고 하였다. 그는 포로가 된 황제에게 예를 갖추어 대우하고 평화적인 국교회복을 요구해 1년 뒤 황제의 신병을 송환하였다.

이 인구수에서는 절대다수를 차지하지만 소수민족이 살고 있는 영토는 중국 전체 영토의 63.7%에 달한다. 만약 소수민족이 모두 중국에서 분리 독립한다면 한족은 불과 36.3%의 땅에서 91.9%의 인구가 살아가야 한다는 심각한 문제에 봉착하게 되며, 또한 소수민족이 살고 있는 곳은 천연가스·석유 등 중요한 에너지 자원이 매장되어 있고, 신장웨이우얼 자치구는 중국과 중앙아시아 그리고 유럽을 연결하는 통로로서 경제적·군사적 측면에서 매우 중요하기 때문이다.

중국의 동북공정에서 드러난 정치적 목표와 그것이 한반도의 미래에 미칠 영향은 첫째 역사적으로 한국과 관련이 깊고 또한 조선족 최대 집단 거주지인 동북지역이 한민족의 근거지로 발전하는 것을 사전에 차단하려는 데 있다. 소수민족 가운데 상당한 영향력을 지닌 조선족의 이탈은 타민족에게 미칠 영향이 매우 크기 때문이다.

둘째 중국이 고조선 이래 만주지역의 한국고대사를 중국사로 주장하는 것은 한반도와 중국 동북지구 즉 만주와의 역사적 연관성을 부정하려는 데 있다. 남북한이 주장하는 만주는 한국고대사의 영역이자 옛 우리 땅이라는 역사인식을 차단하는 한편 한반도 통일 이후 재기될지도 모를 간도 문제에 대비한 역사적 논거를 사전에 마련하려는 의도다.

셋째 이미 중화민족으로 흡수된 다른 소수민족이나 중국과 국경을 맞댄 베트남·몽골 등에 미칠 영향력을 차단하기 위해서다. 또 한 가지 간과할 수 없는 중국의 주장은 고구려사와 관련된 것으로 중국은 고구려가 427년에 동북지방의 국내성에서 한반도 내의 평양으로 수도를 옮긴 이후의 고구려사도 중국사에 포함된다고 주장하는 것이다. 중국의 주장대로라면 고구려가 국내성에서 평양으로 수도를 옮긴 것은 중국 변방의 소수민족 고구려가 한반도 내의 평양으로 그 영역을 확대한 것이기 때문에 한반도 안의 고구려사도 중국사란 것이다. '현재 중국 영토 안에서 이루어진 역사는 모두 중국 역사라고 주장했던 중국이 왜 갑자기 현재 자신의 영토도 아닌 평양을 언급했을까? 동북공정의 핵심 과제인 한반도 정세 변화에 대한 중국의 대비책은 대외비로 분류되어 이런 주장의 정확한 의도는 알 수 없지만 중국의 주장은 북한이 갑작스럽게 붕괴하거나 한국 주도로 흡수통일이 되는 상황을 상정한 것임을 알 수 있다.

중국의 동북공정에 의한 우리 역사의 중요한 왜곡은 고조선은 중국에서 넘어온 기자가 지배한 기자조선부터 시작하였고 만리장성의 시작은 평양이며, 부여는 우리 민족과는 관계없는 중국 고대 소수민족 중의 하나일 뿐이며, 고구려는 중국민족이 세운 지방정권으로 수·당 전쟁은 중국 내부의 통일전쟁으로 지방정권의 반란을 진압한 것으로 고려는 고구려를 계승한 것으로 기록한 중국 실사實史는 잘못이며, 발해는 말갈족의 나라로 당나라 역사의 일부라는 등 터무니없는 주장이다. 이에 대한 우리의 입장은 고조선은 독자적인 청동기 문화를 이룩하여 비파형동검·미송리식 토기·고인돌 등 같은 시기의 중국 유물과는 다르고 진나라 장성은 요하까지 축조된 것이며, 부여는 고조선·고구려·옥저·동예 등이 주류를 형성한 고대의 한민족인 예맥족이 세운 나라이며, 고구려는 영락이라는 독자연호를 사용하고 스스로 천손의 자손임을 밝힌 자주국가로서 중국의 역사서에서도 고구려 역사를 타국의 역사인 열전에 기록하였고, 조공과 책봉은 당시 중국 문화권 여러 나라에서 중국의 선진문물을 받아들이는 외교의 한 형태였으며, 중국의 주장대로라면 월남·돌궐·신라·백제·일본 등 동아시아 여러 나라가 중국사라고 주장해야 할 것이다. 발해는 스스로를 고려국이라 호칭한 고구려의 계승의식이 확고했으며, 일본에 보낸 국서에 천손이라 하고 주변의 말갈족을 번국으로 상정한 기록이 있다.

최근 중국 국가문물국은 만리장성의 총 길이가 21,196km라고 공식 발표했다. 2009년 발표(8,851km)에 비해 두 배 이상 늘어났는데, 문제는 만리장성이 고구려·발해 영토인 지린吉林성과 헤이룽장黑龍江성까지 연결돼 있다고 발표한 데 있다. 원래 길이 6,400㎞인 만리장성은 왜 고무줄이 됐을까? 그 변화의 핵심에 중국은 '통일적 다민족 국가'라는 논리가 있기 때문이다. 중국은 한족漢族과 비非한족이 서로 경쟁하며 분열하기도 했지만, 기본적으로는 대일통大一統의 전통에 의해 여러 민족이 융합해 통일된 국가, 즉 통일적 다민족 국가를 형성해 왔다는 것이다. 이 논리에 따르면 오늘날 중국 영토 안에 존재하는 모든 민족은 중국이라는 역사 공동체를 만드는 데 일정한 역할을 해왔다. 그래서 현재 '중국 영토 내 존재하는 모든 민족은 중국을 구성하는 중화민족'이란 것이다. 또 각 민족이 세운 왕조는 모두 중국의 왕조가 되며 각 왕조가 관할했던 강역의 총합이 역사상 중국의 강역이 된다는 것이다.

중국의 마대정馬大正은 중국의 동북변강연구에서 "우리들이 종사하는 학문 연구는 순수한 학문 연구가 아니고 국가의 이익을 위해 봉사하는 것"이라고 노골적으로 말했다. 우리는 중국의 동북공정에 대응하기 위해 중국의 주장과 논리를 비판할 수 있는 학문적 노력도 게을리 할 수 없지만 이에 못지않게 동북공정이라는 중국의 국가적 전략에 대비하는 현실적 문제 역시 깊이 성찰해야 한다. 중화 패권주의 사관의 발로인 중국의 동북공정은 20세기 일제 황국사관의 21세기판에 불과한 것이다. 최근 통일부장관을 지낸 이종석 세종연구소 수석연구위원은 '북한·중국국경 획정에 관한 연구'에서 북·중 국경조약 체결 직후인 1964년 북한대표단을 만난자리에서 모택동 주석이 "요동지방은 원래 조선땅이었으나 고대 왕조가 조선민족을 압록강변까지 내몰았다. 당신들의 역사를 기술할 때 이것을 써넣어야 한다."는 취지의 발언을 한 중국측 1차 사료를 공개했다. 주은래 총리도 1963년 베이징을 찾은 북한의 조선과학원 대표단에게 "역사는 왜곡할 수 없다. 두만강·압록강 서쪽은 역사이래 중국 땅이었으며, 심지어 예로부터 조선은 중국의 속국이었다는 말은 터무니 없는 말이다."라고 중국의 역사관이 대중화大中華 관점에서 왜곡·과장되었음을 인정했다. 이는 고구려가 소수민족이 세운 지방정권이라 주장해온 중국의 국가차원 프로젝트인 동북공정의 근본을 흔드는 발언이다.

II

한국인, 그들의 삶과 비명碑銘

한국인의 마음속에 살아 있는 활력의 근원은 삶의 유장悠長함과 생명의 역동성이다. 이것은 민중의 기층문화를 형성하는 바탕으로 우리 민족의 타고난 체질이며 후천적으로 취득한 형질이다. 우리 민족은 이것이 결합하여 한껏 고조되었을 때 자랑스러운 문화와 생동감 넘치는 역사를 발전시켜 왔다. 운명을 선택할 수는 없으나 운명을 맞이하는 태도는 선택할 수 있다. 오랜 수난의 역사 속에서 좌절과 극복을 경험한 우리 민족은 슬픔을 체화體化하는 '아모르파티(Amorfati)' 즉 운명을 내면화한 민족이다. 역경은 감동을 낳는다.

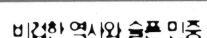

비겁한 역사와 슬픈 민중

1) 아픈 역사에서 배운다

떠밀린 천도遷都인가 위대한 결단인가?

고려의 강화 천도는 살리타이 제1차 몽골 침략군이 철수한 지 6개월 뒤의 일이었다. 1232년(고종 19년) 7월 6일 아침, 출발 시간이 다가왔는데도 고종은 떠나기를 주저하고 있었다. "폐하께서는 무얼 그리 주저하십니까? 정한 시간이 되었습니다. 빨리 궁전을 내려와 마차에 오르십시오!" 최우는 끌어내다시피 고종을 내몰아 장맛비가 쏟아지는 가운데 강화 천도를 강행했다. 고종은 비를 맞으며 마차에 올랐다. 장마가 열흘째 계속되고 있었다. "고우苦雨가 왜 이리 심한가? 국난에다 천후마저 우리를 괴롭히는구나." 고종의 마차는 황성의 광화문을 나서서 십자가를 지났다. 태자를 비롯한 왕실과 조정의 피난대열이 장맛비 속에서 어가를 따랐다. 강화로 피난갈 수 없는 남녀노소의 백성들은 수도를 버리고 떠나는 임금을 바라보면서 울부짖었다. 백성들의 울음소리와 피맺힌 외침을 듣는 고종은 마차 안에서 눈물을 닦았다. 고종의 가슴은 착잡했으며 더 이상 아무 말도 할 수 없었다. 최우가 도읍을 강화로 옮길 것을 결심하였을 때는 나라가 태평한 지 이미 오래여서 개경의 가구 수가 10만에 이르고 금벽金碧으로 단장한 집들이 즐비하였으므로 사람들은 모두 옮기기를 싫어하였으나 최우가 두려워 감히 나서는 사람이 없었다. 이때 참지정사參知政事 유승단兪升旦이 홀로 나서 "성곽을 버리고 종묘를 내던지고서 바다 가운데 있는 섬으로 도망쳐 구차스럽게 세월만 끌어서 변경의 장정들로 하여금 칼날과 살촉에 다 죽게 하고 노약자는 끌려가서 노예가 되게 하는 것은 나라를 위하는 장구한 계책이 되지 못합니다."라고 반대하였다.

또한 별초지유別抄指論 김세충은 천도를 주장하는 최우를 꾸짖으며 "송경松京은 태조 이래로 거의 3백년이 되었는데 성이 견고하고 병사와 양식이 족하니 진실로 마땅히 힘을 합쳐 사직을 지켜 나가야 하거늘 이를 버리고 어디로 갈 것인가?" 하였다. 대집성大集成이 김세충이 의논을 저지한다고 하여 그를 목 베기를 청하니 최우가 마침내 김세충을 참수하였다.

끝까지 강화 천도를 반대하던 유승단의 집에는 병이 깊어 기동을 못하는 그의 주위에 가족들이 모였다. "폐하께서 오늘 강도로 떠나신다 합니다. 장마가 계속되고 뱃길이 험한데 걱정입니다." 그러나 유승단은 "나는 임금의 신하요. 신하는 항상 임금의 곁을 멀리 떠나서는 안 되는 것이오. 더구나 지금은 난국이오. 임금이 몽진하는데 신하가 어떻게 병을 구실로 제 집에 누워 있겠소. 도중에 죽어도 좋으니 장마 따위는 가리지 말고 빨리 떠날 준비를 하시오."라고 말했다. 그는 주위의 만류에도 불구하고 병든 몸을 이끌고 강화로 향했다.

최우는 자신의 전 재산을 수레 1천 대에 싣고 강화도로 떠났는데 개경에 남은 백성들은 그 누구의 보살핌도 받지 못하고 적의 수중에 남게 되었다. 당대의 최고 실권자 최우는 백성들에 대한 뚜렷한 대책도 없이 허둥지둥 수도를 강화로 옮긴 다음 유일한 정예부대인 도방都房을 자신의 호위병으로 묶어 두고 이름뿐인 중앙군으로 하여금 세계 최강의 몽고군을 맞게 했다. 집권자와 귀족들은 강화도에서 호화로운 궁전과 저택을 짓고 개경에서와 마찬가지로 호화스러운 연회를 벌이며 날을 지새웠다.

사신史臣은 "국가가 병란을 입은 이래로 연등회를 정지한 지 벌써 6년이나 되었다. 더구나 지금 동북쪽이 모두 적의 소굴이 되고 서남쪽 사람들은 바다의 섬에 떠돌며 타향살이를 하며 길에는 죽은 시체가 즐비하고 창고가 모두 비었으니, 왕은 마땅히 조심하고 경계하여 소의간식(宵衣旰食: 임금이 정사에 바빠 아침 일찍 일어나고 저녁 늦게 밥을 먹는 것)하며 어진 정사를 베풀고 무비武備를 닦더라도 오히려 보존하지 못할까 두려운데, 생각이 여기에는 미치지 못하고 향락에만 탐닉하였다. 왕은 이미 쇠하고 늙어서 시음개일視蔭愒日[9]하는 처지라 책할 것도 못되지만 시종한 자 중에서 어찌 한두 사람의 지각 있는 사람이 없어서 왕과 함께 손뼉을 치며 즐거움을 돕기를 태평한 때와 같이 해서 한마디도 간하는 자가 없었음은 무슨 일인가?"라고 적었다. 이들은 호화로운 생활을 유지하기 위해 전쟁 중인데도 평상시와 다름없는 세금을 걷고 각종 토목공사에 동원하기까지 하니 사람들이 도리어 몽고군이 오는 것을 기뻐했다고 한다.

■ 민중들의 천도 저항

조정과 귀족들이 송도를 빠져나가자 백성들의 불만이 도처에서 폭발하였다. 반란이 맨 먼저 일어난 곳은 개경이었다. 반란의 주동자는 어사대의 조례(皁隷: 관청에서 부리는 노비와 하인) 이통李通이었다. 조정이 개경을 빠져나간 바로 그날 이통은 일군의 관노들을 이끌고 거리를 헤매면서 외쳤다. "우리에게 임금은 없다. 조정도 없다. 그들은 우리를 버리고 자기들만 살기 위하여 강화도로 도망갔다. 이제 우리는 우리 스스로 지켜야 한다." 이통의

---

[9] 세월을 하는 일 없이 보내면서 날짜 지나가는 것을 아까워 한다는 뜻이다. 좌전(左傳)에 춘추시대 진나라 조맹(趙孟)이 황혼 빛을 바라보면서 "해도 하루 밤낮을 계속하지 못하는데 누가 5년을 기약한다 하였는가?" 하였다. 그러자 후자(后子)란 사람이 "조맹이 곧 죽을 것이다. 백성을 다스리는 사람으로서 하는 일 없이 날을 탐하고 있으니 오래 살지 못할 것이다."라고 했다 한다.

무리는 즉시 행동을 개시하여 개경의 노비들과 불평분자 그리고 인근의 유이농민流移農民 집단인 초적들, 사원의 승려들까지 모아 반란을 일으켰다. 증강된 반란군은 삼군을 편성하여 송도의 행정을 맡은 왕경유수 김중귀와 병마사 김인경을 내쫓고 창고를 털어 돈과 곡식을 빼앗았다. 최우는 피난 수도 강화에서 이 소식을 듣고 진압군을 편성하여 '이통의 난'을 토벌케 했다. 반군과 관군 사이에 일대회전이 벌어졌으나 급조된 반군이 훈련된 관군을 이길 수는 없었다. 반군은 초전에 격파되었고 그들의 지배계급에 대한 분노와 계급투쟁은 많은 희생만 치르고 진압되었다.

또한 조정이 강화로 옮겨가자 지난해 충주반란을 주도했던 우본이 다시 군사를 일으켰다. "강화로 도망간 조정은 우리 조정이 아니다. 이제 고려는 없다." 우본은 충주의 백성들을 모아 읍성을 점령하고 창고를 점령하여 재물과 곡식을 백성들에게 나누어 주었다. 제2차 충주민란이 일어난 것이다. 개경반란을 진압한 최우는 이자성을 충주로 보내 우본의 반란을 진압케 하였다. 반란의 주모자인 대원사의 승려 우본은 승려들을 중심으로 난을 일으켰으나 그의 지도력 부족과 부하들의 배신으로 실패하고 말았다.

고종 24년에는 초적 이연년 형제가 원율(原栗: 지금의 담양) 등 여러 군의 무뢰배들을 불러 모아 스스로 백적도원수百賊都元帥라 자칭하고 해양(海陽: 지금의 광주) 등지의 주현을 격파하고 나주를 포위하였는데 병세가 매우 성하였다. 그러나 당대의 명장 김경손에게 패하여 이연년은 참수되고 나머지 반도들도 크게 무너졌다.

여몽전쟁 초기에는 정부에 귀순하여 종군을 자원하던 초적들도 강화 천도 후에는 종군한 예가 없었다. 주로 경기지역에 집결해 있던 초적들은 그 후 빈발하는 민란의 주동세력으로 조정에 대항하였다. 이처럼 강화 천도는 일시적으로 국가존립을 유지했는지는 모르나 백성들로부터 크게 유리되는 결과를 초래했다. 고려는 최우·최항·최의의 집권기와 뒤이은 김인준·

임연·임유무의 집권기까지 강화에서 장기 항전을 하였다. 최씨 무신정권이 몰락하고 1270년(원종 11년) 5월 23일, 재추宰樞들이 모여서 개경으로 환도할 것을 논의하면서 강화시대는 막을 내렸다. 그러나 몽골병들이 그동안 행했던 살육과 포로 등으로 끌려간 인명 손실, 많은 재화의 약탈과 우마 등 가축의 상실뿐 아니라 신라시대 이래의 국보급 문화재 손실도 엄청난 것이었다. 최씨 정권은 강화도로 천도한 이후에는 그곳의 방위에만 주력했을 뿐 다른 지역이 침략받는 것에 대해서는 어떠한 대책을 강구하지 않았다. 이들이 천도 후 취한 일련의 조치는 몽골군을 크게 자극했을 뿐만 아니라 식량 부족과 몽골군의 살육과 약탈로 인해 최씨 정권은 초적을 비롯한 지방민들로 부터 직접적인 위협을 받기도 했다.

고려의 강화 천도 결행은 몽골로 하여금 도리어 침략의 구실을 보태어 주는 결과가 되었으며 백성들의 고통과 희생을 외면한 최씨를 비롯한 지배 귀족들의 호화스런 강도江都생활은 비난받지 않을 수 없다. 집권세력들이 비겁한 천도를 결행하는 대신 능동적이고 기민한 외교 활동을 전개해서 몽고의 재침을 방어하든가, 아니면 항전의 전열을 갖추어서 보다 적극적인 대비책을 강화했더라면 그만큼 피해와 손실은 줄었을 것이다.

강화 천도에 대한 평가가 장기적으로 대몽항전을 전개하려는 대외적 자주성을 지키기 위한 처사였다는 긍정적인 견해도 있으나 그보다는 최우가 자기의 정권을 유지하려는 데 더 큰 목적을 두고 있었다는 비판적인 견해가 대부분이다. 따라서 강화 천도는 우리가 일반적으로 가지고 있는 인식인 항몽과 같은 국가적 저항이 아니라 일부 권신의 자기 보전을 위한 비겁한 행위였다는 비판을 면하기 어려운 것이다. 최우가 정말로 나라의 민족을 위함과 왕에 대한 충성으로 항몽을 결정했다면 백성들이 왜 그를 외면했겠는가? 그의 결정은 우리가 생각하는 '위대한 주사위(The die is cast)'는 아니었다고 보아야 한다.

항몽전쟁은 천민들의 싸움

|

몽골과의 전쟁[10]은 1231년(고종 18년)부터 시작되었다. 고려는 처음에는 몽골과 동맹 관계였지만 차츰 몽골이 요구하는 공물이 늘어나면서 부담이 커졌다. 더구나 엎친 데 덮친 격으로 몽골의 사신 저고여著古輿[11]가 압록강에서 살해당하는 사건이 벌어지면서 이후 두 나라의 국교가 단절되면서 침략으로 이어지게 된 것이다. 몽골군이 대대적인 공격을 가해 오면서 그들이 지나간 곳은 폐허만 남고 시체가 산을 이루었다. 고려사절요를 보면 "10세 이상의 남자는 모두 죽이고 부녀자와 어린아이는 사로잡아 병졸들에게 나누어 주었으며, 1254년 한 해 동안만 포로로 잡혀간 남녀가 20만 6천8백 명이나 되었다."고 한다. 몽골은 고려의 강경한 항몽정책에 자극을 받아 1259년(고종 46년)에 강화가 이루어질 때까지 약 30년간 일곱 차례나 군대를 보

---

10) 몽골의 1차 침입은 칭기즈칸의 대를 이은 오고타이(태종)가 1231년(고종 18년) 살리타이(撒禮塔)에게 별군을 주어 침입하였다. 고려군은 이를 맞아 싸웠으나 전세가 불리하여 강화를 요청하고 살리타이는 전국에 72명의 다루가치(達魯花赤: 지방관리관)를 두고 철수하였다. 몽골의 침입은 공물에 대한 기대와 만주 점령, 남송과 일본 정벌의 근거지를 확보하기 위해서였다. 2차 침입은 1232년(고종 19년) 최우의 독단적 강화 천도가 몽골에 적의를 보인 것으로 판단하여 살리타이를 앞세워 침략하고 개경을 함락한 후 처인성을 공격하다가 김윤후의 화살에 맞아 살리타이가 살해되자 철군하였다. 이때 부인사(符仁寺) 고려대장경 초조판(初彫版)이 불탔다. 3차 침입은 1235년(고종 22년) 몽골이 남송을 공격하는 과정에 당올태(唐兀台)가 침입하여 4년간의 전화에 휩싸인다. 황룡사 9층탑이 파괴되었으며 대장경 재조(再彫)가 시작되었다. 왕의 입조를 조건으로 군대를 철수한 후 신안공 전(新安公 佺)이 몽골에 입조하였다. 4차 침입은 1251년(고종 38년) 오고타이 칸의 대를 이어 구유크 칸(정종·貴由)이 취임한 후 아모간(阿母侃)을 앞세워 침입하였다. 구유크 칸이 갑자기 죽고 후계 문제로 국내 사정이 어수선하자 몽골군이 철수하였다가 몽케 칸(헌종)이 즉위한 후 예케(也古)를 앞세워 재침입하였다. 충주성의 70일 공방으로 전세가 불리해진 몽고는 강화를 받아들이고 고려 왕자인 안경공 창(安慶公 唱)이 몽골에 입조하였다. 5차 침입은 1254년(고종 41년) 몽케 칸은 재차 국왕의 입조와 출륙을 요구하며 차랄타이(車羅大)를 정동원수로 임명하고 침입하였으나 충주성·상주산성 공략에 실패하고 철군하였다. 이때의 인명 피해가 가장 심각하였다. 6차 침입은 1255년(고종 42년) 자랄타이가 인질을 대동하고 침입하였으나 몽골에 가 있던 김수강이 몽케 칸을 설득하여 몽골군이 철수하였다. 7차 침입은 1257년(고종 44년) 몽골에 대한 세공을 정지하자 자랄타이가 재침략하였으며 친조와 출륙 조건으로 철수하였다.

11) 1225년 1월, 압록강을 건너 몽골로 돌아가던 사신 저고여가 피살되었는데, 동사강목에는 여진의 잔당인 우가하(亏哥下)가 그를 죽였다고 썼다. 우가하와 동진(東眞)은 고려가 몽고와 교의를 맺은 것을 미워하여 틈이 생기게 하려고 고려를 쳐들어 올 때는 몽고 옷을 입고, 몽고 사신들의 길을 막을 때는 고려 옷을 입었기 때문에 분별할 수가 없었다. 뒤에 몽고 사신이 동진을 지날 때 동진의 만노(萬奴)가 말하기를 "고려가 너희를 배반하였다. 조심하여 더 나가지 말라." 하였으나 사신은 이를 듣지 않고 그 진위를 증험하려고 길을 떠났다. 만노는 먼저 사람을 양국의 경계 산골로 보내어 고려의 옷으로 위장하여 잠복했다가 이를 쏘게 하였다고 적었다. 그러나 아직도 범인이 누구인지 확실하지 않다. 토벌되지 않은 우가하도 있고, 동진 역시 유력한 용의자이며, 몽고의 간섭을 벗어나기 위한 고려의 살해 가능성도 있다.

냈다. 그러나 바다에 약한 몽골군은 강화도 점령에는 번번이 실패했다.

뜻밖에 고려의 강력한 저항에 부딪힌 몽골은 '왕의 친조親朝'와 '개경환도'를 강화 조건으로 제시했다. 고려의 지배층은 둘로 갈렸다. 육지로 나가면 권력을 잃을 것을 두려워한 최씨 정권은 개경 환도를 거부했지만 이 기회에 왕권을 회복하려는 왕과 문신들은 환도에 찬성했다. 그 와중에 1258년 김인중 등이 최씨 정권을 무너뜨렸고 이듬해 왕 대신 태자(나중에 원종)가 몽골에 입조함으로써 전쟁은 일단락되었다.

왕위에 오른 원종은 몽골로가 태자(나중에 충렬왕)와 몽골공주의 결혼을 제의하고 왕권회복을 도와달라고 간청했다. 1270년 5월 원종은 몽골군과 함께 귀국하면서 환도를 명령했다. 실권자 임유무가 이를 거부하자 그를 제거하고 마침내 개경 환도를 선언했다. 개경 환도는 바로 몽골의 지배를 인정한다는 의미였다. 정중부의 쿠데타 이후 실로 백 년 만의 왕정 복고였지만 몽골의 비호 하에 이루어진 것이었다.

■ 세계제국 몽골에 맞서다

몽골군의 침략시 자진하여 정부군에 들어가 뛰어난 용맹을 보인 것은 지배층이 초적草賊이라 부르던 농민군·노비·부곡민部曲民·소민所民·향민鄕民[12]으로 이루어진 천민군이었다. 이들은 얼마 전까지만 해도 정부군의 가혹한 진압아래 수십, 수백 명씩 떼죽음 당한 이른바 반란의 무리들이었다. 1차 침입 때 서북면 구주 부근 마산의 초적 5천여 명은 동원역 전투(지금의 황해도 봉산 일대)에서 고전하던 정부군을 도와 전투를 승리로 이끌었으며, 충주에서는 수령과 양반들이 모두 도망간 사이에 노비로 구성된 노군奴軍과 잡류 별초군이 몽골군을 물리쳤다.

----

12) 고려시대의 천민들은 일정 지역에 집단적으로 거주하였으며 그 지역은 향·소·부곡이라고 하는 특수한 행정구역을 이루었다. 어떤 곳은 규모가 군·현만큼 큰 곳도 있었다. 이곳은 조선 초기에 와서 일반 군·현으로 편입된 후 소멸되었다.

1232년 몽골의 2차 침입 때 살리타이撒禮塔 장군이 이끄는 군대가 처인성處仁城에 쳐들어 왔다가 화살에 맞아 죽었는데 고려사의 기록에 따르면 한 승려가 성에 있다가 살리타이를 화살로 쏘아 죽였다고 한다. 이후 고려 조정이 그를 상장군이라는 높은 자리로 포상하려 하자 "한창 싸울 때 나는 활과 화살이 없었는데 어찌 감히 과분한 상을 받겠습니까?"라며 거절했다고 한다. 그는 뒤에 환속했는데 그가 바로 김윤후金允侯였다.

　　과연 살리타이가 김윤후의 화살에 맞아 죽었을까? 원사元史에서는 살리타이가 처인성에 이르렀을 때 날아온 화살에 맞아 죽었다고 쓰고 있지만 누가 죽였다는 말은 없었다. 그러나 처인성의 승리가 김윤후의 지휘를 통해 이루어진 것만은 틀림없는 사실이다. 김윤후는 백현원白峴院의 승려였다. 그는 덕망이 있고 도량이 넓은 것으로 널리 알려졌으며 천하고 가난한 사람들을 아끼고, 병서를 많이 읽어 전략·전술 면에서도 높은 역량을 갖춘 인물로 처인 일대에 알려져 있었다. 몽골군이 접근해 오자 처인 부곡의 사람들은 대부분 난을 피해 산성으로 가지 않고 평지의 처인성으로 모여들었다. 처인성에는 김윤후가 천민들로 구성된 의병을 편성하여 지휘하고 있었기 때문이었다.

　　그로부터 21년 뒤인 몽골의 5차 침입 때 김윤후는 다시 등장하게 된다. 이때 그는 충주의 방호별감으로 수비대장쯤 되는 직책을 맡고 있었다. 몽골 군대는 충주성을 약 70일간이나 포위했고 그 와중에 성안의 군량미가 모두 떨어지고 말았다. 당시 상황에 대한 고려사의 기록은 매우 간단하지만 아마도 분위기는 절망적이었을 것이다. 묘책을 짜내던 김윤후는 힘을 다해 싸운다면 귀천을 따지지 않고 관직을 제수하겠다고 하며 관노의 호적을 불태우고 노획했던 말과 소를 나누어 주었다. 김윤후의 선언은 즉각 효력이 나타났다. 성 안의 모든 사람은 죽기 살기로 싸웠고 몽골은 끝내 충주성을 함락시키지 못하고 물러났다.

몽골군을 물리친 다음 날 아침 김윤후는 부하들과 함께 성루로 올라갔다. 그는 몽골군이 주둔하고 있던 골짜기 숲을 바라보다가 말했다. "밤새 어둠을 타고 몽골군이 철수했구나. 이제 몽골군은 없다." "그것을 어떻게 아십니까?" "저걸 봐라. 몽골군 숙영지 위로 새들이 날아들지 않느냐. 그건 군사가 없다는 증거다. 굶주린 새들이 먹을 것을 찾아 날아드는 것이다. 군사들이 있다면 새들이 날아들겠느냐?" 그때야 참모들은 고개를 끄덕였다. 김윤후는 부하들을 데리고 몽골군이 주둔했던 골짜기 입구 숙영지로 갔다. 여기저기를 둘러보던 중 한쪽 구석에 말의 뼈가 쌓여 있었다. 그것을 보고 김윤후는 "몽골군은 이 땅에서 철수할 것이다. 기병들이 전장에서 말을 잡아먹는다는 것은 식량이 떨어졌다는 증거다. 절량과 기근이 극심할 때라야 그들은 말을 잡아먹는다."고 말했다.

충주성에서 패배함으로써 몽골군은 사기가 꺾여 고종 40년 12월 18일 군사를 돌려 북으로 향했다. 이로써 고려는 충주 이남의 땅을 지킬 수 있게 되었다. 김윤후는 처인성에 이어 충주성에서 승첩을 올려 고려 제일의 항몽 장수로 떠올랐다. 고려 조정은 충주성의 전공을 높이 평가하여 김윤후에게 네 계급을 특진시켜 섭상장군攝上將軍으로 올려 감문위監門衛를 맡겼다. 고종은 김윤후를 승진시키면서 "그대는 지난 번 처인성에서도 적장을 살해하여 적군을 물러나게 한 공을 세우고도 표창을 사양했다. 장수가 자신의 공을 자랑하면 교만해져서 적을 가벼이 여기고 다른 군사와 공을 다투어 결국 이기지 못하고 패하게 되어 있다. 그대는 대첩을 거두고도 공을 사양했으니 그런 겸양으로 하여 승첩을 올리게 된 것이다." 김윤후는 일어나서 고종에게 큰 절을 하면서 말했다. "신은 전쟁에서 백성들의 힘이 가장 중요함을 깨달았습니다. 전투력을 형성하는 것은 소수의 양반이 아니라 다수를 이루고 있는 백성들입니다. 위기에 처했을 때 양반들은 보이지 않았지만 백성들은 떼를 지어 앞으로 나섰습니다. 특히 천민들이 더 용감히 싸웠습니다. 전시에는 천민이고 양반이고를 따져서는 안 될 것입니다. 폐하의 허락 없이 충주성에서 노비문서를 폐기한 것을 벌하여 주십시오."

조정에서는 참전한 충주의 사졸로부터 관노와 일반백성들에게도 공로에 따라 모두 관직을 주었고, 그해 4월에는 충주를 국원경國原京으로 승격시켰다. 고려 항몽전의 영웅 김윤후는 1262년 원종에 의해 추밀원부사·예부상서가 되고 이듬해 다시 벼슬이 승차하였으나 이를 사양하고 은퇴하였다. 그는 그 후 어떻게 살았는지 알려지지 않은 영웅이다.

어느 시대를 막론하고 천민은 힘없는 자들이었다. 그러기에 그들이 역사에서 그 흔적을 남기기는 대단히 어려웠다. 그러나 몽골과의 전쟁에서 가장 선두에 서서 맞서 싸운 것은 백성들이지 귀족이나 무신이 아니었다. 당시 세계 최강의 제국 몽골에 맞서 맨몸으로 위대한 저항을 한 것은 사회적으로 천대받던 부곡민과 이름 없는 노비들인 고려의 민초들이었다.

우리나라 농민항쟁의 역사에서 민중들의 지배 권력에 대한 저항이 고려 무신정권 시기처럼 치열했던 때는 없었을 것이다. 정중부 이후 무인들이 권력을 독식한 고려사회는 심각하게 병들어 갔고 백성들은 권력의 횡포에 시달리고 굶주림에 떨고 있었다. 무신정권이 성립되기 이전의 정치적 상황은 인종 때 이자겸과 묘청의 난이 발생하여 집권층 내부의 권력 다툼이 표면화됨으로써 중앙집권제가 동요하였고, 무신정권은 하급 군인층, 농민들의 호응으로 성립하였음에도 피지배층을 위한 제도개편이나 관리들의 탐학을 근절하기 위한 시책을 제시하지 않았다. 무신들의 목적은 문신들을 대신하여 많은 토지와 노비를 소유하고 부귀영화를 누릴 따름이었다.

4대에 걸쳐 60여 년간 정권을 유지했던 최씨 정권은 국가의 공적 지배체계를 초월하는 사적 권력체계를 확립했으며, 교정도감·도방·정방·서방 등

사적 지배구조를 통해 권력을 강화했다. 아울러 이들은 막강한 사병을 보유하고 있었다. 최충헌이 가병을 사열하는데 군사들이 두서너 겹으로 열을 지어 2~3리에 뻗쳤으며, 그들은 창 자루에 은병을 매달아 자랑해 보이며 사람들을 모집했다. 특히 문객 중에서 이들 가병을 북방 정벌에 종군하기를 청하는 자가 있으면 즉시 먼 섬으로 귀양을 보냈다고 한다. 날쌔고 용맹스러운 자는 모두 최충헌과 그의 아들 최우가 차지했고 관군은 모두 늙고 약하고 파리한 군졸뿐이었으며, 이들은 사병 외에 삼별초라는 공병적 성격의 군대도 조직했다. 대몽 항쟁기에 일반 민중은 중앙정부의 수탈과 새로운 침략자 몽골에 맞서 이중의 항쟁을 벌여야 했다. 그에 비하여 최씨 정권의 대몽항쟁은 강화 천도에서 알 수 있듯이 장기전을 펼치면서 정권을 유지하는 것이 목적이었다.

예종 때는 고려를 등지고 만주 쪽으로 떠나가는 유민이 늘어나는 한편, 도탄에 빠진 농민들은 신분 해방과 지배층의 압박·수탈에 항거하기 위하여 대규모 반란을 일으켰다. 12세기 초부터 유민들은 집단적인 도적이 되어 전국 도처에서 벌떼처럼 일어났다. 고려사의 예종 즉위년 기록에는 "지금 제도주군諸道州郡의 수령 가운데서 청렴하여 백성을 돌보아주는 자는 열에 한둘도 없고 거의가 이익을 탐내고 공명에 팔려서 나라의 체면을 손상시킨다. 뇌물만 좋아하고 자기의 사사로운 이익만을 도모하여 백성들을 침해하니, 유망流亡이 연이어져서 열 집 가운데 아홉 집이 비게 되어 짐은 매우 가슴 아프다."고 했다고 적었다.

궁궐을 불태운 분노
|

1592년(선조 25년) 4월 14일, 일본은 28만 명의 대군을 동원하여 조선을 침략하였다. 선발대 1만 7천 명은 700여 척의 군선을 타고 대마도의 오우라항大浦項을 출발하여 때마침 불어오는 순풍을 타고 대한해협을 건너 오후 늦게 부산포에 상륙하였다. 이날 부산 앞바다에는 척후선 한 척도 없었다. 조선은 아무런 준비도 없이 압도적인 적군을 맞은 것이다. 바다를 가득 메운 엄청난 수의 적군이 쳐들어오고 부산진성과 동래성이 처절한 전투 끝에 함락되도록 서울 남산의 봉수대는 봉화도 오르지 않았다.

조선 조정에서는 일본군의 침략이 시작된 지 4일 후인 1592년 4월 17일 아침에 좌수사 박홍이 보낸 장계狀啓가 도착함으로써 비로소 전쟁이 시작되었다는 사실을 알게 되었다. 조정은 일본군의 침략 정도를 대수롭지 않게 생각하고 일선에서 충분히 격퇴할 수 있을 것으로 생각했으나 곧이어 동래성의 함락을 보고하는 장계가 도착하자 사태가 심각하다는 사실을 알게 되었다. 조정에서는 이일李鎰을 순변사로 임명하여 병력을 이끌고 즉시 출전시키고자 하였으나 병사가 제대로 모집되지 않았다. 3일이 지난 후 겨우 60여 명의 군관만을 이끌고 남쪽으로 출발했지만 이일은 싸움 한 번 제대로 못하고 패주하였다. 뒤이어 신립을 삼도순변사로 삼아 왜적을 막도록 하였으나 그는 충주 탄금대에서 배수의 진을 치고 항거하다가 처참하게 패배하였다.

충주 패전의 보고에 접한 선조는 서울을 버리고 파천하자는 말을 꺼냈지만 대신과 중신들은 모두 눈물을 흘리면서 부당함을 진언하였다. 그들은 종묘와 궁궐이 있는 서울을 고수하면서 외부의 원군을 기다리자고 주장하였다. 우승지 신잡申礁은 스스로 자결할지언정 선조의 뒤를 따르지 못하겠다고 하였으며 수찬 박동현도 "전하께서 일단 도성을 나가시면 인심을 보장할 수 없습니다. 전하의 연을 멘 인부도 길모퉁이에 연을 버려둔 채 달아날 것입니다."라면서 민심이 극도로 나빠진 상황을 설명하였다. 선조는 "내가 여기를 버리고 어디로 가겠는가? 아무데도 가지 않고 마땅히 경들과 더불어 목숨을 바칠 것이다."고 하였으나 이미 파천은 결정된 사실이었다. 4월 그믐날 선조는 평안도 쪽으로 피난길을 떠났다. 그러나 호위하던 군사들은 모두 달아나고 궁문엔 자물쇠도 채우지 않았으며, 금루(禁漏: 궁중의 물시계)는 시간을 알리지 않았다. 밤이 깊어 선조는 군복 차림으로 말을 타고 돈의문을 나가고 왕비는 걸어서 인화문을 나왔다. 밤은 칠흑같이 어둡고 비까지 내려 지척을 분간할 수 없었는데 도승지 이항복이 촛불을 잡고 길을 인도하였다. 다음 날 새벽 선조의 행차는 모래재를 넘었다. 계속해서 많은 비가 내려 일행이 비를 맞으며 벽제관에 이르러 점심을 먹게 되었는데 왕과 왕비의 반찬은 겨우 준비되었으나 세자는 반찬도 없는 점심을 먹었다. 병조판서 김응남이 분주히 뛰어 다녀 보았으나 도리가 없었다. 시종했던 관리들 중 다수는 도로 서울로 들어가 가족을 데리고 피난하기에 바빴고 왕을 수행하는 관리는 백여 명도 되지 않았다.

어가가 임진강에 당도한 것은 저녁 무렵이었다. 줄기차게 내린 비로 강물이 불어나 넘실거리고 나룻배는 불과 5~6척이었다. 사람들이 체통을 잃고 상하가 먼저 타려고 뒤엉켜 다투었다. 임금도 대신도 눈에 보이지 않았다. 적이 쫓아오는 것도 문제지만 임금과 대신들이 배를 먼저 타고 건너가면 배를 되돌려 보내지 않을까 의심한 것이다. 신하들의 의심대로 임금을 태우고 갔던 나룻배는 강을 건넌 후에 다시 되돌아오지 않았다. 선조는 타고 온 배는 불태우고, 가까운 곳의 인가도 철거하라고 명령했다. 일본군이 민가의 재목을 뜯어내어 뗏목을 만들 것을 염려했기 때문이다. 이때 강을 건너지 못한 사람이 절반이 넘었다고 한다. 강 저쪽에 갑자기 버려진 신하들은 허탈과 분노에 휩싸였지만 어가는 질척거리는 길을 따라 북쪽으로 나아갔다.

선조수정실록 25년 4월, 임진왜란 당시의 기록은 "도성의 궁성에 불이 났다. 어가가 떠나려 할 즈음 도성 안의 간악한 백성이 먼저 내탕고內帑庫에 들어가 보물을 다투어 가졌는데, 이윽고 어가가 떠나자 난민이 크게 일어나 먼저 장례원掌隷院과 형조를 불태웠으니 이는 두 곳 관서에 공사 노비의 문적文籍이 있기 때문이었다. 그러고는 마침내 궁성의 창고를 크게 노략하고 불을 질러 흔적을 없앴다. 경복궁·창덕궁·창경궁의 세 궁궐이 일시에 모두 타버렸다. 역대의 보완寶玩과 문무루文武樓·홍문관에 간직해 둔 서적, 춘추관의 각조 실록各朝實錄, 다른 창고에 보관된 전조前朝의 사초史草, 승정원일기가 모두 남김없이 타 버렸고 내외 창고와 각 관서에 보관된 것도 모두 도둑을 맞아 버렸다. 임해군의 집과 병조판서 홍여순의 집도 불에 탔는데 이 두 집은 평상시 많은 재물을 모았다고 소문이 났기 때문이었다. 유도대장留都大將이 몇 사람을 참斬하여 군중을 경계시켰으나 난민이 떼로 일어나서 금지할 수가 없었다."고 적었다.

선조수정실록과는 뚜렷한 차이가 있지만 당시 텅 빈 한양에 가장 먼저 입성했던 왜군 장수 고니시 유키나가小西行長 휘하의 장수 오오제키大關의 조선정벌기 한 대목이다. "안으로 들어가 보니 궁전은 텅 비어 있고 사대문은 제멋대로 열려 있었다. 그제야 전각을 자세히 살펴보니 궁궐은 구름 위에 솟아 있고 누대는 찬란한 빛을 발하여 그 아름다운 모습은 진나라 궁정의 장려함을 방불케 하더라. 후궁에는 화장품 향기가 감돌고 화려한 거울이 덧없이 남아 있었다. 건물마다 문이 열려 있었고 궁문을 지키는 자가 없으니 어디를 보아도 처량하기 짝이 없다." 5월 3일 입성한 그는 경복궁을 처음 본 소감을 적어 놓았는데, 그에 따르면 적어도 5월 3일까지는 경복궁이 건재했다. 그런데 다른 종군 승려 덴케이天荊가 쓴 서정일기西征日記에는 사흘 뒤인 5월 7일 "금중禁中에 들어가니 궁전은 모두 초토로 변해 있었다."라고 기록되어 있다. 이에 따르면 궁궐은 4월 30일이 아니라 왜군이 입성한 5월 4일부터 5월 7일 사이에 불탄 것이고 방화범은 백성이 아니라 왜군이 된다.

경복궁이 누구에 의해서 불탔는지는 아직 정확히 밝혀지지 않았다. 누구 손에 불탔던들 어떠랴. 중요한 건 백성이든 왜군이든 또 다른 누구에 의해서였던 당시 궁궐을 불태운 불길은 지배층의 나태와 무책임을 질타하는 소리 없는 아우성이었으며 제 백성을 지키지 못하고 도망가는 지배층에 대한 분노였다.

당시 조선 백성은 일본군의 길잡이가 되기도 했고 선조의 장남인 임해군을 붙잡아 일본군에 넘기기도 했다. 탐욕스러운 왕자의 수탈에 이를 갈았기 때문이다. 전란은 왜적이 일으켰지만 이제 조정은 백성들과도 싸워야 했다. 비록 전략적으로는 임금의 파천이 최선의 선택이었지만 백성들의 민심은 급속히 차가워지고 있었다. 임진왜란 당시 표면화된 민심이반의 원인을 거슬러 올라가면 집권층의 가혹한 형벌 및 부역 남용에서 그 일부를 찾을 수 있다. 백성들의 마음은 전쟁 전에 이미 조정을 떠났던 것이다.

당시 조선을 구하고자 들어온 명나라 관리들과 장군들의 눈에 비친 조선의 국왕과 사대부들은 한마디로 한심한 사람들이었다. 명나라에서 온 유원외劉員外는 이러한 행태가 나라를 위기에 빠트렸다고 지적하면서 "조선 조정은 과오를 뉘우치고 천명을 두려워하라."고 훈계하고 왜란은 하늘이 내린 벌이라면서 "조선의 군신은 마땅히 자신의 죄를 살피라."고 하였다. 명나라 황제는 이 전쟁을 조선이 불러들인 것이라고 단언하면서 임금과 신하의 무능과 무책임을 통렬하게 꾸짖었다. 명나라 황제에게 이런 모욕을 당하고도 조선의 조정은 아무 말도 할 수 없었다. 급기야는 명나라에서 조선을 분할하여 지배해야 한다는 논의까지 나왔다.

■ 망해야 할 나라가 300년을 잇고

임진왜란을 맞아 선조는 사직과 백성의 안위를 외면한 채 오직 압록강을 건너 중국으로 들어갈 생각뿐이었다. 1592년(선조 25년) 5월 3일, 윤두수가 "성상께서 요동으로 건너가실 계획을 세우지 않으신다면 신들이 어찌 감히 치첩雉堞[13]을 지키지 않겠습니까?"라고 말하자 선조는 "여기서 용천(압록강 부근)이 얼마 남았는가?"라고 물었다고 한다. 선조는 망명 이외에는 아무 생각도 없었던 것이다. 윤두수가 다섯 번이나 강하게 반대했으나 결국 선조는 요동 진영에 "비빈과 자녀를 거느리고 명에 들어가고자 합니다."라는 자문을 보내어 명나라에 내부(內附: 망명을 뜻함)할 경우 자신에 관한 처우를 어떻게 할 것인가를 물었다. 선조가 원한 것은 조선을 명나라에 바치되 백성에 대한 통치권을 유지하고 영토를 보존하는 방법이었다.

그러나 선조의 기대와는 달리 명나라가 내민 조건은 "압록강변에 있는 관전보寬奠堡라는 오랑캐 지역의 수용소 하나를 내어 주겠으니 수행하는 관원과 하인을 합쳐 1백 명, 부인들은 20명만 건너오게 하라."는 칙서를 보냈다. 선조는 아연실색했다. 명나라의 수도 북경으로 들어가 여생을 보내려던 선조에게 명나라의 통보는 충격이었다. 명나라의 반대로 망명이 좌절된 선조는 심각한 딜레마에 봉착하였다. 망명을 공표한 것은 조선의 왕을 그만 두겠다는 선언으로 선조는 더 이상 조선의 왕으로 체통을 지킬 수 없었다.

이때 광해군은 훌륭하게 처신하고 있었다. 위험한 지역을 몸소 다니면서 백성들을 어루만지고 격려하였는데 불안과 공포에 떨고 있던 백성들에게 광해군은 국가가 건재하다는 실증이었다. 크게 민심을 얻은 광해군은 명나라의 신임도 얻었다. 명나라 황제가 직접 광해군에게 칙서를 보내 격려할 정도였다. 이러한 상황이 선조에게는 심각한 위기감을 불러 양위소동을 벌이기도 했는데 스스로 실격시킨 왕권을 다시 회복하기 위한 고도의 술책이었다. 그때마다 신하들과 세자가 죽을죄를 지었다고 애걸하면 못 이긴

----
13) 성 위에 낮게 쌓은 담. 여기에 몸을 숨기고 적을 감시하거나 공격하거나 한다.

체하고 물러나는 대신 자신의 실책을 덮어 버렸는데 전쟁 기간에만 15차례나 소동이 벌어졌다. 말도 안 되는 사태가 반복되자 '사관 위에 하늘 있다'며 자부심 높던 사관들이 이를 극렬하게 비판했다.

이런 상황에서 재상으로 있던 류성룡이 면천법免賤法을 만들어 노비들이 왜적의 머리 하나를 베어 오면 자유민으로 신분을 해방하고 세 개를 베어 오면 벼슬까지 주겠다는 혁신적 시책을 발표하자 백성들의 마음이 다시 돌아서고 의병에 가담하게 되었다. 류성룡은 또한 속오군束伍軍을 만들어서 병역 의무에서 면제되었던 양반들이 군역을 부담케 하고, 양반들의 반대에도 불구하고 작미법作米法을 강행해서 백성들의 세금을 덜어 주었다.

류성룡이 주도한 개혁정책 덕분에 조선은 다시 살아났다. 류성룡은 징비록懲毖錄에서 "임금의 행차가 평양을 떠나온 후로는 인심이 무너져 지나는 곳마다 난민이 창고에 들어가 곡물을 약탈했다."고 기록했으며 평양성이 함락되면서 조선은 곧 멸망할 것처럼 보였다. 이렇게 국왕이 도주에 여념이 없는 상황에서 백성은 어떻게 왜군에 맞서 싸울 수 있었겠는가? 전쟁이 끝나가자 용렬한 임금 선조는 류성룡의 공을 불안해하여 그를 제거하려고 하였다. 류성룡이 없었으면 이순신 역시 죽은 목숨이었다. 이순신이 노량해전에서 전사하는 날이 7년 전쟁을 이끈 류성룡이 실각하는 날이었다.

임진왜란이 끝난 1604년 7월, 녹훈도감錄勳都監[14]은 일 년 여의 논의 끝에 110명의 공신을 선정했다. 발표된 공신 명단을 보면 조선의 집권세력들이 엄청난 국난을 겪고서도 정말 정신을 차렸는지 의심스럽다. 1등 무공훈장에 해당하는 호성공신扈聖功臣은 터무니없게도 적군에 맞서 싸운 사람들이 아니라 국왕 선조를 의주까지 안전하게 도망치도록 하는 데 노력한

---

14) 나라에 훈공(勳功)을 세운 공신들에게 녹훈(錄勳)을 하기 위하여 임시로 설치한 기구로, 공신에 관한 사무를 맡아본 관청은 공신도감(功臣都監)·충훈부(忠勳府)·녹훈도감(錄勳都監) 등이 있었다. 공신에게 수여한 상훈문서를 공신녹권(功臣錄券) 및 공신상훈교서(功臣賞勳教書)라 칭하며, 녹권은 공신축(功臣軸) 또는 철권(鐵券)이라 별칭하여 공신도감이 발급되며, 동공자(同功者) 전체의 공적과 상전(賞典)을 기록한 것이고, 교서는 수사자(受賜者) 개인의 공적과 상훈을 기록한 개별적인 문서이다.

자들이었다. 조정의 문신들과 내시들까지 포함해 무기 한 번 잡아보지 못한 86명이 책봉되었다. 그 다음에 직접 참전한 사람들과 명에 군사를 요청한 사람들이 2등에 해당하는 선무공신宣武功臣으로 선정된다. 이순신을 비롯해 주로 전사한 무신들과 의병장들이 임명되었는데 겨우 18명뿐이었다. 북으로 도망가는 선조의 시중을 들고 발이나 닦아준 내시는 1등급의 공신이 되었고, 장렬하게 싸우다 전사한 많은 의병장들은 공신 명단에도 오르지 못했다. 세계 어느 나라 역사에 이렇게 황당하고 불공정한 논공행상은 찾아볼 수 없을 것이다.

선조는 녹훈도감의 신료들에게 "지금 왜적을 평정한 것은 오로지 명군 덕분이다. 우리 장수들은 간혹 명군의 뒤를 쫓아다니다가 요행히 적 잔병의 머리를 얻었을 뿐 일찍이 적 우두머리의 머리 하나를 베거나 적진 하나를 함락시킨 적이 없었다. 그 가운데 이순신과 원균 두 장수의 해상에서의 승리와 권율의 행주대첩이 다소 빛날 뿐이다. 만약 명군이 들어오게 된 이유를 논한다면 그것은 모두 호종했던 여러 신료들이 험한 길에 엎어지면서도 의주까지 나를 따라와 천조에 호소했기 때문에 적을 토벌하여 강토를 회복할 수 있었던 것이다."라고 말했다.

이 발언 속에는 정치적 복선이 깔려 있다. 특히 '명군 덕분에 왜적을 평정했다'는 말의 의미는 중차대하다. 전란 극복의 모든 공로를 명군 덕분으로 돌릴 경우 이순신 같은 영웅의 공로는 상대적으로 왜소해진다. 더욱이 선조는 "이순신의 승리가 다소 빛날 뿐이다."라고 하면서 그나마 원균·권율과 병렬하고 있다. 왜 그랬을까? 그것은 전란을 치르면서 선조의 위신이 실추되었던 것과 관련이 있었다. 선조는 논공행상 과정에서 명군의 역할을 절대적으로 높이 평가하고 그것을 통해 "내가 의주까지 갔기 때문에 명군을 불러올 수 있었다"는 담론을 창출해 냄으로써 '파천만 했던 무능한 군주에서 명군을 불러온 구국의 군주로 변신하는 데 성공한다.

임진왜란이 끝난 후 전설의 명장 곽재우는 패랭이를 만들어 생계를 잇다가 재기용되어 경상우병사로 있었는데 붕당이 심하고 나라가 어지러워지자 사직소를 올리면서 세 가지 이유를 들었다. 첫째 조정이 수군 방비에만 골몰하고 육군의 증강에 등한히 하며 둘째 전후의 사정은 가리지 못하면서 실속 없이 척화라는 의리만 내세워 일본과의 관계를 사납게 하여 앞일이 우려되고 셋째 이원익 같은 충성스러운 신하를 신임하지 않음이 물러나는 이유라고 했다. 이 소疏가 화근이 되어 그는 유배를 당한 후 고향 현풍의 비슬산에 들어가 곡식을 끊고 송홧가루만 먹고 여생을 마쳤다고 한다.

김덕령은 역적으로 몰려 참혹하게 죽었으며, 함경도를 거의 혼자 힘으로 회복한 정문부도 나중에 감옥에서 죽어야 했고, 이순신은 이미 죽어서 말이 없었다. 명나라의 참전으로 전황이 안정되면서 조정의 푸대접에 견디다 못해 의병들도 하나 둘 흩어지고 말았는데 선조 26년 1월, 명나라에 통보한 조선 의병은 2만 6천 명이었다. 일본군이 부산으로 퇴각하여 남부지방에 웅크린 선조 26년 여름, 조정은 의병을 공식적으로 해산하였다.

임진왜란을 당하여 우리 민족의 위대한 저력이 다시 발휘되었는데 곽재우·고경명 같은 의병장은 양반들이었다고 하더라도 창칼을 들고 싸움에 임한 병사들은 상민이거나 천민들이었다. 그들은 조정으로부터 아무런 혜택도 받아 본 일이 없는 서러운 백성들이었다. 그들이 왕실과 조정이 버리고 달아난 나라를 지키기 위해서 목숨을 버리며 저항했다는 사실은 우리 역사가 기억해야 할 부분이다. 임진왜란의 결과는 매우 역설적이다. 전후 일본은 1600년 세키가하라 전투関ヶ原の戦い[15]를 통해 도요토미 시대가 종언을 고하고 도쿠가와 시대가 열린다. 중국 역시 1644년 명이 멸망하고

----

15) 일본의 아즈치모모야마시대(安土桃山時代)에 도요토미 히데요시가 죽자 그 권좌를 두고 다투던 도쿠가와 이에야스(德川家康) 파와 이시다 미쓰나리(石田三成) 파가 1600년 10월 21일, 일본 중부지방 기후현(岐阜県)의 세키가하라정(関ヶ原町)에서 결전을 벌였다. 이날 하루 전투에서 도쿠가와 이에야스가 승리를 거두면서 사실상 확고부동한 패자의 자리에 올라 애도막부(江戸幕府)를 세우는 발판을 마련했다.

청이 들어서는 격변을 겪었는데, 유독 조선만은 부패·무능한 선조가 왕권을 지속한다.

명분을 위한 전쟁

|

　병자호란은 1636년(인조 14년) 12월부터 1637년 1월까지 청나라가 조선을 침략하여 일어난 전쟁이다. 1627년에 일어난 정묘호란 뒤 후금後金과 조선은 형제지국으로서 평화 유지를 약속했다. 그러나 조선은 해마다 많은 액수의 세폐歲幣와 정병精兵 등의 요구를 응하기 힘들었으며, 당시 집권층의 강한 숭명배금崇明排金 사상으로 북쪽 오랑캐와의 형제 관계를 지속하기 어려웠다. 1636년 조선을 방문한 용골대와 마부대 일행은 다목적 사신이었다. 새해가 밝았음을 축하하는 사신이자 인열왕후仁烈王后의 죽음을 문상하기 위한 조문사이기도 했다. 하지만 그들이 조선에 온 가장 큰 목적은 홍타이지皇太極를 황제로 추대한다는 사실을 알리고 조선의 동참을 요구하는 것이었다. 이에 인조는 사신접견을 거부하고 국서를 받지 않았다. 조선의 동정이 심상치 않음을 안 이들은 민가의 말을 빼앗아 타고 도망을 쳤다. 조선을 탈출하려고 북으로 도망가던 이들은 우연이 조정에서 평안감사에게 보내는 유문(諭文: 공문서) 빼앗게 되었는데 청을 정벌할 계획이 은연 중에 표현되어 있었다.

　조선의 결의를 알게 된 청 태종은 명을 정벌하려던 계획을 바꾸어 제2차 조선 침략을 결정하고, 1636년 12월 1일 도합 13만의 군대를 이끌고 직접 압록강을 건넜다. 세계적으로 용맹을 떨친 팔기군八旗軍[16]을 주력으로 하는 만주족의 기병은 순식간에 안주까지 쳐들어왔다. 청군은 조선의 명장 임경업이 지키는 백마산성을 피하여 곧바로 한양을 향해 내달렸다. 젊고 패기만만한 태종은 명을 정벌하기 전에 친명반청의 정책을 내세우고 있는 조선을 정벌해야 한다고 생각했다. 또한 유목민인 여진족은 풍부한 물산이 없었기 때문에 명과 전쟁을 하기 전에 전쟁물자 확보가 필요했다. 명과 전쟁을 하게 되면 많은 물자를 생산하는 나라는 조선 밖에 없으므로 당연히 조선에서 구해야 했으며, 조선은 명에 복종하고 있으니 조선을 먼저 치지 않으면 명과 조선의 협공을 걱정한 것이다.

조선 조정은 12월 13일 도원수 김자점의 계문에 의하여 청군이 침입해서 이미 안주에 이르렀다는 사실을 알고 대책을 서둘렀다. 인조도 세자와 함께 강화로 가려고 남대문까지 나왔으나 청군이 양철평(良鐵坪: 마포대안으로 추정)에 이르렀다는 보고를 듣고 최명길을 보내어 적정을 살피게 하는 한편, 다시 수구문으로 나와 밤늦게 남한산성에 이르렀다. 이때 성 안에는 군량이 도합 23,800여 석이 있었는데, 이 분량은 군병과 백관을 합하여 1만 4천여 명이 있었으므로 약 50일분에 해당하는 양식이었다.

청군의 선봉은 12월 16일 남한산성에 이르렀고, 청 태종은 1월 1일 군사를 20만으로 늘려 남한산성을 완전히 포위하였다. 별다른 전투 없이 지나는 동안 성안의 식량은 떨어지고 군사들은 피로에 지쳤다. 인조가 청군에 포위되어 갇혀 있는 동안 백성들은 말도 못할 참상을 겪었다. 청군은 남한산성 주변의 광주를 비롯한 경기지역 전체에서 조선 백성들을 약탈하고 부녀자들은 청나라의 군막 안으로 잡혀가 청군의 노리개가 되었다. 길가

----

16) 후금의 통치 제도이자 군대 동원 제도를 팔기(八旗)라고 불렀다. 이것은 수렵민의 사회제도에 기원을 둔 것으로서, 인민을 8개의 구사(固山)라고 불리는 집단으로 나누어 통치하고, 8개의 군단으로 편성하는 것이었다. 팔기는 깃발의 색깔에 따라 정황(正黃), 정홍(正紅), 양홍(鑲紅), 정남(正藍) (이상 좌익), 양황(鑲黃), 정백(正白), 양백(鑲白), 양남(鑲藍) (이상 우익)으로 나뉘어져 있었다. 팔기 제도의 최소 단위는 니루(牛彔)라고 하며, 각 니루로부터 명목상 최대 300명의 갑사(甲士)를 동원할 수 있었다.

에 버려진 아이들은 굶어 죽고 얼어 죽었다. 성안의 조선 조정에서는 차츰 강화론이 고개를 들었고 주전파도 난국을 타개할 별다른 방도를 내놓지 못하던 중 이틀 후에는 청군에 의해 강화가 함락되었다는 소식이 들려왔다. 강화에는 세자빈궁과 두 대군을 비롯한 여러 신하들이 피난해 있었고, 안찰사 김경징과 강도유수 장신 등이 방비를 맡고 있었는데 결국 패전하여 빈궁과 대군 이하 200여 명이 포로가 되어 남한산성으로 호송되었다. 엄청난 충격이었다.

1월 30일, 모든 정세가 불리해지자 인조는 항복할 결심을 하였다. 용골대와 마부대가 성 밖에서 출성을 재촉하였다. 인조는 성을 나와 삼전도에 마련된 수항단(受降檀: 항복의식을 받아들이는 단)에 나아가 청 태종에게 삼배구고두三拜九叩頭[17]의 굴욕적인 항복의식을 행했다.

인조는 입고 있던 용포龍袍를 벗고 남염의藍染衣 차림으로 백마를 타고 의장儀仗은 모두 제거한 채 남한산성의 정문이 아닌 서문으로 나와 무릎을 꿇었다. 인조는 만주족의 예법에 따라 절을 하기 시작했다. 절을 한 번 하고 머리를 땅에 세 번 부딪쳤다. 인조 임금이 땅에 이마를 댈 때 갑자기 청나라 관원이 크게 소리쳤다. "소리가 들리지 않는다. 다시 하라." 임금의 머리가 땅에 부딪치는 소리가 청나라 황제에게 들려야 했다. 인조 임금은 수도 없이 머리를 땅에 부딪쳐야 했고, 그 때마다 청나라 관원은 소리가 날 만큼 머리를 땅에 세게 박으라고 소리를 질렀다. 왕의 이마에 피멍이 들었다. 이를 지켜보는 왕자와 신하들은 울음을 삼키며 하염없는 눈물을 흘려야 했다. 역관 정명수가 꿇어앉은 인조와 세자 앞으로 나와 태종의 조칙

---

17) 중국 청(淸)나라 때 시행한 황제에 대한 경례법. 삼배구고(三拜九叩)라고도 한다. 고(叩)는 머리를 땅에 닿게 한다는 뜻으로, 무릎을 꿇고 양손을 땅에 댄 다음 머리가 땅에 닿을 때까지 숙이기를 세 번, 이것을 한 단위로 세 번 되풀이하였다. 고두(叩頭)의 예는 청나라 이전부터 있었으나, 청대에 들어와서 1궤 3고·2궤 6고·3궤 9고 등으로 제도화하고, 외국 사절에게도 강요하였다. 가경시대(嘉慶時代: 1796~1820)의 영국 대사 P.W.애머스트가 이것을 거부하여 알현이 허용되지 않았을 뿐만 아니라, 그날로 퇴경당하여 귀국한 일화가 있다.

을 읽었다. "내 너희들의 나라를 다시 일으켜 세우니 너희는 나의 정삭正朔을 받들어 스스로 새로워져라. 너희의 세자와 공경과 그 부녀들과 구종들은 내가 데리고 갈 터인즉 너희는 황제의 크나큰 애휼愛恤에 안기는 것이니 사사로운 정한으로 황제의 귀로를 소란케 하지 말라. 또 너희의 성벽을 쌓거나 수리하는 일을 허락지 않으며……."

삼배구고두가 겨우 끝났다. 그러나 그것이 전부가 아니었다. 포로가 된 세자빈과 대군의 부인들도 홍타이지의 말에 절을 해야 했다. 인조는 그대로 땅바닥에 엎드려 울먹이며 말했다. "무례하게 대국에 항거한 죄를 지었나이다. 용서해 주시옵소서." 조선의 왕은 백성들에게는 아버지였다. 왕은 곧 하늘이었다. 하늘이 땅에 머리를 박고 눈물을 흘리며 목숨을 구걸하는 모습을 현장에 있던 사람들은 눈을 감고 보지 않았다.

이때 맺은 정축화약丁丑和約의 항복 조건은 청나라와 조선은 군신의 의를 맺고, 명의 연호를 버리며, 명나라와의 국교를 끊고, 명나라에서 받은 고명책인誥命冊印을 청나라에 바칠 것, 인조의 장자와 다른 아들 및 대신들의 자제를 인질로 할 것, 청나라의 정삭正朔을 받고, 만수·천추·동지·원단과 그 밖의 경조사에 조헌의 예를 행하며, 사신을 보내어 봉포하되 이들 의절은 명나라에 하던 것과 같이 할 것, 청나라가 명나라를 정벌할 때 원군을 보낼 것이며 청군이 돌아가면서 가도椵島를 정벌할 때 조선은 원병과 병선을 보낼 것, 조선인 포로가 만주에서 도망하면 다시 잡아가며 대신 속환贖還할 수 있다는 것, 통혼으로 화호和好를 굳힐 것, 조선은 성을 보수하거나 쌓지 말 것, 조선 안에 있는 올량합인(兀良哈人: 여진족의 한 부족)을 쇄환할 것, 조선의 일본 무역은 종전대로 하고 일본의 사신을 인도하여 청나라에 내조하게 할 것, 매년 한 번씩 청나라에서 정하는 일정한 양의 세폐를 바칠 것 등이다. 이는 정묘호란 때의 조건에 비하면 비교할 수 없을 정도로 굴욕적이고 가혹한 것이었다.

372년 전 차가운 겨울, 남한산성에서 추위에 떨며 우왕좌왕했던 인조와 신하, 백성들의 참혹했던 모습은 명분만 가지고 벌인 전쟁이 얼마나 무모한 것인지를 후대에 각인시키기에 충분했다. 처참하게 짓밟힌 인조의 체통은 한강의 시린 물살과 함께 떠내려가고 말았다. 그날 이후 오랫동안 조선은 조선이 아니었다.

조선이 병자호란을 맞아 일방적으로 몰리고 항복할 수밖에 없었던 까닭은 무엇일까? 우선 생각할 수 있는 것은 당시 청군이 조선이 상대하기에는 너무 버거운 강적이었다는 점이다. 그들은 조선 조정이 유사시 강화도로 들어갈 것이라는 점도 1627년 정묘호란의 경험을 통해 알고 있었다. 청군은 그 때문에 서울을 신속히 점령하고 인조를 사로잡는 것을 전략 목표로 삼았고, 그것을 달성하기 위해 조선군의 청야견벽淸野堅壁 작전을 무시하고 서울로 치달리는 속전속결 전술을 구사했다.

이러한 정황을 고려하면 병자호란 당시 조선이 저지른 실책이 무엇인지는 명확히 드러난다. 우선 오랫동안 막대한 물력을 기울여 강화도를 정비했으면서도 정작 청군의 침입이 시작되자 그곳으로 들어가지 못한 것은 명백한 과오였다. 만약 인조와 조정이 강화도로 들어갔다면 전쟁의 양상은 확연히 달라졌을 것이다. 우선 해로를 통해 삼남 지방과 연결됨으로써 물자 조달이 훨씬 용이했을 것이며 김경징 같은 용렬한 인물에게 섬의 방어를 맡기지도 않았을 것이다. 당시 청의 배후에는 명이 있었다. 청은 '뒤를 돌아보아야 할 위험' 때문에 속전속결 전술을 구사할 수 밖에 없었다.

전쟁이 끝나고 심양으로 끌려간 소현세자는 이후 인조에게 뜨거운 감자가 되고 말았다. 청나라는 소현세자를 지렛대로 인조로부터 충성을 이끌어 내려고 여차하면 인조를 왕위에서 끌어내리고 소현을 즉위시키겠다는 신호를 보내왔다. 그 와중에 인조와 소현세자는 서로 경쟁자가 되고 정적이 되어 갔다. 인조는 전쟁이 일어나기 이전에는 정통성 문제로 고민을 겪었고, 전쟁 뒤에는 청국의 요구로 왕위를 세자에게 물려주게 되지 않을까 불안에 떨었다. 사실 소현세자는 인조와는 달리 지극히 현실주의자였고 따라서 같은 현실주의자인 청 태종이나 실권자 도르곤의 호감을 샀기 때문에 반청으로만 일관했던 인조가 소현세자에 대해 감정이 좋을 리 없었다. 8여 년의 인질생활을 끝으로 소현세자가 귀국했지만 부국강병의 꿈을 실현해 보기도 전에 두 달 만에 의문의 죽음을 당했고, 세자가 세상을 뜨고 한 해 후에는 세자빈 강빈이 임금을 저주했다는 혐의를 입어 사약을 받았다. 이때 세자의 세 아들도 모두 유배형에 처해졌는데 한때는 원손이었고 아버지가 살아 있기만 했다면 세손이 되어 임금의 자리에도 올랐을 석철은 그의 동생 석견과 함께 제주에서 굶어 죽었다. 그때 석철의 나이 겨우 열두 살이었다. 병자호란은 그렇게 인조의 부자관계부터 파괴시킨 것이다. 병자호란은 1636년 12월 1일부터 1637년 1월 30일까지 치러진 단기전이었으나 그 피해나 후유증은 임진왜란 7년보다 더욱 상처가 깊었다.

■ 슬픔처럼 잊혀버린 민중

청군이 조선의 항복을 받고 1637년 2월 한강을 건널 때 포로로 잡힌 백성이 무려 50만 명이나 되었고 청나라군의 철수 행렬은 30일이나 이어졌다. 정약용은 비어고備禦考에서 "선양으로 간 사람은 50만 명인데 몽골군에 붙잡힌 자는 여기에 포함되지 않았으니 얼마나 많은지 알 수 없다."고 했다. 소현세자가 남긴 심양일기에는 "이번에 사로잡힌 남녀가 산과 들에 가득차 가는 길이 막혀 하루에 30~40리밖에 가지 못했다. 이들이 발버둥치며 울부짖으니 청나라 군이 채찍으로 휘두르며 몰아갔다."고 눈물어린 기록을 남겼다. 소현세자 부부와 봉림대군 부부도 그 사이에 끼어 있었으니 참상은 말할 수가 없었다.

좌의정 최명길은 아내와 딸의 속환을 위해 심양을 찾은 남편과 친정 부모들의 애절한 만남을 전하며 "심양에 속환을 위해 따라간 남편들이 많았습니다. 남편이 붙들려 간 아내를 보고는 저승에 간 이를 만난 듯 부둥켜안고 울었습니다. 아무리 돈이 부족해도 부모나 남편은 붙들려 간 아내를 위해 돈을 마련할 겁니다. 그런데 만약 이혼을 허락해 보십시오. 어느 남편이 아내를 위해 돈을 마련하겠습니까. 이는 허다한 부녀자들을 영원히 이역의 귀신이 되게 하는 것입니다."라고 '이혼·재혼불가론'을 호소했다.

그러나 암울한 역사의 희생자인 환향녀는 신분사회의 옹졸하고 답답한 벽 앞에서 더 이상 설 자리가 없었다. 1638년 3월 11일, 신풍 부원군 장유가 예조에 단자(單子: 진정서)를 보낸다. "제 외아들의 처가 청나라 군에 잡혔다가 속환贖還했습니다. 지금은 친정 부모 집에 가 있습니다. 이제 그대로 배필로 삼아 함께 선조의 제사를 받들 수 없습니다. 이혼하고 새로 장가들도록 허락해 주십시오." 때마침 그와 반대 입장의 상소도 함께 올라왔다. 전 승지 한이겸의 진정서였다. "제 딸이 청군에 사로잡혔다가 속환됐는데, 사위가 다시 장가를 들려고 합니다. 원통해 못 살겠습니다." 참으로 난감한 노릇이었다. 예조도 선뜻 결론을 내리지 못했다. 임진왜란 때도 똑같은 쟁론이 벌어진 적이 있었기 때문이었다. 인조 임금은 "이혼 및 재혼을 허락하지 않는다. 이것은 음탕한 행동으로 절개를 잃은 것과 견줄 수 없다. 아내를 버려서는 안 된다."고 선을 그었다. 환향녀와의 이혼과 다른 여자와의 재혼을 금한 것이다. 하지만 사대부 집안들은 임금의 명령도 듣지 않았다. 너도 나도 조강지처를 버리고 다른 여자와 재혼한 것이다. 환향녀를 '화냥년'이라 천대하고 그 여자가 낳은 자식을 '호로胡虜자식'이라 폄훼하면서 불쌍한 그들에게 돌을 던진 것이다.

청나라 군의 말발굽이 한반도를 짓밟던 1637년 1월22일, 강화도가 함락된다. 연려실기술練藜室記述에는 강화섬에서 수모를 당한 여인들의 이야기가 실려 있다. 윤선거의 아내는 스스로 목을 맸다. 겨우 아홉 살이었던 아들은 손으로 옷과 이불을 정돈한 뒤 어머니의 빈소를 정했다. 이 아이는 사방 구석에 돌을 놓고 숯과 재를 덮은 후 통곡하여 하직한 뒤 계집종의 등에 업혀 나왔다. 이돈오의 아내 김씨는 시어머니, 동서 등과 같이 목을 찔렀다. 김씨가 즉사하고 시어머니와 동서가 피를 흘려 옷에 가득 흐르자 청나라 군이 버리고 갔다. 홍명일의 아내 이씨와 시어머니를 비롯한 여성 세 명은 배를 타고 도망가다가 적병이 엄습하자 서로 껴안고 물에 빠졌다. 어떤 선비의 아내는 "청나라 군이 죽은 사람을 보면 옷을 모두 벗긴다니 내가 죽으면 서둘러 화장하라"고 신신당부한 뒤 목을 매 죽었다. 이호선의 아내는 토굴 안에 숨어 있다가 적병이 불을 질렀는데도 나오지 않고 그대로 타 죽고 말았다. 유인립의 아내는 적병이 끌고 가려 했지만 끝까지 버티다가 청군이 총을 난사해 몸의 살이 다 뜯겨 나갔지만 꼿꼿하게 선 채 넘어지지 않았다. 사람들은 빠져 죽은 여인들의 머릿수건이 마치 연못에 떠 있는 낙엽이 바람 따라 떠다니는 것 같다고 했다 한다.

청나라는 붙잡아 온 인질 수만 명을 성문 밖에 모아 두고 시장을 열었다. 백주 대낮에 공개적인 인질 장사를 벌인 것이다. 모자가 상봉하고 형제가 서로 만나 부여잡고 울부짖으니 곡소리가 천지를 진동했다. 인질 1인당 몸값도 천차만별이었다. 양국 간 교섭에 따른 1인 당 몸값은 은 25~30냥이었지만 실제로는 1인 당 100~250냥에 이르렀다. 일부 사대부 집안이 비공식적인 인맥을 통해 자신의 가족들을 빼오려했기 때문에 몸값이 폭등했다. 영의정 김류가 첩의 딸을 구하기 위해 용골대에게 은 1,000냥을 불렀고, 병조의 사령 신성회는 600냥을 냈다. 영중추부사 이성구는 무려 은 1,500냥을 지불했다. 이 사건은 큰 물의를 빚었다. 몸값을 높인 죄도 있었지만, 더 큰 문제는 조선인 출신의 청국 통역관인 정명수에게 온갖 모욕을 받아 가면서까지 거액의 뇌물을 제공한 것이었다. 결국 대부분의 포로가 몸값을 지불할 수 없어 대부분의 조선 포로는 귀국을 할 수 없었다.

그러나 시간이 흘러 속환의 가능성이 점차 사라지고 있던 와중에도 귀향의 열망을 포기하지 않는 사람들이 나타났다. 개성 부근에 살다가 1637년 강화도가 함락되면서 포로가 되었던 안추원은 심양으로 끌려갔다. 1644년 청이 입관入關에 성공하자 안추원은 주인을 따라 북경으로 흘러들어 갔다. 그는 1662년(현종 3년) 탈출을 시도했다가 실패한 뒤 1664년 다시 시도하여 조선으로 들어왔다. 산해관을 통과하고 만주를 가로지르는 대모험이었다. 조선 조정은 28년 만에 탈출한 안추원을 고향인 개성으로 보냈다. 하지만 개성에는 그를 품어 줄 사람들이 아무도 없었다. 조정 또한 그에게 생계 대책을 마련해 주지 않았다. 혈혈단신의 처지에 생계마저 막막해진 안추원은 결국 북경으로 돌아가기로 결심한다. 하지만 그는 압록강을 건너자마자 책문柵門에서 체포되고 말았다.

안단의 사연은 더 기막히다. 병자호란 당시 포로가 되었던 그는 심양을 거쳐 북경으로 들어가 사역되었다. 안단은 1674년(숙종 즉위년) 자신의 주인이 행방불명되자 조선으로 탈출을 시도했다. 포로로 붙잡혀 끌려간 지 무려 37년 만이었다. 안단은 산해관을 통과하여 봉황성鳳凰城을 거쳐 압록강의 중강中江까지 오는 데 성공했다. 하지만 강을 건너게 해 달라는 그의 간청에도 불구하고, 의주 부윤은 그를 결박하여 봉황성으로 압송했다. 청의 문책을 의식한 조처였다. 입국을 거부당하고 끌려가던 안단은 "고국 땅을 그리는 정이 늙을수록 더욱 간절한데 나를 죽을 곳으로 빠뜨린다."며 울부짖었다. 안추원과 안단의 사연은 처절하다. 각각 28년, 37년 만에 탈출에 성공했다. 두 사람 모두 목숨을 걸고 사선을 넘었지만, 한 사람은 고국에서 결국 적응하지 못했고 다른 한 사람은 끝내 압록강을 건너지도 못했다. 이들의 비극은 과연 누가 책임져야 할까?

■ 찢는 사람 붙이는 사람

1637년 1월 17일 청 태종이 최후통첩을 해 왔고, 18일 인조의 명으로 화친파의 대표인 최명길이 임금의 명에 따라 항복문을 작성했다. 군사가 모두 죽고 남자가 모두 죽은 뒤에 항복하여도 늦지 않다고 끝까지 싸울 것을 주장하던 김상헌이 달려들어 항복문을 빼앗아 찢어버리고 통곡을 했다. 최명길도 울었다. 어찌 대감이 옳지 않다고 하겠습니까만 이는 부득이한 상황입니다. 최명길은 김상헌이 찢어버린 항복문을 주우면서 말했다. "찢는 사람도 있어야 하고 붙이는 사람도 있어야 하지 않겠습니까? 대감은 마땅히 찢을 만합니다. 그러나 종사를 보존하기 위해서 나는 다시 붙여야겠습니다." 이조판서 최명길은 오랑캐의 앞집이라는 욕을 먹어 가며 전쟁을 끝내는 것만이 나라를 살리는 길이라는 일념으로 목숨을 내놓고 적진을 드나들었다. 예조판서 김상헌은 대의명분이 무너지면 나라도 망한다는 신념으로 목숨을 내놓고 임금 앞에 엎드려 6일 동안 단식하였다.

이런 가슴 아픈 상황은 약소민족이 당해야 하는 수모였으나 그 당위성을 그토록 설득할 수 있었음은 최명길의 인간적 크기를 말해 주는 것이다. 교리 윤집과 부교리 오달제가 척화신으로 청나라 진영에 가기를 자청하는 차자(箚子: 일정한 격식을 갖추지 않고 사실만을 간략히 적어 올리던 상소문)를 올렸다. 젊은 당하관들이었다. "신들이 극언으로 화친을 배척하여 성총을 흐리고 나라를 그르쳤으니 신들을 보내어 적의 요구에 응하시고 사직과 강토를 보전하소서. 미기한 신들이 죽음의 자리를 찾았으니 그 또한 삶의 자리일 것입니다." 인조의 팔이 떨렸다. 임금은 두 당하관의 얼굴이 기억나지 않았다. 윤집·오달제가 내행전으로 들어왔다. 인조가 주전자를 들어 술을 따랐다. 윤집은 서른 살이었고 처와 세 아들이 남양으로 피난을 갔는데 생사를 모르고, 오달제는 스물일곱 살로 성 밖에 노모와 임신한 처가 있었다. 임금이 숨죽여 울먹였다. "참혹하다. 어찌 이런 일이 있는가?" 임금이 서안에 쓰러져 오열했다.

화의가 이루어지자 청 태종은 돌아갔으며 소현세자와 빈궁, 봉림대군과 부인, 그리고 척화론자인 홍익한·윤집·오달제 등의 대신들도 인질로 잡혀 선양으로 갔다. 홍익한의 뒤를 이어 윤집과 오달제도 홍타이치의 친국장에 끌려 나왔다. 홍타이치는 타이르는 말로 두 사람을 극력 회유하였으나 끝내 거절하자 분노를 참지 못하고 세 사람의 목을 치고야 만다. 후일 청나라 조정에서는 삼학사의 높은 기개를 가상히 여겨, 그들이 형장의 이슬로 사라진 심양성 외양문 밖에 사당과 비석을 세우고 그 비에 '삼한산두三韓山斗'라 새겼는데 조선의 태산, 북두와 같이 빛나는 사람들이란 뜻이다.

나라를 아끼고 사랑하는 방법이 꼭 한 가지일 수는 없지만 병자호란 당시 화친을 주장했던 최명길과 척화를 주장했던 김상헌은 똑같이 청나라로부터 시달림을 받았다. 전쟁이 끝나고 최명길은 서울로 돌아와 우의정과 좌의정을 지냈다. 최명길은 청나라에 외교사절로 드나들면서 전후 처리를 위한 협상을 진행하였고 척화파였던 김상헌은 청나라 심양의 감옥에 갇혀 있었다. 1642년(인조 20년), 명나라 사람 홍승주가 청나라에 항복하면서 조선이 명나라의 잔당과 내통하고 있다는 것을 청나라에 고발하였다. 최명길은 자기가 임경업과 함께 개인적인 이유로 명나라에 사람을 보낸 일이 있을 뿐 임금과 다른 신하들은 모르는 일이라고 주장했다. 최명길도 청나라 감옥에 갇혔다. 그곳에는 이미 김상헌이 갇혀 있었다. 비록 당파 싸움을 했지만 나라 밖에서 만은 조국의 명예에 부끄럽지 않은 기개를 보여주고 그들은 이국땅에서 숨을 거두었다. 화친론과 척화론의 양 거두였던 최명길과 김상헌의 조우는 말 그대로 운명적인 것이 아닐 수가 없다. 그렇게도 자신의 주장만을 고집했던 두 사람은 시심詩心으로 서로의 진심을 털어놓게 된다. 김상헌이 먼저 읊었다.

조용히 두 사람의 생각을 찾아보니

문득 백 년의 의심이 풀리는구려.

從尋兩世好 頓釋百年疑

이에 대한 최명길의 회답이다.

그대 마음 돌 같아서 돌리기 어렵고
나의 도는 고리 같아 경우에 따라 돌리기도 한다.

君心如石終難轉 吾道如環信所隋

이심전심의 우애로 두 사람은 7년 만에 서로가 품었던 오해를 풀어냈지
만, 두 사람의 강직한 사상은 다시 시로 표현되었다.

아침과 저녁은 바꿀 수 있을망정
웃옷과 아래 옷을 거꾸로야 입을쏘냐.

雖然反夙暮 未可倒裳衣

김상헌의 명분론은 패전국의 전범이면서도 이와 같았고, 불행을 같이 하
는 최명길의 실리론도 물러설 줄을 몰랐다.

끓는 물도 얼음장도 다 같은 물이요
털옷도 삼베옷도 옷 아닌 것이 없느니

湯氷俱是水 裘褐莫非衣

만리타국에 있는 옥중에 유폐되어 있으면서도 서로의 명분론과 실리론

을 우정에 곁들여서 주고받을 수 있는 우리 선현들의 경륜이 아름답기 한량없다. 오늘에 이르기까지도 흑백논리에 젖어 있는 많은 사람들은 이 두 사람을 화친론과 척화론의 상극된 대명사로만 평가하는 경향이 있다. 모두가 조선조 시대의 정쟁을 이단시하는 식민지사관에 젖어 있기 때문이다.

2) 그들이 꿈꾸던 세상

차별과 부패에 맞선 서북인
|

19세기는 민중항쟁의 시기였다. 세도권력은 변화를 거부하고 삼정三政제도는 관리들의 부정부패로 인해 민중을 수탈하는 대표적 악법이 되었다. 민중의 일부는 신분 상승으로 세금을 면하기도 하고, 야반도주하여 산간벽지로 들어가 관리들의 눈을 피해 살기도 하였으며, 일부러 거칠게 탈곡한 곡식을 지주에게 바치거나 미리 추수를 마쳐 볏단을 빼돌리는 소극적 저항을 하며 억눌린 삶을 이어갔다. 무거운 삶의 무게를 지탱하던 민중들의 인내심도 결국 바닥을 드러냈으며 그 신호탄은 조선시대 내내 소외받던 평안도에서 터져 나왔다. 지도층은 이 대규모 봉기를 난이라 불러 격하시켰지만 사실은 오랫동안 쌓여 온 민중의 염원이 터져 나온 저항의 봇물이었다.

홍경래는 영조 때의 세력가였던 홍인한과 같은 남양홍씨 집안이었지만 가세가 몰락하여 매우 어렵게 살았다. 몇 번 과거를 보았으나 평안도 출신이라는 이유로 번번이 낙방했다. 평안도 사람에 대한 차별은 조선 초부터 불문율이 되어 등용의 길을 막고 있었다. 과거를 단념한 그는 전국을 떠도는 풍수사 노릇을 하면서 세도정치의 무능과 부패에 억눌린 민초들의 고난을 체험하고 세상에 대한 비판을 넘어 혁명적인 저항을 꿈꾸면서 뜻에 맞는 사람들을 규합하였다.

서자 출신으로 역시 벼슬길이 막힌 우군칙, 원래 가산의 역노였으나 돈을 모아 양반이 된 상인 이희저, 곽산의 장사 홍총각, 양반출신 김창시 등 이들은 모두 사회의 모순에 눈뜨고 부패한 관료정치에 혐오감을 느낀 사람들이었다. 이들은 이희저의 집이 있는 다복동을 근거로 삼고 동지를 규합하면서 치밀하게 봉기를 준비하였다. 홍경래는 운산 촛대봉에 광산을 열고 일할 사람을 모집하여 군사훈련을 시키고, 추도라는 섬에 굴을 파고 거기서 위조화폐도 만들어 내고 염전도 개설하여 관군과 맞설 수 있는 훈련된 군사와 막대한 무기를 10년에 걸쳐 차근히 준비하였다.

1811년 12월 18일, 횃불을 앞세워 가산군아를 공격하는 것으로 봉기가 시작되었다. 이날 어둠이 내릴 무렵 기치·창검이 번뜩이는 1,000여 명의 병력이 대오를 정비한 가운데 홍경래가 도원수로 추대되고 김창시가 지은 격문이 공표되었다. "평서대원수는 급히 격문을 띄우니 관서의 부로자제와 공사 천민들은 모두 이 격문을 들으시오. … 조정에서는 서토를 버림이 썩은 땅과 다름없이 하였고 심지어 권세 있는 집 노비들도 서토의 인사를 보면 반드시 평안도 놈이라 일컫는다. 현재 나이 어린 임금이 위에 있어서 권세 있는 간신배가 날로 치성하여 김조순·박종경의 무리가 국권을 농단하여 이로 말미암아 흉년이 들지 않았는데도 굶주려 죽는 자가 길에 널려 있고 늙은이와 어린아이의 시체가 산골짜기를 매웠다. 다행히 세상을 구할 성인이 가야동 일월봉에서 탄생하셨으니 절대로 동요치 말고 우리 군대를 맞으라."

봉기군의 성격은 격문에 잘 나타나고 있는데 평안도 지방에 대한 푸대접과 일반 농민층이 현실사회의 폭압과 고통에서 해방되기를 갈망하는 사회변혁에 대한 요구가 반영되었다. 봉기군은 각 지역에 퍼져 있던 대응세력의 지원으로 봉기한 지 10일도 안 되어 곽산·정주·회천·박천·태천·선천·철산·용천 등 9개 지역을 쉽게 확보하였으나 한 달 만에 봉기군은 박천·송림 전투에서 패배하고 정주성으로 퇴각하게 되었다.

■ 피로 적신 혁명의 제단祭壇

정주성에 주둔한 봉기군은 4개월 동안 수적 우세와 우수한 장비를 가진 관군에 대항하였으나 4월 19일 새벽, 1,710근에 달하는 화약에 불이 당겨지고 한 시간 후에 북장대 위로 검은 연기가 치솟으며 폭발하여 농민군들은 모두 폭사하였다. 무너진 성벽으로 관군은 물밀듯 몰려들었고 농민군은 허둥대며 흩어졌다. 관군은 닥치는 대로 불을 지르고 목을 베었다. 봉기의 깃발을 든 지 119일 만에 정주성은 함락되었다. 홍경래는 최후까지 관군에 맞서 싸웠으나 총탄을 맞고 쓰러졌다. 지휘부의 우군칙과 이희저는 도주하였다가 다음 날 붙잡혔고 홍총각은 현장에서 체포되었다. 현장에서 체포된 반군은 모두 2,983명으로 이 가운데 10세 이하의 남자 224명과 여자 842명을 제외한 장정 1,917명은 모두 처형되었다. 이는 당시 지배층이 농민군에게 얼마나 잔혹하게 대했는지를 단적으로 보여주는 것이다.

봉기군의 실패는 지휘부 내의 갈등과 배신·전략실패·식량부족·관군의 적극적인 공세 등을 들 수 있으나 결정적인 것은 하층농민군을 봉기에 자발적으로 참가하게 할 수 있는 동기와 강령의 제시가 없었다는 점이었다. 그러나 홍경래의 난은 조선 후기의 어떤 저항보다 조직적이고 치밀하게 준비되었으며 장기간의 항쟁을 이끌어 낸 평안도의 농민전쟁이었다. 모순과 부패로 얼룩진 조선왕조의 운명을 재촉한 홍경래와 농민들의 만남은 이후 19세기 조선사회를 저항의 시대로 열어 가는 원동력을 제공하였다.

홍경래의 난은 정치적으로 보면 신흥 상공업 세력과 기존 정치권력에서 배제된 몰락 양반의 연합으로 추진된 반봉건투쟁이었다. 이들은 군대를 조직하여 '이씨왕조'를 타도하려 했으나 지도부 자체는 아직도 상당 부분 봉건적 색채를 띠고 있었다. 결국 홍경래난이 지향한 것은 반봉건적인 측면보다 지방행정권이나 세도정권에 대한 저항이라는 반정부적 차원을 벗어나지 못한 것이었다. 난의 모의나 진행 중에 토지개혁·신분제 폐지·삼정개혁 등 가난한 농민들에 대한 정책 구상은 아무 것도 없었으며 격문에서도 서북인에 대한 차별 대우, 세도정권의 가렴주구, 정감록의 정진인 출현 등만을 언급하였고 정작 소농과 빈민층의 절박한 문제는 대변하지 않았던 것이다.

홍경래의 난이 끝난 뒤에도 이를 본받아 전국 각지에서 반란을 꿈꾸는 자들이 연이어 나타났고 농민들의 저항의식은 커져만 갔다. 그들에게 홍경래는 죽어서 사라져 버린 존재가 아니었던 것이다. "홍경래가 살아 있다." "정주성에서 죽은 홍경래는 가짜다." 등의 이야기가 그가 죽고 10년이 넘도록 유령처럼 떠돌아 다녔다. 홍경래는 민중들에게 새로운 영웅으로 각인된 것이다. 그러나 홍경래는 실패했다. 홍경래는 혁명의 껍데기를 세우고 지펴야 할 장작을 준비했을 뿐, 민중의 가슴속에 정의와 자유의 정신을 일깨워주는 깊은 사상과 높은 도덕적 안목을 갖추지 못했다.

그가 잊힐 무렵 삼남지방을 중심으로 전국 각지에서 집단적인 항쟁이 봇물처럼 터져 나왔다. 이 난을 분수령으로 하여 민중들은 그들의 힘을 구체적으로 인식하고 세상을 바꾸기 위한 대변혁을 꿈꾸었으며 이것이 조세항거·무력항쟁으로 발전하면서 봉건사회 붕괴에 영향을 미쳤고, 그것은

1894년 동학농민전쟁으로 현실화되었다. 민중봉기는 흔히 역사적 전환기를 만드는 계기로 작용한다. 그러므로 역사의 전환기에는 민중들의 피와 눈물이 혁명의 제단에 뿌려지기도 한다. 그러나 대지를 뒤흔든 함성도, 치열했던 투쟁도, 지배층에 대한 원한과 증오도 역사의 시간 속에서 묘비명으로만 남았다.

분노처럼 타오른 민중

민란은 기본적으로 경제 투쟁이며 지주와 전호田戶의 대립과 갈등을 기본 동력으로 삼는다. 흔히 민란의 발생 원인을 삼정문란에서 비롯되었다고 하는데 이것은 세금을 둘러싼 민중의 갈등이 그만큼 심각했음을 뜻한다. 세도정치 하에서 탐관오리의 부정과 탐학은 중앙권력과도 연계되어 사회 불안은 고조되었으며, 유교적 왕도정치는 급속히 퇴색하였다. 향촌사회는 사족중시의 향촌 지배 방식이 무너지고 수령이 절대권을 가지고 향리와 향임을 이용하여 부세를 거두었으며 이들의 작폐를 견제할 세력도 없었다. 왕권을 대행하는 수령 자리는 상품화되어 팔렸고 그들 상호간에도 중층적 먹이사슬이 이루어져 부패가 극에 달했다. 또한 자연재해가 잇따라 일어나고 기근과 질병이 만연하여 인구가 급속히 줄어들었으나 정부는 이를 고려하지 않고 총액제에 의하여 각종 세금을 거둬들여 농촌사회의 불만은 극에 달하였다.

가난과 세금을 감당할 수 없게 된 농민은 유랑민·화전민·도적으로 전락할 수밖에 없었다. 이제 농민들은 지배층의 압제에 대하여 종래의 소극적인 자세에서 벗어나 적극적으로 그들과 대결하였다. 백성들의 소청·정소(呈訴: 소장訴狀·고장告狀·소지所志 따위를 관청에 제출함)·격쟁·시위 등이 빈발하고 격쟁의 연장이라 할 수 있는 산에서의 횃불시위와 부정을 고발하는 복합상소도 전개하였다. 서울 사대문에는 공격적인 괘서挂筮·방서榜書가 나붙었고, 1826년(순조26년)에는 정부를 저주하는 벽서가 붙어 청주목이 서원현으로 격하되기도 했다. 도적의 무리가 창궐하여 화적과 수적이 출몰하고 서강단西江團·폐사군단廢四郡團·채단彩團 그리고 거지들의 유단流團, 명화적明火賊[18] 등 도적떼가 흉흉하게 떠돌았다.

숙종 때 정체불명의 무리들이 남대문과 대간의 집에 벽보를 붙여 "우리들이 모두 죽지 않는 한 끝내는 너희들 배에 칼을 꽂으리라."는 섬뜩한 말을 공개적으로 천명한 사건이 일어나 조정 안팎이 발칵 뒤집혔다. 이것은 단순한 위협이 아니었다. 숙종 무렵에 서울을 중심으로 베일에 싸인 비밀조직들이 양반들을 공격하여 인명을 살상하고 재물을 빼앗는 일이 적지 않게 벌어지고 있었다. 이들 조직들은 검계劍契와 살주계殺主契라는 이름의 비밀결사로 알려졌다. 검계는 자신들의 검, 즉 무기를 이용하여 일거에 해결하겠다는 의지의 표현이 담겨 있고, 살주계는 말 그대로 자신들의 상전을 죽이려는 자들의 모임이라는 뜻이다. 지배층을 공포에 떨게 했던 검계나 살주계의 조직원들은 최하층의 신분인 노비들이 주축을 이루었다. 그들은 단순한 무뢰배의 집단이 아니라, 나름대로 변혁의 염원과 열망을 품은 민중들의 비밀결사체였다. 16세기 후반에 임꺽정난·정여립난, 순조조純祖朝의 홍경래란, 철종조哲宗朝에 터진 진주민란은 민중저항의 대표적인 것이었다. 그 밖에도 도처에서 민요사건民擾事件이 빈발했으며 동학의 출현은 이를 집약한 것이다.

---

18) **서강단**: 마포 일대에서 활약, **폐사군단**: 평양 일대에서 활약. **채단**: 광대·재인으로 형성, **유단**: 유민을 중심으로 형성, **명화적**: 횃불을 들고 약탈을 자행한 강도 집단

■ 삼정三政문란과 민중의 고난

전정田政·군정軍政·환곡還穀의 이른바 삼정제도는 관리들의 부정부패로 인해 민중을 수탈하는 대표적 악법이 되었다. 특히 헌종의 재위 기간 15년 은 안동 김씨의 세도기간이었는데 이 시기에 안동 김씨의 가렴주구로 삼정 은 극도로 문란했고 홍경래 난을 비롯하여 전국적으로 민란이 끝일 날이 없었다. 천주교도에 대한 탄압으로 민심도 크게 동요했으며 이양선의 출몰 등 조선왕조는 말기적 증상을 나타냈다. 삼정은 정부 수입의 근간을 이루 는 것으로 토지세인 전정, 군역을 포布로 받는 군정, 정부의 구휼미 제도로 사실상 고리대가 되어 버린 환정 또는 환곡을 의미하는 것이다.

삼정 가운데 환곡의 폐해가 가장 컸는데 춘궁기에 백성들에게 쌀을 꾸 어 주고 가을에 싼 이자를 붙여 되돌려 받아서 그 이자를 나라에 바치도 록 하는 빈민구휼 제도였다. 이 제도가 상설 제도로 정착된 것은 인조 4년 이었는데, 환곡은 원래 백성을 위해 만든 제도이고 꾸어 주고 회수하는 과 정에서 이문을 보려는 것이 아니었다. 그런데 곡식을 주고받을 때 축이 난 다고 해서 미리 1할을 모곡耗穀이란 명목으로 공제하였는데 사실상 10%의 이자다.

환곡제도는 국가가 시행하는 사업으로 시행에는 당연히 비용이 들어가 지만 그 비용을 농민이 전액 부담해야 하는 것은 아니다. 농민은 이미 전 세를 납부하였고 그 전세를 가지고 국가는 환곡제를 운영해야 하는 것이 다. 환곡제를 운용하면서 축이 난다는 구실로 농민에게 비용을 부담케 하 는 것은 국가가 농민을 수탈하려는 것이다. 환곡의 터무니없는 수탈 과정 은 우선 땅을 빌려서 농사를 지은 결과 쌀 10가마니를 수확했다 하면 5가 마니를 지주에게 땅값으로 바쳐야 한다. 지주는 자신의 토지에 대한 세금 으로 수확의 10분의 1을 바쳐야 하지만 이것마저 소작인에게 떠넘긴다. 5 가마니에서 1가마니를 빼면 4가마니가 남는다. 이것을 소작인이 모두 먹는 것도 아니다. 여기서 종자를 빼야 한다. 종자는 원래 지주가 부담하는 것이지만 소작인에게 미루는 것이다. 종자 1가마니를 빼면 3가마니가 된다. 여기에서 환곡으로 빌려 먹은 것을 빼야 한다. 만약 지주가 내년에 땅을 빌려주지 않겠다고 하면 지주에게 뇌물까지 바쳐야 한다. 이러고도 어찌 농민이 가난하지 않을 수 있겠는가? 특히 매관매직이 성행하면서 벼슬을 돈 주고 산 관리들은 원금은 물론이고 몇 배의 이익을 챙겨 더 좋은 벼슬을 사기 위해 쌀 수탈은 더욱 가혹해졌다. 소작농에 대한 악폐는 여기에서 멈추지 않고 그들의 인권마저 유린했다. 그 대표적인 예가 초야권初夜權이었다. 초야권이라 함은 소작농의 딸이 시집가기 전 순결을 지주에게 먼저 바쳐야 하는 악습을 의미한다. 소작농에게 과연 인간으로서의 존엄이 조금이라도 있었는지 슬픔과 분노마저 느끼게 하는 상황이었다.

군정은 균역법의 시행으로 세율은 낮아졌지만 세원을 확대하다 보니 16세 이상 60세 이하의 장정이 아니더라도 군역의 부담을 져야 했다. 갓난아이도 군적에 올려 군포를 부과하는 황구첨정黃口添丁, 죽은 사람도 살아 있는 것으로 꾸미거나 체납을 이유로 군적에서 삭제해 주지 않고 가족들로부터 계속 군포를 거둬 가는 백골징포白骨徵布, 도망간 사람의 군포를 친척이나 이웃에 부과하는 족징·인징 등은 군역이라는 이름 아래 농민들의 고혈을 짜는 수법이었다. 견디다 못한 농민들이 도망갈수록 남아서 땅파는 농민들의 부담은 더욱 가중될 수 밖에 없었다. 군포의 혹독한 징수는 이농을 불렀고 국가 재정의 원천인 양인良人을 고갈시켜 국체 불안의 위기를 자초하였다. 1803년 정약용이 강진에서 귀양살이 할 때 쓴 '애절양哀切陽'이라는 시가 한 편 있다. 지방 관아에서 군포를 악랄하게 징수하니, 그때 한 농민이 하도 속이 상해 자식 낳은 것을 원망하며 자신의 성기를 잘라 버렸고, 그의 아내는 하늘을 향해 울부짖었다는 처절한 내용이다.

■ 진주민란과 농민봉기

1862년(철종 13년) 2월 18일, 경상도 진주에서 대규모 농민봉기가 발생하였다. 이 봉기는 종래의 봉기보다 더욱 심각하고 절박한 것으로 삼남지방을 중심으로 연쇄적으로 발생한 임술민란의 도화선이 되었는데 먼저 분위기를 띄운 곳은 지리산 기슭에 자리한 작은 마을 단성丹城이었다. 그곳은 전부터 환곡 때문에 문제가 있었다. 그래서 정월 4일과 9일 두 차례에 걸쳐 등장(等狀: 일종의 민원서)을 작성하여 억울함을 호소했으나 별 효과를 보지 못했다. 단성민들은 2월 4일 현감과 서리를 규탄하는 투쟁에 나섰다. 사태가 확산되자 놀란 현감은 감영으로 도망쳤고, 사족들이 단성읍을 장악하고 통치하기 시작했다. 이 사건을 단성민란이라 한다.

이 와중에 단성에 이웃한 도회지 진주도 들먹거리기 시작한다. 1861년 진주목에 부임한 신임목사 홍병원은 결세를 메우기 위해 도결都結[19]이라는 명목으로 10만 냥을 일시에 호별로 배당해 수납하려 했다. 이를 본 경상우병사 백낙신도 이 기회를 이용해 자신의 부정으로 축난 돈 6만 냥을 통환統還[20]이라는 이름으로 진주의 농민들에게 분담, 강제로 징수하고자 하였다. 이러한 처사는 그렇지 않아도 파탄 지경에 다다랐던 농민들을 극도로 분격시켰다.

진주에서 서남쪽으로 30리쯤 떨어진 유곡동에 사는 유계춘柳繼春은 김수만·이귀재 등과 함께 이에 대한 농민운동을 일으킬 것을 모의하던 중 이웃 단성 주민의 봉기에 자극된 그들은 언방(諺榜: 한글로 된 방문)·통문(通文: 서원·향교·문중 등에서 제작한 문서)·회문(回文: 돌려보도록 쓴 글) 등을 지어 발표하면서 2월 18일 이른 아침 마침내 행동을 개시하였다. 그들은 먼

---

19) 조선 후기 조세 수취 방식의 하나로 주로 19세기에 성행했다. 군·현에 할당된 군역세·대동세·환곡·잡역세 등 각종 조세를 시가로 환산하여 토지에 부과하는 경향이 늘어갔는데 이를 결렴(結斂) 방식이라고도 한다.

20) 조선 후기 통을 단위로 환곡을 빌려주고 이자를 받던 제도.

저 서쪽에 있는 수곡 장터를 휩쓸고 이어 덕산 장터로 몰려가서 철시를 강행하였다. 여기에서 위세를 떨치게 된 농민 시위대는 스스로를 '초군樵軍'이라 부르면서, 머리에 흰 수건을 두르고 손에는 몽둥이나 농기구를 쥐고서 유계춘이 지었다는 노래를 부르며 구름처럼 진주성으로 몰려갔다. 그들은 시위에 불참하는 자에게는 벌전罰錢을 받았고, 반대하는 자는 집을 부서 버렸다. 이 때문에 이제까지 잠잠하던 다른 지역의 농민들도 속속 이 대열에 가담해 그 세력이 수만 명에 이르게 되었다.

하룻밤을 성 밖에서 지새운 농민 봉기군은 19일 우병사 백낙신과 목사 홍병원으로부터 통환과 도결을 혁파한다는 완문完文을 받아 냈다. 그러나 흥분한 군중은 우병사를 첩첩이 둘러싸고, 그의 죄상을 하나씩 들추어 협박하는 한편, 부정 관리로 손꼽히던 권준범과 김희순을 불태워 죽였다. 그리고 그들이 자진 해산하기까지 4일 동안 부정 향리들을 닥치는 대로 붙잡아 4명을 타살하고 수십 명은 부상을 입혔다. 또 평소 지탄의 대상이 되었던 부호들을 습격해 23개 면에 걸쳐 126호를 파괴하고 재물을 빼앗으니, 그 피해액이 모두 10만 냥에 달하였다고 한다.

진주에서 시작하여 3월에는 경상도 함양·성주, 전라도 익산·능주·무주·영광·장수, 4월에는 경상도 밀양·울산·개력·인동·선산, 전라도 함평으로 5월에는 충청도 은진·공주·회덕·청주에서 봉기는 거세게 번져 나갔으며 1862년 한 해 동안만 해도 37회의 봉기가 각지에서 일어났다. 이에 조정에서는 2월 29일 박규수를 진주안핵사로 임명해 수습하게 하였다. 진주에 파견된 안핵사 박규수는 삼정의 폐단을 없애기 위해 특별부서를 설치하자고 건의하여 삼정이정청三政釐整廳[21]이 설치되었으나 제 역할을 해보지

----

21) 1862년 세도 정치의 폐단인 삼정의 문란을 바로잡기 위해 설치한 관청. 1801년 순조·헌종·철종 3대에 걸친 60여 년간의 세도정치로 인해 전정·군정·환곡 등 삼정이 문란해졌다. 이에 따라 국가 재정 및 백성들의 삶이 어려워지면서 1811년 홍경래의 난, 1862년 임술민란(진주민란) 등이 발생하였다. 조정은 민란을 바로잡기 위해 암행어사를 파견하고, 삼정이정청을 설치하여 그 폐단을 시정하려고 하였지만 실패하였다.

도 못하고 폐지되었다. 그는 약 3개월에 걸쳐 이 민란을 수습했는데, 그 처벌 상황을 보면 농민 측은 효수梟首 10명, 귀양 20명, 곤장 42명, 미결 15명이었고, 관리 측은 귀양 8명, 곤장 5명, 파직 4명, 미결 5명이었다. 조선사회는 토지제도와 함께 엄격하기만 하던 신분질서도 무너지고 있었지만 지배층은 이 같은 사회적 변화를 제대로 수습할 능력이 없었다.

임술민란의 한계는 첫째 군·현 단위에서 일회적인 항쟁으로 그쳤고 둘째 항쟁이 발전하여 농촌의 부민·지주·고리대금업자·양반가들을 공격하는 단계에서 농민들이 탈락하고 셋째 봉건적 사회 모순이 전면화되는 과정에서 농민들이 사회 변혁을 위해 일어선 반봉건항쟁이었으나 본격적인 정치투쟁으로 발전하지 못하였고 넷째 농민들의 요구가 소극적으로나마 반영되어 농민봉기는 다소 진정되었으나 근본적인 해결책은 아니었다.

① 광양변란

임술년의 농민항쟁이 거세게 남도 땅을 휘몰아칠 때에는 조용히 비켜나 있던 광양에서 역사적으로 주목할 만한 농민들의 저항이 일어났다. 1869년 3월 23일, 광양에서 일어난 봉기는 당시 수없이 많은 변란 가운데 처음으로 거사에 성공하였을 뿐 아니라 변란의 전개 과정에 나타난 조직성과 연계성으로 이후 농민운동의 중요한 의미를 갖는 것이었다.

광양변란은 읍폐의 시정을 요구하는 농민항쟁이라기 보다 정치적 변혁을 도모한 무장봉기라 할 수 있었다. 광양난의 주모자 민회행閔晦行은 당시 44세로 전라도 광양 출생인데 의술을 익히고 지관으로서의 능력도 지니고 있던 그가 영남과 호남을 20여 년간 떠돌아 다니며 변란의 기회를 도모하던 중 광양변란을 주도하였다. 이들 세력은 전라도 지역의 몰락 양반으로서 사전에 치밀한 준비와 모의 과정을 거쳐 광양 관아를 습격하였는데 머리에 하얀 수건을 두른 난민 300여 명이 총을 쏘아 대며 성안으로 돌진하였는데 종전의 민란처럼 몽둥이와 쇠창만 갖고 있는 것이 아니었다. 총을 소지한 이들은 군기고와 창고를 열어 무기와 사창곡을 탈취하고 현감 윤영신을 잡아 항복문서를 바치도록 위협하면서 관인을 뺏으려 했으나 윤영신이 목을 자르는 한이 있어도 내어 줄 수 없다고 버티어 포기하였다. 이날의 난리로 민가 25채가 불탔으나 재산이 약탈되거나 인명피해는 없었으며 난도들은 창고를 열어 백성들에게 곡식을 나누어 주었다.

광양변란은 3일 천하로 끝나고 말았는데 관아를 탈출한 윤영신이 25일 밤 수천 명을 이끌고 반격하여 성을 수복하였기 때문이다. 민란이 진압되자 주모자 민회행·전찬문·이재문 등은 대역모반죄로 능지처참의 형에 처해졌고 광양의 읍호邑號는 강등되었다. 1899년 광양변란이 일어난 지 20년 후 광양현감 김두현의 탐학을 견디지 못한 이방 백치홍 등이 주민들을 선동하여 항쟁을 일으켜 공당公堂을 부수고 현감을 내몰았다. 또한 이들은 공전을 탈취하고 민가를 부순 후에도 해산하지 않았으나 곧이어 파견된 정부군에 진압되었다. 이로써 광양은 고종 시대에 두 차례에 걸친 반란이 발생한 유일한 지역으로 민중의 역동적인 저항 과정을 보여주는 지역이 되었다.

② 이필제 난

이필제 난은 19세기 변란의 진수를 보여주는 사건이다. 이필제李弼濟는 1824년(순조 24년) 충남 홍주 출신으로 이규묵의 아들이며 신분은 잔반계층으로 알려졌다. 원래 이름은 이근수李根洙였으나 필제로 고쳤으며, 급제 후에는 이홍李泓으로, 다시 주지문朱趾文으로 바꾸었으며 전국을 무대로 민중들과 소외된 지식인들의 한에 불을 지폈던 '직업적 봉기꾼'이었다. 그는 1869년부터 1871년까지 진천·진주·영해·문경 등지에서 반정부 투쟁을 전개하였다.

이필제의 첫 번째 거사는 1869년 4월 충북 진천에서 일어났다. 진천 거사의 명분은 단순한 조선 왕조의 전복에 그치는 것이 아니라 조선을 둘러싼 국제정세의 위기의식을 기반으로 정부타도와 서양세력의 퇴치를 통한 제세안민에 두어졌다. 그의 봉기는 야심과 명분이 뚜렷한 것이었다. 그러나 그의 계획은 동지의 고발로 사전에 발각되어 도망자 신세가 된다. 이필제는 그해 12월 진주 일대를 무대로 두 번째 변란을 시도하였으나 역시 실패하고 경북 영해로 피신한다. 세 번째 기도한 영해난은 1871년 3월 10일, 동학의 제2대 교주 최시형을 설득하여 동학교문 전체의 신원운동을 전개할 계획을 세워 성공을 거두었다. 수백 명이 영해부의 관문으로 난입하여 부사 이정을 살해하고 인부印符를 빼앗았다.

광양난의 경우는 관군에게 진압되었지만 영해난의 난민들은 스스로 흩어져 일부는 영양을 거쳐 조령관에 집결하여 변란을 기도하기에 이른다. 이들은 영해에서 동학을 이용하여 성공한 경험을 토대로 새로운 지지 집단을 찾았는데 서원철폐 반대 집회를 이용하여 민중을 모으고자 했다. 그해 8월 문경에서 봉기하려다가 동조자인 정기현의 실수로 사전에 발각되어 12월 서울 서소문 밖에서 교수형을 당하였다. 도참설을 이용하여 인심을 선동하고 무리를 모아 반봉건투쟁과 중국 북벌론까지 펼쳤던 이필제의 꿈은 수포로 돌아갔다. 그러나 이필제의 난은 홍경래의 난 이후 임술민란을 거치면서 분산적·고립적이었던 민중운동이 비로소 그 괴리를 좁히고 지역적 한계를 극복하는 계기가 되었다.

③ 방성칠 난

제주민란을 주도한 방성칠은 본래 전라남도 동복군 사람으로 남학교도였다. 남학은 동학과 비슷한 시기인 1860년대에 충청도·전라도 일대에 유포되었던 신흥종교였는데 동학과 마찬가지로 유·불·선 3교와 민간신앙까지를 포괄하였다. 방성칠은 1894년 동학농민전쟁 실패 후 제주도로 건너가 화전민으로 정착해 살고 있었는데, 1898년 2월 7일, 광청리 일대 수백 명의 화전민이 제주목 관덕정 앞에 모여서 화전세와 마장세의 시정을 요구하는 제주민란을 주도하였다.

제주목사 이병휘는 시정을 약속하고 군중을 해산시킨 후 조천포에서 장정 60여 명을 모아 방성칠을 잡아들이려 하였다. 이에 방성칠과 화전민들은 크게 분노하여 각 마을에 통문을 돌려 집집마다 장정 한 명씩 모아 일전을 준비함에 따라 민란이 확대되었다. 봉기민들은 제주읍성으로 쳐들어가 제주목사 이병휘와 대정군수 채구석을 구타하여 성 밖으로 쫓아내 제주읍성을 점거하는 등의 성과를 거두었다. 이 과정에서 방성칠은 단순한 조세거부가 아니라 정치적 변혁을 구상하고, 농민항쟁의 차원을 넘어선 이상향의 독립국가 건설을 시도하는 단계로 발전하였다.

방성칠 등의 남학교도들은 독립국가 건설을 계획하며 육지로 향하는 배들의 출입을 전면 통제하였다. 제주도민의 민란지도부에 대한 지지는 열성적이고 적극적이었다. 장기전에 대비하던 중 방성칠이 중앙정부에 사정을 알리려 상경한다는 거짓말을 하고 일본 배에 탑승을 시도함에 따라 민중들 사이에 일본복속설이 퍼지면서 그에 대한 신뢰가 떨어지게 되었다. 이는 관군의 교란 책동이었으며 이로 인해 남학당 중심의 민란지도부와 일반 농민들 간의 결속력이 약화되었다. 정의현감 홍재진은 민란군을 반격하여 제주읍성을 장악하고 파군봉에서 진압함으로써 민란은 실패로 끝이 났으며 주동자 방성칠은 숨어들었던 민가에서 피살되었다. 1898년 제주민란은 실패로 끝났으며 이들의 실패는 실질적인 지지 기반인 민중들의 불신으로 신뢰를 잃은 것이 결정적 요인이 되었다.

④ 이재수 난

1901년 발생한 제주민란은 이재수의 난이라고도 한다. 1901년의 제주민란은 천주교의 교세 확장과 이에 따른 폐단, 정부의 조세 수탈에 의해 발생하였다. 1886년 한·불수호조약과 1896년 교민조약을 통해 선교와 신앙의 자유를 획득한 천주교는 차츰 특권 세력화하였고, 특히 국왕이 지방 관리들에게 '신부를 나처럼 대하라'는 엄명을 내려 신부의 위세는 거리낌이 없었다. 한편으로 입교자 대부분은 토착 양반세력과 제주도에 귀양 온 사람들로서 이들은 1898년 농민항쟁 당시 농민군을 토벌하던 집단이었다. 결국 양적 팽창에 주력한 선교활동이 드러낸 필연적인 문제점이었다.

천주교도들은 아무런 제지도 받지 않은 채 온갖 불법행위를 자행하였다. 사람들을 붙잡아다 머리를 말꼬리에 매달아 끌고 다니는 등 사형까지 자행하고 천주교를 반대하는 명망 있는 유생을 성당으로 끌고가 고문을 하다 치사케 한 사건이 발생하기도 했다. 그러나 신부들은 천주교도들의 불법을 방관할 뿐 아니라 자신의 치외법권을 남용하여 지방행정에 간섭하는 등 제주도민의 반천주교 의식을 자극하였다. 특히 천주교인과 제주도의 경제적 실권을 장악한 봉세관捧稅官의 결탁은 제주도민의 생존을 위협하였다. 결국 침탈적인 봉세관과 천주교인, 귀양인 세력과 그에 대항하는 지방세력과 일반민중의 적대적인 대립관계가 형성되었다.

1901년 4월 9일, 강우백을 중심으로 한 대정군민들이 군수에게 소장을 올려 봉세관과 천주교도에 의한 수탈과 폐단의 시정을 호소하였고, 이와 별도의 저항 형태인 대정상무사大靜商務社가 조직되었는데 중심인물은 대정군수 채구석과 항장 오대현이었다. 이들은 자위조직을 결성하여 반천주교 운동을 전개하였는데 충돌은 피할 수 없는 것이었다. 4월 29일 상무사원 송희수에 대한 천주교인들의 구타사건이 발생하여 민심이 동요하였고, 5월 6일에는 천주교인과 상무사원들 간의 무력충돌이 발생하였다. 상무사는 민회를 개최하여 세폐와 교폐를 성토하고, 제주성으로 가서 목사와 봉세관에게 등소하여 이들의 폐단을 시정 요구하였다. 제주도민은 적극 호응하여 만중의 세력은 급격히 늘었고 이에 놀란 봉세관 강봉헌은 서울로 도주하였다. 제주목사 김창수는 일체의 문제점을 정부에 보고하여 혁파할 것을 약속하고, 이를 문서화하는 조건으로 제주민들은 해산하였다. 이것이 1901년 제주민란의 제1차 봉기이다.

그러나 천주교인들은 이를 반란으로 규정하고 이교도에 대한 성전을 선포하였다. 천주교측은 교인 천여 명을 동원하여 제주목의 무기를 탈취하여 총기 등으로 무장하고 5월 14일, 800여 명의 교인들이 민회소에 가서 농민들에게 발포하고 장두 오대현을 비롯한 6명을 체포하였다. 이는 제주민들의 반발을 초래하였고 등소를 통한 온건노선에서 무력투쟁에 의한 강경노선으로 급선회되었다. 5월 17일, 농민군은 신부가 지휘하고 있는 제주성으로 진격하여 성 밖 황사평黃沙枰에 수만 명이 집결하였다.

천주교 측은 전세가 불리해지자 오대현 등을 풀어주고 프랑스군이 도착할 때까지 시간을 벌고자 협상을 제안했다. 그러나 그들의 노력은 실패하고 오대현은 동진대장으로 농민군의 편에 섰다. 무혈 입성한 농민군은 서진대장 이재수의 주도 하에 천주교도를 색출하여 250여 명을 살해했다. 동진대장인 오대현은 이재수의 강경 노선에 반발하여 두 진의 내분으로 봉기군은 통일된 전략수립에 실패했다. 이재수는 관노 출신이었던 반면 오대현은 고을의 좌수로서 양반과 토호세력을 대표하는 출신 성분의 차이이기도 했다. 5월 31일, 270명의 프랑스 해군과 신임 제주목사를 태운 두 척의 프랑스 군함이 제주도에 입항했고 6월 2일에는 동진대장 오대현과 제주목사 사이에 화해가 성립되었다. 결국 이재수·오대현·강우백은 교수형에 처해졌고 프랑스 정부의 끈질긴 피해 보상 요구로 배상금 6,315원이 제주도민 전체에게 부과되면서 민란의 사후 처리도 종결되었다.

들풀처럼 일어서다

동학농민혁명은 조선 봉건사회의 부정·부패 척결 및 반외세의 기치를 내걸었던 대규모 민중항쟁으로 1894년 1월, 고부 농민봉기를 도화선으로 전국적으로 발전하였다. 종래의 군·현 단위에서 산발적으로 이루어졌던 항쟁을 전국적 차원으로, 일시적 투쟁에서 장기 지속적 형태로 발전해 나갔으며, 조선 후기 빈발했던 농민봉기 단계에서 나타났던 민중의 사회 개혁 의지를 계승한 대규모 농민 대중에 의한 혁명이었다. 농민군들은 사상적으로는 봉건적 한계를 벗어나지 못했지만 신분제 타파와 농민의 토지소유를 지향하면서 자주적인 근대사회를 목표로 하고 있었다.

동학東學이란 서학西學에 대응하는 동토東土 한국의 종교라는 뜻으로 천주교 등 밀려드는 서학에 대처하여 민족의 주체성과 도덕관을 바로 세우고 국권을 튼튼하게 다지기 위해서는 새로운 도가 필요하다고 판단하여 만든 조선 후기 대표적인 신흥종교다. 동학농민혁명의 지도자 전봉준全琫準은 전라도 고부군 궁동면 양교리에서 태어났으며, 왜소한 체구 때문에 녹두라 불렸고 훗날 녹두장군이라는 별명이 붙었다. 아버지 전승록도 고부군 향교의 장의掌議를 지낸 바 있는 향반이었던 점으로 보아서 몰락 양반, 즉 잔반 출신으로 보인다. 아버지도 의협심이 강하여 조병갑의 학정에 항거, 민소를 제기했다가 구속되어 심한 매질을 당한 끝에 장독으로 죽었다고 한다.

당시 고부는 전주 다음으로 컸던 마을로 비옥한 농토와 해안까지 끼고 있어 탐관오리들이 수탈하기엔 천혜의 조건을 갖추고 있었다. 조병갑은 고부군수로 부임하기 이전부터 탐관오리로 소문이 자자했던 인물인데 그가 고부에서 저지른 수탈과 탐학의 정도는 이루 헤아릴 수조차 없었다. 그는 이미 있던 만석보 밑에 새로운 보를 쌓으면서 농민들을 강제 노역시켰고 그 보를 쌓기 위해 남의 산 수백 년 묵은 나무들을 마구 베어 사용했다. 그렇게 해서 만든 새로운 보의 수세를 농민들로부터 다시 거둬들였는데 그 수세가 700섬에 이르렀다고 한다.

전봉준은 1893년 11월 초, 고부 고을 농민 40여 명과 함께 군수인 조병갑에게 나아가 그의 학정을 시정할 것을 등소等訴했으나 전봉준은 일시 구속되고 등소는 거부되었다. 전봉준은 1893년 11월 하순 최경선·김도삼 등 20여 명과 함께 사발통문을 작성하고 고부성 점령, 조병갑 처형, 탐관오리 처단, 전주성 점령, 서울로의 진격 등을 내용으로 하는 봉기를 계획했으나 조병갑이 익산군수로 이동 발령되어 이 계획은 보류되었다. 그런데 익산군수로 이동 발령되었던 조병갑이 1894년 1월 9일 고부군수로 잉임(仍任: 기한이 다 된 벼슬아치를 그대로 머물게 함)되었고 1월 10일 새벽, 전봉준은 배들평야에서 죽창으로 무장한 농민군을 이끌고 고부관아를 습격하였다. 멀쩡한 보가 있는데도 새로 만석보를 높이 쌓아 물세를 뜯어내던 군수 조병갑을 처단하고자 했으나 조병갑은 이미 도망을 가 버렸다.

조정에서는 고부민란 발생의 책임을 물어 조병갑을 체포·국문하라는 처벌을 내리고 용안龍安 현감 박원명을 고부군수로, 장흥부사 이용태를 고부군 안핵사로 임명했다. 박원명은 부임 후 회유와 설득에 주력하여 난민은 대부분 해산하였으나, 역졸 800여 명을 데리고 고부에 들이닥친 이용태는 갖가지의 야만적인 노략질을 자행하면서 난민을 강제로 해산시켰다. 동학란 기록인 동도문변東徒問辨 고부기요변古阜起擾辯은 "호남지란은 시어始於 조필영하여 중어中於 조병갑하고 종어終於 이용태하니 차此는 만고불역지론야萬古不易之論也"라고 하였다.

■ 우금티牛金峙를 넘지 못한 농민군

고부민란은 해산되었으나 이용태의 야만적 진압으로 전라도 일대의 농민들과 동학신도들이 크게 분개하자 전봉준은 국면 전환을 꾀했다. 전봉준은 2월 29일경 금구 원평에서 약 3,000여 명의 농민군을 다시 결집하여 3월 11일경 금구 원평을 출발, 부안을 거쳐 무장으로 나아가 3월 20일 손화중 부대·최경선 부대와 합세하여 무장에서 재봉기했다. 이것이 제1차 농민전쟁의 시작이었다. 그날 탐학수령을 처벌함으로써 보국안민輔國安民하겠다는 포고문을 전라도 일대에 배포하고 자신들의 투쟁 목표가 민씨 정권 타도에 있음을 분명히 했다. 이에 호응하여 주로 전라도 서해안 지역의 10여 읍에서 많은 농민군이 봉기했다.

전봉준 부대는 3월 23일 다시 고부를 점령했고, 25일에는 고창·흥덕·부안·정읍·태인·금구·김제 등지에서 몰려온 약 10,000여 명의 농민군과 함께 백산에서 대회를 열었다. 대회에서 농민군은 제세안민濟世安民·축멸왜이逐滅倭夷·진멸권귀盡滅權貴 등의 4대명의四大名義를 발표하고, 대장 전봉준, 총관령 손화중·김개남, 총참모 김덕명·오시영, 영솔장 최경선의 진용을 짰다. 동학농민군은 황토현 황룡촌 전투에서 관군들을 상대로 승리하고 그 기세를 몰아 전주성을 점령하였다. 전주성 함락에 놀란 조정에서는 4월 28일 청나라에 차병借兵을 요청했고 이에 청병 3,000여 명이 5월 5일 아산에 상륙했다.

한편 어떻게 해서라도 청과 일전을 벌여 청을 압도하려는 계획을 추진하고 있던 일본은 5월 6일 약 4,000여 명의 군대를 인천에 상륙시켰다. 전쟁의 발발은 시간 문제였다. 갑자기 조선이 국제 분쟁의 무대가 되자 조정과 농민군은 화전和戰해야 할 필요를 느끼고 교섭 끝에 5월 8일, 27개 조목의 폐정개혁안에 합의하고 휴전했다. 농민군은 전주성에서 물러나 각자의 고향으로 돌아갔으나 무장과 조직은 그대로 유지했다. 전봉준은 5월 11일~18일 순변사 이원회와 감사 김학진에게 원정原情을 제출하면서 폐정개혁의 실시를 촉구하고, 개혁이 실시되지 않으면 농민군의 무장과 조직을 풀지 않겠다고 강조했다. 그러나 당시의 민씨 척족정권은 그 정치적 기반이 극도로 취약해져서 폐정개혁을 단행할 의지도 능력도 없었다. 이에 5월 중순경부터 농민군이 집강소執綱所를 설치하여 농민들의 억울한 일을 해결하는 사업을 벌이기 시작했다.

전봉준은 7월 6일 전라도의 군정을 자신이 맡고 집강소 질서를 공식적으로 인정받는 대타협으로 7월 하순에는 폐정개혁 12개조가 공식적으로 성립되었다. 봉건적 신분제도는 전면적으로 철폐되었고, 토지제도는 생산력 발전을 주안점으로 경작 능력에 따른 경작 균분제도에 의하여 크게 개혁되었다. 그러나 집강소 활동은 순탄하지 않았다. 양반과 관료들의 횡포에 눌려 지냈던 농민들의 분노가 여기저기서 폭발하여 약탈과 방화가 일어났다. 어떤 지역의 집강소는 양반들이 장악하였으며, 집강소 활동으로 피해를 본 양반들은 자신의 재산을 지키기 위하여 사병을 조직하기도 했다. 5개월 동안의 집강소 활동은 농민들의 전열을 크게 흔들었고 지도부 역시 앞으로 어떻게 농민군을 이끌어야 할지 나아갈 길을 몰랐다.

조선의 보호국화를 추진했던 일본은 1894년 8월 17일, 평양성전투에서 청군을 결정적으로 격파한 뒤 개화파 정권의 요청을 받아들여 농민군 토벌에 발벗고 나섰다. 조선 땅이 외국군대의 전쟁터가 되자 이에 분개한 전봉준 등 지도부는 일본군을 몰아내기 위해 1894년 9월, 제2차 봉기를 일으켰다. 전봉준은 9월 14일 삼례에서 각지에 반일기의反日起義를 호소하고 여러 차례 경군과 충청감영군 그리고 충청감사 박제순에게 항일을 위한 민족연합전선을 제의했으나 모두 거부당했다.

동학농민군은 서울로 북상하기 위하여 중부지역의 전략적 요충지인 공주를 점령하여야 했다. 약 3만 명을 헤아린 동학군은 11월 8일 공주성 공격에 나서 일본군 200명을 포함한 약 2,500명의 관군 연합군을 우금티 고개까지 밀어 붙였다. 다음 날인 11월 9일, 동학농민전쟁 사상 가장 치열했던 우금티 전투가 벌어졌다. 며칠간에 걸쳐 4~50차례의 공방전 끝에 수천 명의 희생자를 낸 농민군은 회복하기 어려운 타격을 입었고, 2차에 걸쳐 전개된 전투에 연이어 패배함으로써 동학군은 진압되었다. 이 전투에서 진압군은 거의 인명 손실을 보지 않은 반면 동학농민군은 일본군의 서구식 총탄과 포탄에 거의 전멸하여 살아남은 사람은 겨우 1,000여 명이었다. 그것은 전쟁이 아니라 정부가 자신의 국민을 살육한 가슴 아픈 역사였다.

동학농민군 주력은 일본군에 의해 거의 제압되었으나 핵심 간부 26명은 대둔산 자락의 미륵바위에서 끝까지 항전하다가 항복이나 포로가 되기를 거부하고 1895년 2월 18일 전원 몸을 던져 자결하였다. 동학농민군의 대둔산 최후 항전은 지난 100여 년간 묻혀 있다가 1991년 국사편찬위원회가 주한 일본공사관 기록을 발굴하여 세상에 알려졌다.

대둔산항쟁 유적지는 60평 크기의 방어 진지, 돌로 쌓은 축대, 성채 등이 남아 있는데 150m 높이의 암벽 위에 양 옆면이 깎아지른 암벽으로 둘러져 있는 천혜의 요새로 서기 70년 로마군에 끝까지 항전하다 960명 전원이 순국한 이스라엘의 마사다(Masada) 요새와 흡사한 점이 많다. 두 곳 모두 최후의 항전지였고, 모두가 순국 자결하였으며, 해발 600~700m 산 정상에서 치열한 전투를 벌인 점이다. 그러나 이스라엘은 이 유적을 세계적 명소로 가꾸었고 국민들을 정신적으로 규합하는 성스러운 곳으로 승화시켰다는 점은 우리와 크게 다른 점이다.

일본의 동학농민전쟁 참전은 1894년 6월 시작되어 8개월간 지속되다가 1895년 4월 17일 시모노세키 조약[22) 체결로 막을 내렸다. 제2차 농민전쟁에서 전봉준이 목적했던 것은 일본군을 이 땅에서 몰아내고 친일적인 개화

----

22) 하관조약 또는 마관조약(馬關條約)이라고도 한다. 동학농민운동을 평정하기 위해 조선에 원병한 청·일 두 나라는 전쟁을 일으켜 그 전선(戰線)이 만주까지 확대되었으며, 청국이 연패를 거듭하자 미국의 중재로 1895년 2월 1일부터 휴전, 강화를 위한 협상에 들어갔다. 양국은 3월 30일 먼저 6개 조항의 휴전협정을 체결하고, 휴전 기간 동안 강화협상을 진행하여 4월 17일 전문(全文) 11개 조항의 강화조약, 각 3개 조항의 의정서(議政書) 및 별약(別約), 2개 조항의 추가 휴전협정을 체결하였다.

파 정권을 타도하며 전국적 차원에서 폐정을 개혁하려는 것이었다. 전봉준은 12월 2일 순창군 피노리에서 체포되어 일본군에게 넘겨져 서울로 압송되었다. 1895년 4월 23일 오후, 동학농민혁명의 지도자 전봉준·손화중·최경선·김덕명·성두한에 대한 재판이 열려 이들은 모두 사형선고를 받고 불과 10시간 뒤인 24일 오전 2시에 처형당했다.

전봉준의 애끓는 척왜 호소도 일본의 앞잡이로 변신한 정부 관리들에게는 아무런 변화도 주지 못했다. 오히려 동학군 학살공로로 이두황·박제순·장용진 등은 일제로부터 높은 감투를 받았고, 전봉준을 밀고하여 일본군에게 넘겨준 김경천과 한인현은 상금 일천 냥씩을 받았다. 특히 손화중의 밑에서 충성을 하는 척하다가 그를 배신한 이봉우는 증산군수 자리를 얻었다. 황현의 오하기문梧下記聞은 "전봉준이 서울로 잡혀 오면서 벼슬아치를 보고는 모두 너라고 부르고 조금도 굴하지 않았다. 길을 오는 동안 행동거지가 조금도 두려움이 없었으며 조금이라도 그의 뜻을 거스르면 내 죄는 종묘사직에 관계되니 죽게 되면 죽을 뿐이다. 너희들이 어찌 나를 함부로 다루느냐"고 꾸짖었다는 기록을 남겼다.

일본의 침략 야욕, 부패 무능한 조선왕조 봉건 지배층의 외세 의존과 보수 유생의 체제 수호의 벽에 그들의 꿈과 개혁의지는 미완의 혁명으로 끝났으나 동학농민혁명은 19세기 후반 우리나라와 동아시아의 국제 질서를 변화시키고 중세에서 근대로 이행하는 과정에 큰 영향을 끼쳤다. 동학의 잔여 세력은 항일의병·남학당·영학당·활빈당 등 이후 전개된 3·1독립운동과 항일 무장투쟁, 4·19혁명과 광주민주화운동의 모태로서 평등사상과 자유민주화의 지평을 여는 민족사적 대사건이었다.

선비, 살아 있는 정신의 힘

비판과 절제의 인간

조선왕조의 특징은 붓을 든 선비가 칼을 든 무반을 다스린 것이다. 5백 년이라는 장구한 세월 동안 선비가 군인을 다스렸다는 세계사의 어디에서도 찾아 볼 수 없는 불가사의한 역사가 아닐 수 없다. 붓을 든 선비가 칼을 든 군인을 지배하면서 5백년의 역사를 유지할 수 있었던 것은 참 선비의 기개와 정신이 살아 있었기 때문이다. 조선왕조의 젊은 관원들인 선비의 덕목은 정의와 정직을 목숨보다 소중히 하는 일이었다. 언제나 공명하고 정대하여 누구를 만나도 부끄러움이 없는 도덕적 용기로 무장되어 있었기 때문에 옳지 않은 일이라면 당연히 왕명도 거부하였다. 조선시대의 지배구조를 관통하고 있는 성리학은 지식인들에게 지행知行을 가장 큰 덕목으로 가르쳤다. 지행이란 익힌 바를 반드시 실행으로 옮겨야 하는 실천 요강이기에 도덕적 용기를 수반해야 한다. 도덕적 용기를 갖추지 못한 선비는 참 선비의 대열에 낄 수가 없었다.

인조 때 영의정을 지낸 신흠申欽은 상촌집象村集 사습편士習篇에서 "몸에 역량을 간직하고 나라에 쓰이기를 기다리는 사람이 선비다. 선비는 뜻을 숭상하고尚志, 배움을 돈독히 하며敦學, 예를 밝히고明禮, 의리를 붙들며秉義, 청렴함을 긍지로 여기며矜廉, 부끄러워 할 줄 안다善恥. 그러나 세상에는 흔하지 않다."고 말했다. 박지원朴趾源은 '선비에 대하여'라는 글에서 "선비는 아래로 농부나 공인工人과 나란하고, 위로는 왕공王公과 벗한다. 지위로는 차이가 없고 덕으로는 바름을 추구한다. 한 선비가 독서하면 혜택이 온 세상에 미치고 보람이 만세에 드리워진다. 그래서 천하의 공변된 말을 사론士論이라 하고, 당대의 으뜸가는 부류를 사류士流라 하며, 사해四海의 의로운 소리를 고취시키는 것을 사기士氣라 한다. 군자가 죄 없이 죽는 것을 사화士禍라 하고, 학문을 강론하고 도를 논하는 것을 사림士林이라 한다. 선비는 본시 정해진 자리가 없다. 하지만 언제 어디에 있든지 그 마음가짐은 한결같다. 사랑을 남에게 미루어 확산하는 어짊, 옳지 않은 일에는 분연히 일어서는 용기, 옳고 그름을 냉철하게 가르는 판단력, 들 때 들고 날 때 날 줄 아는 올바른 몸가짐, 이것을 익혀 실천하는 전인적 인격을 선비 또는 군자라 불렀다. 이것이 가치 지향을 지닐 때 선비정신이 된다."고 말했다.

　조선의 지식인 선비는 자신들의 학적·지적 능력을 국가사회에 실현할 수 있는 여건이 조성되어 있었기에 보다 진지하고 적극적이었던 부분도 있었다. 지식의 많고 적음보다 실천적 역량에 무게중심을 두었다는 사실도 눈여겨보아야 할 대목이다. 특히 선비의 청빈함, 목에 칼이 들어와도 할 말은 하고야 마는 서릿발 같은 기개, 일관된 지조와 종교적이라 할 만한 엄숙주의, 그 속에 간직한 유머와 여유로움, 탁월한 자기 제어력과 타인에 대한 배려를 우선하는 생활 태도 등은 '맑음의 미학'과 '청빈사상'을 추구한 그들 삶의 진정한 가치였으며, 이러한 인생관은 오늘날 우리 지도자나 지식인들에게도 경종이 될 것이다. 우리는 선비란 말이 참으로 값없이 된 세상에 살고 있다. 지금 우리에게 절실한 것은 지식도 정보도 아니다. 세상의 변화를 앞서 읽는 식견, 단절된 세상과의 관계를 복원하는 통찰력, 스스로의 삶 앞에 떳떳한 긍지와 헌신이다. 선비가 떠난 나라는 역사 앞에 슬프다.

■ 수기치인修己治人의 이상

을묘사직서丹誠疎는 명종 10년, 남명 조식 선생이 단성현감 벼슬이 내려졌을 때 이를 거부하고 올린 사직서인데 당시 상황에서 신성불가침의 존재인 왕에게 '파천破天의 극언'을 담은 상소를 올렸다. 왕과 대비는 대노하고 조정의 중신들도 겁에 질려 손에 땀을 쥐게 한 서릿발 같은 내용이다. "전하의 나랏일은 이미 잘못되었고, 나라의 근본은 이미 없어졌으며, 하늘의 뜻도 이미 떠나 버렸고, 민심도 이반되었습니다. 낮은 벼슬아치들은 아랫자리에서 시시덕거리며 술과 여자에만 빠져 있습니다. 높은 벼슬아치들은 빈둥거리며 뇌물을 받아 재산 모으기에만 여념이 없습니다. 온 나라가 안으로 곪을 대로 곪았는데도 누구 하나 책임지려고 하지 않습니다. … 자전(慈殿: 문정황후)께서는 생각이 깊으시지만 깊숙한 궁중의 한 과부에 지나지 않으시고, 전하께서는 어리시어 단지 선왕의 외로운 후사後嗣에 지나지 않습니다. 그러니 천백 가지의 천재와 억만 갈래의 인심을 무엇으로 감당해 내며 무엇으로 수습하겠습니까?" 이러고도 살아남았을까 싶을 정도로 그 내용이 비수 같다.

문정황후가 막강한 영향력을 행사하던 당시에 왕후한테는 한낱 과부에 지나지 않는다고 하고, 왕한테는 한낱 고아에 지나지 않는다고 했다. 임금이 대단히 노여워 안색이 온화하지 않았으나 "조식이 시골에 은거하는 선비이기 때문에 너그러이 용납하고 죄는 묻지 않겠다."고 불문에 부쳤으며, 후일 중요한 국사를 다룰 때 산천재山川齋는 뭐라든가? 또는 지리산 소식은 들어봤는가? 하며 그의 의견을 중시했다고 한다. 그토록 겁이 없는 개인도 놀랍고 그를 죽이지 않은 조선사회는 더욱 놀랍다.

자기의 지식이나 지위나 재주를 겸손함으로써 큰 인물이 되어 존경을 받은 사람으로 선조 시대의 뛰어난 시인이자 정치가였던 사암思庵 박순朴淳을 들 수 있다. 그는 퇴계 이황이 예문관 제학으로 있을 때 대제학으로 있었다. 박순은 직책상으로 이황의 윗사람이지만 자기 자신의 학식이나 덕망이 이황보다 부족하다고 보고 자신을 겸하하였다. 박순은 임금께 다음과 같이 아뢰었다. "신이 대제학이온데 이황이 제학이 되어 아래에 있사옵니다. 나이 많은 큰 선비는 다음 자리의 벼슬에 있고 오히려 나이가 적은 신이 높은 자리에 앉아 있는 것은 인재를 거꾸로 쓴 것이오니 청하옵건대 신의 관직을 갈아서 이황에게 주시옵소서." 임금도 박순의 겸손한 미덕을 크게 기리면서 이를 받아들여 박순의 자리와 이황의 자리를 맞바꾸어 주었다. 그러자 이황도 힘껏 사양해 다시 벼슬이 교체되어 사암이 대제학이 되었다. 조선 왕조 500년 역사에 참으로 아름다운 역사 가운데 하나가 바로 이 사건이다. 지위야 정승보다 아래지만 만인이 선호하는 벼슬이 대제학이었다. 그런 벼슬을 흔쾌히 선배 학자에게 양보한 사람이 박순이다.

　조선왕조는 유교 국가였다. 따라서 왕조의 가치는 유교이고 유교의 실천자는 선비다. 그러면 유교가 이기주의·혈연주의·지역주의·부패·적당주의 등 이른바 한국병을 가져왔는가? 물론 유교에는 오늘날과 맞지 않는 가치도 있지만 산업구조나 생활방식이 달라진 오늘날에도 여전히 유효한 가치가 많다. 첫째 교육이다. 우선 인간을 어떻게 길렀는가? 유교는 인격 완성에 목표를 두었다. 그래서 문사철文史哲의 인문 교육에 치중했다. 둘째 공동체를 바라보는 마음이다. 유교는 공동체를 함께 추구한다. 나와 우리를 함께 존중한다. 우리가 '나'라는 말을 즐겨 쓰지 않는 것은 '우리'를 떠난 내가 존재할 수 없기 때문이다. 셋째 조선의 정치제도는 매우 엄격하고 합리적이었다. 조선의 정치가 혈연주의·지역주의 그리고 부패 등으로 운영되었는가? 혈연의 친근성에서 오는 부정을 경계하고 차단하는 장치는 지금보다 더 철저했다. 이른바 상피제도가 그것이다. 넷째 언로가 개방되었다. 조선왕조는 정치의 도덕성을 높이기 위하여 언론과 언로를 널리 개방하고 여론과 공론에 따른 정치를 했다. 다섯째 정밀한 기록문화를 남겼다. 조선왕조는 세계적으로 유례가 없는 정밀한 국정보고서를 남겼다. 기록이란 정치의 투명성·공개성·책임성을 보장하는 수단이다. 일종의 정치실명제로서 정치의 도덕성을 담보하는 최고의 수단이다.

조선왕조가 500년 넘는 세월을 견뎌 낸 것도 조선 사대부들의 선비정신이 있었기 때문이라고 할 수 있다. 그들이 올바를 때는 나라가 길을 잃지 않았다. 그러나 외척 세도정치로 선비정신이 무너지자 나라는 망국의 길로 들어서고 만다. 외환위기 이후로 아시아적 가치가 이 지역 경제 파탄의 원인이라는 비판이 있었다. 이에 따라 세계화란 이름으로 서구적 가치, 미국적 가치가 우리 사회에서 더욱 위세를 떨치고 있다. 그러나 몇 가지 의문이 있다. 과연 아시아적 가치가 경제 위기를 불러온 것인가? 우리 경제를 파탄으로 몰아넣은 이기주의·혈연주의·지역주의·정경유착·적당주의·부채 등 요인들이 정말 아시아적 가치인가? 또 한국적 가치와 아시아적 가치는 같은 것인가? 위기의 본질을 알아야 처방이 올바르다는 것은 두말할 필요도 없다. 한마디로 아시아적 가치, 한국적 가치가 무너지면서 경제 위기가 찾아온 것은 아닌가? 지금 우리나라는 아시아적 가치든 서구적 가치든 가치 자체가 없는 것 같다. 경제만이 위기가 아니라 사회 각 부문이 총체적인 위기다. 역사적으로 보면 우리는 수천 년간 국가와 민족을 원만하게 이끌고 유지해 온 전통이 있다. 그 당시의 수준에서 경쟁력을 지닌 가치가 있는 것이고 그 가치가 우수했기 때문에 국가와 민족을 유지해 온 것이 아니겠는가?

전통적인 선비의 도덕은 규범의 차원을 넘어 진리와 도의를 자신의 것으로 인격화한다는 뜻을 갖는다. 오직 진리와 도의에 입각하여 자아를 확립하고 완성하려 했던 사람을 진정한 선비라 할 수 있으며, 그들은 부귀공명을 오히려 자아상실의 요인으로 일고 이를 배척하였다. '소유의 가난'을 마다하지 않고 '존재의 맑음'을 추구했던 그들의 청빈사상이 이를 입증한다.

유교의 가르침은 크게 두 가지 범주로 요약된다. 자신의 인격을 수양하는 '수기修己'와 남을 다스리는 일 '치인治人'이다. 자기 수양을 통해 훌륭한 인격을 이루고 사회적인 이상을 실현하기 위해 정치에 종사하는 것이다. 때문에 유학자들의 일이란 '수양이 반이요, 치인이 반'이라고 말한다. 조선왕조의 선비문화·양반문화는 기본적으로 농업사회의 바탕에서 이루어진 것이지만 초시대적인 보편적 가치를 지니고 있는 것이다. 우리는 우리 역사의 자랑스러운 문민전통을 애써 외면해 왔다. 문민문화가 절정에 다다랐던 조선왕조를 문약에 빠져 망했다고 흔히 말하는 것도 이 때문이다.

그러나 이러한 해석은 힘을 숭상하는 발상에서 나온 것이다. 유교 입국의 조선왕조가 고도의 문민정치를 하였기 때문에 500년의 왕조를 누렸다는 사실은 보지 못하고 있는 것이다. 근대 패권주의의 시대에 패권을 주도하였던 독일과 일본도 불과 반세기 만에 망하지 않았던가? 우리가 '잃어버린 역사'와 '숨겨진 보석'을 되찾아 역사에서 자신감을 얻고 그 자신감을 바탕으로 미래를 열어 간다면 두려울 것이 없을 것이다. 현실에서는 자유보다 압제가 더 많고 정의보다 불의가 더 심해도 우리 이상의 고귀함 속에 단아하고 대쪽 같은 선비라는 정갈한 이상을 갖다 놓아야 한다.

■ 맑음과 청빈의 미학

세조 때 재상 이승소李承召는 판서 벼슬에 있으면서도 겨우 세 칸 되는 초가에서 살았다. 그 사정을 안 세조가 그를 불러 예의 바른 대학자가 사당을 모시지 않는 이유가 무엇인지 물었다. 그러자 그는 형님이 평양 본가에서 모시고 있다고 대답했다. 그때 마침 그 자리에 누각 같은 주택을 짓고 사는 당시 병조판서가 입시하였다. 이승소와 병조판서는 앞뒷집에 사는 같은 판서인데도 서로 모르는 체하는 것을 이상하게 여긴 세조가 이승소에게 병관을 모르는가? 하고 물었다. 그러자 그는 "모르는 사이입니다."라고 대답했다. 같은 조정에서 일하는 판서를 모를 리야 없겠지만 모르는 사이라고 말하는 저의는 병관을 무시하기 때문이었다. 그 후 세조는 재물을 탐하는 신하가 입시하면 짐짓 알면서도 "신이 누구더라?" 하고 이승소 방식의 처세로 상대방을 당황하게 만들었다고 한다. 비단 세조뿐 아니라 '지면부지호知面不知乎'는 경제 척도를 근거로 인격 척도를 하강시키는 신호로서 선비사회로 널리 퍼져 하나의 풍조가 되어 버렸다.

청백리淸白吏는 전통적으로 우리나라를 비롯한 동아시아 유교문화권에서 깨끗한 공직자를 지칭할 때 사용하는 말이다. 청백은 청렴결백淸嗛潔白의 약칭으로 동아시아 사회에서 가장 이상적인 관료의 미덕으로 여겨지고 있다. 엄밀히 말하면 청백리는 조선시대에 특별히 국가에 의해 선발되어 청백리안案에 이름이 올랐던 사람을 가리킨다. 보통은 고인이 된 사람에게는 청백리라 하고 생존해 있는 사람에게는 염근리廉謹吏라고 하였다. 청백리로 선발되면 본인에게는 벼슬을 추증하거나 올려 주고 후손들에게도 벼슬을 주는 등 많은 혜택이 주어졌다. 반대로 공금횡령 등의 죄로 처벌받은 사람은 장리贓吏라 하여 명단을 별도로 관리하고 그 후손은 과거 응시에 제한을 두었다.

우리나라에서는 중국의 제도를 본떠서 고려시대부터 이러한 제도를 운영하여 왔으며 조선시대 전고대방典故大方의 기록에 의하면 14명의 임금이 218명의 청백리를 녹선하였다. 재상 청백리는 더욱 드문데 고종 때 편찬된 청선고淸選考는 재상 청백리를 따로 적고 있다. 세종 때의 이원·황희·유관·맹사성, 세조 때의 구치관, 연산군 때의 허침, 중종 때의 김전, 명종 때의 이준경, 선조 때의 심수경·유성룡··이원익·이항복, 인조 때의 김상헌, 효종 때의 이시백, 현종 때의 홍명하, 숙종 때의 이상진 등 모두 16명에 지나지 않는다.

청백리를 선발하는 방법은 일정하지 않으며 시기도 정해져 있지 않았지만 청백리를 선발하라는 임금의 지시가 있으면 예조에서 후보자를 뽑아 의정부의 논의를 거쳐 임금에게 보고하는 방식이었다. 어떤 때는 판서나 사헌부·사간원 등에서 후보자를 추천하기도 하였으며 생전에 선발되는 경우도 있지만 본인이 죽은 뒤에 선발되는 경우가 많았다. 당시는 고관을 지내려면 사간원이나 사헌부 등에서 시비를 잘 걸므로 평소 품행을 단정히 하여야 고위직을 유지하기 수월하였다. 부정에 연루되었다는 소문이 있으면 젊은 관리들이 직위 고하를 막론하고 계속 공격하므로 자연히 공직에 있으면 몸가짐을 조심할 수밖에 없었다. 5백여 년 간에 걸친 조선시대 통치의 핵심은 관료제와 견제와 비판을 통한 권력 균형이라 할 수 있다.

5백여 년 동안 보수를 지급하는 조선의 정규 관료는 총 4천 명을 넘지 않았고 이들에게 지급되는 녹봉 역시 상징적 성격에 지나지 않을 만큼 미미하였다. 정1품 영의정의 연간 보수는 쌀·잡곡 90여 석, 명주 5필, 삼베 15필에 지나지 않았으며, 정3품 당상관은 곡식 67석, 비단 4필, 포 13필이었고, 종9품은 곡식 12석, 포 2필이 전부였다. 보수가 지급되지 않는 잡직이나 이서(吏胥)들은 말할 것도 없고 정규관료들도 생계를 지탱하고 품위를 유지하기에는 턱없이 부족한 보수였다.

그럼에도 조선의 관료 체제는 5백여 년 이상을 정상적이고 효율적으로 작동하였다. 조선의 과거제도는 매년 평균 29.2명의 문과급제자가 배출되었는데 약 30년 생존했다고 가정한다면 어느 시점에서든 약 900명 정도의 급제자가 존재했다. 900명의 자리를 둘러싼 양반들의 경쟁률은 어느 정도였을까? 양반의 전체의 수를 아는 것은 거의 불가능하지만, 당시의 인구수를 1천만 명, 인구의 5~10%가 양반 가문에 속했다고 가정하면, 50만~100만 명 정도라는 추산이 가능하다. 이 가운데 과거 수험 자격이 없는 여성과 실질적으로 수험이 불가능한 어린 남자(17세로 문과에 급제한 것이 최연소 기록이다)를 제외하면, 20만~40만 명 정도가 문과 수험 유자격자였다고 할 수 있다. 결국 이들이 900명 중의 일원이 되기 위해서 경쟁한 것인데 얼마나 격렬한 경쟁이 벌어졌을 것인지 짐작이 갈 것이다.

물론 이러한 제도는 부정과 부패가 야기될 소지가 있었고 실제로도 폐단이 없지 않았으나 관료 체제의 기본 기강과 윤리 원칙은 무너지지 않았다. 그 뿌리에는 유교적 수양의 원리와 윤리규범에 대한 의식이 강하게 배어 있었고 또한 그것이 강요되었기 때문이다. 스스로의 수양에 의한 것이든 사회적 강압에 의한 것이든 관료들에게 요구되었던 윤리적 품성은 조선시대의 통치 체제를 유지하는 무형의 힘이었다. 조선의 관료들은 '사불삼거四不三拒'를 불문율로 삼았다. 재임 중에 절대로 하지 말아야 할 네 가지四不는 부업을 하지 않고, 땅을 사지 않고, 집을 늘리지 않고, 재임지의 명산물을 먹지 않는 것이다. 꼭 거절해야 할 세 가지三拒는 윗사람의 부당한 요구, 청을 들어준 것에 대한 답례, 경조사의 부조다. 관직에 있던 사람의 처신과 뒷자리가 청렴하고 담백하여야 함은 시대와 동서양을 불문하고 다를 바 없다.

1995년 5월 17일 오전, 대통령 전용차인 검은색 르노 한 대가 엘리제궁을 미끄러져 나왔다. 전용차는 경찰 모터사이클의 에스코트를 받으며 콩코드 광장에 접어들었다. 이윽고 콩코드 다리 앞에 이르자 전용차가 멈춰 섰다. 뒷문이 열리고 구부정한 어깨에 늙수그레한 남자가 차에서 내렸다. 이젠 전임자가 된 프랑수아 미테랑 프랑스 대통령이었다. 미테랑은 몇 발자국을 걸어 다리 앞에 주차돼 있던 소형 르노로 옮겨 탔다. 마티즈 정도 크기의 이 차는 프랑스 사회당이 14년 동안 프랑스를 이끈 미테랑에게 감사하며 외출할 때 타라고 선물한 것이었다. 운전대를 잡은 아들이 아버지를 기다리고 있었다. 소형차는 센 강을 건너 파리 7구로 향했다. 막 퇴임식을 마친 전직 대통령을 태운 차는 사저인 아파트에 도착할 때까지 몇 차례나 교통신호에 걸려 멈춰서야 했다. 프랑스 최장수 대통령으로서 공정하고 통합된 프랑스를 일궈 낸 미테랑은 그렇게 평범한 시민으로 되돌아갔다.

미테랑이 대통령이 된 지 30주년인 올해 프랑스 언론들은 앞다투어 그의 삶을 재조명했다. 프랑스 국민들이 가장 존경하는 대통령으로 여전히 미테랑이 드골과 수위 다툼을 하고 있는 까닭이다. 두 집 살림을 하느라 엘리제궁을 자주 비웠던 그였지만, 장례식 때 숨겨 둔 딸이 나타나 사람들을 놀라게 한 그였지만, 프랑스 국민들 가슴에 여전히 '몽셰르통통(우리 아저씨)'으로 남아 있다. 이처럼 현직에서 국가와 국민을 위해 봉사한 뒤 미련 없이 '빈손의 시민'으로 돌아올 수 있었던 지도자의 모습을 프랑스 국민들은 사랑하고 추억하는 게 아닐까? 그런 마음이야 우리 백성들도 다를 게 없을진대 어찌 우리네 지도자들은 임기를 마치고 평범한 시민으로 돌아오기가 이토록 어려운지 모르겠다.

사대주의가 아니라 생존 전략
|

사대주의란 19세기 말 조선에 대한 영향력을 키우고 있던 일본 사람들이 만든 말이다. 그들은 사대주의가 대륙사람이나 섬사람이 아닌 반도사람에게 잘 나타나는 것이라고 설명하면서 조선에 사대특허권까지 주었다. 그러나 그것은 조선의 독립성을 부정하고 조선 진출에 방해가 되는 청나라와의 관계까지 폄하하는 일석이조의 책략이었다. 국가는 개인과 다르다. 개인은 자존과 인격의 문제를 자신의 생명보다 상위의 개념으로 보는 판단도

가능하겠으나 국가는 어떤 경우에도 존립보다 우선하는 감성이나 추상적인 명분은 배제하여야 한다. 어느 시대 어느 상황에서도 국가를 경영하는 데는 외부와의 관계를 도외시할 수 없다. 사대의 원리는 동아시아에서 국제관계의 안정을 지키는 데 오랫동안 큰 역할을 해 왔다.

천하의 주인을 자처하는 중국의 입장에서 보더라도 주변의 모든 세력을 힘으로 억누른다는 것은 힘든 일이었다. 제국 내에 있는 좁은 의미의 신민에게는 충의 이념을 적용하고, 제국 밖의 주변국에는 주체성을 인정해 주는 타협책이 현실적으로 유용했던 것이다. 주변국으로서도 중국과의 정면 대결을 피하면서 국제 질서 속에 안정된 자리를 잡는 방법이기도 했다. 오랫동안 원나라의 영향을 강하게 받아온 고려가 체질을 전혀 바꾸지 않은 채 당장의 힘에 눌려 복속하는 시늉만 하는 것은 명나라에게 만족스런 일은 아니었다. 고려 정도의 국력과 문명 수준을 가진 나라와 동상이몽의 관계에 머물러서는 천하의 진정한 주인이라 할 수 없는 일이었다.

고려가 조선으로 왕조를 바꾸면서 성리학에 입각한 국가 체제를 정비하고 사대의 이념을 자진해서 받아들이자 명나라는 비로소 안심할 수 있었다. 명나라에 대한 사대관계를 통해 조선은 동아시아 체제 속에서 독립국의 위치를 보장받을 수 있었다. 이에 따라 조선은 고려 말부터 왜구 문제에도 여유 있게 대처할 수 있었고 여진에 대해서도 우월한 위치를 보장받을 수 있었다.

조선은 청나라에 해마다 서너 차례 사신단을 보냈는데 이들의 여정은 보통 반년이 걸렸다. 길을 오가는 데만 석 달, 황제를 만나기 위해 베이징에서 체류한 기간이 보통 두 달 이상이었다. 약 1,900㎞의 길을 다니는 것도 매우 힘들었으며, 200~300여 명의 인원으로 짜인 사절단이 길에서 겪어야 하는 고통은 여러 가지였다. 우선 짙은 안개, 그리고 살을 파고드는 듯한 먼지, 뼈를 두들기는 듯한 북국의 매운 바람이었으며 그러나 그보다 더 많은 낯섦과 두려움이 사절단을 엄습하였다. 사절단이 본국의 경계였던 압록강을 건너 처음 일박하는 구련성이라는 곳은 인가가 드물고 수목이 무성해 호랑이와 표범 등이 출몰하는 지역이었다. 구련성 벌판에 장막을 치고 노숙했던 사절단 일행은 그런 맹수의 습격이 우선 두려울 수 밖에 없었다. 장마가 지는 드넓은 요동 벌판에서는 물이 빠져나갈 곳이 없어 늪지대가 만들어지면 한걸음도 옮기기 어려운 진창을 걸어야 했고, 정해진 목적지에 정해진 시간에 닿아야 했던 일정의 각박함도 먼 길 떠난 나그네들의 심사를 괴롭혔다.

그럼에도 조선은 끊임없이 사신단을 중국에 보내고 또 보냈다. 중국이라는 거대국가 중심으로 짜인 국제관계의 틀이 그러하도록 만들었고, 한반도의 지적인 한계를 극복하기 위해 대륙으로부터 지식상품을 들여와야 하는 문명적 욕구도 연행의 잦은 발길을 만든 큰 요인이었다. 19세기 이전까지 우리 민족이 동아시아 최강국인 중국에 책봉을 받고 조공을 한 것은 사실이다. 그러나 한국의 왕들은 국내 절차에 따라 임금이 되었고 책봉은 그저 형식적인 요식행위에 불과한 상대국의 패권을 인정한다는 의미에 지나지 않았다. 사대의 구체적 내용은 중국의 연호年號와 역曆을 그대로 사용하는 것이다. 약자의 입장에서 평화를 지키기 위해 중국에 조공을 바치긴 했지만 우리의 자존심을 꺾고 지나치게 굽실거린 관리들은 귀국하자마자 엄한 처벌을 받았다는 내용이 연행록 기록에 남아 있다.

조공은 회사回賜라는 반대급부를 동반하는 물물교환 형식의 무역이었다. 이런 조공무역에서 우리는 대체로 흑자를 챙겼다. 최강국의 패권을 인정해주는 대신 무역흑자를 챙겼으니 명분은 잃었어도 실리는 잃지 않은 셈이다. 황제국과 제후국 간에는 사신을 통해 정보를 공유하고, 제후국에서 조공을 바치면 황제국에서는 더 많은 회사품을 주어야 했다. 이른바 조공무역이다.

조선은 건국 초기에는 명으로 가는 사신의 부족한 경비를 보충하려고 은을 가지고 갔다. 그러나 세종 때부터 중국에 인삼의 효능이 널리 알려지면서 사신단 가운데 정관正官이 인삼이나 은으로 가지고 가서 사적으로 무역을 하는 것을 인정했다. 포包 8개에 넣어 가져갔으므로 이를 팔포무역八包貿易[23]이라 했다. 포 1개의 한도는 인삼 10근이었는데, 인삼 1근은 은 25냥이었으므로 인삼 8포의 값어치는 은 2천 냥이었다. 정관이 34~35명이었으므로 은 7만 냥 정도의 교역을 할 수 있었다. 수행원으로 따라가는 역관이 주도하는 교역의 규모는 더 컸다. 중국에서 사온 물건들은 대체로 왕실이나 양반규수들에게 비싼 값으로 팔려 나갔으며, 때로는 왜관을 통해 몇 배의 이문을 얻었다.

중국이 동아시아 정치의 메카로 부각된 기원 전 2세기 이후 한국의 대외관계는 대체로 최강국은 명분, 우리는 실리를 얻는 식이었다. 고개를 숙이는 대신 실속을 챙긴 것이다. 송나라의 소식蘇軾 같은 사람은 고려의 사절이 지나치게 빈번하여 그 접대와 사여의 비용이 막대하며 고려인은 사대의 이름 아래 이利를 탐할 뿐이니 조공을 제한하여야 한다고 주장하였다. 결국 조공이라는 것은 공사무역이었으며 중국으로서는 경제적 손실을 의미하는 것으로 정상적인 무역이 아니라 일종의 경제 원조로 중화적 체면을 유지한 것이라 할 수 있다.

중국은 무슨 이유로 우리에게 경제적 혜택을 주었을까? 그것은 우리에게 중국을 위한 군사적 헌신을 기대했기 때문이다. 우리의 전략적 위치가 중국 본토의 지배를 둘러싼 남북 대립에서 쌍방에 대하여 전략적 단검을 겨누는

---

23) 조선 전기에는 약간의 은화를 휴대하게 했으나 세종 때 은화의 사용이 금지되면서 1인당 인삼 10근을 휴대하도록 허가하였고 인조 때에는 80근으로 늘렸다. 10근을 한 포(包)로 하여 8포를 사대(私帶)하도록 공인함으로써 8포는 연경(北京)으로 가는 사행(使行)의 사무역(私貿易)으로 공인된 자금을 의미하게 되었고 이로부터 연행팔포(燕行八包)·팔포무역이라는 말이 생겼다. 그러나 1682년(숙종 8년)에는 인삼의 휴대를 금하고 은으로 대충하게 하되, 당시의 시가하여 따라 인삼 1근당 25냥으로 환산하여 당하관(堂下官)은 2,000냥, 당상관은 3,000냥으로 팔포정액(八包定額)을 삼았다. 이 2,000냥의 팔포정액은 1678년 당시의 상정가(詳定價)에 의하면 쌀 1,333석(石) 5두(斗)에 해당하는 거금이었다.

곳이기 때문이다. 사대주의는 일종의 군사 동맹으로 중국의 입장과 우리의 입장에 대한 이해관계가 맞는 것이었으며 한민족은 중국과의 교역과 문화 교류를 통해 발전한 것은 사실이다. 사대의 명목 하에 명나라가 요구한 조공·책봉·연호사용 등은 대부분 자신들에 대한 충성도를 확인하기 위한 성격이 강했다. 그 과정에서 태조 이성계 당시에는 지나친 영토·조공 요구로 심각한 외교마찰을 일으켰고 정도전은 요동 공략을 추진하기도 했다.

1854년 8월 25일, 영국의 홍콩 총독 바우링이 본국 정부의 클라렌든 외무상에게 보낸 공식 서한의 내용이다. "조선의 인구는 약 1천만 명 정도인데 그 중 20만 명은 수도 서울에 살고 있습니다. 조선은 중국에 종속된 것으로 알려져 있지만 사실은 이름뿐이지 마치 샴(태국)과 인도네시아의 경우와 같습니다. 조공은 정기적으로 바치고 있지만 중국이 실질적인 지배권을 행사한 바 없고, 또 조선 정부의 재판권에 한 번도 개입한 바 없습니다." 15년 전인 1989년 10월 공개된 이 편지는 조선이 중국에 조공은 바치지만 엄연한 독립국이라고 했다. 그것은 근대 서방세계의 국제법적 관점에서 본 판단이었다.

■ 화이부동和而不同은 실용정신

청동기 시대 만주·한반도에 거주한 사람들에게 중국으로 흡수되는 길과 한민족으로 살아남는 길은 어떻게 갈라진 것일까? 중국문명을 극단적으로 거부한 사람들은 미개한 상태에 머물러 있다가 정복의 대상이 되었다. 가끔은 군사력을 키워 오히려 중국을 정복한 경우도 있었지만 그 역시 중국으로 흡수되는 길이었다. 이와 반대로 중국문명을 아무 저항 없이 수용한 사람들은 자진해서 중국에 흡수되었다. 생존의 길은 중국문명을 거부하지도 않으면서 또한 매몰되지도 않는 '화이부동和而不同'이었다. 고려가 32대에 걸친 475년을 면면히 이어 오면서 나라를 잃지 않은 이유가 무엇인가? 성호 이익은 이에 대해 "사대한 힘으로 그렇게 되었다"고 말한다. 중국 대륙의 강대국을 섬겼기 때문이라는 말이다. 그는 성호사설에서 "우리나라는 고려 때부터 요·금·원 세 대국을 번갈아 섬겼다. 거의 스스로 생존할 수 없는 형편이었으나 다행하게도 사대하는 정성 덕에 멸망을 면했을 뿐이다. 요·금·원은 중국도 두려워 떨었던 나라들이었다. 고려처럼 작은 나라가 감히 덤빌 수 있었을 것인가? 가령 한때 이긴다 해도 그 후환을 어찌 감당할 것인가?"라고 했다. 성호의 결론은 약자의 생존은 외교에 있고 사대에 있었다는 것이다. 성호 이익은 고려 태조 왕건이 거란을 배척한 것을 훗날 역사가들이 실책이라 지적했다고 말한다.

오랜 기간 다투어오던 금(1234년 멸망)나라와 남송(1279년 멸망)이 멸망하여 북방의 다원적 질서가 무너지고 고려 혼자서 초강대국 몽골과 싸워야 했다. 고려는 결국 원의 요구를 받아들여 강화를 맺기로 하고 막대한 공물과 여자를 바쳤다. 고려 원종이 태자로서 몽골로 가던 중 새로운 칸의 옹립을 둘러싸고 대립하는 상황에서 쿠빌라이를 만나 태자가 항복함으로써 쿠빌라이는 정치적 입지에 도움을 받았으며, 쿠빌라이가 정쟁에 승리하면서 새로운 칸이 되고 원을 건국하게 되었다. 쿠빌라이는 불리한 상황이었던 자신을 지지해 준 원종에게 감사의 뜻으로 고려의 풍습과 제도를 건드리지 않는 불개토풍不改土風을 약속을 하였고 이것은 이후에도 고려가 원에 복속되는 것을 막아주는 효과적인 장치가 되었다. 몽골이 이민족을 정복 시 내걸었던 6사事[24] 중 고려에 대해서는 입질(入質: 왕족과 자제를 인질로 잡아들임)만 요구하였다. 몽골제국을 상대로 명분보다 실리를 추구하고 저항과 협상을 오가면서 고려왕조를 지켰다는 점에서 고려의 외교술은 명분만 앞세우며 명나라를 짝사랑한 조선의 외교와는 뚜렷한 차이가 있는 것

----

24) ①왕족과 자제를 인질로 잡아들이는 입질 ②해당 국가의 재정원을 파악하는 호구조사 ③몽골군에 식량과 조부를 바치는 일 ④정복 사업에 군사를 제공하는 조군 ⑤몽골의 관리인 다루가치의 주둔 ⑥몽골군의 물자 보급과 연락을 위한 역참 설치

이다.

후금을 세운 누르하치는 여진을 통일하고 대대적인 군대를 일으켜 요동 공략에 나섰다. 이에 명나라 조정은 누르하치에 맞설 계획을 세우고 조선에도 파병을 요청했다. 광해군은 강홍립을 도원수로 삼아 1만 3천 명의 군대를 파병한다. 임진왜란 때 우리나라를 구해 준 은혜를 갚아야 한다는 신하들의 주장이 너무 강했기 때문이다. 조선군은 명나라 장군 유정劉綎의 군대와 함께 홍경을 공격하기로 되어 있었지만 후금군의 기습을 받아 유정이 전사하는 등 전투에서 대패한다. 이에 강홍립은 전세가 불리함을 깨닫고 누르하치에 항복해 버린다. 이 전투가 1619년 사르후전투薩爾滸之戰[25]다.

강홍립은 명나라로 떠나기 전 광해군으로부터 상황을 잘 살펴 대처하고 만약 명나라 군이 패하면 누르하치에 항복해도 좋다는 지시를 받은 바 있었다. 명분론에 앞선 양반들과 달리 광해군은 명나라와 후금의 사이에서 중립외교를 펼치려 했기에 무리해서 싸우지 말라고 주문한 것이다. 실제로 강홍립의 항복을 통해 조선의 중립외교 정책을 파악한 누르하치는 광해군의 재위 기간 중에는 조선을 침략하지 않았다. 인조반정이 일어나 광해군이 서인세력에 쫓겨나자 사정은 달라졌다. 국호를 청이라 고친 누르하치의 아들 태종은 조선이 자기들을 노골적으로 적대시하고 명나라와만 가깝게 지내자 두 차례에 걸쳐 조선을 침략한다. 결과는 인조가 삼전도에서 무릎을 꿇고 항복하는 치욕을 겪었다. 자신의 역량을 냉정하게 파악했던 광해군과 말만 앞섰던 인조의 대조적인 모습이다.

조선의 사대이념은 이 세상은 큰 자와 작은 자들이 어울려 이루어진 곳인데 그 안에서 각자의 분수에 맞게 행동함으로써 조화로운 질서를 지킨다는 이념이다. 힘에 눌려 억지로 무릎을 꿇는 곳이 아니라 천하질서에 능

----

25) 619년 명나라에 쳐들어오는 후금에 대항하기 위해 명나라·조선·여진족까지 참전한 대전투로 이 전투에서 명나라가 크게 패해 명나라가 쇠퇴했고 후금은 만주 지역을 차지했으며, 군대를 파병한 강홍립의 조선군 부대는 전체 투항하여 광해군의 중립 정책을 보여주었다.

동적으로 공헌한다는 명분으로 약자는 자존심을 지킬 수 있고 강자는 약자의 태도가 일시적 득실에 따라 바뀌지 않으리라 신뢰할 수 있기 때문이다. 그러나 시간이 흘러 성리학이 조선의 국가적 지도이념으로 바뀌면서 명나라에 대한 사대를 근간으로 하는 대외정책의 폐해가 분명해졌다. 조선 왕실과 조정을 비롯한 지도층은 중국 중심의 세계관과 국제질서를 만고불변의 섭리인 양 수용했다. 심지어 화이관에 입각한 중국의 선민의식까지 받아들이기에 이른다. 조선은 명나라 멸망 후 대명과의 의리를 유지한다는 관념론과 소중화 의식까지 등장하게 되는데 우리는 이러한 사대주의의 자아상실 단계를 모화慕華라 부른다.

III

근대사의 거친 호흡

지금부터 약 100여 년 전, 조선과 일본은 근대화를 시도하였다. 그러나 결과는 달랐다. 조선은 철저히 실패하였고 일본은 성공하였다. 일본의 근대화 개혁인 메이지 유신은 1867년에 이루어졌고 단 9년 만에 조선과 강화도조약을 체결하면서 식민지 지배의 발판을 만들었다. 메이지 유신과 조선의 근대화 정책의 차이는 무엇인가? 메이지 유신의 성공 이유는 오랫동안 공들여 양성한 인재와 보편적 교육 시스템, 타협과 중재를 통한 힘의 집중이었다. 이에 반해 조선은 갑신정변이 3일 천하로 끝나는 한계를 보였으며, 흥선대원군과 고종 간에 개화에 대한 입장 차이로 흩어진 힘을 모으지 못했다.

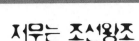

저무는 조선왕조

실종된 왕권과 권력의 무책임

조선은 임진왜란을 치른 지 30년 만에 병자호란의 참화를 겪었다. 영·정조 때에 이르러 마지막으로 반짝거린 불씨를 빼면 조선은 이후 쇠락의 길로 줄달음쳤다. 정부는 백성의 삶을 보살필 능력이 없었고 지배층의 보수화 경향은 강화되어 관리들의 탐학은 더욱 늘어 갔다. 특히 임진왜란 중에 선조가 취한 비겁한 행동과 조치는 관리들과 백성들의 비난을 받았으며, 미증유의 국난을 당하여 조정이 보여준 모습은 전란 기간 내 백성들이 조정을 불신하고 원망하는 구실이 되었다. 그들은 조선 왕실을 부정하며 새로운 사회를 꿈꾸면서 혁명을 도모하였다. 그 가운데 1593년(선조 26년)에 일어난 송유진의 난과 1596년(선조 29년)에 일어난 이몽학의 난이 가장 두드러진다.

임진왜란 초기의 산발적인 소요는 신분 해방을 위한 우발적이고 비조직적인 행동이었으며 그러한 행위는 통치권이 미치지 못하던 적의 세력권 안에 있었던 사건으로 직접 왕정의 전복을 겨냥한 반란은 아니었다. 그러나 송유진·이몽학의 반란은 그 규모와 조직면에서 양상이 판이한 것이었다. 이 두 반란은 왜군이 이미 철수하여 국가의 통치권이 미치던 충청도 지역에서 발생한 것으로 반란의 주모자들은 정면으로 왕권을 타도하고 새 나라를 수립하여 백성을 도탄에서 구제하겠다는 슬로건을 내걸었다.

이 두 사람의 난이 일어나게 된 원인은 첫째 임진왜란이었다. 임진왜란은 조선시대를 전·후기로 나누는 분수령이 될 정도로 국가 전반에 막대한 영향을 미쳤으며 왜군의 침입으로 인한 피해는 말할 것도 없고 정부의 권위와 통제력의 한계를 드러냈다. 둘째 국가 재정의 궁핍이다. 임진왜란이 일어나자 관군만으로는 왜군을 막기 어려워 각지에서 의병이 일어나게 되었고 명나라 원병의 지원을 받았다. 전쟁으로 모든 것이 파탄이 나버린 상태에서 전쟁에 필요한 군량미 등을 공급하는 일은 심각한 문제였으며 백성들은 왜군과 국가에 수탈당하여 생활은 이미 참담함을 넘어섰다. 셋째 신분 질서의 혼란을 들 수 있다. 임진왜란이라는 미증유의 사태가 발생하자 국가에서는 모든 수단을 동원하여 전쟁을 막고자 하였다. 이에 따라 왜군을 잡아오는 자에게는 누구를 막론하고 전공에 따라 파격적인 신분 상승과 해방을 약속하였으며, 부족한 군량미를 충당하기 위하여 납속(納粟: 곡식을 받고 벼슬을 팔거나 천인의 신분을 면제시켜 주는 정책)을 받고 노비는 상민으로 상민은 양반으로 신분을 상승시켜 주었다. 노비나 백성들은 이를 신분 해방이나 상승의 호기로 생각하였다.

그나마 땅바닥에 굴러다니던 왕의 권위를 완전히 박살내 버린 것이 인조였다. 광해군을 패륜아로 몰아 반정의 명분을 삼았던 인조정권의 기반은 지극히 취약했고 그 후유증은 모역 사건과 고변, 이괄의 난으로 이어졌다. 광해군의 패륜 행위와 실정을 명분으로 내세웠지만 그들이 내세운 명분을 믿어 줄 어리석은 백성은 없었다. 그 대표적인 사례가 바로 반反인조 군사봉기를 일으킨 이괄이 한양에 입성할 때 백성들의 열광적인 환영을 받았다는 사실이다. 이괄의 반정부 군사봉기로 인조가 서울을 떠나던 날, 그를 따르던 백성은 하나도 없었고 한강변에서 배를 타려 했을 때 백성들은 인조가 탈 배를 숨겨 놓기까지 했다. 임진·정유 전쟁 시 선조가 겪었던 상황과 지극히 유사한 상황이었다.

16세기 말에서 17세기 초 동아시아 정세는 이른바 명·청 교체라는 큰 변화에 직면하고 있었다. 당시 조선의 왕이었던 광해군은 이러한 국제적 정세에 휘말리지 않으려고 후금과 원만하게 지내고자 하였다. 그러나 이른바 인조반정으로 대 후금 외교정책은 강경 노선으로 바뀌었다. 광해군을 쫓아낸 서인 세력들은 이른바 '도덕적 가치'를 내세운 정권답게 광해군의 중립외교 대신에 명과의 의리를 중시하는 도덕외교를 구사했고, 이는 결국 1627년(인조 5년)의 정묘호란으로 나타났으며, 후금과 조선은 '형제의 맹약'을 맺었다. 그 후 후금은 국호를 청으로 고치고 종전의 입장을 바꿔 이제는 조선에 군신관계를 강요했다.

■ 무너진 군신공치君臣共治의 균형

유가정치의 원리는 높은 수준의 안정과 번영을 누렸던 조선왕조의 장기지속을 왕과 군신이 맡은 바 자리에서 서로를 공경하고 책임을 나누어 가졌던 군신공치에서 찾는다. 이 질서의 제도적 핵심은 권력의 공공성에 있다. 권력의 공공성은 사회 내의 균형과 조화를 지키기 위한 필수적 기본 요소인바 조선 후기 유교 질서 퇴화의 가장 중요한 원인은 광해군 이후 지속적으로 진행된 권력의 사유화에 있었다.

18세기 말에 이르러 정조는 이 문제를 근본적으로 극복하기 위해 권도정치를 시도했으나 이 시도가 좌절된 후 19세기의 조선은 권력의 공공성이 완전히 증발되는 상황으로 치닫게 된다. 세계 정치사에 유례가 없었던 조선왕조의 군신공치는 임진왜란, 광해군 축출, 두 차례의 호란, 두 차례의 예송 논쟁을 거치며 무너졌다. 거듭되는 전쟁과 민란, 사화를 겪으면서 왕권이 실추되고 사림의 사익집단화가 가속되었던 것이다.

송시열은 조선 후기 정치사의 가장 중요한 인물이다. 그를 중심으로 형성된 노론세력은 왕권과 별개의 권위체계와 권력체계를 만들어 냈다. 이 권력이 양성화되어 외향적인 적응을 하지 못하고 자기 보호를 위한 음성적 작용에 그치는 동안 국가 기능은 퇴화되어 갔으며 그 중심에 서 있던 송시열은 사람의 권위가 권력으로 변질되는 단계를 대표한 인물이었다. 송시열의 영도 하에 형성된 노론이라는 집단에는 하나의 파벌을 넘어서는 의미가 있었다. 국왕 중심의 드러난 권력 조직과 병립하는 감추어진 권력 조직이 사림을 기반으로 만들어진 것이다. 소론·남인 등 다른 당파도 그 영향을 받아 권력 조직의 성격을 얼마간 띠게 되기도 하지만 200년 간 하나의 조직으로서 일관성을 지킨 노론과 비교할 바는 못 되었다. 한 사회의 지식층 주류가 현실 문제에 대응하는 경세의 과제를 외면하고 형이상학적인 가치 추구에만 매달리는 퇴행적 풍조는 왜곡된 권력 구조 때문이었는데 음성적인 권력 조직은 구성원들에게 원리주의적 충성을 강요했기 때문이다.

16세기 이후 가속화되어 가는 세계적 변화는 조선 후기의 사회경제 분야에도 여러 가지 방식으로 나타났으나 국가의 대응 능력은 갈수록 더 떨어지고 경세의 과제는 후세에 실학파라 불리게 되는 일부 재야학자들의 몫에 그쳤다. 숙종에서 정조까지 임금들은 왕조 초기의 임금들 못지않은 능력과 노력을 보여주었으나 국운을 되돌리지 못한 것은 유교국가의 틀이 망가져 버렸기 때문이다. 유교이념을 바탕으로 왕권과 신권의 세력 균형을 이루어 오던 중앙정치는 차츰 균형이 깨져 신권이 비대해지는 경향을 보이면서 기형적인 정치 형태인 이른바 세도정치가 출현했다. 세도라는 왕실 외척세력은 지배계급 내의 갈등과 대립을 더욱 심화시켰고, 이들의 파행적인 정치 운영은 결국 만성적인 국가의 재정 위기와 함께 민중들의 생존권마저 위협하는 지경에 이르게 되며, 이로 인해 조선왕조의 지배 체제는 여러 측면에서 균열이 일어난다. 우선 수백 년 동안 통치 이데올로기로 자리매김해 왔던 주자학이 경직화硬直化·공소화空疎化되면서 지배 질서는 파행적인 세도정치로 변질되었는데, 유능한 관리를 선발하던 과거제도는 형식에 그쳤으며 매관매직이 성행했다. 이러한 문란한 정치 현실은 견제 세력이 없는 가운데 더욱 기승을 부리게 되었다. 조선 후기의 정치 퇴행은 권력의 사유화를 중심으로 나타난 것이었는데, 대한제국의 1인 전제체제는 이 권력의 사유화가 극한에 이른 현상으로 군신 사이의 균형과 견제가 사라진 자리에서 왕은 자신의 권력을 사유화하기에 급급했고, 그 퇴행을 비집고 부도덕한 외척과 출세 지향적인 관료들이 꾀어들었다.

갑오개혁과 아관파천을 거치는 동안 조선의 정치에 참여한 사람들 중에 정통파 관료의 비중은 계속 떨어져 갔다. 개화관료라 하여 과거를 거치지 않고 외국어나 기술을 갖고 채용된 사람과 왕에게 맹목적 충성을 바치는 친위 세력의 비중이 커졌다. 왕 자신이 전통적 덕목을 존중하지 않았기 때문에 이 변화가 빠르게 일어났고, 전통적 덕목을 대치할 근대적 덕목이 갖춰진 것도 아니었기 때문에 사회 전체의 도덕적 긴장이 무너지는 도덕적 공동화 현상이 급속히 진행된 것이다. 국운이 기울어 가는 대한제국 말기의 관리들은 일제에 빌붙어 망국을 재촉하며 일본 침략의 앞잡이가 된 자들이 수도 없이 많았다. 망국 이후 친일주구가 되어 일제의 작위와 감투를 받은 자가 대한제국 관리의 8할이나 될 정도였다.

봉건질서 해체와 신분해방

|

조선 후기 순조 때부터 고종 때까지의 19세기는 저항과 민란의 시대라

불릴 만큼 민중의 사회적 역할이 컸다. 1800년 6월 26일, 남인들을 등용하여 변화의 시대를 준비하던 정조가 갑자기 서거하고 11세의 어린 순조가 즉위하자 할머니인 정순대비가 수렴청정으로 왕권을 대행하게 되었다. 이렇게 시작된 조선의 19세기는 그 벽두부터 순탄하지 않았다. 1804년 정순대비의 수렴청정이 끝났으나 왕은 아직 어리고 정치에 미숙하였으므로 시파가 정권을 잡게 되어 김조순 등 안동김씨 일파의 세도정치가 시작되었다. 특히 순조시대에는 가뭄과 홍수 등 천재지변이 자주 발생하였고 전염병이 크게 번져 백성들은 고통 속에서 신음하였다. 이 때문에 도처에서 크고 작은 민란이 끊임없이 일어나게 된다.

이러한 민란이나 반란은 삼정의 문란 등 조선 후기의 누적된 사회 모순 외에 관직을 사고파는 안동김씨 세도정치의 폐단으로 촉발된 것이었다. 과거시험의 부정부패로 가난한 선비들은 과거에 합격하기도 어려웠고, 또 어렵게 과거에 급제하였어도 벼슬을 얻기가 어려웠다. 문벌을 통한 굵은 줄이 있거나 수천 수만 냥의 뇌물을 쓰지 않으면 벼슬하기가 하늘의 별 따기처럼 어려웠던 것이다. 이 때문에 가난한 선비들은 중앙권력에 참여할 기회를 얻을 수 없었고 대다수는 향반이나 잔반으로 전락하였다.

봉건질서의 동요, 양반의 부패·타락, 그리고 봉건윤리의 허구성을 체험한 서민층의 의식 형태의 변화는 항조抗租·화적·민란으로 표현되었다. 이러한 행동의 주체는 자신들의 존재를 봉건적인 예속 농민에서 머물게 하지 않고 그들의 존재 형태에 새로운 변화를 추구하는 민중이었다. 조선왕조를 유지해 오던 유교적 봉건체제는 민중에 의해서 끊임없이 도전을 받았으나 당시의 지배층은 사회적 모순을 해결하기 위한 과감한 개혁보다 일시적 미봉책으로 구체제 고수에만 몰두하였다.

조선사회, 특히 조선 후기 봉건사회의 본질은 사회 내부에서 서서히 성장해 온 자본주의적 관계가 발전함에 따라 해체의 길로 접어들게 되는데 이러한 움직임은 사회의 여러 분야에서 나타나기 시작했다. 이를 가능케

한 기본적 동력은 농업기술의 발전으로 연작상경連作常耕이 가능해졌고, 이로 인한 생산량의 증대와 노동력의 절감은 농민들의 생산의욕을 고취시켜 경작규모의 확대를 초래하였다. 이 결과 농민층 내의 계급 분화가 급속히 진행되었다. 소수의 농민들은 소작지를 넓혀 가면서 합리적인 경영을 통하여 부농이나 지주로 성장할 수 있었던 반면, 다른 한편에서는 이들 부농에게 소작지마저 빼앗긴 빈농들이 대거 출현하였다.

19세기에 이르면 고용노동을 사용하는 부농경영으로서 광농廣農경영이 대두하기 시작한다. 이러한 변화는 소규모의 영세한 토지에 가족노동이 결합되어 영위되던 봉건적 소농경영체제가 전면적 위기에 봉착했음을 의미하였다. 생산력의 발전에 따라 사회적 분업이 진전되고 그 결과 상품화폐경제도 발전하였으나 토지의 집중도 크게 진전되었다. 17세기 이래 각 궁방宮房, 아문과 양반관료들의 공전公田에 대한 침탈과 농민 소유토지에 대한 탈취가 광범위하게 행해졌고, 일반 양반지주들도 이러한 토지 겸병에 참여하였다. 임진왜란 이후 황폐한 토지를 개간하거나 간척사업을 통해 대토지를 소유하게 된 양반지주들과 상업자본의 급속한 성장으로 고리대 자본을 축적한 상인들의 토지 겸병의 속도는 한층 가속화되었다.

■ 권력의 이동과 신분구조 변화

16세기 말 17세기 초에 걸친 임진왜란과 병자호란이 왕조 교체는 가져오지 못했지만 양반계층의 권위를 떨어뜨리는 계기가 되었다. 전쟁을 겪으면서 경제적으로 몰락한 양반층이 생겨나는 한편 전쟁 후의 양반사회는 계속적인 당쟁을 통해 그 자체를 분화시켜 갔다. 양반 중 계속 정권에 참여한 양반을 벌열閥閱, 정권에서 소외되어 지방에 토착하여 기반을 가진 양반을 향반鄕班, 향반 중에서 가세가 몰락하여 쇠잔한 양반을 잔반殘班이라 하였다. 향반은 벌열에 비하여 지위가 떨어졌으며, 잔반은 대부분 소작농이 되었는데 잔반의 수는 점차 늘어 갔다. 몰락해가는 양반층은 그 사회·경제적 처지와 이해관계가 농민층에 가까워지기는 했으나 아직 그들과 일체화하지 못한 경우가 있는 한편, 뒷날의 이필제·전봉준 등과 같이 농민층과 이해가 거의 일치해져서 그 역사의식을 높이고 농민층을 위한 정치적 변혁까지도 감행할 수 있는 위치로 바뀌어 가는 경우도 있었다.

한편 중인계층에도 신분상의 변화가 이루어졌고 적서의 차별도 조금은 개선되어 규장각의 요직인 검서관에 서얼 출신이 임명되기도 하였다. 역관들은 청나라를 내왕하면서 새로운 문물에 접하여 견문도 넓히고 사(私)무역으로 부를 축적하여 사회적 지위를 높여갔고, 의관은 그 전문적 기능으로써, 서리들은 행정 능력이나 문학적 소양으로 새로운 사회적 위치를 주장해 갔다. 그리고 양인 신분이 대부분인 농민층의 일부는 왕조 후기를 통해 꾸준히 진행된 신분적 분해를 통해 사회·경제적 지위를 높여갔고 한정된 조건 속에서나마 정치의식도 단계적으로 향상되었다. 농민 중의 일부는 농업기술의 발달, 농업경영 방법의 개선, 상업적 농업의 발전 등으로 부농이 되거나 서민지주가 되기도 하였다. 또한 납속책納粟策으로 공명첩空名牒을 사서 신분을 높여 양반이 지던 군역의 부담을 면제받기도 하였다.

신분적으로 가장 낮은 처지에 있었던 노비계급의 경우도 신분해방의 길을 빠른 속도로 넓혀 갔다. 이것은 임진왜란 때 노비문서가 불타 버린 데다 국가에서 군사적·재정적 이유로 신분상의 제약을 점차 풀어 주었기 때문이다. 전쟁 후의 통치체제 이완을 틈탄 노비계급의 피역저항避役抵抗과 전쟁 피해 복구 과정을 통한 그들의 사회·경제적 지위 향상은 법제적으로도 신분해방의 길을 확대시켰다. 17세기 이후 점차적으로 실시된 노비종모법從母法은 그 중요한 하나의 계기가 되었고, 1801년에 시행된 관노비의 해방은 그 큰 성과였다. 조선왕조 후기를 통한 양인·노비 등 피지배계층의 분해 및 신분해방은 신분제의 변동으로 양반호가 현저히 증가한 반면 노비호가 격감되었으니 노비에서 양인으로, 양인에서 양반으로 신분 상승이 많이 이루어지게 된다.

혼히 조선시대라고 하면 세습적 지위를 누렸던 양반의 존재를 떠올리기 쉽다. 그러나 당시의 양반은 벼슬아치를 가리키는 말일 뿐 고정된 신분이 아니었다. 조선시대의 기본법전인 경국대전經國大典에는 자유민인 양민과 비자유민인 천민만이 세습적인 신분으로 규정되어 있을 뿐이어서 양인도 능력만 있으면 누구나 과거시험을 통해 벼슬길로 나아갈 수 있었다. 역사학자 한영우 교수는 조선시대 500년 동안 배출된 문과급제자 15,000명의 출신 성분을 따져 보니 급제자 가운데 상당수가 양민 출신임을 밝혔다. 조선 전기에는 이들의 급제 비율이 평균 24% 정도였으나, 후기에 이르러서는 점점 높아져 고종 때는 58%에 달했다는 연구 결과를 밝혔다. 조선시대의 신분구조가 양반의 특권과 세습에 있었다는 전통적인 주장에 맞서는 역동적이고 개방적인 모습이다.

15~6세기에 이미 상당한 비율 높아진 양반호의 추세는 19세기에 이르러 놀랄 만한 증가추세를 보이고 있었다. 속대전續大典에 의하면 쌀 열세 석을 지불하면 사노비가 양민이 될 수 있을 만큼 노비의 면천은 합법화되었다. 그 결과 조선 총인구의 1/3에 달하던 노비들은 19세기에 이르러 1/10로 줄었다. 납속제와 군공제를 통해 면천을 노리던 노비들이 신분제 자체에 대항하기 시작했다. 노비제 폐지에 대한 움직임은 거대한 물결이 되어 노비해방운동으로 연결되면서 1886년 2월 5일 고종은 노비 세습제 폐지를 단행하였다.

준비없이 받아들인 불평등 개항

변화는 역사의 또 다른 이름이다. 지금부터 150년 전 동아시아는 변화의 용광로로서 이러한 상황의 적응은 생존의 문제였다. 변화와 혁신의 골목에 선 우리의 고뇌와 선택은 무엇이었는가? 1876년에 체결된 한·일 수호조약은 일본의 강압 아래 맺어진 최초의 불평등조약이라는 데 특징이 있다. 조선과 일본 사이에 종래의 전통적이고 봉건적인 통문관계通文關係가 파괴되고 국제법적인 토대 위에서 외교관계가 성립된 것이다.

1853년 조선보다 23년 일찍 개항한 일본은 개항 14년 만인 1867년, 270년간 휘둘러 온 도쿠가와 막부의 통치권을 천황에게 되돌려 주는 대정봉환大政奉還을 실시하고 명치유신을 시작하였다. 1870년 대 본격화된 제국주의는 후진 약소국이 서서히 근대화의 길로 나가도록 내버려두지 않았다. 그런 점에서 1850년대 중엽 개국한 일본은 행운이었으며 일본은 개항 후 20년간 자력으로 자율적 근대화를 해 나갈 수 있었다.

일본은 조선 조정 내에서의 권력 투쟁으로 대원군이 하야하게 되자 이러한 국내의 정황을 탐문하고 1875년 통교교섭을 위해 조선에 사신을 파견해 왔으나 교섭은 성립되지 않았다. 이에 일본 정부는 측량을 빙자하여 군함 운양호雲揚號를 조선 근해에 파견하여 부산에서 영흥만에 이르는 동해안 일대의 해로 측량과 아울러 함포 시위를 벌였다. 또한 운양호를 강화도 앞바다에 재차 출동시켜 초지진의 수비병들이 발포하는 사태를 유발하였다. 1876년 정한론이 대두되던 일본 정부에서는 전권대신 일행을 조선에 파견하여 운양호의 포격에 대하여 힐문함과 아울러 개항을 강요하였다. 2월에는 일본 사신 일행이 군함 2척, 운송선 3척에 약 400명의 병력을 거느리고 강화도 갑곶甲串에 상륙하여 협상을 강요해 왔다. 일본 대표 구로다

기요타카黑田淸隆는 조선 대표 신헌申櫶에게 "재작년에 정한론이 일어 수만 명이 출병하려 했다."고 위협하면서 미리 준비한 조약안을 내놓았다.

이때 고종이나 핵심 관료들이 신조약의 의미를 정확히 인식하고 대응했다면 이후 역사는 달라질 수 있었다. 그러나 고종은 대원군의 모든 정책을 뒤집는 것을 정책의 대강으로 삼았고, 조약문에 대한 세밀한 검토도 없이 무관 출신인 신헌에게 전권을 위임했다. 신헌은 전권을 사양하면서 세부지침을 요구했으나 고종은 "나는 경을 장성같이 믿고 있다."며 태도를 바꾸지 않았다. 그래서 신조약이 무엇을 의미하는지 전혀 숙지하지 못한 상태에서 1876년 2월, 강화부 연무관에서 한·일 수호조약이 체결되었는데 대부분 일본이 작성한 원안 그대로였다.

이 조약은 두 가지의 의미를 가지고 있었다. 하나는 조선이 독립국이라는 점을 보장받았다는 것과 일본과 불평등한 관계를 성립시켰다는 점이다. 조약 1조에 명시된 "조선은 독립국이다."라는 조항은 조선과 청의 관계를 의식한 일본의 전략이었다. 청의 조공국으로서 속방의 지위에 있었던 조선에 대해 일본은 독립국임을 인정하여 청의 종주권을 부정하려 한 것이다. 또 하나는 일본 역시 군함을 타고 나타난 미국과 무관세무역·최혜국대우를 규정하는 불평등조약을 반강제적으로 체결하여 일본의 산업 기반이 괴멸되는 위기를 맞았으며, 이로 인해 근대 세계체제의 불평등조약이 갖는 장단점을 미리 체험하였다. 일본은 서구와 불평등계약을 맺으면서 입은 피해를 만회하기 위해 다른 나라에 똑같은 조항의 불평등조약을 강요하여 오키나와를 얻었고 그 다음 대상은 바로 조선이었다.

1866년 초, 대원군은 천주교 금압령을 내려 불과 몇 달 사이에 베르뇌 주교를 비롯한 프랑스 신부 9명을 비롯하여 천주교도 8천여 명을 학살하였다. 이에 대한 항의와 보복성 군사작전으로 프랑스 함대가 강화도에 침범하였는데 서구열강이 무력으로 조선을 침입한 최초의 사건으로 병인양요라 한다. 프랑스 극동함대의 로즈 제독은 1866년 10월 11일, 군함 7척과 600명의 해병을 이끌고 원정에 나서 강화도 갑곶진에 상륙하고 16일 강화부를 점령하였다. 조선은 순무사 이경하에게 문수산성과 정족산성을 수비하게 했으며 프랑스 해병은 문수산성과 정족산성을 공격하다가 한성조와 양헌수가 이끈 포수군 500명의 공격을 받고 50여 명의 사상자를 내고 패주하여 한 달여 점거한 강화성에서 철수하고 중국으로 떠났다. 이 사건으로 구미열강은 조선왕국이 청나라의 속국이 아닌 독립국으로 인식하는 계기가 되었다.

당시 강화도의 외규장각에는 약 6,000권의 책이 소장되어 있었는데 대부분이 프랑스군에 의해 불태워졌고, 의궤를 비롯한 중요도서 약 300권은 프랑스군이 약탈해 갔다. 2002년 외규장각 건물이 복원되고, 2011년 5월 우여곡절 끝에 프랑스로부터 297권이 반환되었다. 당시 프랑스 해군장교 쥐베르는 "이곳에서 감탄하면서 볼 수밖에 없고, 프랑스인들의 자존심을 상하게 하는 것은 아무리 가난한 집이라도 어디든지 책이 있다는 사실이다."라는 기록을 남겼다.

같은 해 8월, 이양선異樣船 한 척이 대동강을 거슬러 평양까지 올라왔는데 그 배는 제너럴셔먼호(General Sherman)였다. 중국에서 조선으로 출항한 이 배는 명목상 교역을 목적으로 하는 상선이었지만 사정거리 10리가넘는 대형포로 중무장하였고 평화적 통상 요구라 믿기엔 그들의 자세는 너무나 도전적이었다. 때문에 제너럴셔먼호가 진정한 의미의 상선인지는 지금도 의문의 여지가 있다. 조선에 나타난 제너럴셔먼호는 담당 지방관의 만류에도 불구하고 장마로 불어난 대동강을 거슬러 올라와 평양에서 통상을 요구했다. 이들은 교역을 거부할 경우 서울까지 쳐들어가겠다는 협박까지 늘어놓았으며, 급기야는 음식물을 약탈하고 중군 이현익을 납치하고 총기를 난사하며 강변에 있던 군민 12명을 사살하는 등 만행을 저질렀다. 평양감사 박규수는 8월 31일, 제너럴셔먼호에 대한 공격을 명령했으며 9월 3일에는 결국 제너럴셔먼호를 불태워 격침시키고 강변으로 끌려 나온 토마스 목사 등은 성난 평양군민에게 타살되기에 이르렀다. 교전 과정에서 조선 측은 7명이 죽고 5명이 부상을 입었으며, 제너럴셔먼호는 24명의 선원들이 전부 몰살되었다. 한마디로 자업자득이었다.

이후 미국 그랜트 대통령으로부터 조선개항 교섭에 대한 전권공사로 임명된 미국의 중국 주재대사 로우의 친서가 조정으로부터 거절당하자 단행된 침공으로 신미양요辛未洋擾가 발생하였다. 1871년(고종 8년) 5월 19일, 콜로라도호·알래스카호 등 5척의 미국 아시아 함대 소속 해군 함정에 병사 1,230명과 함포가 85문에 이르는 대규모 전력이었다. 5월 29일, 인천 앞바다 월미도와 작약도 사이에 정박한 이들 미군 선단은 조선 조정의 동의도 없이 강화해협에 대한 탐측을 시도했는데 이때 손돌목에 있던 조선군 포대가 15분에 걸쳐 2백여 발의 집중포격을 실시하였다. 미국 탐측함은 후퇴했으며 아시아 함대사령관 존 로저스 제독을 비롯한 미군측은 이를 자국에 대한 모독행위로 규정하고 조선 조정에 사과를 요구했다. 조선이 이를 거부하자 미군은 강화도 상륙작전을 통해 국지적 보복에 나섰다.

6월 10일, 미군 상륙부대는 48시간에 걸쳐 덕진진과 광성보에서 중군 어재연이 이끄는 일천 명의 조선군과 전투를 벌였다. 역사상 처음으로 조미전쟁朝美戰爭이 발생한 것이다. 어재연을 포함한 조선군은 결사항전을 다짐하고 합죽선 부채에 각자의 이름을 썼다. 이름을 쓰는 사람도, 옆에서 지켜보는 사람도 한결같이 울고 있었다. 후일 일심선一心扇은 승전한 미군이 전리품으로 가져갔으며 현재 미 해군사관학교 박물관에 보관되어 있다. 이날의 장렬한 백병전에서 포로는 단 한 명도 없었다. 월등하게 우수한 무기 덕분에 미군은 단 3명의 전사자와 10여 명의 부상자만 냈던 반면, 조선군은 전사자가 어재연을 포함한 350명에 부상자도 20명이나 되었다.

조선 측의 완강한 통상 거부 의사와 물자 부족으로 인해 미군 함선들은 완전히 철수했다. 미국은 전투에서는 크게 이겼지만 조선개항이라는 궁극적 목적은 달성하지 못했는데 그 정도 전력으로는 조선의 의지를 완전히 꺾어 개항을 관철하기에는 역부족이었던 것이었다. 미국 측은 스스로이 전투를 미국 전쟁사상 가장 작은 전쟁(A Little War)이라고 했다. 광성보 전투에 참여했던 미 해병 소령 슐레이(W S Schley)는 그의 저서 성조기 아래 45년에서 "조선군은 근대적인 총을 한 자루도 보유하지 못했다. 조선군은 노후한 구식 무기를 지니고 신식 미군 함포와 성능좋은 총에 맞서 싸웠다. 그들은 총을 쏘다가 총알이 떨어지면 돌을 던졌고 돌이 떨어지면 소리를 질렀다. 이렇게 조선군은 결사적으로 싸우면서 아무런 두려움없이 그들의 진지를 사수하다가 죽어 갔다. 나는 가족과 국가를 위해 이보다 더 장렬하게 싸운 병사들을 다시 찾아볼 수 없을 것이다."라고 조선군의 용맹성을 기록했다.

대원군은 5개 요새가 함락되는 참패를 당했음에도 미군 함대가 철수하자 조선군이 미군을 격퇴했다고 주장하면서 쇄국정책을 강화하겠다는 교서를 전국에 반포하였다. 대원군과 조정은 서양세력을 이긴 것으로 착각했으며, 쇄국 일변도의 대외정책으로 세계 질서의 흐름과 단절되어 '은둔의 나라'로 남았다. 1876년 일본과 한·일 수호조약을 체결하면서 조선의 문호가 개방되고 다른 서방국가들에게도 기회가 찾아 왔으며 이는 미국에게도 마찬가지였다. 1882년 5월 22일, 인천 제물포 화도진에서 조·미 수호통상조약이 체결되었다. 마침내 조선과 미국 사이에 국교 수립이 이루어진 것이다. 조선 측의 대표는 신헌·김홍집이었고 미국 측 대표는 슈펠트 제독이었다. 제너럴 셔먼호 사건이라는 양국 간의 불미스러운 사건 이후 16년 만의 일이었다.

■ 두 얼굴의 역사, 한·미관계

미국이 한국과의 수교를 강요하고 나섰던 이유는 1874년 4월에 제기된 '한·미 수교를 위한 서전트 미 상원의원의 결의안'에 잘 나타나 있다. 그 내용을 간추려 보면 "한국 국민들은 수적으로도 많고 부지런하며 교육되어 있고 우리의 진출을 기대하고 있으며 우리의 농산물을 필요로 하고 있다. 그러므로 우리로서는 한국이 중요하고도 전망이 밝은 교역 대상이 아닐 수 없다. 미국의 태평양 연안 여러 주들은 한국과의 해운수송 및 교역으로 이윤을 볼 수 있을 것이고, 동부의 여러 주들도 한국에 대한 시장을 개척함으로써 그들의 공산품으로 이익을 얻게 되리라고 생각한다. 그리고 한국과의 관계를 수립하면 우리의 선박이 식량과 물자를 보급받기 쉬워지고 동해안의 고래잡이 어부들도 위험하고 적대적인 한국 해안으로부터 보호를 받을 수 있다. 또한 한·미수교로 서해에서의 항해가 안전해지므로 북중국과의 교역도 증대된다."는 것이다.

미국이 한국과 수교하려는 이유들은 한 치의 어김도 없이 스스로의 국익을 위해서였고 교역 상대인 한국을 위한 것은 아니었다. 한·미 수호조약은 14개 조항들로 구성되고 있는데 그 첫 번째 조항은 "대조선국 군주와 아메리카 합중국 대통령 및 그 국민은 각각 영원히 화평우호를 지키되, 만약 타국이 불공경모不公輕侮하는 일이 있으면 일차 조지照知를 거친 뒤에 필수 상조하여 잘 조치함으로써 그 우의를 표시한다."고 규정했다. 그러나 1894년 한국이 동학운동을 계기로 청·일 양국 군이 쳐들어와서 한국을 무대로 전쟁을 벌이는 사태가 벌어진 것은 분명히 '타국이 불공경모'한 일이었으나 미국은 '일차 조지를 거친 뒤에 필수 상조하여 잘 조치함으로써 그 우의를 표시'하지 않아 한·미 수호조약의 기본정신을 무시하였다.

심지어 20세기에 들어와서 미국은 한·미 수호조약의 기본정신을 무시한 정도가 아니라 그 정신을 적극적으로 배반까지 하였다. 1905년 7월에 맺은 미국과 일본의 비밀협정인 이른바 태프트·가쓰라 비밀협약에서는 한국과 필리핀의 주권을 놓고 미·일 양국이 나누어 먹기로 했다. 일본은 자치 능력도 없는 필리핀을 미국이 지배하는 데 적극 협력하고, 또한 미국은 한국을 보호·지배하는 일본의 조처가 정당하므로 이에 적극 협조한다는 것이다. 이 협약은 미 육군장관 윌리엄 하워드 태프트가 루즈벨트 대통령의 지시로 도쿄에 파견되었을 당시 일본 수상 가쓰라 다로오와 합의한 것인데 그 결정의 직접적인 영향을 받게 되는 대한제국은 그 밀약의 존재를 전혀 몰랐으며 미국과 일본 내에서도 공개가 되지 않았던 비밀문서였다. 그로부터 19년 후인 1924년에 타일러 데넷이라는 역사가에 의해 세상에 알려졌는데 그 내용은

① 일본은 미국의 필리핀 지배를 희망하는 동시에 필리핀에 대한 침략 의도가 없음을 밝힌다.
② 미국은 극동의 전반적인 평화를 위해 영국과 일본 간의 동맹을 지지한다.
③ 미국과 일본 양국은 대한제국에 대한 일본의 종주권을 승인한다.

포츠머스 회담이 개최되기 불과 2개월 전에 이러한 밀약이 그것도 루즈벨트 대통령의 직접 지시로 이루어진 것이다. 이러한 미국의 배반을 몰랐던 대한제국은 여전히 미국을 마지막 희망으로 여기고 있었으며, 루즈벨트는 1년 후 포츠머스에서 강화회담을 주선했다는 공로로 노벨평화상을 받았다. 불과 1세기 전에 벌어졌던 위와 같은 역사는 한반도라는 지역에 대한 미국의 기본적인 태도를 잘 보여준다.

미국의 입장에서 한반도는 단지 강대국들과 지리적으로 가깝다는 것만 빼면 그 자체로 미국의 국익에 큰 기여를 하는 존재가 아니었다. 일본이 아시아에서 자국의 이익과 입장을 같이 하는 것으로 판단되자 한 치의 망설

임도 없이 한반도의 운명을 일본에 넘긴 것이다. 어떤 사람은 이렇게 반문할지 모른다. "그래도 대한제국이 망했던 책임은 결과적으로 스스로의 잘못과 무능력 때문이 아닌가? 굳이 미국까지 그 책임을 져야 할 이유가 있는가? 명색이 외교관계를 맺은 사이인데 오죽 무능했으면 망해 가는 데도 도와주지 않으려 했겠는가?"라고 말이다. 전혀 틀린 얘기는 아닐 것이다. 자신에게 일어난 일의 책임은 결국 스스로의 책임이기 때문이다. 심지어 루즈벨트 대통령의 한반도 포기노선에 끝까지 반대했던 미국공사 알렌조차 대한제국의 지도자들에게 "당신들과 같이 부패·무능·허영에 가득 찬 정부에게서 기대할 것은 아무것도 없다."라고 개탄했을 정도였다.

그럼에도 불구하고 1세기 전 한반도가 일본의 손에 넘어간 것에 대한 미국의 책임을 부정할 수는 없다. 미국은 한·미수호통상조약에 명시된 조선의 거중 조정을 번번이 외면했으며 양국 간에 문서화된 합의로서 법적 구속력을 갖는 내용마저 부정한다면 그런 외교관계는 의미가 없는 것이다. 이것이 결국 일본의 한반도 장악으로 이어졌다는 점에서 미국은 위험에 빠진 우방국가에 대한 최소한의 신의마저 저버린 무책임으로부터 결코 자유스러울 수가 없는 것이다. 당시 미국의 행위는 오늘날까지 한국의 일각에서 미국을 '배척해야 할 악'으로 주장하는 근거로 인용되고 있으며 이것은 미국에게 두고 두고 부담으로 남을 수밖에 없다.

허상의 제국 좌절한 국민국가

을미사변과 아관파천俄館播遷
|

청·일전쟁 이후 갑자기 커진 일본의 세력을 견제하고자 프랑스·독일·러시아가 일본을 압박하여 청·일전쟁 때 할양받은 요동반도를 반환하지 않으면 전쟁도 불사하겠다는 강경 자세에 일본이 무릎을 꿇고 중국에 반환하게 되었다. 3국의 간섭으로 조선에 대한 러시아의 영향력이 확대되자 명성황후와 친러파들은 친러정책을 추진하게 된다. 이에 불안을 느낀 일본공사 미우라三浦梧樓는 명성황후가 조선 침략의 걸림돌이 된다고 판단하여 명성황후를 시해하는 을미사변을 일으키게 된다. 그러나 을미사변으로 수립된 친일 김홍집 내각이 단행한 단발령 실시 등 일련의 개혁조치는 친일내각과 일본에 대한 감정을 극단적으로 자극하여 전국 각지에서 유생과 농민을 중심으로 의병항쟁이 일어났다. 이때 서울 정동의 러시아와 미국공관으로 피신하고 있던 친러파 이범진·이완용 등이 친위대가 의병토벌 때문에 지방으로 출동한 공백을 이용하여 인천에 정박하고 있던 러시아 군함으로부터 일문의 대포와 완전무장한 러시아 사관 7명, 수병 107명을 서울로 끌어들여 국왕을 러시아 공사관으로 파천케 하였다.

을미사변 이후 신변에 위협을 느끼든 고종은 1896년 2월 11일, 신임하던 엄상궁(후일 고종의 후궁이 되어 소생인 영친왕이 황태자에 책봉됨)의 도움을

받아 여장으로 변복하고 세자와 함께 러시아 공사관으로 피신한다. 이른
바 아관파천이다. 고종은 이듬해 2월 25일까지 러시아 공사관에 머물며 단
발령을 철회하는 등 왕권을 행사했다. 그 사이 나라 꼴은 엉망이 되어 한
반도는 열강의 이권 사냥터가 되었다. 미국은 경인철도부설권·운산금광채
굴권, 러시아는 함경도 경원 등의 광산채굴권, 두만강 유역의 산림채벌권
등을 가져갔다. 또한 민중은 면허받은 흡혈귀인 탐관오리들에게 여전히 시
달려야 했다.

국왕의 체통과 국가의 존엄성에 치명적인 손상을 끼친 아관파천은 국민들
과 유림들의 요구로 1년 뒤 환궁하였으나, 유사시 안전을 보호받기 쉽도록
경복궁이 아닌 경운궁(덕수궁)으로 돌아왔으니 온전한 환궁도 아니었다. 그
사이 러시아와 일본은 1896년 5월 웨베르·고무라 각서,[26] 1896년 6월 로마노
프·야마가다협정[27]을 통하여 서로 견제하면서 한반도 쟁탈전을 벌렸다.

우리의 의사와 무관하게 조선의 분할론이 처음 거론된 것도 이때였다.
아관파천에 의해서 친일내각이 무너지자 이범진·이완용을 중심으로 하는
친러·친미파 내각이 성립되어 총리대신 김홍집, 농상공부대신 정병하는 서
울 시내에서 타살되고, 탁자부대신 어윤중은 피난 도중 경기도 용인에서
지방민에게 살해되었다. 그리고 외무대신 김윤식은 일시 행방을 감추었다
가 후에 종신유형의 몸이 되었고 내부대신 유길준은 일본으로 망명하였다.
김홍집 내각은 민비시해사건 처리의 불철저와 단발령 강제에 의한 반발로
친일파라는 낙인이 찍혀 완전히 고립된 상황에서 결정적인 타격을 받았다.
이로 인하여 조선은 위로부터의 개혁 전망은 모두 단절되었다.

----

26) 일본공사 고무라와 러시아공사 웨베르는 고종의 귀환을 합의하고 전신선 및 거류지 주둔병 수 규정에 관한 협정을 체결하였다. 조선 내에서 러시아의 우위인정과 일본군의 계속 주둔을 인정하였다.

27) 일본은 전권대사 야마가타(山縣有朋)를 니콜라이 2세(Nikolai II)의 대관식에 파견, 러시아외상 로바노프(Rovanov)와 비밀 회담을 열고 조선 문제에 대한 공동간섭을 내용으로 하는 로바노프·야마가타의정서를 체결하였다. 4개조의 공개조관과 2개조의 비밀조관으로 구성된 이 밀약의 골자는 일본이 제안한 38선 기준의 국토분할안을 후퇴시킨 대신, 장래 필요한 경우에 러·일 양국이 조선을 공동 점거할 것을 약속한 것이었다.

그러나 김홍집이 화왜和倭를 주장했다고 해서 일본의 앞잡이가 아니며 나라 일에 마음을 다한 탁월한 정치가였다는 사실을 알았던 당시의 식자들은 그의 죽음을 애석해 하였다. 아관파천에 의해 일본세력이 후퇴하고 김홍집 내각이 붕괴하였으며 단발령이 중지됨으로써 존왕양이의 명분을 내걸고 싸우던 유생 의병장들은 이제 그 명분을 잃게 되어 점차 해산하게 되었다. 청·일 전쟁까지는 표면상 조선의 독립은 청나라로부터의 분리를 표방하던 일본의 대 조선정책이 전후에는 그 본성을 드러내어 보호와 강박적인 간섭을 하는 정책으로 전환되었다. 그러한 가운데 김홍집 등 개화파는 1894년 7월 이후 정부의 요직에 있으면서 한편으로는 일본의 이권 요구에 반대하고 다른 한편으로는 내정개혁이라는 근대적 개혁을 진행하였지만 완전히 자주적인 입장을 관철하기란 지극히 어려웠다. 계속된 정치적 혼란 때문에 김홍집 내각에 의한 갑오개혁의 성과는 결국 그 결실을 보지 못하고 말았다. 특히 주목하여야 할 것은 개화운동이 밑으로부터의 대중운동으로 전환했을 뿐만 아니라 운동 과정에서 주체세력도 바뀌었다는 점이다. 조선은 불과 2년 사이에 동학혁명, 민비시해, 국왕의 피신이라는 세기말적 혼돈을 겪으면서 19세기를 마감하고 있었다.

■ 대한제국 13년의 불안한 출발

1897년 2월, 러시아 공사관에서 돌아온 고종은 땅에 떨어진 왕국의 체모와 왕의 체통을 다시 세우기 위해 조선왕국의 모습을 벗어버리고자 했다. 고종은 그해 10월 12일, 스스로 황제를 칭하고 대한제국을 선포했다. 중국 황제가 즉위를 알리기 위해 하늘에 제사지냈던 것처럼 고종은 원구단을 지어 황제가 됨을 하늘에 고했고, 왕의 나라 조선이 황제의 나라 대한제국으로 다시 태어났노라고 세계열강들에게 알렸다. 국호는 대한제국, 연호는 광무光武였다. 국호는 마한馬韓·진한辰韓·변한弁韓을 아우르고, 연호는 '외세의 간섭에서 벗어나 힘을 기르고 나라를 빛내자'는 뜻을 담았다. 더불어 옛 제도를 본체로 하고 새로운 제도를 참작한다는 이른바 구본신참舊本新參의 정신으로 부국강병과 근대 주권국가를 지향한다는 점진적 개혁을 추진했다. 그러나 힘없는 황제가 뾰족한 수단이 있을 수가 없었다. 단지 청나라로부터 독립을 의미하는 정도였지만 이것도 러시아와 일본의 상호견제로 한반도 주변 정세가 불안한 균형을 이룬 덕분이었다.

1897년 10월 14일, 독립협회 기관지 독립신문 기사는 "12일 오전에 위의威儀를 갖추고 황단에 임하시어 하느님께 제사하시고 황제 위에 나아가심을 고하시고 환어하셨으며, 이날 정오에 만조백관이 예복을 갖추고 경운궁에 나아가 대황제 폐하께 하례를 올리니 백관이 즐거워들 하더라. 이날 밤 장안 사사집과 각 전廛에서 색등을 밝게 달아 장안의 길들이 낮처럼 밝았으며 집집마다 태극기를 높이 걸어 인민의 애국심을 표하며 길에 다니는 사람들도 얼굴에 즐거운 빛이 나타나더라. 새벽에 공교히 비가 와서 의복들이 젖고 찬 기운이 성하였으나 국가에 경사로움을 즐거이 하는 마음이 더 중한고로 여간 젖은 옷과 추움을 생각지들 아니하고 사람마다 다 당한 책무를 착실히들 하더라."고 썼다.

명성황후의 참변이 일어난 을미사변 이후 일본에 대한 복수와 진정한 자주독립을 절규하는 국민 여론이 드디어 대한제국을 탄생시켰으니 차가운 가을비에도 불구하고 사람들의 얼굴에 웃음꽃이 피고 집집마다 태극기를 걸고 밤에는 색등을 걸어 경축하는 것은 너무나 당연했을 것이다. 대한제국은 비록 13년의 짧은 역사를 남기고 역사의 뒤안길로 사라졌지만 정치적으로는 자주독립한 나라, 경제적으로는 산업화를 일구어 근대국가를 건설해야 할 중요한 시기였다. 당면한 국가적 생존과 독립의 위협을 해결하기 위해서는 겉보기만 화려한 제국의 선포보다는 내부적 단결과 국력의 확충이 시급하였다. 간판만 바꿔 단다고 없는 힘이 저절로 생기는 것인가?

을사늑약乙巳勒約의 강제

|

러·일 전쟁의 전황은 일본의 승전으로 전개되었으나 양국 모두 국내 사정상 장기전을 수행하기에는 어려움이 있었다. 이러한 정황을 알아차린 미국의 루즈벨트 대통령은 양국의 대표를 미국의 포츠머스로 불러 협상할 것을 종용하여 1905년 9월 5일, 러·일 양국은 포츠머스 조약을 체결한다. 이 조약의 내용 중에서 가장 민감한 것이 한반도에 관한 사항인데, 러시아의 반대로 명문화하지는 못했으나 비망록에 "일본이 조선 정부의 승인 하에 정치적으로 간섭할 수 있다."는 것을 기록으로 남겼다. 이 비망록의 약속 때문에 일본은 어떤 수단을 써서라도 조선 정부의 승인만 있으면 조선을 점령할 수 있는 가능성을 열어 놓게 된 것이다.

포츠머스 조약은 일본과 러시아의 강화조약이었지만 사실상 일본의 조선 점령을 4대 강국으로부터 승인을 받은 것이 되었다. 일본이 한국 측에 이 조약을 인정하게끔 강요했던 것이 11월에 맺은 제2차 한일협약, 이른바 을사늑약이다. 이 조약의 제1조는 "일본국 정부는 도쿄 소재 외무성이 오늘 이후 한국의 대외관계 및 사무를 감리·지휘한다."고 규정했다. 이는 한국의 외교권을 박탈하고 도쿄에 있는 일본의 외무성이 대신 수행한다는 뜻이다.

한국 정부에 보호조약의 체결을 강요하기 위해 메이지 천황의 칙사를 자진해서 맡고 나선 사람이 바로 이토 히로부미였다. 일본군이 대포를 쏘아대는 가운데 서울에 도착한 이토는 황제 고종에게 조약안을 제시하면서 "제국 정부가 여러 가지 고려를 거듭해 이제는 조금도 변통할 여지가 없는 확정안이라 말하며, 이에 대한 승낙도 거절도 당신 마음대로지만 만약 거절한다면 결과는 어떻게 되겠소? 대외관계에서 귀국의 지위는 장래에 매우 곤란한 상황에 빠져 더욱 더 불리해질 것임을 각오하지 않으면 안 되오."라며 을러대었다. 또한 일본 공사관에 한국 정부 대신들을 소집하여 조약에 조인하도록 강요하였으나 당연히 대신들은 이에 응하지 않았다. 그래서 각의 장소를 왕궁 안에 있는 한 방으로 옮겨 한 사람씩 의견을 물었고 그 결과 과반수의 찬성을 얻었다고 주장하면서 조인을 강행했다. 아무런 권한도 없는 이토가 다른 나라 각의의 사회를 본다는 자체가 정상적이라고 할 수 없으며 수상에 해당하는 참정대신 한규설은 최후까지 이를 반대하였다.

이토의 측근 니니요쓰쓰지 긴타카西四迁公堯가 관계자의 이야기 등을 정리한 한말의 외교비사의 내용을 보면 "이토 侯는 서슴없이 회의장으로 들어와서는 언제까지 우물쭈물 생각한다고 해서 결말이 날 이야기가 아니니 한 사람씩 반대냐 찬성이냐 의견을 물을 것이니 답해 주길 바란다."며 대신들을 추궁했다고 한다. 격분한 한규설은 고종에게 달려가 이 회의의 결정을 거부하도록 하려다가 일본 헌병들에 의해 골방에 갇히고 말았다. 마침내 재가가 나서 조인할 단계가 됐는데도 참정대신의 모습은 보이지 않았다. 그래서 누군가가 의아해 하자 이토는 중얼거리듯이 "죽인 것 같아"라고 하면서 시치미를 뗐다. 참석한 각료 중에는 일본어를 알아듣는 자가 두세 명 있어서 금세 이 일이 전달되었고 조인은 어려움 없이 끝나 버렸다.

을사늑약을 체결하고 일본공사관 자축연에서 총괄책임자인 특파대사 이토는 "도요토미 히데요시여, 당신이 이루지 못한 조선 출병을 우리가 성공시켰다."라며 감격했다고 한다. 미국의 부공사로 중명전과 담 하나 사이의 미 공사관에 있던 윌러드 스트레이트라는 사람이 그 장면을 본 광경을 그레고리 헨더슨이 '정동소사'에 인용하였다. "새벽 1시 30분쯤 나는 공사관 마당으로 바람을 쏘이러 나왔다. 인력거를 왈캉거리면서 챙기는 소리가 들려 담 너머로 일본인들이 떠나는 광경을 보았다. 하세가와의 인력거는 이미 떠난 뒤였다. 그때 울타리 너머 달빛을 받고 서 있는 내게서 불과

오십 자도 떨어지지 않은 곳에서 일국의 운명이 결딴났다는 사실을 믿을 수가 없었다. 도대체 어떻게 인구 1200만 명의 독립국가가 단 한 번 싸워보지도 않고 나라의 주권을 날강도들 좋으라고 내주어 버릴 수 있단 말인가?"

구한 말 법부주사 안병찬은 치열한 독립운동의 최전선에 섰던 변호사였다. 그는 단발령에 반대하고 법부주사로서 을사보호조약 폐기를 주장하는 지부상소(持斧伏闕斥和訴: 받아들이지 않으려면 머리를 쳐 달라는 뜻으로 도끼를 지니고 올리는 상소)를 올렸다. "법부의 구품 주사인 신이 감히 폐하의 앞에 나아가 가슴에 품은 뜻을 털어놓는 행동이 법을 어지럽히는 짓임을 어찌 모르겠습니까? … 어서 오적의 머리를 취하여 거리에 내걸어 나라에 널리 알려 일본이 속임수로 국권을 뺏은 것을 만백성이 모여 판별케 하십시오. 또 억지로 맺은 가짜 조약은 뜨거운 불 속에 집어던져 우리 한국의 독립자주권을 천하에 밝히면 내정과 외교의 실마리가 비로소 잡힐 것입니다. … 신은 도끼를 들고 대궐 문 앞에 엎드려 오직 어명만 기다리고 있사온즉 거짓 조약을 폐기할 수 없으시다면 이 도끼로 신의 머리를 잘라 나라를 팔아먹은 오적들 앞에 내던지시옵소서." 황성신문에 실린 장지연의 시일야방성대곡 이상의 절절한 호소이며 항의이다. 그는 제주도로 유배되었다가 해배解配된 후 고국을 떠나 망명길에 올랐다. 안병찬이 변호사로서 유명한 것은 안중근 의사의 변론을 시도한 일이다. 1910년 2월 이토 히로부미를 살해한 안중근 의사를 변론하러 여순으로 갔으나 재판부의 거부로 뜻을 이루지 못하자 피를 한 사발이나 쏟고 혼절하여 인사불성이 되었다고 전해진다.

을사늑약이 체결된 뒤 시종무관장 민영환과 10여 년 전 좌의정까지 지내고 사임했던 원로대신 조병세는 각각 소두(疏頭: 상소의 우두머리)가 되어 대궐에 들어가 수일간 연좌하면서 조약무효를 주장했으나 일제에 의해 강제로 쫓겨났다. 계속 조약무효 상소를 올리던 민영환은 11월 30일 자결했다. 그때 나이 마흔네 살이었는데 명성황후의 조카로 20대에 지금의 장관인 판서를 지낸 그는 특명전권공사로 미국과 러시아를 방문하는 등 개화된 관료로서 외교권을 잃는다는 의미가 어떤 것인지 알기 때문에 유서를 남기고 세상을 떠났다. 그러나 국제정치의 냉혹함을 몰랐던 것은 지금 보면 안타까울 정도다. 유서 외에도 미국인 친지들에게 "귀하가 거중조정을 행사하고 우리의 독립을 지지하기 위해 아량 있는 노력을 해주실 것을 간청합니다."란 편지를 남긴 점이 그렇다.

미국은 을사늑약 직후인 11월 24일, 가장 먼저 조선과의 국교를 단절하고 침몰하는 배에서 황급히 도망치는 쥐떼처럼 공사관을 철수했는데 고종이나 민영환의 미국에 대한 짝사랑은 부질없는 기대였다. 미국은 자신들의 언론매체를 동원해 일본의 한반도 강점을 합리화하는 선전을 광범위하게 벌여 일본의 침략에 날개를 달아 주었다. 뉴욕의 헤럴드 트리뷴은 '기뻐하면서 소위 독립에 영원한 이별을 고하라'는 제목 아래 미국은 일본의 보호 아래 있는 한국에 대해 기뻐하면서 그들은 소위 독립에 영원한 이별을 고하게 되었다고 공개적으로 우리 민족을 모독했다. 미국의 도움이 가장 절실했던 시기에 조선 사람들의 등에 비수를 꽂은 미국에 대해 고종의 비밀 친서 전달 임무를 맡았던 헐버트가 이를 통렬히 비판했지만 망국의 역사는 눈물처럼 흘러 버렸다.

■ **을사늑약은 무효인가?**

을사늑약은 1905년 11월 18일, 새벽 한·일 양국 정부가 조인했고 12월 26일 대한제국 관보에 공포되었다. 이를 근거로 일본은 조약이 성립되었다고 서구 열강에 통보했고, 그에 따라 미국을 시작으로 서구 열강들은 서울에서 공사관을 철수시켰다. 1906년 1월 서울에 통감부가 설치되었고 각 지방 도청소재지에는 이사청이 설치되었으며, 3월에는 외부가 폐지되어 의정부의 외사국이 되었다. 초대 통감으로 부임한 이토 히로부미는 '시정개선협의회'를 통해 대한제국 정부 대신들을 지휘·감독했다. 을사조약에 의해 실질적인 식민통치가 시작되었던 것이다.

서울대 이상찬 교수는 "1905년의 조약안은 위임·조인·비준의 과정을 어느 것 하나도 거치지 않았다. 즉 체결되지 않았음이 분명하다. 따라서 '강제로 체결되었다' 또는 '늑약' 등의 표현도 쓰지 않는 것이 좋겠다."고 주장한다. 또한 "한국 측 연구자들은 을사라는 표현을 집어넣는 경우가 많은데 조약명칭에 연도를 꼭 넣을 필요는 없다고 생각한다. 조약의 제목은 통상적으로 조약의 등급·구체적인 목적· 당사 국가 등을 밝히고 있다는 점을 고려해야 하며 1905년 조약안의 등급은 그 내용의 중요성에 비추어 협약이 아니라 정식조약이라야 맞는다. 이 조약의 핵심 내용 또는 목적은 외교권 위탁 또는 외교 감리다. 한·일 양국 사이에 논의되고 체결을 강요받아 조인된 것처럼 꾸며졌지만 실제로는 조인되지 않은 그야말로 안案에 지나지 않는다. 이러한 내용을 고려할 때 1905년 조약은 잠정적으로 '외교권 위탁에 관한 한·일조약안' 또는 '한·일 외교 감리 조약안'으로 부르는 것이 가장 적합하다."고 지적했다.

1991년 규장각을 관리하던 이태진 교수는 규장각 서고에서 제2차 한·일협약의 조약서 정본을 발견했다. 이 발견을 계기로 조선병합이 합법인가 불법인가를 둘러싸고 격렬한 논쟁이 벌어졌다. 일본은 제2차 한·일협약에 뒤이어 1907년에는 제3차 한·일협약을 맺고 그 마무리로서 1910년 8월 22일에는 한·일병합조약을 맺어 조선을 식민지화했다. 그런데 이상한 것은 이 조약서에 제목이 없다는 점이었다. 조약명이 적혀야 할 첫 번째 줄은 공백 상태였다. 한·일협약이라는 제목은 나중에 일본이 붙인 것으로 한국에서는 이 해의 간지에 따라 을사늑약이라 부른다. 또한 조인의 서명에도 문제가 있었다. 일본 측에서는 특명전권공사 하야시 곤스케林權助의 서명이 있는데 하야시는 일본의 주권자인 천황의 전권 위임장을 받아 임무를 맡았던 것이 아니라 정부의 일상적인 직권으로 위임받았을 뿐이었다.

한편 한국 측에는 외부대신 박제순의 서명이 있으나 이 서명자가 과연 본인인지도 의심이 된다. 본인의 서명이라 해도 외부대신이 직인을 지참하지 않아 이를 가져오게 하는데 2시간이나 걸렸다는 사실이 보고되어 있다. 조약을 체결한 날짜는 11월 17일로 적혀 있으나 실제로 조인된 시각은 18일 새벽이었다. 서명 조인은 외부대신의 일상적인 직권으로 이루어졌으며 조약의 형식도 극히 간략하였다. 이태진 교수는 협약의 비준서를 찾았으나 발견하지 못했다고 한다. 일반적으로 조약은 비준함으로써 효력이 발생하는 것으로 양국의 주권자인 군주의 비준이 있어야 조약이 구속력을 갖게 되는 것이다. 물론 조약의 경중에 따라 비준을 필요로 하지 않는 경우도 있으나, 제2차 한·일협약에 비준서가 존재하지 않는다면 매우 간단한 조약으로 체결되었다는 증거가 된다. 조약 정본만 보더라도 국권양도라는 조약의 중대한 내용과 간략한 형식 사이에서 심각한 불균형이 있음을 명백히 확인할 수 있다.

을사늑약 체결 3개월이 지난 1906년 1월 29일, 고종이 을사늑약에 조인·동의하지 않았다는 밀서를 영국 런던 트리뷴 기자 더글러스 스토리에게 전달했다. 밀서는 고종의 측근이 일본 측 감시자들의 눈을 피해 스토리에게 전달했고 스토리는 중국으로 건너가 기사를 영국 본사로 송고했다. 2월 8일자 런던 트리뷴 3면 머리기사는 "한국의 황제는 실질적으로 포로의 신세다. 을사늑약은 황제의 재가를 받지 않았다."로 시작되어 ① 1905년 11월 17일에 일본 공사 하야시任權助와 박제순이 5조약을 체결하였는데 한왕 폐하께서는 친압도 아니 하셨을 뿐더러 허락도 하시지 아니함. ② 한왕 폐하께서는 이 조약을 일본이 혼자 임의로 반포함을 반대하심. ③ 한왕 폐하께서는 모든 독립권을 일호도 타국에 양여하심이 없음. ④ 일본이 한국의 외교권을 약조하였다 함은 증거가 없거늘 하물며 내치 상에야 한 사건이라도 어찌 인준하였으랴. ⑤ 한황 폐하께서는 일본 통감이 내주함을 인허치 아니하시고 또 황실의 존권을 일호도 외인에게 전행함을 허락하지 아니하심. ⑥ 한황 폐하께서는 각국이 연합하여 5년을 한정하고 한국 외교를 담임하여 보호하여 주기를 허락하심. 이러한 내용이 소개되면서 한국의 실상이 로이터 통신을 통해 세계 각지로 알려졌다. 한국과 일본신문에도 기사가 실려 평소 을사늑약은 한일 양국이 자발적으로 합의한 것이라고 주장해 온 일본을 곤혹스럽게 했다. 고종이 지적한 조약 무효는 타당하다. 비준도 받지 못하고 조약의 정식 명칭도 없으니 국제법적으로는 무효인 '조약 아닌 조약'이었다.

프랑스 국제법학자인 프랑시스 레이(Francis Rey)는 특별기고로서 프랑스 잡지 국제공법 1906년 2월 호에 게재한 대한제국의 국제법적 지위라는 논문에서 을사늑약은 완전히 무효라고 주장했다. 한국 정부 측 동의 표시의 결함과 일본 측이 한국에 대해 확약했던 보장 의무 위반 두 가지 하자 때문에 효력을 갖지 못한다는 것이다. 레이는 을사늑약이 일본과 같은 문명국으로서는 부끄러운 정신적·육체적 폭력으로 한국 정부를 강요해 체결되었다고 보았다. 조약의 서명은 일본 군대의 압력 아래서 대한제국의 황제와 대신들로부터 얻었을 뿐이며 대신회의는 이틀 동안 저항하다 체념하고 조약에 서명했지만 황제는 즉시 강대국, 특히 워싱턴에 대표를 보내 가해진 강박에 대해 맹렬한 이의를 제기했다고 했다. 전권대사에게 행사된 폭력을 감안할 때 정부측이 자유로운 의사로 동의한 것이라고 볼 수 없고, 따라서 을사늑약은 효력을 가질 수 없다고 보았다.

미국의 국제법 학회는 1935년에 조약법을 정리·공표하면서 강박아래 체결된 어떤 조약도 무효라는 대표적 사례의 하나로 을사늑약을 들었다. 다시 1936년에는 유엔 국제법위원회가 총회에 제출하는 보고서에서 국가 대표에게 가한 개인적 강압아래 체결되었기 때문에 무효가 되는 국제조약의 4개 사례 가운데 하나로 을사조약을 예시했다. 지금 한국에는 이런 사실조차 제대로 알려져 있지 않은 실정이지만 을사조약은 유·무효를 따질 단계가 아니라 성립되지 않았기 때문에 효력 자체가 발생할 수가 없는 것이다.

헤이그 밀사사건과 고종의 양위
|

1907년 6월, 네덜란드의 수도 헤이그에서 제2차 만국평화회의가 열렸는데, 1906년 4월에 파나마 등 남미의 몇몇 나라와 함께 대한제국 황제에게도 비밀리에 초청장을 보내왔다. 고종황제는 이 초청장을 받고 구미열강의 도움으로 일제의 속박에서 벗어날 절호의 기회라 여겨 이상설·이준을 비밀리에 특사로 임명하였다. 이들은 당시 상트 페테스부르크에 남아 항일운동을 전개하던 전 러시아 공사 이범진을 찾았고 이범진은 둘째 아들 이위종을 통역으로 이들과 동행시켰다. 세 사람은 일제의 감시를 속이고 6월 24~25일 경 헤이그에 도착하는 데 성공하여 황제의 친서를 갖고 회의에 참여하려 했으나 외교권이 없다는 이유로 거부당했다.

그러나 네덜란드의 신문인 스테드의 주선으로 한국 대표는 평화회의를 계기로 개최된 국제협회에서 호소할 기회를 얻었다. 이때 러시아어·프랑스어·영어 등 외국어에 능통한 젊은 이위종이 세계의 언론인에게 조국의 비통한 실정을 밝힌 '한국을 위하여 호소한다.'는 연설은 세계 각국에 보도되어 주목을 끌었으나 구체적인 성과는 얻지 못하였으며, 이에 특사 가운데 이준은 울분한 나머지 그곳에서 분사하였다. 결과적으로 고종의 특사 파견은 실질적인 소득을 거두지 못한 채 오히려 일제의 한국 침략을 촉진시키는 구실을 주고 말았다.

이 사건이 전해지자 통감 이토 히로부미는 외무대신 하야시林薰를 서울로 불러들여 그와 함께 고종에게 책임을 추궁, 강제로 퇴위시켰다. 또한 일본 외무대신 하야시는 보호권 확대를 포함하는 신협약안을 지니고 방한하여 7월 24일 이완용과 신한일협약 즉 '정미칠조약'을 체결했다. 그 내용은 조선 정부에 대한 일본통감의 일인 지배를 확립한 것이다. 더욱이 이완용과 이토와의 비밀각서에 의해서 조선 정부에 대한 일본인 고문 대신에 내각 각부에 일본인 차관을 배치하고, 사법사무와 행정사무를 분리하여 재판소 및 검사장에 일본인을 임명하며 특히 군대는 육군 1개 대대를 남겨 황궁수위를 맡기고 나머지 군대는 해산한다고 규정했다.

이 과정에서 이토는 국왕을 알현하고 "이같은 음험한 수단으로 일본의 보호권을 거부하는 것보다는 오히려 일본에 대하여 당당히 선전을 포고하는 것이 첩경이 될 것이다."라며 위협했고 이완용에 대해서는 "일본은 한국에 대하여 바로 선전할 충분한 이유가 있다. 귀하는 마땅히 수상된 책임으로 황제에게 진문奏聞하여 처결을 촉구하라."고 지시했다. 헤이그 밀사사건으로 국제적 망신을 당한 일본은 남산에 대포를 설치해 경운궁을 겨냥하는 등 군사적 압력을 가했다.

일본의 야욕이야 그렇다고 해도 여기에 앞장선 이완용·송병준 등 친일파의 행동은 눈뜨고 못 볼 지경이었다. 이완용 내각은 연일 회의를 열고 국왕에게 인책 양위할 것을 강요했다. 당시 내각은 매국 관료 이완용과 일진회 두목인 송병준의 연립 내각이었다. 일본군이라는 호위를 빌린 송병준은 경운궁 어전회의에서 국왕에 대해 "이번 사건은 그 책임이 오로지 폐하에게 있는 것이다. 폐하 스스로 동경으로 건너가 일본천황에게 사죄하든지 아니면 대한문 앞에서 면박面縛의 예[28]를 하라."고 윽박지르며 "폐하가 자결해야 국가가 살 것이다."는 발언까지 했다고 한다. 이에 고종은 "경은 누구의 신하이냐?"라고 화를 내며 나가 버렸다고 하는데 송병준의 무도함이 하늘을 찔렀다 하겠다.

황현은 매천야록에서 "이완용이 칼을 빼어 들고 고함을 지르며 '폐하께서는 지금이 어떤 세상이라고 생각하십니까?'라고 협박하자 폐하를 모시는 무감(武監: 왕을 호위하는 무관), 액례(掖隷: 掖庭署에 속해 있던 吏員과 下隷)들이 흥분하여 고종의 말 한마디만 있으면 갈기갈기 찢어 버리려 하고 있었으나 고종은 아무것도 모르는 듯이 묵묵히 앉아 있었다."고 전한다. 사면초가에 몰린 고종은 새벽 1시 "짐은 지금 군국의 대사를 황태자로 하여금 대리하게 한다."며 물러섰다. 고종이 순종에게 양위를 끝냈을 때 하세가와는 육군대신에게 한 보고에서 "앞서 보고한 선제先帝를 일본으로 보내는 것은 제2기로 미루고 불가불 양제兩帝를 격리시켜 두는 것으로 변경하였다."라고 했다. 실제로 양위 후 이토오는 신제新帝를 창덕궁에 격리시켰고, 당시 11세인 황태자 이은李垠을 유학의 명목으로 일본에 데려 갔다.

1907년 7월 19일, 고종은 황위를 넘기는 조칙을 반포하였다. "슬프다. 짐이 열성조의 큰 기업을 이어 지킨 지 우금 44년이라 자주 환란을 지내매 다스리는 것이 뜻과 같지 못하여 혹 사람을 잘못 써서 소동이 날로 심하고 정사가 많이 어그러져 어려운 근심이 급박하여 백성의 곤란과 나라에 위태한 것이 이때에 더 심함이 없으니 두려운 마음이 깊은 물을 건너고 옅은

---

28) 죄인임을 자처하는 자가 스스로 뒷짐결박을 하고 무릎걸음으로 상전 앞에 기어 나가 죄를 청하는 것.

얼음을 밟는 듯한지라. 다행히 황태자의 덕이 완전히 이루어지고 명예가 일찍이 드러났으니 시정 개선할 일은 부탁할 사람이 있는지라. 짐이 생각건 대 나이 늙으매 위를 전하는 것이 역대에 전례가 있고 우리 선왕조의 예법 을 마땅히 좇아 행할지니 이제 군국대사를 황태자로 하여금 대리케 하노 니 의절은 궁내부와 장례원으로 마련 거행하라." 말인즉 선양이었지만 내 막을 들여다보면 강제 퇴위였다.

1907년 7월 20일 오전 8시경, 경운궁 중화전에서 양위식이 거행되었다. 그러나 이 양위식에는 대한제국의 황위를 물려주는 광무황제도, 황위를 이 어받을 융희황제도 참석하지 않은 기이한 양위식 풍경이 펼쳐졌다. 두 황제 를 대신해 환관 두 명이 대역으로 용상에 앉아 대신들의 하례를 받는 가 짜 양위식이 벌어진 것이다. 꼭두각시로 전락한 조선 왕조의 모습을 그대 로 보여준 기막힌 행사였다.

■ 국권과 왕권의 혼동

고종은 대원군이 하야한 뒤 1873년부터 대한제국 황제 자리를 양위한 1907년까지 35년간 국가를 운영했다. 고종은 우리 역사의 중요한 전환기에 국왕과 황제라는 이름으로 그 변화의 한가운데 있었다. 그러나 그는 그러 한 변화가 어떤 의미가 있는지를 잘 파악하지 못했으며 시기에 따라 친일 파, 때로는 친청파, 때로는 친로파 대신들과 행보를 함께했다. 그는 개화적 인 군주였다기보다 보수적 군주였고, 다시 개화적으로 변신했다가 또다시 보수화했다. 사상적 지향이 진보적이었다고 할 만한 점은 찾기 어려웠으며, 오히려 시류에 따라 자신의 권력을 유지하기 편한 세력의 손을 들어 주었 다가 시류가 바뀌면 다시 다른 세력을 찾아 옮겨가는 줏대없는 행보만을 취했을 뿐이었다. 권력의 정점에서 개혁을 추진해야 할 귀중한 시간들을 자신의 왕권 향배에만 맞춰 시간을 흘려보낸 것이다.

고종에게 자주와 독립은 왕권의 자주와 독립이었다. 왕권을 위협하는 세력은 설령 그들이 자국민이든 외국 군대이든 모두 적이었다. 반면 한순간이라도 흔들리는 왕권을 지킬 수 있다면 훗날 그들이 왕권, 나아가서 국가까지 무너뜨리는 위험한 존재일지라도 그들에게 도움을 청했다. 임오군란 당시에도 정권을 유지하기 위해 청나라 군대를 불러들이고 국민의 생명을 외국 군대의 수중에 맡겼다. 임오군란의 공로를 빌미삼아 청나라는 더욱 심하게 조선을 간섭했으며, 청나라의 간섭에 반발한 김옥균 등이 갑신정변을 일으켰으나 청나라의 군사 개입으로 실패하면서 청나라의 입김은 더욱 커졌다.

고종은 청나라의 횡포에 반발하여 구미에 외교사절단을 보내려고 시도하기도 했고, 러시아를 끌어들여 청나라를 견제하려고도 했으나 이는 모두 외국의 힘을 빌려 외국을 견제하려고 했던 것으로 자국과 자국민의 힘으로 자주를 지키려는 생각은 없었다. 외교적으로 반청의 입장을 견지하던 그가 막상 동학농민전쟁이 일어나자 맨 처음 내놓은 대책이 '청나라 군사로 막아내자'는 것이었다. 외국 군대를 끌어들여 자국민을 진압할 수 없다는 대신들의 만류에도 결국 청나라를 끌어들였고 이를 빌미로 일본군까지 조선에 진주하였다. 결국 동학농민전쟁 진압을 위한 청나라 군사의 요청은 청·일전쟁의 빌미가 되었다.

갑신정변 이후 청나라와 일본은 혹시 있을지도 모르는 물리적 충돌을 방지하기 위하여 조선철병조약으로도 불리는 톈진조약을 1885년 4월 체결했다. 이 조약의 제3조는 장래 조선에서 변란이 생기면 청·일 양국은 먼저 알리고 그 일이 종결되면 즉각 철수하여 재차 머물지 않는다는 내용이다. 청나라에 파병을 요청하는 것은 일본에서도 군대가 온다는 것을 의미하는 것이었다. 1904년 고종이 조선 반도의 영세중립을 선포하였지만 아무 나라도 관심을 두지 않았다. 미 국방성은 합중국의 이익에 어긋난다며, 이토 히로부미는 울타리 밖 일은 우리에게 맡기라고, 중국의 원세개는 눈살을 찌푸렸다. 당시 조선과 손바닥만 한 땅으로만 맞닿아 있는 러시아만이 좋은 생각이라고 맞장구쳤지만 러·일전쟁에 패배한 후 조선은 일본의 식민지가 되었다. 고종이 진정으로 영세중립국으로 유지할 생각이었다면 한반도를 둘러싼 어느 나라에도 기대서 살아날 생각을 버리고 스스로 내정을 혁신하고 나라를 지킬 수 있는 방비를 했어야 했다. 중국·일본·러시아가 서로 대립하는 상황에서 더 힘센 나라를 끌어들여 균형을 맞추려 한 것 자체가 매우 위험한 발상이었다. 당시 외세는 한반도가 자력으로 나라의 독립을 지키지 못해 다른 나라의 손에 떨어지면 자신들이 불리해지기 때문에 더욱 더 한반도를 차지하기 위해 혈안이 되어 있었기 때문이다.

1897년 독립협회의 결성과 만민공동회의 개최는 백성들의 애국심을 보여 줄 수 있는 새로운 장을 만들었다. 그러나 고종은 자신을 배제하는 백성들의 애국심은 원하지 않았다. 고종이 어떠한 나라를 원했는지 궁금하다면 '헌의獻議 6조'와 '대한국 국제大韓國 國制'를 비교하면 된다. 두 개의 장정章程은 서로를 부정해야 성립될 수 있는 양립할 수 없는 관계였다. 헌의 6조는 백성들이 표현한 애국심이었고 대한국 국제는 이 애국심을 묵살하고 선포된 칙령이었다. 대한제국이 선포된 후에도 독립협회가 요구하는 개혁안이 제대로 받아들여지지 않자 독립협회는 사회 각층의 1만 명이 모여 대중 집회를 열고 고종에게 압력을 가했다. 여기서 정부의 개혁을 요구하는 헌의 6조가 의결되었다. 헌의 6조는 전제왕권강화, 재정일원화, 이권양여 반대, 자주외교, 의회의 설립 등에 관한 것이었다.

대중 집회에 놀란 고종은 일단 이들의 요구안을 받아들이는 정치적 제스처를 보였지만 만민공동회가 해산하자 곧바로 독립협회 해산을 명령했다. 이에 분노한 회원들이 고종의 기만적 행위에 항의 농성을 하고 시전 상인들도 이에 동조하여 상점을 철시했다. 사태가 이렇게 번지자 고종은 독립협회 해산 명령을 번복하는 한편 보부상 단체인 황국협회 회원을 동원하여 만민공동회장을 아수라장으로 만들어 버렸다. 독립협회와 황국협회 회원들 간에 난투극이 벌어지자 정부는 사회 혼란을 이유로 독립협회에 해산령을 내리고 독립협회의 간부들을 체포함으로써 독립협회의 활동은 정부의 탄압으로 끝나고 말았다.

독립협회 해산으로 황제권에 도전하는 세력이 없어지자 고종은 자신의 체제를 구축하기 위하여 자신에게 충성을 바칠 새로운 인물을 등용하기 시작했다. 평안도 지역의 광산을 떠돌아다녔던 이용익은 임오군란 때 민비를 업고 뛴 공로로 출세하기 시작하여 평안도 관찰사가 된 인물이었고, 몰락한 가문의 홍종우는 갑신역적 김옥균을 암살하면서 고종의 눈에 들었던 인물이었다. 이 외에도 민영환의 가신으로 우피무역에 종사했던 조병택, 엄비의 조카들로 상인이었던 엄주승·엄주익, 그리고 보부상을 거느리며 정치폭력과 상거래를 통해 부를 쌓았던 이근택 등이 대한제국의 잘나가는 관료가 되었던 것이다. 1899년 들어 고종은 언론에 대한 탄압을 시작하여 상소를 올릴 수 있는 자격을 제한했고 신문에 대한 검열을 시작했다. 그리고 9월에는 황제의 완전통치를 규정하는 대한국 국제를 선포했다. 이는 대한제국의 정치·외교·군사·경제·재정에 이르는 모든 권한이 황제에 귀속됨을 천명한 것이었다. 그러나 국민의 고통 위에 군림했던 대한제국은 국민들의 단합된 힘을 모을 수 없었다. 1905년 을사늑약 조인을 위해 한국에 온 이토 히로부미의 협박에 비로소 고종은 백성을 돌아보았지만 때는 이미 너무 늦어 버렸다.

조선왕조, 역사 속으로 지다
|

1910년 8월 22일(융희 4년) 오후 2시, 창덕궁 대조전 옆 홍복헌에서 조선의 마지막 어전회의가 열렸다. 총리대신 이완용, 내무대신 박제순, 농상공부대신 조중웅, 탁지부대신 고영희, 법무대신 이재곤, 왕족대표 이재면, 원로대료 김윤식, 궁내대신 민병석, 시종원경 윤덕영·이병무 등이 참석하였다. 이 자리에서 이완용은 한·일병합을 해야 하는 이유를 한 시간 넘게 설명하였고 참석한 다른 대신들은 한 마디의 항의도 없었다. 이완용은 이날 한·일병합 안을 가결시키는 동시에 스스로 일한 양국병합 전권위원이 되어 데라우찌 마사다케의 관사를 찾아가 한·일병합조약[29]을 체결했다. 이를 경술국치庚戌國恥라 하며 조선왕조의 역사와 민족을 일본에 넘겨준 것이다.

독자적인 통치권을 행사하던 한 나라가 운명을 건 싸움 한 번 없이 이토록 맥없이 이민족에 넘어간 어처구니없는 일이 역사상 또 있었는가? 대한

---

29) 한일강제병합 조약 전문은 다음과 같다.
　일본국 황제폐하와 한국 황제폐하는 양국 간의 특수하고 친밀한 관계를 돌아보아 서로 행복을 증진하고 동양평화를 영구히 확보하고자 하는 목적을 달성함에는 한국을 일본제국에 병합하는 것만 함이 없음을 확신하고 이에 양국 간에 병합조건을 체결하기로 결정한 후 일본국 황제폐하는 통감 자작 데라우치 마사다케로 한국 황제폐하는 총리대신 이완용으로 각기 전권위원을 임명함으로 인하여 그 전권위원은 함께 모여 협의한 후 다음과 같은 모든 조약을 협정하였다.
　제1조 한국 황제폐하는 한국 전부에 관한 일절 통치권을 완전하고도 영구히 일본 황제폐하께 양여함.
　제2조 일본 황제폐하는 앞의 조에 게재한 양여를 수락하고 또 한국을 일본 제국에 병합함을 승낙함.
　제3조 일본 황제폐하는 한국 황제폐하, 태황제폐하, 황태자전하와 그 후비와 기타 후예로 하여금 각기 직위에 따라 존칭·위엄·명예를 향유케 하고 또 이를 보유함에 충분한 세비를 제공할 것을 약속함.
　제4조 일본국 황제 폐하는 앞의 조 이외에 한국 황족과 그 후예에 대하여 각 상당한 명예와 대우를 향유케 하고 또 이를 유지하는 데 필요한 자금을 공급할 것을 약속함.
　제5조 일본국 황제폐하는 훈공이 있는 한인으로 특히 표창함이 적당하다고 인정되는 자에 대하여 영예로운 작위를 수여하고 또 은사금을 줌.
　제6조 일본국 정부는 앞에 기재한 병합의 결과로 한국의 시정을 담당하고 그때에 시행할 법규를 준수하는 한인의 신체 재산에 대하여 십분 보호하여 주고 또 그 복리증진을 도모함.
　제7조 일본국 정부는 성의 충실히 신제도를 존중하는 한인으로 상당한 자격이 있는 자를 사정이 허락하는 한에서 한국에 있는 제국관리로 등용함.
　제8조 본 조약은 일본 황제폐하와 한국 황제폐하의 재가를 받은 것으로 공포일로부터 시행함.
　이 증거로 양국 전권위원은 본 조약에 기명날인함이라.
융희 4년 8월 22일 총리대신 이완용
명치 43년 8월 22일 통감 자작 데라우치 마사타케(寺內正毅)

제국의 조정은 "일체의 통치권을 완전하고도 영구히 일본국 황제폐하에게 양여"하는데 순순히 도장을 찍어 주었다. 통감부 외사국장 고마쓰는 한일병합에 관한 소식을 듣고 "그물도 치기 전에 고기가 뛰어 들었다."고 좋아했다고 한다. 그래도 마음에 걸리는지 조선통감 데라우치 마사다케寺內正毅와 총리대신 이완용은 8월 22일 병합조약을 체결하고도 쉬쉬하던 끝에 29일 이를 발표하였다.

그런데 예상과 달리 경성의 조선인들은 평범한 가운데 일상을 유지하였고 격렬한 민중시위나 저항운동을 벌이지 않았다고 한다. 그러나 금산군수 홍범식, 우국시인 황현, 환관출신 반하경, 천민 황돌쇠에 이르기까지 망국의 역사에 마지막 충절을 보탰으며 안동의 선비 이만도는 단식 24일째 순국했다. 단식 10여일 째, 제자인 영양의 김도현이 찾아왔다. 그날 밤 두 분 방의 등잔불은 밤새 꺼지지 않았고 무슨 이야기를 나누었는지는 알 수 없었다. 날이 밝아 스승이 밥을 먹지 않으니 김도현은 그대로 떠났다. 향산이 "잘 가게." 하니 김도현은 "선생님 그럼 쉬이 뵙겠습니다." 했다. 1914년 11월 7일, 김도현은 고향 앞 바다인 동해 속으로 천천히 걸어 들어가 순국했다. "쉬이 뵙겠습니다."라는 말뜻은 그 누구도 몰랐지만 두 사람은 알고 있었다.

조선을 병합 한 후 일제는 '조선귀족령'에 따라 전·현직 관료들에게 작위와 은사금을 내렸다. 이들 중 상당수는 친일파였으며 대한제국의 관료 출신으로 병합 후 일본에 의해 작위를 수여받은 사람은 모두 76명, 은사금은 모두 605만 엔으로 현 시가로 계산하면 약 4,000억 원에 달하는 금액이었다. 이 가운데 김석진·민영달·유길준·윤용구·조경호·조정구·한규설·홍순형은 작위를 거부하여 결국 일본의 귀족에 편입된 자들은 나머지 68명이었다. 그 중 김가진·김사준·김윤식·이용직·이용태 등은 후일 3·1운동을 비롯한 독립운동에 관계하여 작위를 박탈당하기도 하였으나 이들은 결국 개인의 안위와 영달을 위해 나라와 민족을 배신한 불명예를 선택한 것이다.

한국 강제병합이 발표되자 일본 내에서는 축하의 제등 행렬이 각지에서 거행되었으며 아사히신문은 사설에서 "한국인이 일본인이 된다는 것은 한국인을 위해 행복한 일이다. 대체로 한국에서 일본의 행동은 문명을 의미하며 따라서 인민의 안전과 평화를 보장해주기 때문이다. … 그러므로 병합을 기뻐해야 할 사람은 누구보다 한국인이고, 국민적 경사의 표시로 제등 행렬을 거행할 만한 가치가 있으며, 또한 한국의 황제는 특사사特謝使를 파견해야 하는데도 일본 사람이 때때로 축하의 뜻을 표하는 것은 관리전도라고 해야 한다."고 썼다. 특히 한국인에게 일본 국가와 황실에게 감사하라고 요구하는 점이 눈에 뜨인다.

메이지 천황은 칙사를 파견해 한국의 마지막 왕이 되어 버린 순종을 '이왕'으로 책봉했는데 곤도 시로스케權藤四郞介는 이왕궁 비사에서 그날의 모습을 "궁 안은 삼엄하게 소리도 없이 엄숙한 기운으로 가득 찼고 사람들은 긴장해 있었다. 왕 전하도 심각한 표정으로 침묵하고 칙사도 완전히 침묵했으며 쌍방의 수행원들도 헛기침 소리 하나 내지 않고 마치 우상과 같은 자세로 서 있었다. 그때 칙사는 아무 말도 하지 않은 채 조서를 전하에게 바쳤고 전하는 이를 받은 뒤 서로 장중한 경례를 나눴을 뿐 한마디 말도 없는 자중한 무언극이었다. 이것 외에는 달리 형용할 문자가 없다."고 전했다.

1905년 을사늑약으로 외교권을 박탈당하고, 1907년 정미7조약으로 통감정치가 시작되어 정부 기구가 해체되었고, 1910년 한·일병합으로 경찰권을 상실하여 단계적으로 국가의 존엄을 상실하였다. 일본 정부는 우리나라를 강제병합하면서 계엄령을 선포한 뒤에 밤마다 5대 궁궐에 쌓인 모든 궁중 재산을 3개월에 걸쳐 노략질하여 이를 모두 인천항을 통하여 본국으로 가져갔다. 이것을 다시 해외시장에서 경매에 붙여 청·일전쟁과 노·일전쟁의 거대한 전쟁을 치른 전쟁 빚을 갚는 데 썼다고 한다. 고려시대 이후 1000년 이상을 이어온 궁중의 귀한 유물들을 일본의 침략자들이 대청소해 간 것이다.

1907년 일제에 의해 강제로 퇴위 당한 고종에게 아들 순종은 덕수라는 궁호를 올린다. 덕수는 왕위를 물려준 선왕의 덕과 수를 기린다는 뜻이다. 나라를 빼앗긴 고종은 1919년 덕수궁 함녕전咸寧殿에서 눈을 감았다. 요즈음 일각의 보수적인 사학자들이 고종을 계몽군주쯤으로 높여 주면서 민족 저항의 상징으로 만들고 있다. 그러나 백성들에게 고종의 집권기는 분노와 절망의 시대였다.

■ 순종의 유조遺詔와 역사의 책임

조선의 27대 국왕이며 대한제국의 2대 황제인 순종은 결국 망국의 군주가 되고 말았다. 그러나 고종 재위 시인 1905년 을사조약으로 이미 국권을 상실했다는 점으로 볼 때 조선의 마지막 국왕은 고종이라 해도 지나친 말은 아니다. 훗날 순종이 남긴 유서를 보면 한·일병합조약 당시 그가 일제와 친일파들로부터 상당한 압력을 받았음을 알 수 있다. 그는 1926년 4월 25일 창덕궁 대조전에서 53세를 일기로 숨졌다. 순종이 궁내부 대신 조정구에게 구술한 유조遺詔가 석 달 뒤인 7월 28일자 신한민보에 실렸는데 그 조약이 얼마나 강제적인 것이었는지 잘 나타나 있다. "목숨一命을 겨우 보존한 짐은 병합 인준의 사건을 파기하기 위하여 조칙詔勅하노니 지난 날의 병합 인준은 강린(强隣: 일본을 지칭)이 역신의 무리와 더불어 제멋대로 선포한 것이요 다 나의 한 바가 아니라. 오직 나를 유폐하고 나를 협제脅制하여 나로 하여금 명백히 말을 할 수 없게 한 것으로 내가 한 것이 아니니 고금古今에 어찌 이런 도리가 있으리오. 나 구차히 살며 죽지 못한 지가 지금에 17년이라. 종사宗社의 죄인이 되고 2000만 민생의 죄인이 되었으니, 한 목숨이 꺼지지 않는 한 잠시도 이를 잊을 수 없는지라. 유수幽囚에 곤하여 말할 자유가 없이 금일에 까지 이르렀으니, 지금 심중한 일언一言을 하지 않고 죽으면 짐이 죽어서도 눈을 감지 못하리라. 나 지금 경卿에게 위탁하노니 경은 이 조칙을 중외(中外: 국내외)에 선포하여 내가 최애최경最愛最敬하는 백성으로 하여금 병합이 내가 한 것이 아닌 것을 효연(曉然: 똑똑하고 분명하게)히 알게 하면 이전의 소위 병합 인준과 양국讓國의 조칙은 스스로 파기에 돌아가고 말 것이라. 여러분이여, 노력하여 광복하라. 짐의 혼백이 명명(冥冥: 어두운 모양, 저승)한 가운데 여러분을 도우리라."는 말로 끝을 맺었다. 비록 멸망한 나라의 군주였지만 그 역시 나라와 백성을 끝까지 사랑하는 마음이 절절했음을 알 수 있다.

잘 알려진 것처럼 '고종실록과 '순종실록'은 시노다 지사쿠條田治策 등 일본인 학자들이 편찬위원장 및 감수위원을 맡아 편찬하였다. 따라서 두 실록 모두 일본에 불리한 내용은 들어갈 수 없었다. 이는 순종이 한·일강제병합조약을 승인할 때 내렸다는 조칙 또한 얼마든지 왜곡되었음을 짐작케 하는 대목이다.

8월 22일 체결한 한·일병합조약은 일주일 동안 공포되지 않았다. 동 조약은 8월 29일 공포되어 일제의 강제 점령이 공식적으로 시작되었는데 조약을 체결한 뒤 일주일 사이에 무슨 일이 있었던 것일까? 결론부터 말하면 일제는 한국인의 반발을 막기 위해 경찰과 군사력을 동원하여 계엄 상태를 만들어 놓고 있었다. 통감부의 명령으로 정치와 관련된 집합, 야외집합금지 등 한국인들의 반발을 사전에 차단하는 조치를 취하였다. 일제는 이때부터 대한제국이라는 국호를 없애고 대한제국이 영토로 삼았던 지역 전체를 조선으로 호칭했다. 즉 일제강점기에 일본인이 사용한 조선이라는 용어는 대한제국 이전의 국호를 뜻하는 것이 아니라 '일제의 통치권이 미치거나 합병된 지역'이란 의미를 내포하고 있다.

마찬가지로 한국인은 '조선인' '반도인'으로 불렸으며 황제는 왕으로 격하시켰다. 순종의 경우 이씨 성을 가진 왕이라는 뜻으로 '이왕李王'으로 불렸으며 역사적인 왕조로서의 조선은 '이씨조선' 또는 '이조'로 호칭했다. 순종 시기의 연호 융희隆熙는 금지되는 대신 일본 천황의 연호 메이지明治가 사용되고 서울의 이름 한성도 '경성'으로 변경되었으며 국제적 반응도 대체로 일본에 우호적이었다. 영국과 미국은 영·일동맹, 테프트·가쓰라 밀약, 포츠머스 조약 등을 통해 이미 일본의 한국 지배를 승인하고 있었으므로 당연히 이를 지지했다. 제3국으로서는 가장 이해관계가 깊었던 러시아의 신문도 "조선의 운명은 이미 러·일 강화조약에서 결정되어 일본은 사실상 조선을 병합했고 이번에 형식적으로 이를 발표하였을 뿐이다. 병합이 조선과 이해관계가 있는 열국의 동의를 얻어 단행되었고 러시아도 이에 반대할 이유가 없다."고 했다.

독일의 한 신문은 "조선인이 그 애국적 정신에 의해 내심으로 일본의 너그러운 문명적 통치보다 오히려 부패한 옛 정부를 택할 의사가 있는 것은 자연스러운 이치이다." 하면서도 "앞으로 일본의 지배에 의한 조선의 경제적 발전은 의심할 수 없다."고 했다. 다만 청나라 신문들은 한국의 멸망을 우려하면서 만주나 몽고가 장차 같은 운명이 될 것을 경계하였다.

근대에 갑자기 내던져진 한국은 독립을 유지하기에 충분한 적응력을 가지지 못하고 있었다. 이것은 19세기 후반 제국주의 열강의 침략에 직면한 모든 약소국가와 사회가 겪은 근대적 상황의 문제였다. 대한제국의 멸망은 외세 개입이라는 커다란 요인이 작용했음은 물론이다. 또한 힘과 폭력이 지배하던 제국주의 시대에 동방의 작은 나라가 살아남기가 쉽지 않았던 점도 인정된다.

그러나 을사조약을 끝까지 거부했던 고종이나 망국의 도장을 찍은 적이 없다는 순종의 회고나 내가 죽어 조선이 산다면 기꺼이 죽으리라는 명성황후의 울부짖음이 마음을 아프게 하지만, 권력이 져야 하는 책임이 개인에 대한 안타까움으로 상쇄되는 것은 아니다. 고종이 외세를 잘 이용하고 나라의 근대화를 위해 절치부심하고 굶주리는 백성을 위해 눈물을 흘렸다 해도 역사적 책임은 원칙과 공공성에 따라 분명하게 결론지어져야 하는 것이다. 그렇다고 해서 모든 책임이 국왕과 그 추종세력에게만 돌려서도 안 된다. 그 시대를 군소리 없이 견뎌 온 민중들도 마땅한 책임이 있는 것이다. 그들은 분노할 줄 몰랐다. 불만과 불평을 역사의 변화를 주도하는 주체적인 동력으로 불태우지 못한 것이다. 이로써 1392년에 개국하여 1897년 대한제국으로 개칭한 조선왕조는 518년의 막을 내리고 비운의 역사 속으로 사라졌다.

저항과 어둠의 일월日月

의병운동과 민중항쟁

|

항일의병운동은 청·일전쟁 이래 조선에 대한 일본의 침략정책이 노골화된 사태 변화에 반발하여 조선 민중이 장기간에 걸쳐 투쟁한 반침략적 무장투쟁이었다. 이 운동은 자발적 민중의 자주와 불의에 대한 저항이라는 점에서는 세계사에 유례가 없을 정도로 장기간에 걸친 광범위한 민중의 치열하고 지속적인 투쟁이었다. 조선 민중은 자유와 저항의 대가로 끔찍한 희생과 통한의 핏자국을 이 강산에 뿌렸으나 일본의 군사적 폭력에 패배하여 식민지로 전락하였다.

의병운동이 시작된 직접적인 원인은 1895년 10월의 민비시해사건과 단발령의 강행이었다. 이 두 사건은 종래부터 축적되어 온 반일감정에 불을 붙여 유생들의 의병궐기 호소가 점차 대중적으로 확산된 것이다. 청·일전쟁에서 일본 군국주의가 추구한 목표는 조선의 독립과 내정개혁이라는 명분하에 조선으로부터 청의 세력을 배격하여 1876년 강화도조약 이래 쌓아 온 이권을 독점적으로 장악하고, 다른 한편으로 1894년 동학농민전쟁을 탄압하여 민중으로부터 타오른 자주적인 폐정개혁을 저지할 반혁명적 목적이었다. 의병의 초기 투쟁은 그 공격의 방향을 일본군 및 거류민, 단발을 강제하는 친일파 관료들을 대상으로 하였으며, 의병의 구성은 의병장의 대부분이 위정척사론자인 유생들이고 의병의 구성은 동학농민전쟁 이래의 농민군과 일반 서민으로 이루어졌다. 의병은 이미 민비시해사건 후 충청도 유생 문석봉이 보은 등지에서 거의토적擧義討賊을 지방 유생들에게 호소하는 것으로 활동을 시작하였지만 그것이 보다 광범위한 지역에서 일정한 대중적 기반을 확보한 것은 단발령 이후였다.

① 을미의병(1차 의병운동)

을미의병은 1895년 을미사변 직후 봉기하여 1896년 간에 걸쳐 전개된 항일의병의 반침략 무장투쟁이다. 을미의병이 봉기할 수 있었던 정치적 배경은 1895년 8월 20일 명성황후가 일제에 의해 시해된 을미사변을 들 수 있다. 이는 국제적 범죄 행위로 조선을 식민지화하려는 침략 행위의 일환으로 취해진 것으로 전 국민을 분기시켜 의병의 봉기를 촉진시켰다. 을미변복령乙未變服令도 을미의병을 일으키게 한 요인 가운데 하나였다. 조선 말 의복제도는 수차에 걸친 개정을 거쳐 점차 서양식 복제로 바뀌어 갔는데, 1895년 3월에 내려진 칙령에서 관민이 다 같이 흑색의 주의周衣를 입도록 하였다. 전통적인 의복제도를 조선의 문화적 긍지의 한 척도로 인식하고 있던 수구적 지식인들은 변복령의 반포로 인해 심각한 문화적 위기의식에 사로잡히게 되었기 때문이었다.

1895년 11월 14일 반포된 단발령은 그동안 점차적으로 솟구쳐 온 한민족의 반일감정을 비등하게 함으로써 의병봉기를 전국 각지로 확대하게 되었다. 유교 윤리가 일반 백성들의 생활에 깊이 뿌리 내리던 조선사회에서 상투는 곧 인륜의 기본인 효의 상징으로 인식되었다. 그러므로 단발령이 내리자 유생들은 이것을 신체적 박해로 더 나아가 인륜의 파멸로 받아들이게 되었고 그 반감은 절정에 달하였다.

을미의병의 참여층은 지휘부와 병사층에 따라 유생과 평민으로 대별되어 나타난다. 지휘부는 주로 관료 출신의 양반유생 또는 재지유생在地儒生들로 구성된 위정척사계열의 유생들이 중심이었다. 제천의 유인석, 강릉의 민용호, 안동의 권세연 등이 대표적인 의병장이었다. 그 가운데 충청도 제천의 저명한 유학자 유인석의 눈부신 활약은 을미의병의 상징이라 할 수 있다. 그는 임금님이 머리 자르신 것을 한탄하면서 격문을 발표하고, 제자 서상열·이필희 등과 함께 의병을 일으켰다. 친일파인 단양군수 권숙과 청풍군수 서상기를 참형하고 충청도의 요새인 충주성 전투에서 관군과 일본군을 물리치고 관찰사 김규식을 잡아 효수하는 대승을 거두었다.

유인석의 충주성 함락은 전국 각지의 의병에게 큰 용기를 주는 일대 사건이었다. 그러나 유인석은 신분제도에 엄격한 양반이었다. 유인석의 부대가 용맹했던 것은 경기도 양평 출신의 평민 김백선이 포수 50명을 이끌고 합류했기 때문이었다. 늘 앞장서서 선봉장이 되었던 김백선은 충주성 전투에서 승리하고 경기도 기흥까지 진출했다. 그런데 안승우가 뒤에서 받쳐주어야 하는데 원군을 보내 주지 않아 다시 제천까지 쫓겨가야 했다. 김백선이 안승우와 다투자 유인석은 김백선을 처형했다. 평민이 어딜 양반에게 덤비느냐는 것이 이유였다. 이후 제천의 유인석 부대는 그 힘을 잃기 시작했다. 항일의병은 구국을 위해 일어났지만 신분의 벽을 넘지는 못했다.

전기 의병의 성격을 요약하면 첫째 존화양이론尊華攘夷論에 철저한 척사적斥邪的 성격을 띤다. 전기 의병의 지휘부를 이룬 인물들은 존화양이론에 입각하여 제국주의 세력의 침략에 맞서 민족의 생존권 회복을 위한 반침략 의병투쟁을 전개하였던 것이다. 둘째 근왕적인 성격을 띤다. 전기 의병의 주요 이념에서 '주욕신사主辱臣死'의 정신으로써 임금에 충성하고자 하는 근왕적인 성격을 살필 수 있다. 그러나 이러한 근왕적 내지는 충군애국적 국가관은 국왕을 전제로 한 국가의 독립, 즉 왕조의 복구에 궁극적인 목표가 있었다 할 것이다. 셋째 반개화적인 성격을 띤다. 척사유생들은 개화는 곧 중화의 질서를 무너뜨리고 인륜을 파괴하여 금수로 만듦은 물론 국가마저 멸망에 이르게 한다고 보았다. 척사유생들은 이와 같은 반개화론, 나아가 개화망국론에 입각하여 중화질서의 회복과 국가의 독립을 위해 거의擧義한 것이다. 넷째 반침략성을 강하게 띤다. 의병들은 1894년 갑오변란을 일제의 침략 행위로 규정하였다. 을미의병은 친일적인 갑오정권을 타도하고 일본군을 조선에서 완전히 축출하여 민족의 자주를 수호하고자 하였다. 이에 따라 의병들은 단일부대로 혹은 연합부대를 편성하여 지방관청을 공격하였으며, 지방에 주둔하고 있던 일본군 수비대를 주요 공격 대상으로 삼아 무력 항쟁을 전개하였다. 을미의병의 무장투쟁은 갑오정권과 일제 침략군에게 큰 타격을 주었다. 단발령은 철회되었으며 또한 전기 의병은 표면적으로 해산되었지만 고종황제의 해산조칙을 거부하고 만주로 들어가 재기의 항전을 준비하였다.

② 을사의병(2차 의병운동)

1904~1905년 러·일전쟁, 한일의정서, 을사늑약 등 일련의 일제의 침략정책에 항거하여 일어난 후 1907년 7월 이전까지 전개된 항일의병을 을사의병이라 한다. 1904년 러·일전쟁이 발발하고 일제에 의해 한일의정서·한일협약 등이 강제로 체결되면서 조선은 일제의 준식민지 상황에 처하게 되었다. 이처럼 일제의 침략 야욕이 노골적으로 드러나면서 반일의식이 전국적으로 확산되어 갔다. 이러한 상황에서 1905년 일제에 의해 강제로 체결된 을사늑약으로 반일감정은 극도에 이르게 되었으며 전국적으로 의병이 봉기하였다.

처음으로 봉기한 지역은 원주·제천·단양에서 을미의병 때 유인석 부대에서 활약한 원용석·박정수 등이며, 다음으로 홍주의 안병찬·민종식 등이 봉기하였고, 전라북도 태인에서 최익현이 거의하였다. 영남지역에서는 신돌석의 의병부대와 정환직·용기 부자의 산남의진山南義陣이 봉기하였다. 원용석의 의병부대는 원주 진위대와 일진회의 급습으로 한번 제대로 싸워보지도 못하고 붕괴되고 말았으나, 홍주의 민종식·안병찬 부대는 초기의 홍주성 공략에는 실패하였지만 민종식이 재조직한 의병부대는 홍주성을 점령하는 데 성공하고 이를 근거지로 성이 함락될 때까지 일본군에 항전하였다. 최익현 부대는 무력 활동 면에서는 내세울 만한 것이 없었지만, 그가 의병을 일으켰다는 사실만으로도 중요한 의미를 지녀 전국적인 반향을 일으켰다. 신돌석의 부대는 규율이 엄하고 유격전술에 뛰어나 많은 전적을 올렸으며, 정환직 부자도 계속적인 항쟁을 벌였다. 이 외에도 여러 지역에서 의병을 일으켜 대일항전을 계속하였다. 그러나 무기도 없고 훈련받지 못한 민병을 주축으로 하였기 때문에 항전에는 한계가 있었으며 이후 의병다운 의병으로서 활동하게 되는 것은 군대 해산에 따른 정식 훈련을 받은 군인들이 참여하면서부터였다.

이처럼 전국적으로 확산된 을사의병은 1907년 군대 해산 이후에 정미의병으로 이어지게 되었다. 을사의병은 유림들이 큰 역할을 담당하고 있었으며 비록 양반유생이기는 하지만 위정척사적 의식의 발로가 아니라 국가와 민족을 구하려는 구국의 이념을 가지고 거병하였다. 이러한 성격으로 을사의병은 화적이나 활빈당과 같은 계층과도 연대하였으며 신돌석 부대와 같이 평민의병이 독자적으로 봉기하기도 하였다. 을사의병 단계에 들어서면 을미의병 단계까지 의병의 한계로 지적되던 지역성·학통성·혈연성이 극복되어 가고 있음을 알 수 있다. 을사의병은 단절없이 바로 정미의병으로 발전하여 1908년 이후에는 전국적으로 의병전쟁을 지속하게 된다.

③ 정미의병(3차 의병운동)

3차 의병운동은 1907년 고종의 강제 퇴위와 군대 해산 이후 해산 군인들의 참여로 생긴 정미의병으로 새로운 전기를 맞는다. 근대 무기를 갖추게 되면서 화력도 강화됐고, 매복·기습 등 전술도 발전했다. 군대 해산 뒤 활동한 의병장 가운데 양반유생 출신은 25%에 그쳤고 평민 출신은 물론 머슴·관노·헌병보조원 출신 의병장도 출현했다. 이 같은 군사력을 바탕으로 1907년에만 일본군과 300여 회나 전투를 벌일 정도로 세가 확장되자 의병장 허위는 통감부에 고종복위·외교권 환귀·통감부 철거 등을 골자로 하는 30개 조항을 요구하기도 했다.

나아가 12월에는 이인영을 총대장으로 하는 13도 창의군倡義軍을 만들어 이듬해 1월 서울 탈환을 위해 동대문 밖 30리 지점까지 진공했으나 결국 실패했다. 이에 대해선 화력과 기동력이 뒤떨어지는데도 유격전이 아닌 정면공격을 고집했다든지, 13도 연합이란 이름과 달리 경기·강원도 의병들이 주축이었다는 한계가 있었다는 등의 비판적 분석이 나오기도 했다. 또한 이 계획에 참여한 의병장들이 양반 유생 출신이어서 민중의 힘을 제대로 결집하기 어려웠던 탓이란 설명도 설득력이 있다. 이인영 총대장은 포수 출신 홍범도 부대는 부르지 않았는데 평안도와 함경도를 차별하였던 당시 양반들의 전형적인 편견 때문이었다. 뿐만 아니라 평민 의병장이 이끄는 부대도 제외시켰다. 특히 총대장 이인영이 서울 침공을 앞두고 부친상을 당하자 고향으로 돌아가는 어처구니없는 일이 발생하였다. 장례가 끝난 후 부하들이 다시 의병을 일으킬 것을 권하자 이인영은 "충과 효는 하나다. 부친상을 당해 3년 상을 치러야 하니 효를 마친 후에 다시 일으키겠다."라고 말하며 거절했다고 한다.

1910년 일본에 병합되고 나서 의병활동은 점점 어려워졌다. 국내에서는 소규모 의병부대의 게릴라 활동만 있었을 뿐 대규모 전투는 벌어지지 않았다. 의병활동은 일본의 무력 앞에 완전한 승리를 거둘 수 없었지만 이들의 투쟁 때문에 일본의 식민지정책이 타격을 받은 것은 사실이다. 일제가 을

사늑약 이후 조선을 병합하기까지 5년이라는 시간을 보낸 것도 의병활동의 영향이었다. 일본군 통계에 따르더라도 1907년 12월부터 1909년 6월까지의 약 1년 반 동안 의병이 일본군과 교전한 횟수는 무려 3,714회에 이르며 연인원 12만 여명의 의병이 이에 참전하였다. 의병활동이 가장 활발했던 1907~1911년에 활동한 의병 수는 총 14만 명 정도로 추산되었다. 의병들의 눈부신 활동은 민중들의 자각을 불러 일으켰으며 언제나 지배의 대상으로 수동적이기만 했던 민중들이 나라를 구하는 주체로 등장한 것이다.

■ 의병운동에서 독립운동으로

전국적으로 의병활동은 크게 위축되었지만 동학농민전쟁의 투쟁 경력을 가지고 있는 호남지방의 의병만은 꾸준히 세력 기반을 유지하고 있었다. 1908년 각도 의병의 전투 상황을 보면 호남은 전국 대비 전투횟수 25%, 전투 의병 수 24.7%를 점했으며 1909년에는 전투 횟수 47.3%, 전투 의병 수 50.1%를 점했다. 이에 일본군사령부는 보병 2개 연대를 편성하여 1909년 9월 1일부터 약 2개월간 남한 대토벌작전을 전개하여 호남의병을 철저히 탄압했다. 일제는 전라도의 경제적 가치에 주목하는 동시에 전라도의 기氣를 꺾기 위해 사실상 대토벌을 넘어 소멸을 감행했다.

1910년은 전반적으로 의병운동의 퇴조와 독립군운동으로의 전환기였으며 일본 제국주의 식민 지배하에서 국내의 의병활동은 한층 어렵게 되었다. 대부분이 두만강과 압록강을 넘어 중국 동북부의 간도 및 요동지방과 러시아령 연해주로 이동하였고, 국내 투쟁은 산발적이고 소규모 조직으로 변함에 따라 일본군은 보다 한정된 지역에 군사력을 집중시킬 수 있게 되었다. 일본군은 1910년 11월 25일에서 12월 20일에 걸쳐서 경상북도 북부의 일월산 중심으로 안동·영주·예천·봉화 일대의 토벌작전, 1911년 9월 하순에서 11월 초순에 걸쳐 황해도에서 대 살육전을 펼쳤는데 일본은 의병 토벌에 이른바 '삼광작전(三光作戰: 모조리 살육하고, 모조리 약탈하고, 모조리 불지르는 철저한 초토화 섬멸 작전)을 전개했다.

1907년 서울에서 출발하여 의병활동 지역인 이천·충주·제천·원주·양근 등을 여행한 영국의 신문기자 메킨지는 "제천은 1907년 늦가을까지 2~3천 명의 인구를 가진 농촌의 중요 중심지였다. 의병이 활동을 시작했을 때 그 일부가 제천 맞은편 산들을 점령했었다. 일본은 시내로 소부대를 파견했는데 어느 날 밤 3면으로부터 공격을 받아 수 명이 죽고 퇴각할 수밖에 없었다. 일본군은 중원군을 증파하여 얼마간의 전투를 치른 후 이 지역을 재점령했다. 그들은 주민들에게 본보기를 보이기 위하여 제천 전 시가지에 불을 질렀다. 조선 사람들이 피난했을 때 부상한 다섯 남자와 한 여성과 아이들이 뒤처져 있었는데 그들도 불길에 싸여 사라져 갔다. 내가 제천에 도착한 것은 초가을 더운 날이었다. 눈부신 햇빛은 시가가 내려다보이는 언덕 위에 나부끼는 일장기와 총검을 비추고 있었다. 나는 말에서 내려와 그 잿더미 위를 걸었다. 나는 일찍이 이같이 철저한 파괴를 보지 못했다. 한 달 전까지 번잡하고 유복했던 촌락은 지금 완전히 자취를 감추고 기와조각과 회색의 재, 타다가 남은 찌꺼기 더미만 널려 있다. 제천은 지도 위에서 사라졌다." 당시 다른 외국 기자로부터 황색의 기자로 불렸던 친일적 기자의 증언이다.

조선 말기에 반침략투쟁에서 그 주류를 형성한 의병투쟁은 1914년경 거의 종말을 고하고 만주를 중심으로 한 독립군 운동으로 투쟁 형태를 전환했다. 의병투쟁은 1894년에 봉기하여 1915년을 전후한 시기까지 약 20년 동안 지속되었으며 의병들은 불굴의 의지로 일제 침략에 맞서 싸웠다. 의병투쟁은 평민 의병장이 대거 등장한 뒤에 더욱 활성화됨으로써 반봉건적 성격을 띠게 되었고, 의병들은 투쟁 역량 강화에 힘을 기울여 근대적인 부대 편제와 연합전선 형성, 장기항전을 위한 기지 구축에 노력하였다. 그러나 이들의 전투 능력은 일제와 비교할 수 없을 정도로 열악하여 국권 회복이라는 목표를 달성할 수 없는 한계를 지니고 있었다. 그러나 의병투쟁은 일본제국주의 세력의 저지를 위하여 광범위한 계층이 참여한 민족운동이었다.

항일 무장 독립운동의 성과와 시련

독립운동의 이념은 3·1운동 전에는 복벽주의復辟主義·보황주의保皇主義·공화주의共和主義로 구분되는데 3·1운동과 더불어 복벽과 보황의 논리는 밀려나고 이후 1922년까지 공화주의 이념이 주도적 위치에 있었다. 이 무렵 새로운 이념이 등장하는데 사회주의였다. 사회주의는 3·1운동 전부터 전파되고 있었으나 본격적으로는 3·1운동 후부터 확산되어 공화주의와 함께 민족운동의 주류로 부상하게 된다. 이때 무정부주의도 전파되어 민족진영과 활동을 함께 하였지만 좌파 이념이라는 점에서 사회주의와 같은 범위로 보아도 무방할 것이다. 독립운동에서 그 이념이 절차를 중시하는 공화주의 등 어느 것이라 하더라도 그것은 민족독립 쟁취 후의 일이고, 독립을 획득하기 위한 민족해방운동에서는 이념에 불구하고 혁명적이고 무장투쟁적일 수밖에 없었다.

1930년대 이전에 반일투쟁은 주로 시위와 폭동, 봉기의 형태로 이루어졌다. 특히 1919년 3월 봉기에는 전국에 걸쳐 수백만 민중이 떨쳐 일어나 조선민족은 결코 일제에 순종하지 않는다는 것을 보여 주었으며, 노동자·농민·청년학생들이 파업투쟁과 소작쟁의, 동맹휴업 등의 투쟁을 끊임없이 진행하였다. 30년대에 접어들면서 반일 민족해방투쟁은 새로운 전환을 맞이하게 되었다. 1931년 만주사변을 기점으로 일제의 식민 지배와 침략정책이 강화되자, 조선 민중들이 직접 무기를 손에 들고 일제의 폭력에 맞서 싸우는 항일무장투쟁을 본격적으로 전개하기 시작한 것이다. 1910년대 이미 100만 명 가까운 이주 동포사회를 바탕으로 성장한 서·북간도, 노령의 수많은 독립단체는 독립군 기지를 개척하면서 일제와의 독립 투쟁을 준비했는데 만주에는 이미 70여 개 독립군 단체가 결성되었다.

항일무장부대가 조직됨으로써 반일투쟁은 정연한 체계 하에 조직적으로 전개되었고, 일제와의 전투가 곳곳에서 벌어졌다. 항일무장부대는 백두산 일대를 거점으로 하면서 만주와 간도에서 일제를 위협하면서 투쟁하였으며 넓게는 연해주에 이르는 광범한 지역에 걸쳐 끈질긴 항일투쟁을 전개하였다. 당시 통계에 의하면 항일무장대의 출몰 횟수는 2만 4000여 회, 전투 참여 연인원은 136만 9000여 명에 달하였다. 이러한 항일무장부대의 투쟁은 일제의 대륙 침략에 상당한 장애를 초래하였고, 국내의 민중들에게는 새로운 희망과 투쟁 의지를 고무시켰다. 1940년대에 이르러 일제의 말기적인 탄압정책이 강화되었으나 반일민족해방투쟁은 한층 더 가열하게 진행되었다. 우리 민중들은 곤두박질치는 조국을 서러워만 하고 원망할 겨를도 없었다. 짐승이 아닌 사람이라면 걸어야 할 길이 독립운동이었기 때문이었다.

① 봉오동전투

1919년 8월, 홍범도가 지휘하는 대한독립군이 국내 진입 작전을 감행하여 함경남도 혜산진의 일본군 수비대를 습격한 이래 크고 작은 국내 진입 작전이 계속됐다. 잇단 패배에 분개한 일본은 함경북도 나남에 있던 일본군 제19사단으로 하여금 월강越江추격대를 편성하여 두만강을 건너 독립군의 근거지인 간도의 화룡헌 봉오동까지 들어와 독립군을 섬멸토록 했는데 봉오동은 두만강에서 40리 거리에 위치해 있는 계곡지대였다. 이곳에는 100여 가구의 민가가 있는 독립군 근거지의 하나로 홍범도·최진동이 지휘하는 대한북로독군부大韓北路督軍府와 이흥수의 대한신민단이 봉오동에 진을 치고 있었다. 이들은 일본군 추격대가 온다는 소식을 듣고 봉오동 골짜기에 완벽한 포위망을 쳐놓고 매복해 있다가 일본군이 골짜기 깊숙이 들어오자 기습 공격을 감행하여 대승을 거두었는데 이것이 바로 봉오동 전투다.

상해 임시정부 군무부의 발표에 의하면 봉오동전투에서 일본군은 전사 157명, 중경상자 약 3백 명을 내고 참패했는데 독립군은 장교 1명, 병사 3명이 전사하고 약간의 부상자를 냈을 뿐이었다. 1920년 6월 7일에 일어났던 봉오동 전투의 일본군 봉오동부근전투상보鳳梧洞附近戰鬪詳報는 "적은 교묘하게 지형을 이용하여 그 위치가 명확하지 않고, 탄환은 사방에서 날아와 전황이 매우 불리한 상황에 빠져들었다. 때마침 천둥이 치고 엄지손가락만 한 우박이 폭풍과 함께 떨어져 피부가 찢어지고 옷이 다 젖어 추위가 살을 깎는 듯했다."고 기록했다.

봉오동전투는 1920년대 대표적인 항일무장 투쟁운동으로 독립군의 활약이 일본군에게 얼마나 두려운 존재였는지 알려주고 있다. 이 압도적인 전승의 원인은 독립군의 앙양된 사기와 지휘관의 예지, 지리적 상황을 활용한 뛰어난 작전 계획이었다. 봉오동전투는 홍범도·최진동 부대가 일본군 정규군을 대패시킨 전투로 독립군의 사기를 크게 진작시킨 빛나는 전과의 하나이며 우리 민족에게 자신감을 안겨 준 승리이기도 하다.

② 청산리 전투

봉오동전투에서의 참패와 독립군 부대들의 세력 증강에 놀란 일본군은 만주군벌 장작삼에게 압력을 가해 중국군을 출동시키고 이것이 여의치 않으면 일본군이 직접 나서 독립군을 토벌한다는 계획을 세웠다. 청산리전투에서 주력부대는 김좌진이 이끄는 북로군정서 병력 1,600명이었다. 독립군 총병력 2,000명 중 80%가 북로군정서 소속이었다. 북로군정서는 왕청현 십리평에 본부를 두고 있었는데 중국군 측으로부터 조속히 현지를 떠나 일본군의 공격을 피하라는 연락을 받고 김좌진장군은 부대를 백두산 골짜기 깊숙이 이동하기로 결정하였다. 목적지는 화룡현 청산리였다. 해란강을 따라 이동해 가는 독립군의 행렬은 십여 리에 뻗쳤고 무기를 실은 수레만 180여 대에 이르렀다. 비전투원까지 합하면 2,800명이나 되는 대식구와 대포·탄환 등 군 장비를 실은 마차가 이동하였는데, 바로 그 뒤를 일본군이 바짝 추격하는 일촉즉발의 위기감이 감돌고 있었다. 일본군은 중국군을 동원한 독립군 토벌 계획이 실패하자 5개 사단에서 2만 5천 명을 차출하여 독립군 섬멸에 나섰다.

청산리전투는 좁게는 1920년 10월 21일 북로군정서가 청산리 백운평 계곡에서 일본군 연대병력을 격파한 전투로 한정할 수 있다. 그러나 일반적으로는 홍범도 휘하의 독립군 연합부대가 10월 21일부터 26일까지 사이에 백운평전투를 시작으로 완루구·어랑촌·천수평·고동하 등 동·서로 약 25 km에 달하는 청산리계곡의 울창한 삼림에서 전개한 대소 10여 회의 전투를 말한다. 청산리전투의 총체적인 전과는 자료마다 다르지만 일본군 전사자는 연대장 1명 대대장 2명을 포함하여 1,254명, 부상자는 200여 명이었고 독립군 측은 전사 1명 부상 2명 포로 2명이었다.

또한 청산리 독립전쟁은 '유격전의 묶음'이었기 때문에 주민들의 협력이 크게 작용했다. 당시 간도에 있던 우리 동포들은 독립군을 위해 모든 것을 아낌없이 지원했으며 우선 간도의 동포들은 자신들의 아들을 독립군 병사로 바쳤다. 독립군은 우선 정신적 측면에서 조국광복을 위하여 굶주림을 견딜 뿐만 아니라 생명을 돌아보지 않는 항전 의지를 가지고 있었다. 또 전술적 측면에서 볼 때 독립군이 사격에 유리한 고지를 먼저 점령하여 일본군에게 정확한 타격을 가할 수 있었던 데 비해 일본군은 삼림과 계곡 등의 지형과 지세를 적절히 이용하지 못했으며 독립군은 지휘관의 작전수립·지휘 능력 면에서 일본군을 능가했다.

그동안 독립군을 양성해 온 간도와 연해주의 한인사회는 국내 진입 작전이 개시된 1919년 여름부터 더욱 적극적으로 독립군의 항전에 뒷바라지를 해 왔다. 대개가 개척농민으로 형성된 한인사회는 아직 경제적으로 생활 기반조차 확고하지 못한 형편에서 군자금을 내어 무기와 여러 가지 군수물자를 마련케 하였고, 독립군의 식량·피복 등을 전담하다시피 하였다. 뿐만 아니라 이들은 일제 토벌군의 동태를 광범하고 정확하게 탐지하는 정보활동은 물론 독립군의 각종 통신 연락을 담당하였으며 때로는 지형·지세를 적절히 이용해야 하는 독립군의 행군이나 전투 시에 훌륭한 안내자가 되어 주었다. 천수평泉水坪전투·완루구完樓溝전투는 동포들의 정확한 정보에 의해 독립군이 일본군을 선제공격하여 거둔 승리였고, 백운평白雲坪전투에서는 일본군을 절벽 밑의 좁은 공지로 유인할 수 있었던 것도 일본군에게 허위 정보를 제공했기 때문이다.

한국독립운동사에 찬란히 빛나는 청산리 독립전쟁의 대승리는 자기희생을 무릅쓴 독립군의 투지와 동포들의 단결된 지원의 결과였다. 훈춘사건까지 조작하면서 도강했던 일본군은 청산리에서 연전연패하였고 자칭 무적 황군이라던 일본군은 전투에 참패한 보복으로 만주 전역의 우리 동포에게 무자비한 만행을 자행하였다.

■ 피의 보복과 방해공작

봉오동·청산리 대첩에서 연전연승한 독립군들은 일본군과 맞대결을 계속하는 것이 불리하다는 판단에서 만주 북쪽으로 이주하기 시작했다. 일제는 독립군들이 북상한 뒤 생긴 공백을 만주의 한인 교포들에 대한 무차별 학살로 메웠다. 독립군에 대한 지원을 끊는다는 명목으로 패전의 분풀이를 민간인들에게 자행한 것이다. 일제는 청산리 패전 직후인 1920년 10월부터 3개월 여에 걸쳐 중점적으로 한인마을을 방화하고 민간인들을 살해했는데 이런 만행은 일본군이 퇴각하는 1921년 5월까지 계속되었다. 1920년 12월 28일자 독립신문은 '서북간도 동포의 참상혈보慘狀血報'라는 기사를 통하여 "1920년 10월 초부터 11월 말까지 훈춘·왕청·화룡·연길·유하·홍경·관전·영안 등 8개 현에서 한인 피살 3,693명, 체포 171명, 부녀 강간 71명에 가옥 손실 3,288채, 학교 소실 41개교, 교회 소실 16곳"이라고 하였다.

① 훈춘사건

봉오동전투에서 패배한 일본은 패배에 대한 설욕을 위해 군대를 파견하고자 하였으나 2~3천 명의 군대가 청의 승인을 받지 않고는 들어갈 수 없었기 때문에 청의 승인을 받기 위해 훈춘사건을 계획한다. 일본은 중국 마적 두목 장강호長江好에게 돈과 무기를 주면서 일본 영사관을 공격해 달라고 요청한 것이다. 조선군사령부에서 편찬한 간도출병사間島出兵史는 "1920년 10월 2일 새벽 4시쯤 400여 명의 마적떼가 야포까지 동원하여 훈춘을 습격해 일본 영사관 본관과 숙소를 방화하고 40여 명을 살해한 후, 수십 명의 한인·중국인을 납치해 퇴거했다."고 전하고 있다.

경원수비대의 병력이 도착한 것은 이들이 노흑산 쪽으로 철수한 지 한 시간 남짓 지난 오전 9시쯤이었다. 일본은 이를 일본영사관을 독립군이 습격했다고 조작하여 청나라의 간도지방 군대 출입 승인을 받은 일본은 대기하고 있던 2~3천 명의 군대로 독립군을 습격한다. 불의의 습격을 받게 된 대한독립군과 북로군정서군의 독립군연합부대가 청산리로 후퇴하다가, 반격을 하여 대승을 거둔 것이 1920년 10월에 일어난 청산리대첩이다.

② 간도참변間島慘變

1920년 10월부터 1921년 4월까지 서·북간도 지역에서 일본군에 의해 자행된 한인 학살 사건으로 경신참변이라고도 한다. 1920년 6월, 북간도의 봉오동에서 독립군에게 대패를 당한 일제는 그 보복으로 서·북간도 지역에 근거지를 구축하고 항일전을 펼치고 있는 독립군들을 소멸시키기 위해 간도지방불령선인초토계획間島地方不逞鮮人剿討計劃을 세웠다. 이 계획에 의거 대병력을 간도지방에 투입시켜 수많은 한인을 학살함은 물론 학교·교회·가옥을 파괴하는 만행을 저질렀다.

1920년 10월 말, 일본군 제14사단 제15연대 제3대 대장 오오카가 이끈 77명의 병력이 간도의 용정촌 동북 25리에 위치한 한인마을인 장암동을 포위하여 마을 주민 전체를 교회당에 집결시켰다. 이 중 40대 이상의 남자 33명을 포박해 꿇어앉힌 후 일본군들은 짚단으로 교회 안을 가득 채우고 석유를 뿌려 불을 질렀다. 교회당은 곧 화염에 충전하였으며, 불길에 휩싸인 한인들은 아우성을 치며 탈출구를 찾으려 안간힘을 다하였다. 그러나 일본군들은 불 속에서 뛰쳐나오는 이들을 총검으로 찔러 결국 모두를 몰살시켰다. 가족들이 넋을 잃고 울부짖다가 일본군들이 돌아간 뒤 숯덩이로 변해 버린 아버지와 남편, 그리고 아들의 시체를 찾아 장사를 지냈다.

그런데 유족들의 비통이 채 가시기도 전인 5~6일 후 다시 일본군들이 이 마을에 찾아와 모든 유족들을 모아 놓고 무덤을 파 시체를 한곳에 모으라고 명령하였다. 이에 유족들은 어쩔 수 없이 일본군의 명령에 따라 언 땅을 파 시체를 꺼내 모았다. 일본군들은 이미 숯덩이같이 검게 탄 그 시체들 위에 다시 짚단을 올려놓고 석유를 뿌린 뒤 불을 붙여 뼈만 남을 때까지 완전히 소각하였다. 이들은 누가 누구인지를 분간할 수 없어 결국 가족들은 그 뼈로 합장 무덤을 만들어야만 하였다.

또한 1920년 12월 6일에는 일본군 수십 명이 옌지시 와룡동에 살고 있던 교사 정기선을 끌고가 심문하면서 고문을 가했는데, 정기선이 얼굴 가죽을 몽땅 벗겨도 말을 듣지 않자 두 눈을 칼로 도려내어 누구인지조차 알 수 없도록 만들었다. 또 옌지시 팔도구에서는 어린아이 4명을 칼로 찔러 죽였으며, 심지어는 2~3세 되는 유아를 창끝에 꿰어 들고 울부짖는 비명을 들으며 쾌재를 부르는 사례조차 있었다.

조선 패망 전후부터 민족주의 교육기관으로 수많은 항일 민족운동자와 독립군을 양성하였던 명동학교도 일본군들에 의해 교사는 물론 기밀서류 및 도서가 소각되었다. 우스다臼田 중위가 인솔하는 22명의 일본군은 1920년 10월 20일 명동촌을 습격하여 마을을 폐쇄한 후 모든 주민을 명동학교 교정에 모아 놓고 이 학교의 교장 김약연은 항일의식이 강한 자로 이 학교를 통해 많은 독립군을 길러 내고 있다고 으름장을 놓은 후 학교 전체를 불길에 휩싸이게 했던 것이다. 명동학교에 이어 명동교회 역시 일본군의 방화로 소각되고 말았다.

신흥무관학교 출신의 김산은 삼원포에서 만났던 교사 조운산을 다시 북경에서 만나 들었다면서 "안동희 목사와 그의 부인과 딸은 두 아들이 산 채로 세 동강 나는 것을 어쩔 수 없이 지켜보았다. 그런 후에 노 목사는 맨손으로 자기 무덤을 파고 그 속에 누웠다. 그러자 왜놈 병사들이 산 채로 그를 매장하였다. 가족 3명의 처참한 죽음을 억지로 지켜본 부인은 강물 속으로 뛰어 들었다."고 전했다

일제의 이같이 잔인한 한인사회 말살 작전은 해가 바뀐 1921년 4월까지 계속되었다. 박은식은 한국독립운동지혈사에서 서·북간도 한인사회의 참변을 다음과 같이 기록하였다. "아하! 세계 민중 중에서 나라를 위하여 몸 바친 자 수없이 많지만 어찌 우리 겨레처럼 남녀노소가 참혹하게 도살을 당한 자 있으리오. 역대 전쟁사에서 군사를 놓아 약탈·살육한 자 수없이 많지만 저 왜적처럼 흉포하고 포악한 자들은 들은 적이 없다. 어찌 역사상

에 일찍이 있던 일이겠는가?"

③ 자유시 참변

자유시 참변은 1921년 6월 28일 러시아 연해주 자유시에서 일어난 사건으로 자유시 사변, 혹하사변黑河事變으로도 불린다. 자유시는 제야 강변(Zeya river)에 위치한 알렉세예브스크(Alekseyevsk)라는 마을이며 현재는 스바보드니(Svobodny)라는 지명으로 불린다. 러시아어로 '스바보다(Svoboda)'가 자유를 뜻하기 때문에 자유시라고 불렸다. 자유시 참변은 레닌의 적군(Red Army)이 대한독립군단 소속의 조선 독립군들을 포위, 대부분이 사살당하고 나머지는 모두 강제노역소로 끌려간 사건이다. 그 당시 자유시에는 조선의 분산된 독립군들이 모두 집결하였기 때문에 사실상 조선의 독립군 세력이 모두 괴멸된 사건으로 독립운동 역사상 최대의 비극이자 불상사라고 일컬어지고 있다.

1920년 봉오동전투·청산리전투에서 참패를 당한 일본군은 독립군을 토벌한다는 명분하에 간도 참변을 일으켰다. 독립군 부대는 일본군의 잔혹한 만행을 피하기 위해 전략상 부득이 중국과 소련의 국경지대에 위치한 밀산부로 집결하였다. 대한독립군단의 총재는 대종교의 서일이 맡았고 부총재는 김좌진·홍범도·조성환 장군이 맡았다. 총사령관은 김규식, 참모총장은 이장녕, 여단장은 지청천이었다.

이 무렵 연해주에 있던 대한국민회의 문창범 등은 하바롭스크에 있던 적군 제2군단과 협의해 자유시에 독립군 주둔지를 마련했다. 문창범이 대한독립군단에 사람을 보내 자유시로 가도록 권유하자 일단 러시아로 퇴각해 전열을 재정비해 만주로 돌아오기로 결정했다. 이때만 해도 이것이 자유시 참변으로 이어질 줄은 꿈에도 몰랐을 것이다. 그러나 자유시로 귀환한 한인부대들이 가세하면서 상황이 복잡해졌다. 극동공화국의 제2군단

산하 특립부대 400여 명은 러시아로 귀화한 오하묵吳夏默 등이 이끌고 있었는데, 보통 한인보병 자유대대라고 불렀다.

1920년 3월, 러시아 적군과 함께 일본이 장악한 니항(尼港: 니콜라예프스키)을 공격했던 380여 명의 니항군도 자유시로 집결했다. 이 두 개의 세력이 서로 군권을 장악하려고 다투면서 비극의 싹이 튼 것이다. 1921년 초여름까지 자유시에 집결한 한인부대는 모두 4,000여 명에 달했으므로 서로 군권을 탐냈다. 니항군은 러시아 흑룡주를 관할하는 극동공화국 정부와 교섭해 독립군부대를 사할린의용대로 개조하고 대한총군부·대한국민군 등을 형식상 사할린의용대로 편제시켰다. 반면 자유대대의 오하묵 등은 이르쿠츠크에 있는 코민테른 동양비서부에 교섭해 사할린의용대의 지도권을 확보했다고 선언했다.

코민테른 동양비서부는 양파의 대립을 조정하기 위해 고려공산혁명평의회를 결성, 적군 빨치산 영웅 갈란다라시윌린을 의장겸 총사령관에 임명하고 군통수권을 책임지도록 조치했다. 설득에 실패한 갈란다라시윌린은 6월 27일 사할린 의용대를 무장 해제시키기 위해 극동적군 제2군단 12여단 산하 4개 중대를 차출했다. 사할린의용대가 무장해제를 거부하자 6월 28일 12시쯤 총격을 가하면서 무장해제에 나섰고 자유대대는 이들과 함께 행동했다.

자유시 참변은 사할린의용군이 러시아 적군의 포위와 집중공격에 쓰러진 참변이었지만, 그 배경에는 한국 독립군의 해체를 요구하는 일본군과 러시아 볼셰비키 공산당 간의 협상의 결과가 있었다. 차르정권이 몰락한 혼란을 틈타 시베리아 연해주를 점령하고 있는 일본군을 협상으로 철수시킬 필요가 있었던 볼셰비키 공산당은 일본의 요구를 무시할 수 없었다. 또한 독립군 내부적으로 이르쿠츠크파 고려공산당과 상하이 고려공산당 간의 정치적 대립투쟁[30]까지 겹쳐져 복합적인 배경으로 발생한 사건으로 평가된다. 이 전투 끝에 960명이 전사하고 1,800여 명이 포로가 되었으며 대한독립군단 총재 서일이 40세의 나이로 자결하였고 홍범도는 포로가 되어 소련 공산당에 합류하였다. 김좌진과 이범석 등은 중도에 만주로 되돌아가 화를 면했으며, 살아남은 독립군들은 러시아 적군의 공격을 혁명에 대한 배신으로 규정하고 다시 만주로 돌아오기 시작했다.

④ 미쓰야협약三矢協約

1925년 조선총독부 경무국장 미쓰야 미야마쓰三矢宮松와 중국 둥산성東三省 지배자 장쭤린張作霖이 체결한 협약이다. 당시 만주에는 많은 한국인이 살고 있어 항일독립군 활동이 활발하였으므로 일본의 만주정책과 만주에 인접한 조선 통치에 지장을 주었다. 일본은 만주의 사실상 지배자 장쭤린을 상대로 만주에 거주한 한국인 단속에 대한 교섭을 벌여 1925년 6월 11일 협약 체결에 성공하였다. 장쭤린은 만주에서 한국인 독립운동자를 체포하면 이를 반드시 일본 영사관에 넘길 것, 일본은 독립운동자를 인계받는 동시에 그 대가로 상금을 지불할 것, 장쭤린은 상금 중의 일부를 반드시 체포한 관리에게 주도록 할 것 등을 규정하였다. 만주의 관리들은 이후부터 독립군 적발에 혈안이 되었으며 그 결과 일반 한국인 농민들까지도 많은 피해를 입었다. 장쭤린의 강력한 독립군 단속으로 만주독립군의 기세는 약화되었으며 일반 한국인의 피해 중 가장 큰 사건으로 1927년 지린吉林의 대 검거 사건이 있다.

---

30) 조선에 본격적인으로 공산주의 사상이 유입된 것은 1917년의 러시아 혁명 직후였다. 이듬해인 1918년 1월 소련 서부 이르쿠츠크에서 김철훈을 지도자로 하는 소련공산당 한인지부가 조직되었고, 6월에는 소련의 동부 하바로프스크에서 이동휘를 지도자로 하는 한인사회당이 조직되었다. 이 두 조직은 활동 영역이 달랐다. 모스크바와 가까운 이르쿠츠크파는 소련에 귀화한 조선인들로 이뤄져 소련 내의 반혁명 백군과의 전투에 참가한 반면, 조선에 가까운 동부 쪽의 하바로프스크파는 조선인 신분을 그대로 유지한 비귀화인들로서 대일 무력투쟁에 나선다. 1919년 8월, 이동휘의 하바로프스크파는 중국 상해로 본거지를 옮겨 2년 후인 1921년 1월 고려공산당을 결성한다. 고려공산당은 민족계 인사들도 포함한 연합당으로, 세칭 상해파 고려 공산당으로 불렸다. 그러자 김철훈의 이르쿠츠크파도 주도권을 놓치지 않기 위해 네 달 후인 5월에 또 하나의 고려공산당을 결성한다. 이를 세칭 이르쿠츠크 고려공산당이라 불렀다. 조선의 공산당은 시작부터 두 개로 갈라진 것이었다.

식민지 수탈과 민중저항

1910년대는 일제가 조선을 철저하게 식민지로서 수탈하기 위해 행정·경제·사회·문화적 기반을 마련해 가던 시기였다. 특히 1910년~1918년까지 진행된 토지조사사업은 근대적 토지소유권을 확립한다는 명목 하에 광대한 구 왕실 토지와 공유지를 총독부의 수중에 집중시켰을 뿐만 아니라, 한편으로는 지주의 소유권을 승인하고 다수 소작인의 경작권을 전면 부정함으로써 수많은 농민의 몰락을 초래했다. 수탈된 토지는 조선에 진출한 온갖 부류의 일본인에게 분배되었으며 이들 일본인들은 식민지 특권층이 되어 조선 민중 위에 주인처럼 군림하였다. 특히 토지조사사업을 거치면서 자기 소유 농지를 빼앗긴 농민의 수는 2백만 명 이상이나 되었으며, 지주에게 바치는 소작료는 1930년 현재 최저 30%에서 최고 90%에 달하였는데 이것은 당시 학자들도 지적한 대로 세계 최고율의 소작료였다.

1932년의 통계를 보면 전국적으로 절량농가가 48.3%에 이르러 절반의 농민이 굶주렸는데 일제의 과도한 수탈정책 때문에 식생활의 기본욕구도 채우지 못하는 그 시대의 참담한 모습이었다. 토지조사사업은 조선판 인클로우저운동[31]이었던 바, 이 사업으로 땅을 빼앗겨 농사를 지을 수 없는 영세농민들은 도시로 흘러 들어가 초기 조선 임금노동자 창출의 원천이 되었으며 북으로는 만주·간도지방으로 2십 5만 여 명, 남으로는 일본 본토 등으로 3만 6천 여 명이 이주하여 대부분이 자본가의 착취 아래 신음해야만 했다.

----

31) 서구 유럽에서 16~18세기에 진행된 영주들에 의한 농민추방운동을 일컫는다. 전통적으로 인정되어 오던 농노들의 점유권을 박탈하고 영주들만의 배타적인 소유권을 확정지음으로써 농노들을 토지로부터 추방하여 도시의 공장노동자 수요를 충당하려 했던 것이다. 이로써 농노들은 신분적 해방의 기쁨을 맛 볼 겨를도 없이 부랑자로 떠돌다가 굶어 죽거나 결식하다가 결국 도시노동자로 탈바꿈해 나갔던 것이다. 조선의 경우, 많은 농민들이 화전민으로 생활해야 했고 그나마 관의 눈을 피해 여기저기 떠돌아야 했다.

1930년대로 접어들면서 경제사정은 더욱 어려워져 농촌에서는 소작쟁의가 이어지고, 도시에는 노동쟁의가 창궐하였다. 1929년에 102건 8,293명이 참가한 노동파업은 1930년에는 160건 18,972명으로 증가했다. 이러한 파업을 일제는 불온한 사상 탓으로 돌리고 아무런 조정도 시도함 없이 오직 탄압과 사찰로만 맞섰던 것이다. 1910년에 481개소이던 경찰관소가 1931년에는 2,933개소로 증가했고, 경무비는 1910년에 306만 원이던 것이 1931년에 2,147만 원으로 대폭증가하여 총독부 전체 예산의 12.7%에 달하였는데 이는 일반행정비 7.9%를 훨씬 능가하는 것이었다. 반면에 교육비는 3.5%로 그나마 해마다 줄어만 갔다. 강탈은 여기서 그친 것이 아니었다. 일제는 조선인이 회사를 설립할 수 있는 자유를 제한하는 이른바 회사령·산림령·어업령·광업령이라는 것을 공표하여 조선 내 독자적인 산업 발전을 억압하고 통제했다. 이러한 일본의 강도적인 수탈은 민중의 생활 체제를 극도로 악화시켰고, 조선 경제의 자립성을 완전히 파탄시킴으로써 철저한 식민지 경제를 완성시켜 나갔다.

■ 농촌수탈과 암태도 소작쟁의

농민들의 소작쟁의는 가중되는 일제의 수탈과 급속히 악화되는 경제 상황에 대처하여 최소한의 생계라도 유지하려는 집단적인 대응에서 비롯되었다. 그 요구는 주로 소작권 취소 반대, 소작료 감액, 지조地租와 공과금의 지주 부담 등이었다. 소작쟁의의 발생 건수와 참가 인원은 1922년 24건 2,539명이던 것이 1926년부터 1930년까지는 발생 건수 3,389건으로 매년 평균 680건에 이르렀다. 쟁의방법도 처음에는 농성시위가 일반적이었으나 점차 격렬해져 불납동맹不納同盟·불경동맹不耕同盟·아사동맹餓死同盟 등 조직적인 저항을 보이다가 1920년 말에는 폭력시위로 변하여 지주의 가택, 농장사무소, 수리조합, 경찰주재소를 습격하는 경우가 많았다.

일제 강점기 중 가장 대표적인 3대 소작쟁의는 1931년 봄에 시작되어 이듬 해 2월까지 진행되어 70여 명이 구속된 진영 하사마迫間 소작쟁의, 1925년 평북 용천군 불이흥업주식회사 서산농장 소작쟁의, 1923년 무안 암태도 소작쟁의다. 특히 암태도 소작쟁의는 1923년 9월부터 다음 해 9월까지 전남 무안군 암태도의 소작인들과 지주 사이에 벌어진 대규모적인 반지주·반일항쟁이었다. 전남 무안군 암태도 소작인과 당시 삼만 석을 추수하였다고 전해지는 지주 문재철 사이의 쟁의 사건은 동아일보가 30여 회나 보도할 정도로 쟁의 내용이 치열했고 쟁의 기간도 1년 여에 이르도록 많은 시일을 끌었다. 쟁의 과정이 치열했던 것은 그만두고라도 서쪽 바깥 바다에 떨어진 작은 섬 암태도가 인근 도서에 가장 앞서서 소작료를 4할로 끌어내린 끈덕진 노력은 민생개선의 전기를 만든 것으로 불가능한 성공에 가까웠다.

암태도는 섬의 둘레가 백여 리, 3천7백여 정보의 면적에는 해발 355m의 되봉산에 이어지는 구릉지대와 개간된 논밭에서 나는 식량은 섬사람을 먹이고도 남을 식량이었다. 그것이 어느 사이 소수 지주의 몫으로 변해 버렸고 대다수의 사람들은 비싼 소작료에 신음하는 처참한 상황이 되었다. 1920년대 일제의 저미가정책으로 지주의 수익이 감소함에 따라 지주 측에서는 소작료를 증수하여 손실을 보충하려 하였고 암태도에서도 7~8할의 소작료를 징수하였다.

살인적인 소작료에 시달리던 암태도 소작인들은 1923년 9월, 서태석의 주도로 '암태소작회岩泰小作會'를 결성하고 지주 문재철에 대하여 소작료를 4할로 내려 줄 것을 요청하였다. 그러나 문재철이 이를 묵살하자 소작회는 소작료 납부를 거부하는 불납동맹에 들어갔다. 경찰의 위협과 지주의 협박·회유 속에서 소작인들은 불납동맹을 계속하는 한편, 1924년 4월 면민대회를 열어 문재철을 규탄하였다. 그러나 문씨 측이 면민대회를 마치고 귀가하는 소작인을 습격하고, 면민대회의 결의를 무시하자 소작회는 전조선 노농대회全朝鮮勞農大會에 대표를 파견하여 소작 문제를 호소하기로 하였다. 그러나 일본경찰의 방해로 무산되자 소작회는 문재철 부친의 송덕비를 무너뜨리고 이를 저지하는 문씨 측 청년들과 충돌하여 소작회 간부 13명이 검거되었다. 사태가 악화되자 암태청년회의 실질적 지도자인 박복영朴福永은 면민대회를 열어 목포로 가서 항쟁할 것을 결의한 뒤, 400여 명의 농민이 목포경찰서와 재판소에서 두 차례에 걸쳐 집단농성을 벌였다.

각계 각층의 지원 속에 소작쟁의가 사회문제로 비화하자 일제관헌이 개입하여 9월 30일 전남도경의 고가古賀 고등과장과 박복영 사이에 소작료는 4할로 인하하고, 구속자는 쌍방이 고소를 취하하며, 도괴된 비석은 소작회 부담으로 복구한다는 약정서가 교환되었다. 약 1년 간 강인하게 지속된 암태도 소작쟁의가 불씨가 되어 다음 해 가을에는 부근의 임자도荏子島·도초도都草島·자은도慈恩島·매화도梅花島에서 일제히 소작쟁의사건이 일어나서 경찰과 소작인 간의 치열한 충돌의 불꽃이 튀었다.

암태도 소작쟁의는 1920년대의 대표적인 소작쟁의의 하나로 자각된 농민들의 투쟁 조직성·지속성이 매우 강력했을 뿐만 아니라 투쟁의 강렬성이 어느 쟁의보다 컸다. 암태도 소작쟁의는 한국인 지주 문재철을 대상으로 하고 있지만, 일면 일제 관헌을 쟁의 대상으로 하고 있어 일제에 대한 민중운동의 성격을 강하게 가지고 있었다. 이는 많은 지주가 일제 식민조직의 비호를 받으며 식민성 봉건지주로 군림했기 때문인데 암태도 소작쟁의의 승리가 민족운동의 전진으로 평가받는 것도 이 때문일 것이다.

암태도 소작쟁의 사건이 종결된 후 박복영은 1926년 암태 남녀학원을 설립하여 현재 암태중앙국민학교의 전신을 이루었고, 다음 해 자은도 소작쟁의 사건을 배후에서 조종했다는 사실이 발각되어 광주형무소에서 1년간 옥고를 치렀다. 출옥 후 박복영은 그해 조직된 신간회에 관여하면서 솜 장사로 가장하여 상해임시정부를 위한 정치자금을 조달했는데 그 무렵 그는 문재철을 찾아 갔다. "요즘도 솜 장사 잘되시오?" 박복영을 맞이한 문재철은 양말 뒤꿈치를 꿰매던 바늘을 멈추면서 빙그레 웃었다. "아니 손수 양말을 꿰매시는가요?" "허! 박 회장 때문에 몽땅 손해 본 것을 이렇게라도 보충해야지 어쩔거요?" "원, 별 말씀을…." "별 수 있소? 쓰임새를 아껴야 돈이 모이지." 문재철은 태연하게 바늘을 들면서 또 물었다. "어찌 솜 장사 잘되오?" 박복영은 좀 망설이다가 조용히 입을 뗐다. "요즘 상해에서 솜을 들여왔는데 좀 안 쓰십니까?" "상해 솜?" 문재철은 의아스러운 눈으로 얼굴을 들었다. "네, 상해 솜이 좋지요. 오래가고. 이제 얼마 안 가서 모두 그걸 쓰게 될 겁니다." "솜도 대국 솜이 좋은가?"

상해 솜이라는 말만으로는 문재철의 귀가 뜨이지 않았다. 그래서 두 사람의 이야기는 한참 귓속말을 오갔다. "알았소. 그럼 이걸 가지고 내 마름에게로 가시오." 문재철은 종이쪽지에 무엇인가 적어 주었다. 그것은 자기 창고에 있는 물품의 출고지시서였다. 적힌 물건의 숫자는 벼 이백 가마, 보리 백 가마, 그리고 누룩 오십 동이였다. "이거 혹시 동그라미가 하나씩 잘못 붙은 것이 아닙니까?" "허! 내가 양말을 꿰매고 있으니까 고리타분해 보이오? 별수 있소, 한국 놈의 피를 가진 놈은 한국 놈이지 일본 놈이 되겠소?" 그는 다시 양말을 집어 들었다. 박복영이 미닫이를 열고 방을 나가려던 때였다. "여보, 박 회장." 문재철이 박복영을 불러 세웠다. 박복영은 말없이 돌아보았다. "박 회장도 양말 뒤꿈치 잘 꿰매서 신고 다녀요. 당신 뒤꿈치가 잘못 까졌다가는 여러 놈 다칠 테니까!" 문재철은 빙그레 웃고 있었다. 후일 문재철은 목포에 문태고등학교를 세워 육영사업에 전념하였다.

■ 산업수탈과 노동저항

1929년 10월, 세계대공황이 진행되면서 일제의 식민지정책은 더욱 폭력화된다. 일제는 경제위기를 극복하기 위해 조선을 희생양으로 삼은 것이다. 특히 노동자와 농민에 대한 착취를 강화하여 민중의 생활고는 더욱 힘들어지고 이에 격분한 조선 민중들의 투쟁이 각지에서 터져 나왔다. 이러한 착취는 일제의 만주 침략 준비와 더불어 조선 내의 제반 모순을 격화시키는 원인으로 작용했다. 경제공황으로 일본 자본가들은 이윤이 감소되자 이를 조선인 노동자들의 임금 삭감과 노동 시간 연장으로 보상하려 하는 한편 노동자들을 일방적으로 해고하여 노동자를 거리로 내모는 작태를 서슴지 않았다.

노동쟁의가 급격히 증대한 것은 3·1운동 이후 거세게 밀려온 사회주의 사상으로 노동자들의 사회의식·민족의식이 크게 높아진 데 반해 노동 조건은 거의 개선되지 않았기 때문이다. 일제 강점기의 노동자는 당시 자유노동자라고 불리던 일용노동자까지 포함하면 1928년 약 113만 6,000명에 이르렀다. 이 중에서 공장노동자는 37,247명, 광산노동자는 22,670명, 그 밖의 대부분 노동자들은 막벌이꾼 등 각종 일용노동자들이었다.

1920년대 전반기에는 노동자 단체도 속속 조직되었다. 노동공제회·노동대회·노동연맹회·노동총동맹 등의 단계를 거치며 조직적으로 발전되어 갔으며 원산노동자 총파업이 가장 대표적이다. 당시 함경남도 덕원군 문평리에는 영국인이 경영하는 라이징 선(Risign Sun) 석유회사가 있었는데 그 지배인과 주요 간부는 모두 일본인이었다. 이들 일본인은 평소 한국인 노동자들을 민족적 멸시와 차별로 대하고 있었으며 특히 고타마라는 일본인 감독은 매우 난폭해 한국인에게 욕설과 구타를 일삼았다. 이에 화가 난 200여 명의 노동자들이 고타마의 파면과 대우 개선을 요구하는 파업을 일으켰다.

이들은 현장감독의 철직, 최저임금제의 확립, 단체협약의 체결 등 5개 항목의 요구 조건을 제시하고 파업에 돌입하였다. 그런데 회사 측이 원산 노련의 중재 노력을 무시하자 이에 반발하여 라이징 선 석유회사의 사무직과 문평 운수노조 조합원들까지 동정파업에 들어가게 되었다. 거기다가 임시방편으로 모집해 온 일본인 노동자들까지 작업을 거부하고 귀국해 버리는 사태가 발생하여, 회사 측은 파업 20일 만에 노동자들의 요구에 굴복하여 일단 노동자들의 승리로 일단락되었다. 그러나 협약이 타결된 지 3개월이 지나도록 회사 측이 이 협정을 이행할 기미를 보이지 않으므로 원산노련은 다시 이행을 촉구하고 나섰다. 그러나 회사 측은 돌연 일체의 노동단체를 인정하지 않는다면서 이를 거부하였다.

이에 원산노련은 회사 측이 노동단체를 인정하여 단체협약 이행에 응할 때까지 동맹파업을 단행하고 라이징 선 회사의 화물이 원산항에 입항하면 일체의 하역을 거부하였다. 그러나 일제의 대량검거 선풍으로 지도자들 대다수가 검거되자 노동조합 내에 개량주의자들이 원산노련의 지도부에 끼어들었다. 일부 노동자들이 자본가들의 회유에 넘어가 원산노련의 투쟁 대오는 위기를 맞았고 평화적인 투쟁을 고수하던 노동자들은 어용노조인 함남노동회의 습격사건으로 결정적으로 와해되고, 남아 있던 파업지도부는 4월 6일 무조건 복업을 결의한다. 원산총파업을 기점으로 일제하 노동운동의 중심은 합법영역에서 비합법영역으로 전환되며 향후 노동운동에 대한 새로운 투쟁 과제를 남겨 놓고 1920년대 노동운동을 마감한다. 그러나 파업의 성공 여부에 관계없이 원산총파업이 한국노동운동에 있어서 차지하는 비중은 매우 크며 그 후에도 이와 같이 장기간에 걸친 강인하고 조직적 파업은 없었다.

1931년 5월, 사상 최초의 여성 노동자 고공 농성으로 알려진 강주룡의 활동이 세상에 널리 알려지게 된 것은 평양 평원고무공장노동자 파업투쟁

때부터였다. 5월 16일 회사 측이 일방적으로 노동자들의 임금을 인하한다고 통지함으로써 여성 노동자들은 임금 인하를 반대하며 파업에 들어갔다. 고무공업동업회에 속한 다른 12개 고무공장에서도 평원고무공장의 싸움을 지켜보면서 임금 계획을 세우고 있었으므로 평원고무공장 노동자들의 투쟁은 다른 고무공장에서 일하는 2천 3백여 노동자들의 임금에도 영향을 미칠 문제였다.

5월 28일, 싸움을 시작한 지 12일이 지났으나 회사에서는 노동자들의 요구를 들어주지 않았다. 평원 노동자들은 싸움의 강도를 높여 아사동맹을 결의하고 단식투쟁에 들어갔다. 회사 측은 노동자 49명 전원을 해고하겠다고 협박하고 한밤중에 경찰을 끌어들여 노동자들을 강제로 공장 밖으로 쫓아냈다. 노조 간부였던 강주룡은 광목을 한 필 사 가지고 한밤 중에 을밀대로 올라갔다. 처음에는 죽음으로써 평원공장의 횡포와 자신들의 싸움을 세상 사람들에게 알리겠다고 결심했다. 죽기로 작정했는지라 더 이상 살겠다는 미련은 없었으나 "이대로 죽는다면 많은 사람들이 내가 왜 죽었는지 제대로 알 수 있을까? 죽더라도 우리의 싸움을 알리고 죽어야 할 텐데…" 하는 생각이 떠올랐다. 캄캄한 어둠 저편으로 을밀대가 눈에 들어왔다. 그녀는 "죽더라도 저 위에 올라가 우리가 싸우는 뜻과 평원공장의 횡포를 마음껏 외치고 죽자."고 마음을 바꿨다.

새벽 5시 조금 넘은 시간, 산책 나온 사람들이 을밀대 지붕을 쳐다보며 웅성거렸다. 웬 여자가 무슨 사연으로 저 위에 올라가 앉아 있을까 궁금한 표정이었다. 강주룡은 을밀대 꼭대기에서 평원고무공장의 노동자 파업투쟁이 평양 고무노동자들의 생존권을 가장 앞장서서 지키는 싸움이라는 것, 근로대중을 위해 희생하는 것이 명예스러운 삶이라는 것을 밝혔다. 신고를 받고 경찰이 달려오고 뒤쪽에서 소방대원이 사다리를 놓고 몰래 올라가 완강히 버티는 강주룡을 아래로 밀어 떨어뜨렸다.

평양서로 끌려간 강주룡은 29일 저녁부터 6월 1일 새벽 2시 풀려날 때까지, 쟁의가 해결되기 전에는 굶어 죽더라도 밥을 먹지 않겠다며 완강히 버텼다. 6월 6일, 파업단 대표로 공장 측과 만난 강주룡은 "임금 인하를 반대하고 동맹파업하였던 우리 직공들도 환원해야 한다. 회사 측에서는 명예를 위해서라도 파업 직공을 그대로 사용할 수 없다고 하지만 명예와 일가족의 생사 문제는 전연 판이한 문제가 아닌가?" 하고 따졌다. 6월 8일, 1개월에 걸친 평원고무공장 노동자들의 파업투쟁은 회사 측이 임금을 인하하겠다는 주장을 철회하고 종전대로 임금을 지급한다는 성과를 얻고 마무리되었다. 그녀는 한진중공업 영도조선소 85호 크레인에서 고공농성을 벌인 30년대의 김진숙이었다.

식민 지배는 발전의 기회였나?

일제강점기에 대한 평가는 잣대에 따라 다양하지만, 경제사 영역에서는 '식민지 수탈론'과 '식민지 근대화론'이 팽팽히 대립한다. 1990년대 전까지는 일제강점기 때를 '침략과 수탈의 시간'으로 보는 수탈론이 지배적이었다. 수탈론은 한국 자본주의의 맹아는 이미 조선시대에 싹트기 시작했다는 '내재적 발전론'을 따르면서 활발한 민족운동 등으로 자주적 근대화가 꽃피려 했으나 일제의 침략으로 그 가능성이 말살됐다고 주장한다. 그 역사적 사례로 드는 것이 토지조사사업·회사령·광업령·어업령 등이다. 정책의 옷을 입었지만 이는 결국 약탈의 방법이며 일본 경제는 발전시키고 조선 경제는 몰락으로 내몰았다는 것이 수탈론의 시각이다.

1980년대 중반 일본 학계에서 '중진자본주의' 개념을 가져온 안병직 서울대 교수가 중진에서 선진으로 가기 위한 사회경제적 구조 마련이 일제강점기에 이뤄졌다는 주장을 펼치면서 이 논쟁의 불을 붙였다. 그는 선진 자본주의로 가기 위한 필수 조건인 개방 체제가 일본과의 각종 조약으로 마련됐으며 이로써 조선으로의 자본과 기술 유입이 자유로워졌다고 주장한다. 또 후발 자본주의 사회일수록 정부 주도의 개혁이 필요한데 그 역할을 일본이 했다면서 토지조사사업, 산미증식계획, 식민지공업화정책 등을 예로 든다.

　이러한 논리를 근거로 뉴라이트 계열의 학자들은 이른바 식민지 근대화론은 식민지 체제하에서 조선은 억압과 착취로 일본경제에 예속되기는 했지만 개발을 위한 근대적 개혁을 통하여 높은 경제성장을 달성했다는 주장이지만 이를 강조하는 것은 편향된 시각이다. 일제강점기 시기의 물적 기반과 양적 증가를 무시할 수는 없으나 목적과 의도를 간과하고 과정상의 가시적 이익이나 소득만을 강조하는 것은 본말이 전도된 문제가 있기 때문이다. 서울대 교수 이영훈이 "1910년~1940년 중 연간 평균 3.6% 정도의 성장이 있었고, 기간 중 인구 증가율이 연간 1.3%로서 1인당 실질소득이 연간 2.3% 수준으로 증가하였다."고 설명하는 것이 단적인 사례다.

　뉴라이트계 학자들은 사이먼 쿠즈네츠(S Kuznets)[32] 교수의 근대적 성장 개념 즉 "1인당 생산이 적어도 30~40년 이상 지속적으로 증가한다는 조건이 충족될 때 근대적 경제성장이 존재한다."는 개념이 일제강점기에도 적용 가능하다는 주장이다. 이 주장은 일제 식민지 시기 조선 사람들의 경제적

---

32) 러시아 출신 미국의 경제학자. 국민소득이론과 국민소득통계의 권위자로 경제학에서의 수량적·실증적 분석에 공헌하여 1971년 노벨경제학상을 수상하였다. 1923년 컬럼비아대학교를 졸업하고 소매업 및 도매업의 순환변동(Cyclical Fluctuations in Retail and Wholesale Trade)으로 박사 학위를 받았다. 그는 쿠즈네츠곡선으로 유명하다. 경제 성장과 소득 불평등에 관한 쿠즈네츠 가설인데 한 나라가 처음 경제성장을 시작한 초기에는 오히려 소득 격차가 늘어나고 소득 불평등이 심화되지만 일정한 수준을 넘어 경제성장을 계속하게 되면 다시 소득 불평등도가 완화된다는 것이다.

생활수준이 전반적으로 향상되었음을 의미하므로 종래의 주류적 견해인 식민지 수탈론을 근본부터 부정하는 것이다.

식민지 근대화론의 이 같은 주장이 타당한가? 쿠즈네츠적인 개념으로 조선 경제의 변화를 살피려면 먼저 조선의 1인 당 GDP와 인구를 알아야 하는데 뉴라이트 계열의 학자들의 연구는 조선의 GDP를 새롭게 추계한 것이었다. 그러나 이들의 연구는 1911년~17년 사이 조선총독부의 잘못된 통계 수치를 수정 없이 사용하였고, 조선의 경제가 일본의 제국주의 침략전쟁으로 인해 급격히 몰락한 1942~1945년의 통계 자료를 누락하였다는 근본적인 문제점을 가지고 있다. 충남대 허수열 교수는 "경제발전은 있었지만 그것을 근대적 경제성장으로 보기는 어렵다. 경제학자 쿠즈네츠에 따르면 근대적 경제성장은 인구증가와 1인 당 소득이 장기간 동시에 늘어나는 것이다. 생산성이 뒷받침되지 않는 사회에서 인구 증가가 1인 당 소득 감소로 이어지는 것과 대비한 분석이다. 따라서 당시 통계를 보면 1932~1937년 5년 정도만 이런 성장에 해당할 수 있을 뿐이고 개발은 오로지 일본인을 위한 것이었으며 조선인은 극심한 소득 불평등을 겪었다."고 반론한다.

결론적으로 일제식민지 즉 20세기 전반기 조선의 경제는 1910년 강제병합 당시의 상태를 크게 벗어나지 못하였고 이런 정체 상태를 벗어나 쿠즈네츠적인 근대적 경제성장이 시작된 시기는 1960년대 중엽 이후로서 뉴라이트 집단의 이른바 식민지 근대화론은 부실한 통계 자료와 극히 일부분의 근대적 요소만을 목적론적으로 해석하여 의도된 결론에 맞춘 것일 뿐이다.

■ 식민지 근대화론의 반역사성

세계 각국의 인구, 국내총생산, 1인 당 국내총생산 등에 관한 역사적 통계로 유명한 메디슨(A Maddison)의 데이터에서 1911년 조선의 1인 당 국내

총생산은 777달러였다. 일제강점기에 소득수준이 최고점에 도달했던 시기는 1937년으로서 1,482달러였지만 중·일전쟁 이후에는 감소 추세로 돌아가서 1944년 1,330달러로 줄어들었고 1945년에는 616달러로 급락했다. 그리하여 해방이 되었을 때 조선은 그 당시 세계에서 가장 가난한 농업국의 하나로 되돌아갔다. 1950년의 한국의 1인 당 국내총생산은 770달러로 메디슨의 자료에 나오는 145개국 중에서 106번째였다.

해방 후 조선에 남겨진 물적 유산인 대부분의 근대적 공장도 3/4이 북한 지역에 편중되어 있었다. 따라서 해방에 이은 남·북분단으로 인해 남한 지역에 남겨진 일본인 공업화 자산은 1/4에 불과했다. 더구나 해방 후에는 원료·기술자·에너지·부품 등의 부족과 관리체계의 부재로 남겨진 공장 시설 중 상당수는 파괴되거나 제대로 가동되지 못했다. 대체로 1/2 정도가 기능을 다할 수 없었으며 한국전쟁은 이 남겨진 생산 시설의 1/2 정도를 파괴해 버렸고 그 복구 과정에서는 일본제 시설이 미국제 시설로 교체되었다. 즉 일제강점기 개발의 유산 중 한국전쟁 이후까지 잔존한 것은 일제 말기의 1/10 정도에 불과했다. 개발의 유산은 매우 제한적이었고 일제강점기와 해방 후 한국 경제가 처한 상황 사이에는 상당한 단절이 존재하고 있었다고 보는 것이 정당하다.

서울대 박태균 교수는 한국경제개발계획 분석을 통해 "일제 식민지 정책이 한국 경제 고도성장의 기원이 되었다는 주장을 일축하면서 우리의 전통적 공개념, 해방 후 한국 지식인·관료들의 재교육 과정, 1950년대 아시아 다른 국가에서 이루어진 경제개발계획의 영향, 미국 정부의 저개발국 정책 변화가 경제개발계획 실행의 도움이 되었으나 무엇보다 중요한 것은 한국 국민들의 교육열에 바탕을 둔 자신감과 우리 역사의 저변에 흐르는 역동성의 힘"이 주된 원인이었다고 주장하였다.

그렇다면 당시 일본의 사정은 우리보다 얼마나 선진적이었던가? 명치 정부의 업적인 몇 몇 공장과 막부 이래 상업의 발달이 있었다고 하나 연이은 혁명과 내란 등으로 농촌의 궁핍은 우리의 사정보다 훨씬 어려웠다. 우리나라에서는 볼 수 없었던 살아殺兒의 풍습이 광범위하게 퍼져 있었으며 경도京都로부터 산구山口시에 이르는 연도의 산들은 모두 벌거벗은 산이었다. 전 세계가 겪은 20세기의 변화란 모두 그 이전 수백 년, 수천 년 간의 변동보다 더 큰 것으로 봉건사회로부터 근대로의 전환기에선 일본을 포함한 모든 후진국들의 공통된 현상이었다.

일본의 주장과는 반대로 우리나라에는 1880년대까지 도처에 살림이 울창했다. 그것은 조선왕조의 남벌단속, 삼림에 대한 봉금封禁, 인구희소 등으로 국토의 73%가 삼림이었으며, 특히 압록강·두만강 유역에는 천고의 대 원생림지대가 있었고 부락의 뒷산에까지 호랑이가 출몰할 만큼 삼림이 울창하였다. 1905년대부터 일본은 고의적으로 우리의 삼림 상태를 혹평하였으나 이는 그들의 벌채 계획을 은폐하려는 속셈도 있었다.

일제강점기에 도입된 각종 근대적 제도들이 해방 후 한국사회의 형성에 적지 않게 기여했음은 사실이나 다른 측면에서 많은 부정적 측면을 수반하는 것이었기 때문에 이를 긍정적으로 평가하기는 어렵다. 특히 수량화하여 다루기 어려운 것들 중에서 지금까지도 매우 부정적인 영향을 끼치고 있는 가장 대표적인 것은 남·북분단과 민족갈등을 들 수 있다. 말과 글을 빼앗기고 자신의 성과 이름마저 박탈당했을 뿐만 아니라 항상 피지배민족으로서의 차별과 멸시를 받으며 살아야 했으며, 때로는 자신의 생각이나 사상마저 전향을 강요당함으로써 역사의 죄인이 되게 만든 시대가 일제 시대였던 것이다.

식민지 근대화론은 변종 식민사관이다. 일본 보수우익이 범죄적 과거사를 시혜의 역사로 뒤집어 정당화하는 태도와도 무관하지 않으며, 최근의 역사 교과서 논쟁이 그 연장선상에 있고 그것은 또한 현실의 권력 투쟁과

도 직결돼 있다. 닥치는 대로 죽이고 빼앗고 겁탈하고 불태우는 동료를 말린 왜군이 몇몇 있었다고 해서 임진왜란을 인도적인 전쟁이었다고 주장하는 것이나 같다. 식민 지배 확장을 위해 도로를 닦고 공장과 다리를 지었다는 이유로 일제 식민 지배가 한국에 근대화의 선물을 안겨 준 행위였다고 떠드는 뉴라이트의 뒤틀린 논리가 그에 근접한다. 어떤 발전론도 친일로는 정당성을 갖지 못한다.

IV

건국, 소외된 역사의 기록

국가의 구조나 이데올로기가 국민의 생존 수단이나 행복권 그 자체는 아니다. 그러나 우리 사회의 이념 과잉과 사상적 편 가르기는 일제와 미군정이라는 타율의 역사를 거치면서 생존을 위한 반동이나 부끄러움을 모르는 천민주의로 살아남았다. 해방 후 미국의 제국주의 전략과 잘못 받아들여진 미국식 자본주의의 독성, 기회주의적인 친일파의 득세 및 미국의 비호, 목적론적인 가치만을 지향하는 장기 군부독재는 사회 전반을 물질 우선과 무지막지한 경쟁으로 휘몰아 선과 악, 합리와 조정, 분배와 양보, 기다림과 의연함 등을 상실케 함으로써 사회 전반의 균형적 감각과 안정적 발전의 바탕을 붕괴하였다.

외면할 수 없는 유산

패전 일본의 발 빠른 변신

1943년 봄, 미군이 남태평양에서 전세를 역전시킴으로써 일본군은 패전의 방향으로 전환하게 되었다. 이 무렵 고노에近衛 그룹은 이쓰유카이乙酉會라는 비밀결사를 조직하여 "일본이 모든 해외 영토를 상실하더라도 식량과 자원의 보급원인 조선과 대만을 계속 영유하는 경우에만 항복할 수 있다."는 원칙을 세웠으나 일본 군부, 특히 육군만은 패색을 감추면서 1억 명의 일본 국민과 조선인 3천만 명을 동원하는 항전을 계속하려고 하였다. 이들의 무모한 항전은 1945년 7월 26일 포츠담 선언과 8월 6일 원자폭탄 투하, 8월 9일 소련군이 대일 참전할 때까지 강행되면서 일본군은 항복했어야 할 기회를 여러 차례 놓치고 말았다.

그러나 일본은 1945년 5월 14일, 최고전쟁지도자회의에서 소련에 대해 비참한 각오를 하게 되는데 그것은 소련의 대일 참전을 막기 위한 마지막 발버둥이었다. 일본은 소련에 남 사할린의 반환, 그 지역에서의 어업권 포기, 소련에 대한 츠가루 해협의 개방, 북만주에 있는 모든 철도의 양도, 여순·대련의 조차, 그리고 경우에 따라서는 일본 영토로 되어 있던 치시마千島열도의 북반을 양도하는 것도 어쩔 수 없다고 결정했다. 천황 히로히토까지 앉은 자리에서 이런 결정이 내려졌다면 일본은 갈 데까지 다 간 것이다.

그런 와중에서도 일본이 악착같이 매달린 것이 한반도였다. 그들은 소련에 대해서는 모든 것을 양보하면서도 조선은 일본에 유보시키도록 하며, 남만주는 중립지대로 하는 등, 가능한 한 만주제국의 독립이 유지되도록 할 것이라는 단서를 달고 나섰다. 질겨도 너무 질긴 그들의 조선 집착이다. 같은 달인 1945년 5월 스위스에서 일본과 미국 사이에 외교 교섭이 전개되었다. 스위스 주재 무관 후지무라藤村 중령과 OSS 구주지부장 알렌 덜레스(Allen Dulles) 간의 화평공작으로 일본은 후지무라를 통해 미국과의 단독 강화를 타진했다.

그 과정에서 일본은 미국 측에 세 가지 조건을 제시한다. 하나는 천황 주권을 유지하는 것이고, 또 하나는 일본이 섬나라이고 일상생활 그 자체가 바다를 떠나서는 불가능하기 때문에 현재 남아 있는 상선은 그대로 일본에 남겨 둘 것, 여기까지는 패전 후에도 상당 부분 실현된 것이기도 하지만, 문제는 세 번째로 내건 조건이다. "대만과 조선을 그대로 둘 것, 대만과 조선은 일본의 영지로 되어 있기 때문에 문화적·경제적으로 상당히 진보했다. 이는 마치 뉴멕시코가 미국에 편입된 후 좋아졌던 것도 마찬가지다. 아울러 대만과 조선은 일본의 식량 자원으로서 없어서는 안 될 지역이다. 즉 일본인이 살기 위해서 필요하기 때문에 남겨 주길 바란다."는 내용이다. 일본의 식민지 지배는 한국에게도 많은 공헌을 했다는 일본인들의 망언은 벌써 이 시기부터 떠벌려지고 있었다. 이로부터 1개월이 경과한 1945년 7월 26일 포츠담 선언이 발표된다. 결국 일본은 8월 10일 "천황의 국가통치 대권을 변경하는 요구가 포함되어 있지 않다는 양해 하에 제국 정부는 이 선언을 수락한다."고 항복 의사를 전달한다.

1945년 8월 15일 아침, 서울 시내 각처에는 '금일 정오 중대 방송, 1억 국민 필청必聽'이라는 벽보가 나붙었다. 정오에 일본의 무조건 항복을 고하는 일왕 히로히토의 떨리는 목소리가 라디오를 통해 흘러 나왔다.[33] 그러나 이것은 종전 선언이라 할 수 있을지언정 항복 선언은 아니었다. 또한 전쟁을 일으킨 데 대한 사죄나 반성도 보이지 않는, 항복이 없는 항복문서일 뿐이었다. 따라서 일본이 지금도 8·15를 종전기념일이라 하는 것도 이유가 있는 셈이다. 제2차 대전 패전 후 일본의 항복 주체는 일본국도 아니고 일본천황도 아니었다. 항복의 주체는 일본 정부와 일본 군부였다. 시게미쓰 마모루重光葵 외상은 정부 대표였고 우메즈 요시지로梅津美治郎 참모총장은 군부 대표였다. 두 사람은 천황의 항복 명령에 따라 항복한 것이고 연합국은 그것을 인정했다. 전쟁 책임은 일본 정부와 군부에 있을 뿐 일본국과 일본 천황에게 있지 않다는 것이었다. 항복 조인식에서도 천황은 초연한 위치를 지키고 있었다.

한편 일본은 영악했다. 외무대신 시게미쓰 마모루가 9월 2일 미 전함 미주리호 선상에서 항복문서에 조인했지만 패전을 하고도 한 뼘의 땅도 잃지 않았다. 전쟁 전 또는 전쟁 중 점령했던 남의 땅을 돌려주었을 뿐이다. 무조건 항복이라 했지만 천황 중심의 국체를 유지하는 데도 성공했다. 정

---

33) 짐은 세계의 대세와 제국의 현상을 깊이 생각하여 시국을 수습코자 이에 충량한 너희 신민에게 고한다. 짐은 제국 정부로 하여금 미·영·중·소 4국에 대하여 그 공동 선언을 수락할 뜻을 통고케 하였다. 생각건대 제국 신민의 강녕을 꾀하고 만방공영의 안락을 같이함은 황조황종(皇祖皇宗)의 유범(遺範)으로서 짐이 받들어 방치하지 않는 바인데 그때 미·영 양국에 선전(宣戰)한 까닭도 또한 실로 제국의 자존과 동아의 안정을 꾀하는 데서 나왔으니 타국의 주권을 없애고 영토를 침범함은 본디 짐의 뜻이 아니었다. 그러나 교전이 이미 네 해를 겪었고 짐의 육해장병이 용감히 싸우고, 짐의 모든 관리들이 성의껏 힘쓰고, 짐의 모든 백성이 힘써 일함에 모두 최선을 다하였는데도 전국은 끝내 호전되지 않으며 세계의 대세가 또한 우리에게 불리하다. 그럴 뿐 아니라 적은 새로이 잔학한 폭탄을 사용하여 빈번히 무고를 살상하며 참해(慘害)하는 바가 실로 헤아릴 수 없는 지경에 이르렀다. 이 이상 교전을 계속한다면 결국 우리 민족의 멸망을 초래할 뿐더러 나아가 인류의 문명까지도 파괴하게 될 것이다. 이렇게 되면 짐은 무엇으로써 억조의 적자를 보존하며 황조황종의 신령에 감사할 것인가? 짐은 제국과 함께 처음부터 끝까지 동아 해방에 노력한 모든 맹우에 대하여 유감의 뜻을 표하지 않을 수 없다. 제국 신민으로써 전진(戰陣)에서 죽고 직역(職域)에 목숨을 바치고 비명에 쓰러져 죽은 자와 그 유족을 생각하는 데 이르면 오장(五臟)이 찢어지는 듯하며 또 전상을 입고 재화를 당하고 가업을 잃은 자의 후생에 관하여는 짐이 깊이 걱정하는 바이다. 생각하면 앞으로 제국의 받을 바 고난은 물론 예사롭지 않다. 너희 신민의 그 슬픈 심정은 짐이 많이 알고 있는 바이나 짐은 시운이 나아가는 바에 견디기 어려운 것을 견디고, 참기 어려운 것을 참아서 만세의 태평함을 열고자 한다. 짐은 이에 국체를 보호·유지하고 충량한 너희 신민의 참된 정성을 믿고 의지하며 항상 너희 신민과 함께 있다. 만약 감정이 격해져 사단을 일으킬 경우 혹은 동포가 서로 배제하여 시국이 어지러워짐에 따라 대도를 그르치고 신의를 세계에서 잃게 됨을 짐이 가장 경계한다. 부디 거국일가 자손이 대대로 이어져 신국의 불멸을 굳게 믿으며 임중도원(任重道遠)함을 생각하여 총력을 장래의 건설에 기울이고 도의를 굳게 하며 지조를 단단히 하여 맹세코 국체의 정화를 떨쳐 일으켜 세계의 진운에 뒤떨어지지 않을 것을 기약하라. 너희 신민은 짐의 본뜻을 본받으라.

계 지도자들이 전쟁 책임을 지고 몇몇이 전범으로 처리됐을 따름이다. 모두 미국의 안이한 판단을 틈탄 발 빠른 외교적 노력의 결과였다.

종전 직후 황족 히가시쿠니 나루히코東久邇穗彦가 이끄는 황족 내각이 들어서 전후처리 책임을 맡았다. 천황의 권위를 빌어 민군의 동요를 막으려는 것이었다. 히가시쿠니 수상은 전국 방송망을 통하여 일본의 패전은 전 국민의 책임이라는 '일억총참회론'을 구호로 내세워 패전의 책임을 국민에게 넘기고 종전이 오로지 히로히토의 성덕과 자비로 실현되었다는 것을 국민에게 인식시켰다. 그럼으로써 히로히토를 선두로 한 지배층의 전쟁 책임 비판을 봉쇄하고자 하였으며, 자비와 온정이 넘치는 히로히토를 돋보이게 할수록 잔악한 군벌의 모습이 더욱 부각되도록 각본을 짰다. 이후 히로히토는 "퇴위하지 않기로 맥아더 원수와 약속했다."느니 "황실 전범에는 퇴위 조항이 없다."느니 하며 죽는 날까지 퇴위를 거부하고 왕 노릇을 계속했다. 누구도 책임을 지지 않는 천황제 파시즘의 독특한 형태, 즉 '무책임의 체계'가 낳은 결과이다. 독일이나 이탈리아와는 달리 천황제 파시즘은 책임의 끊임없는 전가에 의해 그 구조가 지속될 뿐 아니라 그 모호함 또는 은폐를 통하여 더욱 깊숙이 내면화되었기 때문이다.

천황의 지위에 관하여는 1944년 10월과 1945년 4월에 2차에 걸쳐 미국 측이 포함된 연합국 측과의 협의 후 중국 측의 양해를 이미 받았고, 1945년 5월 8일 이후 14회에 걸친 자카리아스 대령의 단파방송과 7월 10일 그루 국무차관의 성명서 등에서 충분히 이해될 만큼 일본 측에게 전달되었다. 그러나 집요하게 일본 측이 고수하려던 조선과 대만에 대하여는 연합국 측에서 카이로공약을 이유로 끝내 양보하지 않았기 때문에 1945년 6월 일본은 이를 철회하였다. 이 문제를 역으로 보면 일본은 한반도를 계속 영유하고자 항복을 지연시켰다는 해석이 나온다. 그러나 일본이 한반도 영유를 고집하지 않고 소련군이 침공하여 오기 전에 항복하였더라면 한반도는 분할을 모면하였을 것이다.

　일본은 마지막 순간에도 한반도 분할을 초래한 막중한 악행을 저질렀으며, 이에 대한 역사적 책임의 당사자가 되었다. 아울러 우리는 전후 일본의 특이한 두 가지 행태를 주목해 보아야 한다. 하나는 히로히토의 방송이 있던 날 동경제대의 풍경이다. 대학의 야스다 강당 안팎에 모여 사실상의 항복 선언을 들은 학생들 중 많은 이들이 망연자실하거나 거리로 나가 술로 울분을 달랬지만 일부는 다시 강의실로 들어가 강의를 들었다는 것이다. 예정된 강의를 진행한 교수나 학생들이나 대단한 사람들이다. 다른 하나는 황족 내각의 대책이다. 일본 우익의 거물이자 히가시쿠니 총리의 오른팔이었던 고다마 요시오兒玉譽士夫는 미군을 위한 매춘가를 조성하기 위해 동분서주했다고 한다. 일본인다운 약삭빠른 지략이다.

■ 8·15 전야의 총독부

　1945년 8월 10일, 조선총독부는 단파방송을 듣고 일본이 포츠담선언을 수락할 것임을 알게 되었다. 경무국장 니시히로의 발의로 아베阿部 휘하의 총독부는 수일 내에 종전이 되면 소련군이 들어와 조선인 정치범을 석방하고 적색 정권이 수립될 것이며, 그 경우 조선인들이 약탈·폭행으로 표변할 것이므로 일본인들의 생명과 재산을 보호해 준다는 조건부로 조선인 지도자들에게 과도정권을 넘겨주어 치안 유지에 이용할 생각을 하였다. 총독부는 8월 12일 경무국장을 온건 우파인 송진우에게 보내 접촉케 하였으나 송진우는 그 제의가 임시정부의 정통성에 위해가 될 것으로 생각하여 거절하였고, 8월 14일 김준연을 접촉하였으나 그도 역시 거절하였다.

　8월 14일 오후 11시 무렵, 동맹통신 서울지국을 통해서 일황의 항복 연설 원고가 전해지자 니시히로 경무국장은 정무총감 엔도 등과 협의한 후 여운형에게 연락을 하기로 한다. 다음 날 아침 정무총감은 관사에서 치안권을 넘겨줄 테니 일본인의 안전한 귀환 등 치안 유지 협력을 정식으로 요청하였고 여운형은 이를 수락하면서 다섯 가지 요구 조건[34]을 제시하였다. 이날 12시 일황의 항복 방송이 있은 직후 총독부를 비롯한 주요 관청에서 제일 먼저 손댄 작업은 문서의 소각과 비축해 놓은 다량의 식량을 미군이 들어오기 직전에 태우거나 버렸으며 갖은 방법으로 먹지 못하게 만들었다. 다음으로 총독부가 한 일은 조선은행권의 남발과 물가 통제 조치의 중단이었다. 1945년 7월, 45억이던 통화발행액은 8월 80억, 9월 87억으로 거의 두 배가 늘어났다. 총독부는 이것으로 관·공리, 회사원들의 퇴직금과 70만 재조선 일본인들의 귀국 경비 등을 지불하였는데 조선은 인플레가 발생하여 엄청난 물가고에 시달리게 되었다. 그러나 조선총독부가 예상했던 것보다 일본인은 훨씬 안전하였다. 1945년 8월 16일~23일까지 일본인 경찰관에 대한 폭행 건수는 전국에서 66건으로 같은 기간 조선인 경찰에 대한 폭행 건수 111건의 60%에 불과했다. 일본 민간인에 대한 폭행 사례는 같은 기간 80건으로 조선인에 대한 60건보다 겨우 20건이 많았을 뿐이었다.

그해 여름, 8월 9일 0시를 기해 소련군이 국경을 넘었다. 소련군의 행색을 처음 접한 일본인들은 눈앞이 캄캄해졌다. 머리는 풀어헤쳐 산발을 하고 있었고, 손등에는 알 수 없는 문신 자국이 수두룩했다. 이들은 백주 대낮부터 조선인을 앞세워 마을의 일본인 집을 샅샅이 약탈했다. 소련군은 유독 시계와 만년필을 좋아했으며 술을 달라는 병사도 있었다. 소련군은 한 무리가 지나가고 나면 또 다른 패거리가 나타났다. 이것이 말로만 듣던 소련군의 현지 조달이었다. 소련군은 제일 먼저 식민 지배의 실체였던 군인·경찰·관료들을 압송·투옥·억류하여 지배 네트워크를 해체해 버렸다. 또

----

34) 여운형이 조선총독부에 요구한 다섯 가지 조건
　1. 조선의 모든 정치범과 경제범을 즉시 석방할 것
　2. 서울의 8~10월까지 3개월분 식량을 확보할 것
　3. 치안 유지와 건설 사업에 필요한 아무런 구속과 간섭을 하지 말 것
　4. 학생의 훈련과 청년의 조직에 간섭하지 말 것
　5. 조선의 노동자들을 우리 건설 사업에 협력시키며 아무런 괴로움을 주지 말 것

한 소련군은 전리품인 쌀·쇠고기를 비롯해 구리·납 등의 광물과 기계와 설비를 뜯어 소련으로 실어 갔으며, 노동력 확보를 위하여 6만~7만 명 정도로 추산되는 일본인을 북만주·사할린·소련 등지로 추방하여 코카서스 산맥 너머에 있는 수용소로 보내져 강제 노동에 투입되었다. 동척 성진지소장 야마시다의 아내는 소련군으로부터 폭행을 당하고 두 아이와 함께 살해되었으며 야마시다 또한 소련의 어선에서 노역을 하다 한쪽 눈알을 뽑힌 후 귀국했다. 필리핀에서는 일본 패잔병들이 산중을 방황하다가 거의 전원이 타살되었고, 싱가포르·스마트라에서도 많은 일본인이 현지인들에게 타살되었다.

이런 북새통 속에서 500명의 일본인이 압록강에서 밀선을 탔다. 3척의 배로 38선 근처 어촌에 상륙한 500명은 몇 개의 산을 넘어 어느 산기슭에 닿았다. 안내하던 조선인이 말했다. "저 산을 넘으면 남쪽입니다. 나는 여기서 돌아가야 해요. 당신네들을 무사히 안내한 것을 기쁘게 생각합니다. 우리는 새로운 건설에 보람을 느끼고 있습니다. 당신네들도 낙심하지 말고 새로운 일본을 건설하세요. 그럼 무사히 가시기 바랍니다." 일본인들에게서는 기침소리도 들리지 않았다. 짧게는 반년에서 길게는 일 년 동안 패전 국민으로서 조선인과 함께 살아야 했던 일본인들은 수십 년 동안 조선인들이 느꼈던 비애를 압축된 형태로 단기간에 체험했으며 그에 따른 삶의 낙차는 더욱 크게만 느껴졌을 것이다.

우리나라에 거주하던 일본인은 해방 직후 1백만 명이 넘었으나 1946년 말까지 89만6천 명이 무사히 귀국했다. 총독 아베는 하지중장의 지시로 1945년 9월 19일 서울을 떠났으며, 정무총감 엔도는 아놀드 군정장관 지시로 미 군정청 고문을 하다 10월 17일 서울을 떠났다. 이렇게 해서 운양호사건 이래 70년간의 일제 침략사는 끝났다.

제2차 세계대전에 패한 일본인이 맥아더에게 보였던 태도는 이해하기 어려운 것이었다. 당시 일본인이 맥아더 사령관에게 보낸 편지의 수는 수집된 것만 해도 무려 50만 통이 넘었다고 한다. 일본인 교수 소데이는 그 내용을 정리하여 삼가 맥아더 장군님께 올리나이다 라는 책으로 출판했는데 맥아더에게 편지를 보낸 사람은 보수적인 군인으로부터 소위 혁신파라는 공산당 당원에 이르기까지 일본 국민의 각계각층을 총망라하고 있다. 이들의 편지는 한결같이 맥아더를 외경스러운 존재로 보고 응석을 부리며 성의를 다하는 모습이 역연하게 드러나 있었다. 그 중에는 일본이 하루빨리 미국의 식민지가 되기를 바란다는 내용도 있고, 어떤 비행기 조종사는 미국을 위해 특공대원이 되어 미국의 적에게 자살 공격을 할 수 있다고도 했다. 첫 수확을 맥아더에게 바치는 순정파도 있었고, 만요萬葉의 사까모리처럼 그의 옆에서 죽을 기회를 달라고 통사정하는 자도 있었다. 새로운 지배자의 권위를 확대해석하면서 자신의 몸을 움츠리는 슬기를 여지없이 발휘한 것이다.

세계 어디를 가나 이와 같이 정복자에게 아첨이나 용서를 비는 민족은 없을 것이다. 자기 몸을 한 치라도 점령자에게 가까이 부치고자 일체화를 시도하는 예상치 못한 추태가 전 국민적 규모로 발생한 것이다. 도망갈 자리가 없는 섬나라 일본의 이중적 생존 본능이 역사상 처음으로 외국인에게 점령된 시기에 명확히 나타난 것이다. 소설가 박경리는 일본이 걸어온 길을 "신국의 허상에 사로잡힌 출구 없는 문명과 역사"라고 지적했다. 일왕을 신으로 받드는 만세일계현인신萬世一系現人神이라는 헛된 멍에와 신국의 허상이 일본인들의 정신을 구축하고 있다고 비판한다. 모든 것을 옥죄는 문화 속에서 일본인들은 허무주의와 쾌락, 괴기스러운 탐미주의로 도피함으로써 삶을 정면 돌파하려는 의미를 잃었다고 보았다.

미국의 동아시아 지배 전략

|

일본이 항복한 후 중국에서 장개석은 미국의 지원 하에 국공 정전협정을 파기하고 160만 정규군을 동원하여 1946년 6월 해방구(解放區: 공산당 통치 지역)에 대한 전면적인 공격을 개시하였다. 장개석은 공산당군에 비해 몇 배나 많은 병력, 월등한 재정 기반과 아울러 미국의 막대한 군사 지원까지 받았음에도 결국 민심을 잃었기 때문에 모택동에게 패하고 말았다. 미국은 장개석을 이용하여 만주를 통치하려는 계획은 수포로 돌아갔으나 미국은 만주를 포기하지 않았다. 일제의 만주 괴뢰국 건설을 주도한 기시 노부스케는 패전 이후 A급 전범으로 구속됐으나 유일하게 풀려났는데 그의 옥중일기에는 '케넌 설계도'와 일치하는 한반도 재 지배 구상이 담겨 있었다. 조지 케넌(George Kennan)이 작성한 이 설계도는 그가 본부장으로 있던 국무부 정책기획본부 제13호 파일 상자에 감춰져 있다가 1985년 비밀이 해제되어 세상에 공개되었다. 케넌 설계도란 소련에 대한 봉쇄 정책의 입안자로 이름을 날린 미국의 외교관 조지 케넌이 세운 계획으로서 한반도와 만주를 지배했던 일본에게 이 지역을 통치하도록 재 위임한다는 내용이다.

일본이 만주와 한반도를 안정적으로 지배하고 있었는데 미국이 욕심을 내어 1905년의 테프트·가쓰라 밀약을 파기하고 일본에 대한 봉쇄를 실시하여 일본의 숨통을 조였고, 수렁에 빠진 일본은 미국의 예상대로 진주만 공격을 감행하여 태평양전쟁이 일어났던 것이다. 그러므로 다시 테프트·가쓰라 밀약으로 돌아가서 만주와 한반도를 일본에게 통치를 위임하고 미국은 그러한 일본 본토를 직접 통치한다는 계획이 케넌 설계도이다.

이 케넌 설계도를 실행하기 위해서 미국은 대륙지배의 경력을 가진 핵심 인사를 확보하는 게 필요하였다. 진주만 기습공격 당시 일본의 총리였던 도조 히데키 이하 일곱 명의 A급 전범이 도쿄 스가모 형무소에서 교수형으로 처형된 것이 1948년 12월 23일이었는데, 똑같이 A급 전범으로 체포되어 형무소에 수감되어 있던 기시 노부스케는 처음부터 기소조차 되지 않았을 뿐 아니라 도조 히데키 등이 처형된 다음 날 자유의 몸이 되었다.

일본이 만주를 침략하여 괴뢰 만주국을 창건한 것이 1932년이었는데, 일본 상공성의 유능한 관료로 이름을 날리고 있던 기시 노부스케가 만주국의 산업차장으로 발탁되어 부임한 것은 그 4년 뒤인 1936년이었다. 당시 소련은 10월 혁명 후 철강·시멘트·기계공업 등의 분야에서 비약적인 발전을 보이고 있었고 이에 대항하기 위해 전시 경제 체제를 구축하는 임무를 띠고 부임한 것이 기시 노부스케였다. 기시 노부스케는 닛산콘체른의 사장 아유카와 기스케를 만주로 불러들여 만주중공업개발회사를 설립하는 한편, 당시 남만주철도주식회사 총재로 있던 마쓰오카 요스케와 손잡고 단시일 내에 경제 발전을 위한 상당한 성과를 올렸다.

소련의 남하를 저지하고 이에 대항하기 위해서는 한반도에서 만주에 이르는 일본의 구식민지를 일본의 재지배에 맡겨야 한다는 케넌 설계도의 시각에서 본다면, 기시 노부스케는 미국으로서는 참으로 안성맞춤의 인물이었다. 미국 중앙정보국(CIA)의 전신인 전략정보국(OSS)의 요원이 패전 후 옥중의 기시 노부스케와 빈번한 접촉을 하고 있었다는 것은 기록에도 남아 있는 사실인데, 기시 노부스케는 그 때부터 미국이 자기에게 특별한 기대를 걸고 있다는 사실과 무죄석방 뒤 미국과 조국 일본을 위해서 자신이 수행해야 할 임무가 무엇인지 명확히 인식하고 있었던 것이다.

기시 노부스케의 1947년 9월 20일 옥중일기는 "냉전(Cold War)은 조만간 열전(Hot War)으로 변할 것인데, 비록 일본이 이번 전쟁에서 고배를 마셨다고는 하나 동양에서 으뜸가는 소질을 지닌 민족으로써 우리는 모름지기 스스로가 맡아야 할 세계사적 임무가 무엇인지 파악할 필요가 있다. 이에 대한 식견과 포부, 용기와 결단력을 겸비한 지도자는 누구일까? 그 출현이 기다려진다."고 썼다. 그는 일기에 다음과 같은 글도 남겨 놓았다. "동아시아 전체의 적화를 몰고 올 중국 공산군의 제패를 저지하기 위해서는 미국이 달러와 무기 원조로만 장개석을 돕는 것으로는 부족하며 미국은 미국 자신의 군대를 동원하여 모택동을 제압할 필요가 있다. 여기서 내가 말하는 미국 자신의 군대라는 것은 주변국인 일본의 의용군 편성도 포함한다는 것이다."

미국이 A급 전범인 기시 노부스케를 사면한 것은 케넌 설계도를 실행하기 위한 것이다. 일본의 항복을 받고도 일본 영토였던 만주를 차지하지 못한 상실감을 갖고 있던 미국에게 기시 노부스케는 케넌 설계도를 현실화시킬 인물이었다. 사실 미국에게 한국은 만주를 회복하는 디딤돌에 불과한 영역이었고 종착지가 아니었다. 미국은 한국 국민과 좋은 유대를 유지하고 발전시킬 수가 있었지만 미국은 단지 한국만을 지배하는 데 목적이 있었던 것이 아니고 더 나아가 중국 대륙 그리고 세계 제패의 원대한 야망이 있었기 때문에 그 야망을 실현하기 위해서는 강한 충성도를 갖고 있는 친일파들의 도움이 필수적이었다.

■ 이기적 유전자의 나라

1919년 수립된 임시정부가 미국에 대해 승인을 요청했을 때 미국이 매몰차게 거절했던 것은 당시 상황으로 당연한 결과였다. 문제는 1940년 초에 이르러 미·일 간의 밀월이 깨어지고 전운이 감돌면서부터 미국이 한국을 대하는 태도였다. 1941년 6월, 대한민국 임시정부의 김구 주석은 미국 루즈벨트 대통령에게 한·미 우호관계를 재정립하자는 공문을 발송하였는데 실상은 미국 정부로 하여금 대한민국 임시정부를 승인해 줄 것을 간청한 것이었다. 미·일전쟁이 개시된 직후인 1941년 12월 9일, 대한민국 임시정부도 대일 선전포고를 해 놓고 미국 정부에 승인을 해주도록 요청했으나 미국 정부는 이 요청을 묵살했고 상당한 기간이 경과한 후인 1942년 3월에 이르러서 한국 문제에 대한 그들의 입장을 영국 정부에 알리는 형식으로 간접적으로 표명했다. 당시 '한국 임시정부 승인에 관한 미 국무성의 견해'에서 밝힌 바에 의하면 미국 정부는 추축국에 반대하는 세력의 지지를 얻고자 하지만, 일본의 탄압에 저항하는 한국인들의 어떠한 단체도 현재로서는 승인하려 하지 않으며 장차 한국을 승인하겠다는 공약도 하지 않는다는 것이었다.

미국 정부는 대한민국 임시정부의 승인 문제에 대해서는 언제나 회피적이거나 냉담한 태도였다. 1943년 카이로 회담에서도 "3대국은 한국 인민의 노예 상태에 유의하여 적당한 시기에 한국을 자유 독립시킬 것을 결정한다."고 해서 일본의 패전 직후가 아니라 적당한 시기에 독립을 허용한다는 것이었다. 더욱이 1945년 1월에 작성된 '한국의 전후지위에 관한 미 국무성의 전쟁건의서'에서는 일본이 패전한 후 한국에는 미국이 주도하는 군정을 펼쳐야 한다고 주장하고 있었다.

미국의 윌슨 대통령은 민족은 자신의 정치적 운명을 스스로 결정하여 외부의 간섭을 받지 않아야 한다고 패전국 식민지 지배 문제에 민족 자결주의를 적용하자고 주장했으며 1919년 3·1운동, 중국의 1919년 5·5운동, 인도의 간디 저항운동도 이에 자극받아 일어난 독립운동이다. 그러나 그의 주장은 서구 열강의 강력한 반대에 부딪치게 되자 민족자결주의의 적용 범위를 패전국의 식민지로 제한했다. 즉 승전국은 식민지를 그대로 유지하고 힘을 잃은 패전국만 식민지를 독립시키도록 한 것이다. 윌슨의 민족자결주의에 대한 비판적인 입장은 미국이 고귀한 이상을 가지고 민족자결주의를 주장했다기보다는 식민지 상태의 나라들이 나라를 되찾게 한 다음 미국의 식민지로 만들고자 했던 것이라고 본다. 민족자결주의의 적용 범위는 결국 패전국인 독일의 식민지로 제한하였다.

　미국은 이기적 유전자로 충만한 국가이다. 1948년 8월 15일, 대한민국 정부를 수립해 놓고 미군을 철수했던 것은 무슨 이유인지를 생각해 보지 않을 수 없다. 유엔의 결의를 빌어 대한민국을 수립했다고 하지만 친미 남한 단정임은 누구나 알 수 있는 상황이었다. 미국은 한반도에 대한 지배 야욕을 희석시키기 위해서는 유엔의 결의로 대한민국이 수립되면 미군을 철수하겠다고 선언할 수밖에 없었고, 미국의 의도대로 대한민국이 수립되자 한반도에서 미군을 철수하였다. 이 때만 하더라도 중국대륙에 장개석 정권이 버티고 있었으므로 한반도에서 미군을 철수시켜도 미국의 대소 견제 전략에는 큰 지장이 없었다. 그러나 1949년 후반에 장개석 정권이 중국대륙에서 쫓겨나 대만으로 몰려 나왔을 때 미국은 동북아시아의 대소 견제 전략이 참담한 지경에 이른 것이다. 미국이 동북아시아에서 대소 견제전략을 전개해 나가는데, 동북아 대륙에 발판을 갖고 있는 것과 없는 것의 차이는 매우 큰 것이기 때문이다.

　1950년 한반도에서 한국전쟁이 발발했을 때, 그 보고를 받은 미 국무장관 애치슨이 한국이 우리를 구제했다고 한 말을 생각해 볼 필요가 있다. 한반도에서 벌어진 전쟁으로 미국은 동북아시아 대륙에 매달려 있는 한반도에 발판을 다시 구축할 수 있었고, 그것도 약소국가를 돕는 은혜로운 나라라는 영예까지 얻을 수 있었으니 그의 말도 틀린 것은 아니었다. 해방 후 미국의 대한정책은 국무성과 국방성의 입장이 달라 갈피를 잡지 못하고 있었다. 하와이에 있던 이승만은 한국이 해방되자 곧바로 귀국하려고 했으나 국무성에서 여행증명서를 발급하지 않아 한동안 귀국이 지체되었다. 이미 미 국무성은 미주 한인들을 대상으로 여론조사를 한 결과 이승만이 한국인 전체를 대표할 만한 인물이 아님을 파악하고 그의 귀국을 지연시켰던 것이다.

당시만 해도 미 국무성은 소련을 그다지 적대시하지 않았다. 따라서 미 국무성의 압력을 받은 하지 중장은 남한을 이끌어 갈 지도자로 좌파 내지 중도 노선인 여운형과 김규식을 선택했다. 이로 인해 이승만과 하지는 한 동안 불화를 겪었지만 1947년 무렵 미국에서 매카시즘 선풍이 불면서 미국의 대한 정책은 반공노선으로 급선회했다.

빼앗겨 버린 민중의 열망

함석헌이 "해방은 도둑같이 뜻밖에 왔다."고 말한 건 반가움의 표현이 아니었다. 그건 조선인 특히 엘리트 집단에 대한 질책이었다. 그는 "솔직하자. 너와 내가 다 몰랐느니라. 다 자고 있었느니라."라고 개탄하면서 깊은 잠을 자고 있던 조선 지도층의 모습을 이렇게 묘사하였다. "신사 참배하라면 허리가 부러지게 하고, 성을 고치라면 서로 다투어 가며 고치고, 시국강연을 하라면 있는 재주 다 부려서 하고, 영미를 욕하고, 곱게만 보일 수 있다면 성경도 고치고, 교회당도 팔아먹고, 신용을 얻을 수 있다면 네 발로 기어도 보이고, 개소리로 짖어도 보여 준, 이 나라의 지사·사상가·종교가·교육자·지식인·문인, 또 해외에서 유랑 몇십 년 이름은 좋아 서로 서로 박사파·선생파·무슨 계·무슨 단團·하와이나 샌프란시스코에서는 미국인 심부름꾼 노릇을 하며 세력 다툼을 하고, 중경·남경선 중국인 강냉이 죽을 얻어먹으며 자리싸움을 하던 사람들이 알기는 무엇을 미리 알았단 말인가?" 조선의 엘리트 계급에 대한 매서운 질책임에 틀림없다. 그 질책이 틀리지 않았음을, 그래서 조선인들이 일제 치하보다 더 혹독하고 잔인한 동족상잔의 길로 나아가게 되었음을 이후 역사는 보여주게 된다.

우리는 흔히 이렇게 말한다. 8·15 해방 그 자체는 민족의 완전한 자주독립이 아니었고 식민지 질서의 철저한 청산도 아니었다. 8·15 해방이 가져다준 것은 결과적으로 볼 때 일본의 철수뿐이었다. 식민지지배에 협조했던 매국노들을 벌주고, 그들이 일본에 빌붙어서 부당하게 획득한 재산을 환수하여 민족경제를 부흥시키고, 제국주의 세력을 배척함과 동시에 통일된 민주주의적 자주독립 국가를 건설하는 일은 우리 민족 모두가 수행해야 할 절체절명의 과제로서 이러한 과정을 통해서만 8·15의 기쁨은 진정한 해방으로 우리 민족에게 다가올 수 있는 것이었다.

1945년 9월, 남한으로 진주한 미 제24군단은 일본으로 진주하기로 한 부대였는데 전술상 갑자기 한국으로 진출한 부대로서 한국에 대해서는 진짜 무지한 군인들이었다. 하지 사령관을 비롯해서 한국에 진주한 미군들은 한국을 통치할 능력을 제대로 갖추지 못했던 집단이었다. 또한 스스로 통치해나갈 능력이 없으면 그 나라 국민들이 추앙하는 기구나 그 나라 국민들의 자생적인 조직을 활용할 줄 알았어야 했는데 한국에 진주한 미군들은 오히려 한국인들이 존경하는 기구인 대한민국 임시정부를 부인함으로써 한국인들의 정치적 허무감을 조성했고, 한국인 스스로 만든 자생적인 조직인 인민위원회를 해체시킴으로써 정치적인 폐허 상태를 만들고 말았다.

미군이 남한에 진주해서 미군정을 수립할 때 조금은 민주적이고 자율적인 사고방식을 지녔던 문민 정치인들이 참여했더라면 해방 후 상황은 많이 달라졌을 것이다. 미군정은 김구를 비롯한 한국 임시정부의 요인들을 완고한 국수주의자로 몰아부쳐 무시하려 했고, 여운형은 널리 알려진 공산주의자로 낙인찍어 그가 만든 조직인 인민위원회를 압살하였다. 미군정 수뇌부 스스로 한국 사정에 너무 생소했기 때문에 일제의 식민통치자들에게 의존하는 악수를 두었는가 하면 미군정에 참여한 친일 극우 보수세력은 미군정 수뇌부의 반공·반소의식을 견제하기보다는 조장하는 역할에 충실했다.

미군은 점령 직후부터 군정청을 설치하고 여운형의 주도로 창설된 인민공화국의 존재를 전면적으로 부인하면서 미군정 이외의 어떤 권력기관의 창설도 인정하지 않겠다는 태도를 표명하였다. 또한 8·15 이후 전국 각지에서 자연발생적으로 일어난 인민위원회와 치안대 등 각종 자치기구를 일방적으로 해체하고 일제 아래 식민지 통치에 협력한 친일파를 다시 기용했는데 미국은 친일파들을 자기 직분에 충실했던 사람들이라고 오히려 비호했다. 친일파들은 이제 미국의 후원을 받으며 대한민국의 지배자로 등장했다. 정상적인 상황이었으면 집권할 수 없었던 친일파들이 정권을 장악하는 과정은 대단히 폭력적일 수밖에 없었다. 일제강점기 동안 억눌렸던 민중들은 새로운 질서를 원했지만 친일경찰들이 오히려 계급이 높아져 군림하는 모습에 분노했다. 새로운 세상을 꿈꾼 민중들의 욕구와 기득권을 유지하려는 친일파들의 욕구는 양립할 수 없는 것이었다.

1947년 7월, 친일 잔재 청산을 위하여 남조선 과도입법의회는 '민족반역자·부일협력자·전범·간상배에 대한 특별법'을 제정한 바 있다. 그러나 이 법안을 미군정은 인준을 거부하였다. '반민족적 친일청산'이 시대정신이었던 해방 직후에 미군정은 친일경찰·친일관료·친일정치인들에게 면죄부를 주었고 대신 그들은 미군정에 충성을 바쳤다. 미군정은 절대 다수 우리 국민의 기대를 철저히 짓밟고 전범 일제와 협력한 친일 매국노와 서로 도움을 주고받는 더러운 관계를 맺은 것이다. 이렇게 미군은 항일 애국지사들이 인간 취급도 하지 않는 친일 앞잡이들에게 무기를 지급하고 미국의 분단정책을 반대하고 항거하는 사람들을 탄압하였다.

미군은 해방자로서 조선에 온 것이 아니었다. 많은 사람들은 해방을 맞이하여 미국이 우리나라를 점령한 뒤 우리는 미국으로부터 큰 은혜를 입었다고 생각한다. 미국이 우리에게 민주주의 정치제도와 생활방식을 가르쳐 주었고 경제를 복구하는 데 필요한 물자를 제공해 주었다고 생각하는 것이다. 그러나 미국이 실제로 그러한 일을 했다 하더라도 그들의 진정한 목적과 의도는 무엇이었을까? 그리고 우리가 미국의 이런 도움을 받은 결과는 과연 무엇인지를 생각해 보지 않을 수 없다. 해방 정국에서 미군정이 추진했던 정책의 정치·경제적 지향점은 기본적으로 민족해방의 완결을 향한 진로를 가로막은 남한 사회의 재식민지화 과정이었으며 이후의 정국은 바로 이에 토대를 둔 연장선에서만 파악될 수 있는 것이다. 따라서 민족자주와 함께 정치·경제적 차원에서 민주주의적 근거를 가진 새로운 정치를 지향하려 했던 민족 내부의 절실한 요구는 무시될 수밖에 없었으며, 이 요구를 감당하려 했던 세력은 미국의 점령정책의 진압 대상이 되고 말았다. 한 시대를 정리하고 다음 시대로 넘어가는 단계를 우리는 놓쳐 버린 것이다.

■ 해방공간의 그림자

해방 직후 건국준비위원회는 장권을 치안대장으로 임명해서 한국인들에게 증오의 대상이었던 일본 경찰과 조선인 하수인들을 내몰고 그 자리에 한국의 애국자들로 충원했는데 이러한 교체는 무리 없이 진행되었다. 그러나 9월 8일, 미군이 진주하여 미군정을 설치하면서 미군정은 건국준비위원회 특히 그 후신인 조선 인민공화국을 부인하기에 이르렀고 훈련되지 않은 미국인과 잘못 임명된 한국인들로 인공人共을 대체한 결과는 혁명의 시계를 거꾸로 돌리고 역사의 발전을 가로막는 결과를 초래했다.

인공의 권위를 실추시키고 그 기능을 마비시킨 것은 일제의 지배로부터 미군정의 통치에 이르는 과도기에 인공이 떠맡고 있던 경찰력을 탈취하는 데서 시작되었다. 미군정은 무엇보다 치안 확보가 급선무라 판단해서 일제의 억압 기구인 경찰·군인·사법부를 그대로 인수하려는 계획을 세우고 이 일을 조병옥과 장택상에게 맡겼다. 해방전 일제 경찰의 규모는 2만여 명이었고 한국인 경찰은 8천 명이었다. 한국인 경찰들은 80~90%가 도망쳤다가 일부는 눈치를 보면서 건국준비위원회·치안대·학도대에 들어갔으며, 경무부와 수도경찰청에서는 미군정의 정책에 따라 이들을 규합했다.

패망한 일제를 대신해 동북아시아에서의 패권을 노렸던 미국은 일제강점기의 토착지배세력인 친일파를 재활용했으며, 그 어떤 명분이나 정통성도 없는 세력들이 만든 국가는 공공성의 절대적 부족을 폭력과 마피아적 상명하복으로 메웠다. 그 결과 1946년 끝 무렵에는 그 숫자가 일제시기보다 늘어난 2만 5천여 명에 이르렀으며, 악질적인 고문경찰 노덕술이나 이익흥 같은 자들도 다시 경찰 간부로 활동하게 되었다. 이들은 미군의 진주와 더불어 생존의 출구를 되찾을 수 있었으며, 반공 이데올로기와 좌익 탄압으로 자신들을 변신시키고 정당화시킬 수 있었다. 이들은 식민지시대의 친일관료적 경력의 공통성으로 인해 고도의 내적 통합성과 응집력을 가지는 단일집단이 될 수 있었다.

또한 관서關西와 관북關北의 끝자를 따서 명칭을 지은 서북청년단은 해방 이후 38선이 그어지면서 월남한 이북 5도의 우익 청년들이 결성한 반공단체였다. 서북청년단은 한창 때 회원 수가 7만 명이 넘었으며 알려진 바와 같이 철저한 극우단체였다. 우익의 최선봉에서 닥치는 대로 좌익세력을 쳐부수는 전위행동대로써 피비린내 나는 살상이 서청의 역사라 해도 과언이 아닐 것이다. 김구 암살범 안두희도 서북청년단의 간부였다. 안두희는 서북청년단 총무부장 시절 미국 전략정보국(OSS) 한국지부에 포섭되었으며 김구를 암살할 당시에도 이 기관과 관계를 맺고 있었다.

서북청년단이 있던 동아일보사 옥상은 생지옥을 방불했다고 한다. 이른바 성분심사를 명분으로 밤낮을 가리지 않는 불법적인 심문과 사형私刑이 진행되었기 때문이다. 당시 북한에서 월남한 청년 중 일단 의심이 가는 사람은 무조건 동아일보사 옥상으로 끌려갔는데 그때마다 광화문 네거리에 자리 잡은 이 건물 옥상은 살려 달라는 비명소리와 린치의 고통을 이기지 못하고 혼절하는 사람 등으로 아수라장이 되었다. 오로지 공산당을 잡기 위한 것이었지만 바로 아래가 신문사였던 점과는 묘한 대조가 아닐 수 없다.

이들의 정신적 배후는 이승만이었고 행동의 배후는 조병옥이었다. 미군정의 하지 중장이 무차별 테러로 문제가 된 이 조직을 해산시키라고 말하자 조병옥은 이들의 행동에 다소 불법성이 있었다 해도 열렬한 반공 우익 단체를 해산한다는 것은 미군정 본래 임무와 사명에 어긋난다며 서북청년 단을 두둔하였고 결국 미군정과 서북청년단은 서로 협력하게 된다. 김두한으로 대표되는 우익전사들이 투쟁에 참여한 이유는 다양했다. 원한관계도 있었지만 먹고 살기 위한 방편으로서의 투쟁이 대부분이었다.

식민통치를 36년간 겪은 나라에서, 해방 직후의 혼란 속에서, 절대다수의 민중이 절대빈곤에 시달렸던 상황에서, 일제의 지배자들이 공산주의자들을 제거하려고 발악하는 걸 생생히 지켜봤던 사회에서, 공산주의라는 것이 뭘 그리 목숨 걸고 박살내야 할 악이었을까? 사실 그 당시에는 공산주의자가 위험인물이 아니라 지조가 높은 애국자로서 민중의 눈에 비치고 있어서 우파 민족주의자도 혁명 또는 혁명가라는 말을 사용하여 자신의 애국심의 강도를 나타내려 하였으며 해방 후 전향한 공산주의자도 그들의 민족운동에 대한 공헌을 정당화하기 위하여 그들이 한때 공산주의 운동에 참가했던 것을 부정하는 사람은 없었다.

해방 후 신생 독립국가를 탄생시키려고 하는 상황에서 이데올로기의 외투를 걸치고 양심적인 우익까지 타협이 불가능한 원수로 삼은 이유가 무엇이었을까? 한나 아렌트(Hannah Arendt)는 폭력집단이 공권력을 대행·보조하거나 공권력과 공조하는 사회, 그리고 공권력이 폭력집단을 동원해 저항운동을 탄압하는 사회가 바로 파시즘 또는 전체주의 국가라고 했다.

분단과 냉전은 옛 친일세력을 부활시켰고, 그들은 자신의 도덕적 취약성을 반공과 물질주의로 포장했다. 그래서 그들은 미국의 표준에 따르는 것을 '국제적'이라 말했고 선거제도와 형식상의 삼권분립을 민주주의라고 가르쳤으며, 천민자본주의의 돈벌이까지도 시장질서라고 선전하였다. 이러한 가치전도의 혼란 과정에서 우리 민족은 책임과 의무를 바탕으로 하는 지도자를 키워 나갈 정신적 토양을 배태하지 못하여 정치·언론·교육·문화 등 사회 전반이 정신적 뿌리와 신뢰하는 리더 계층이 없는 막가파식 평등주의가 탄생케 한 원인을 제공하였다.

■ 계획된 불법과 실책

미국의 국무장관을 지낸 냉전의 전사로써 일본을 일거에 패전국 지위에서 동맹국 지위로 끌어올리고 샌프란시스코 강화조약 때 한국의 전승국 지위를 박탈한 존 덜레스(John F Dulles)는 한국에 대한 일제 식민 지배가 국제법상 합법이었고 한국인들의 저항은 사실상 전무했으며, 일본이 한국에 배상할 이유가 없다고 말했다. 덜레스만 그런 건 아니다. 프랭클린 루스벨트가 광복 뒤 한국에 대한 신탁통치 결정을 내린 것도 덜레스적 사고의 연장이었으며, 그것은 우드로 윌슨과 그전의 시어도어 루스벨트까지 포함한 미국 엘리트들의 전통적 사고방식이었다. 그 과정에서 미국은 일본의 한반도 식민 지배를 긍정했고, 일본의 약탈과 전쟁범죄에 대한 배상이 아닌 냉전적 반공동맹 경협 차원의 청구권만 인정하고 서둘러 전후처리를 끝냈다.

일본이 한·일 강제병합조차 불법이 아니라고 지금까지 주장하고 모든 과거사는 이미 다 청산됐다고 주장하지만 실은 하나도 청산된 게 없는 한일 관계의 질곡이 거기서 비롯됐다. 패전 뒤 일본에서 한반도가 떨어져 나온 것은 해방이 아니라 패전국에서 분리 또는 승전국에 할양된 것이며, 제국들끼리의 흥정 결과였을 뿐이다. 오타 오사무 도시샤대 교수는 이런 미국과 일본을 식민지주의의 공범으로 규정한다. 그는 일본의 과거사 미청산과 이 때문에 여전히 풀리지 않고 있는 한·일 관계 교착, 말하자면 해방이 미완으로 끝난 것은 미국의 종용으로 1965년에 체결된 한·일 국교정상화 협상이 근본적으로 잘못됐기 때문이며, 그 협상이 잘못된 이유는 그것이 1951년에 체결된 샌프란시스코 강화조약 체제라는 잘못된 틀 속에서 진행됐기 때문이라고 본다.

한국은 광복 뒤 끊임없이 싸웠던 항일의 역사를 몰수당한 채 제국들의 흥정에 동조한 내부 협력자들에 의해 장악당했다. 해방 후 미군정 하의 남한은 원자재와 훈련된 기술자의 부족으로 어려움을 겪었다. 미군정 당국은 일본 기술자들을 한국으로 재영입하는 문제도 고려했으나 과도 입법원이 이를 거부함으로써 좌절되었다. 당시 남한의 산업을 재건하기 위해서 필요한 원자재의 대부분이 이북에서만 생산되고 있었다. 그래서 미국 정부는 소련 정부에 항의했지만 38선은 원자재의 효율적인 유통을 가로막았다. 아울러 미군정 초기에 하지 사령관은 모든 군수물자의 생산이 가능한 산업시설을 파괴하도록 명령을 내렸기 때문에 산업체의 기계들은 상당히 파손되었다. 이렇듯 파괴된 기계들의 상당 부분은 평화 시 제품 생산을 위해 쉽게 전환될 수 있는 기계들이었다.

미군은 점령 후 몇 주 안되어 부평에 설치되어 있던 전시 산업시설들을 마구잡이로 파괴하기 시작했다. 그런가 하면 나중에 미군 제29사단 병원이 들어설 장소로 선정된 과학연구소도 무차별 파괴했다. 많은 양의 고급 실험 기자재들이 트럭에 실려 내버려졌으며 그나마 쓸 만한 장비들은 약탈자들이 대부분 가져가 버렸다. 서울에 있는 도서관에 난입한 미군 병사들은 귀중한 도서들을 어지럽혀 놓았다. 미국인들이 소련인들에게 도덕성을 강조하는 것을 보면 그들의 말과 행동이 모순된다는 것을 알 수 있다. 또한 남한에서는 1945년 8월 15일 이후 처음 1~2년간은 외국과의 통상이 금지되었다. 이러한 조치는 한국의 무역을 마비시키는 결과를 빚었는데 그 이유를 아는 사람은 아무도 없었다.

2001년 2월, 미 시사주간지 타임은 일제의 우리 문화재 약탈에 관한 특집 기사를 게재했다. 타임에 따르면 20세기 초·중반에 정부의 지원을 받은 일본의 학자와 민간수집가들, 수많은 대학관계자들이 개성·경주·평양 등 조선전역으로 벌떼같이 몰려들어 땅 속 무덤이나 절, 전각에 있던 고구려·백제·신라·고려·조선의 유물들을 마음대로 파헤치고 부순 뒤 몽땅 가져갔다.

1903년 일본 전기회사의 우두머리로 조선에 온 일본인 사업가 오구라 다케노스케는 그런 약탈 과정과 결말의 전형을 보여준 사례다. 그가 얼마나 무덤들을 파헤치고 다녔던지 그에게는 두더지라는 별명이 붙었다. 그가 일본으로 가져간 각종 청자와 청동불상 그리고 5~6세기 가야 왕릉들의 금관 등 수많은 금세공 장신구들은 지금 도쿄 국립박물관에 '오구라 컬렉션'이라는 이름으로 1,100여 점이 남아 있다. 일본인 고고학자 아리미츠 교이치는 조선총독부가 문서가 아니라 발굴 현장을 통해 조선 문물을 확인하고 싶어 했던 학자들을 대거 동원해 무려 15권 분량에 이르는 약탈 목록을 작성했다고 고백한 바 있다. 이토 히로부미 초대 통감은 재임 4년 간 1천 점 이상의 청자들을 모았고, 초대총독 데라우찌 마사타케는 1,855점의 서예 작품과 432권의 서적, 2천여 점의 청자와 청동거울 등을 이 땅에서 긁어모았다. 이른바 데라우치 컬렉션의 일부는 일본 야마구치 여자대학에 남아 있는데 일제 패망 뒤 극히 일부가 한국에 반환됐다.

일제가 조선에서 빼앗아 간 우리 문화재는 도대체 얼마나 될까? 타임 보도에 의하면 금세공품·옥장식·청자 등, 도자기·문인석 등, 돌조각·탑·사리함·그림·서예 등 약탈 문화재가 10만 점이 넘었다고 한다. 일제 패망 뒤 한국으로 돌아온 것은 불과 3,500여 점이고, 그나마 정부 간 협상에 의해서 돌아온 것은 1,600여 점에 지나지 않는다. 나머지는 드물지만 일본인 소장가의 기증이나 한국인 수집가들의 구입으로 회수된 것들이다. 타임지는 이 참담한 현실, 이 거대한 범죄 행위의 또 하나의 공범자로 미국을 지목한다. 군사정권이 끝나고 이른바 문민정권이 출범한 뒤인 1994년 처음으로 일제 약탈 문화재 반환을 공개적으로 거론하기 시작했을 때 일본에서 29,637점이 확인됐고 그 다음으로 많은 나라는 미국의 14,492점이었다. 일본 못지않게 미국에도 많이 있었던 것이다.

그 경위에 어떤 차이가 있든 두 나라는 한반도 점령국이라는 공통점이 있다. 해방되던 첫 해에 미국으로 실어 나른 물건들은 한국에 주둔하던 미군 대령이 박물관·사당·사찰 또는 개인들로부터 약탈한 4,000점의 예술품들이었다. 이 미군 대령이 당시 도지사로 봉직하면서 벌금이나 형량을 감해 주거나 갖가지 청탁을 처리해 주고 그 대가로 거둬들인 물건이었다. 미군 범죄수사국이 이러한 사실을 밝혀내고 그를 해직시킨 후 병가로 귀향 조치시켰다. 미군정은 그를 처벌하지 않기로 결정했는데 그것은 미군의 이미지를 손상할까 두려워서였다고 했다는데 웃어넘길 수도 없는 이야기다.

그러나 미국을 문화재 약탈의 공범자로 지목하는 가장 큰 이유는 여기에 있지 않다. 타임의 기사는 "일본의 조선 문화재 반환 문제가 사라지게 된 이유 가운데 하나는 전후 일본의 약탈 문화재 반환 논의는 정치적 고려 때문에 폐기됐다. 반환에 반대한 핵심인물은 일본 점령군 사령관 맥아더였다. 1948년 5월, 맥아더는 라디오 연설에서 미군에게 군사 행동과 점령의 결과 분실되거나 파괴된 문화재의 원상회복에 대해서는 소수 의견일지라도 이를 절대 반대한다."고 했음을 밝혔다.

맥아더의 반대는 반환 요구의 법률적·윤리적 또는 도덕적 권리를 도외시한 채 미국의 정책적 목표와 점증하던 냉전의 우려 등 당장의 필요성만 고려한 것이었다. 맥아더는 문화재 반환이 우리에 대한 일본인들의 감정을 악화시켜 일본을 이데올로기적 압박에 취약하게 만들고, 반체제 전복운동에 유리한 토양을 조성할 것이라고 우려한 것이다. 이후 미국과 일본이 정략적으로 야합한 샌프란시스코 강화조약을 거쳐 1965년에 체결된 한·일협정이 약탈 문화재 반환을 사실상 완전히 무시한 것은 당연한 귀결이었다. 일본은 형식적인 협정상의 문화재 반환 조항을 완전히 무시하기 어려웠던지 극히 일부만 반환하면서 인사치레를 했다.

한국에서든 일본에서든 과거사를 얘기하고 일본의 미흡한 과거 청산과 역사 왜곡 등을 지적하면 지적하는 쪽이 오히려 편협한 민족주의자나 국수주의자, 덜떨어진 사람쯤으로 매도당하는 이상한 분위기가 있다. 이 적반하장의 야릇한 분위기야말로 약탈 문화재 처리 과정이 상징하는 왜곡된 역사의 산물이자 역사왜곡을 더욱 심화시키는 원인이기도 하다. 그러나 우리는 과거를 입증하고 그들 주장의 허구를 반박할 자료가 거의 남아 있지 않다. 그런 자료는 오히려 그들 손에 거의 다 넘어가 있거나 파괴당한 지 오래다. 그리고 우리 스스로도 팔아넘기고 파괴하고 신경도 쓰지 않았다. 그러기에 그들은 "무시당하던 조선 유물들을 발굴·보존하고 평가한 것은 우리 공로다. 우리는 오히려 칭찬받아야 한다."는 주장을 내놓기에 이른 한심한 상황이다.

미국이 저지른 독도분쟁의 불씨

대한제국은 일본인들의 끝없는 울릉도 불법 입국과 정착을 방지하는 적극적 대책의 일환으로 1900년 10월, 칙령 41호를 제정·반포하여 종래 강원도 울진군에 속했던 울릉도를 울도군으로 승격시키고 새로 울도 군수를 임명하고 울도군이 관리하는 구역은 울릉도·죽도·독도로 하였다. 그리고 이 관계개정 내용을 1900년 10월 27일, 관보 제1716호에 게재하여 울릉도·독도의 영유권을 근대법적으로 분명히 했다. 정부가 울도 공도정책을 폐기하고 이주정책을 실시하자 울릉도에는 다도해·호남지방 어민들이 다수 정착하였는데 이주민들은 종래 명칭인 우산도보다 돌로 된 섬이라는 뜻으로 돌섬(독섬)이라 호칭하였다.

일본도 오래전부터 독도가 한국의 영토임을 인정하였는데, 1868년 1월 메이지 정부가 수립되자 새 정부의 태정관(총리대신)과 외무대신은 1869년 12월 외무성 고관들을 조선에 파견하여 양국 현안 14가지 항목에 대한 내탐조사를 명했다. 그 가운데 울릉도와 독도가 조선 부속으로 되어 있다는 문제도 포함되어 있었다. 이에 대한 내탐보고서가 1870년 작성된 '조선국교제시말내탐서'이고 본 문건은 울릉도와 독도가 한국령임을 밝히고 있다. 또한 1876년 일본 내무성은 근대적 일본지도와 지적도를 작성할 필요에 따라 각 현에 지도와 지적도를 작성하라고 지시하였는데 1877년 내무성은 5개월 간의 조사 끝에 울릉도와 독도는 조선 영토이고 일본과는 관계가 없다는 것을 염두에 두라는 내무성 훈령을 보낸바 있다.

1904년 러·일전쟁 당시 독도의 군사적 가치에 눈을 뜬 일본은 러시아 함대의 동태를 감시하는 해군 망루를 세우기 위하여 독도 편입의 기회를 노리고 있었다. 일본 정부는 독도가 한국 소유임을 알면서도 무주지라고 전제하고 1905년 1월 28일, 내각회의에서 '무인도 소속에 관한 건'으로 독도를 일본 영토로 편입했고, 한국 정부에는 그 사실을 통보하지도 않았다. 그러한 조처가 국제법적인 효력을 가지려면 일본 외무성 관보에 공시해야 하는데 그러면 이 사실이 세상에 노출되기 때문에 일본 정부는 혼슈 남서부에 있는 시마네 현의 관보에 고시 제40호로 은밀하게 처리했다. 이처럼 독도는 1905년 을사늑약이나 1910년 강제병합처럼 한국이 일본에 침략당하는 과정에서 가장 먼저 빼앗긴 영토였기에 한국 사람에게는 가장 큰 상처이자 아픔이었다.

일본이 연합군에 패망한 후 연합국은 동경에 연합군 최고사령부를 설치하고 구 일본제국이 이웃나라 영토를 침략하여 빼앗은 모든 영토를 원주인에게 돌려주는 반환 작업을 시작하였다. 연합군 최고사령부는 1946년 1월 29일, 연합국 최고사령부 지령(SCAPIN) 제677호 '약간의 외곽지역을 정치상 행정상 일본에서 분리하는 것에 관한 각서'를 발표하여 한반도 주변의 제주도·울릉도·독도 등을 일본 주권에서 제외하여 한국에 반환시켰다. 이어서 46년 6월 22일, 지령 1033호 '일본의 어업 및 포경업에 인가된 구역에 관한 각서'를 발표하여 일본 어부들이 독도와 그 12해리 수역에 접근하는 것을 엄금하여 독도가 한국 영토임을 명백히 하였는데 이 군령들은 아직도 국제법적 효력을 갖는 것이다.

대한민국은 1948년 8월 15일, 정부 수립과 동시에 주한 미군정(연합국)으로부터 한반도와 독도 등 부속 도서들을 영토로 인수하였고, 1948년 12월 12일 국제연합으로부터 그 영토와 주권을 국제적으로 공인받았다. 연합국은 1952년 일본을 재독립시켜 주기로 하고 이에 앞서 1951년 대일본 강화조약을 체결하려 하였다. 연합국은 그 준비로 1950년에 '연합국의 구일본 영토 처리에 관한 합의서'를 작성하였다. 이 합의서 제3항에서 한국에 반환할 영토는 한반도 본토와 그 주변의 모든 섬인데 그 대표적 예로 제주도·거문도·울릉도와 함께 독도를 리앙쿠르 바위섬이라는 호칭으로 명기하여 한국에 반환해서 한국 영토로 처리됨을 극히 명료하게 밝혔다. 연합국이 독도를 한국 영토로 판정하여 반환시켰음을 보여주는 귀중한 자료다.

그런데 중국 대륙을 미국의 기대와는 달리 장제스가 아니라 마오쩌둥의 공산세력이 장악하고 중화인민공화국을 선포한 1949년 10월 이후 독도의 지위가 변하는 문제가 시작되었는데 그 주역은 미국이었다. 1949년 11월 14일, 주일 미국 정치고문 윌리엄 시볼트가 미 국무장관 윌리엄 버터워스에게 한 통의 전보를 보냈다. "조선 쪽 지역에서 일본이 예전에 영유하고 있던 섬들의 처분에 관해 리앙쿠르 암초가 우리의 제안과 관련 있는 제3조에서 일본에 귀속되는 것으로 명기할 것을 제안한다. 이 섬에 대한 일본의 영토 주장은 오래고 정당하다고 생각되며, 또한 그것을 조선 근해의 섬이라고 보는 것은 곤란하다. 또 미국의 이해에 관계가 있는 문제로서 안전 보장상의 고려에서 이 섬에 기상대와 레이더 기지국 건설을 고려할 수 있을지도 모른다."

이는 의견서 형식의 정식 문서로 작성되어 미국 정부에 제출되었고, 이에 따라 1949년 12월 29일 샌프란시스코 강화조약[35] 6차 초안에 독도는 일본 영토에 포함된 걸로 둔갑한다. 뒤에 표기방식이 '일본 영토에서 제외되는 영토·도서'로 바뀌고 제주도·거문도·울릉도가 그 대상에 명기됐다. 처음에

---

35) 샌프란시스코 강화조약은 제2차 세계대전을 종식시키기 위해 일본과 연합국 48개국이 맺은 평화조약이다. 1951년 9월 8일 미국 샌프란시스코에서 조인되었고 1952년 4월 28일 발효됐다. 이 조약은 한반도의 독립을 승인하고 대만과 사할린 남부 등에 대한 일본의 모든 권리와 청구권을 포기한다는 내용이다. 전문(前文), 제1장 평화상태의 회복(제1조), 제2장 영역(제2~4조), 제3장 안전(제5~6조), 제4장 정치 및 경제(제7~13조), 제5장 청구권 및 재산(제14~21조), 제6장 분쟁의 해결(제22조), 제7장 최종 조항(제23~27조)으로 되어 있다. 그중 중요한 것은 제3장의 안전조항으로서, 미·일안전보장조약의 체결을 위한 복선을 그어 놓은 것이다. 즉, 국제정치의 입장에서 일본을 반공진영에 편입시키는 성격을 띠었다. 이는 미국의 정치적 의도가 드러난 것으로, 미국이 이 회의를 주도하면서 상식선을 넘는 관대한 정책을 일본에 베풀었다는 지적이 있다. 그런데 한국은 여기에 초대받지 못했다. 연합국의 일원으로 일본과 전쟁을 하지 않았다는 이유다. 또한 한국은 일본의 전승국에 대한 전쟁 배상을 위한 샌프란시스코 강화조약에 참가하지 못함으로써 전시 '손해 및 고통'에 대한 배상청구권을 향유할 수 없게 됐다. 그 후 한국은 일본과 양자 협의를 통해 과거를 매듭지을 수밖에 없었으며 1965년 한일협정 당시 일본식민지 지배에 대한 피해에 대해 보상 및 배상이 아닌 경제협력자금의 형태로 일본의 지원을 받게 된 이유도 이 조약 때문이었다. 한편 일본은 샌프란시스코 평화조약에 독도가 한국 땅이라는 명문 규정이 없다는 이유를 독도에 대한 일본 영유권 주장의 근거로 내세우고 있다.

는 독도가 들어 있었으나 최종안에선 미국이 빼 버렸다. 일본은 이를 독도가 일본 영토가 된 증거의 하나로 들먹이지만 그렇다고 거기에 독도가 일본 영토라고 명기된 것도 아니다. 일본은 1945년 패전 직후부터 독도를 포함해 침략으로 강탈했던 땅을 끝까지 움켜쥐려고 로비를 했다. 그러나 영국·호주 등 다른 연합국들이 6차 초안에 반발하자 미국은 이를 폐기했고, 7차 초안부터 조약체결 때까지 독도에 중립적인 태도를 보였다. 일본의 편을 들지도 않았지만 일본이 멋대로 해석할 불씨를 남긴 것이다.

1951년 체결된 샌프란시스코 강화조약은 "일본은 한국의 독립을 인정하고 제주도·거문도·울릉도를 비롯한 한국에 대한 모든 권리와 소유권 및 청구권을 포기한다."고 명시되었다. 미국의 이런 기회주의적인 처신 때문에 조선 땅이었던 독도는 공중에 떠 버렸고, 일본은 그걸 근거로 계속 자기네 땅이라 우기고 있다. 그러나 최대 피해국인 조선과 핵심적인 교전 당사국 중국·소련 등이 참여하지 않은 샌프란시스코 강화조약은 사실상 미국과 일본의 범죄적 담합에 지나지 않는 것이다.

미국이 독도를 일본에 넘길 때 어떤 계산을 했는지 보여주는 또 하나의 결정적인 자료가 있다. 2000년 8월 22일 아사이 신문은 이 무렵 공개된 미국 국립공문서관 비밀 해제 자료를 인용하면서 1949년 12월 작성된 조약 초안에는 원래 한국을 연합국의 일원, 즉 승전국의 하나로 포함시켰으나 1951년 7월엔 한국을 승전국 명단에서 빼 버렸다는 사실을 보도했다. 독도의 일본 영토 둔갑과 한국의 전승국 명단 제외 등 일련의 사실은 미국의 일본 살리기 전략이라는 흐름 위에서 파악하여야 한다. 앞으로도 미국은 자기들의 국익에 따라 더욱 강력하게 한·일 간의 분쟁에 끼어들려고 할 것이며 역사 인식 문제는 애매하게 덮어두려고 할 것이다. 중국의 태동이라는 위협에 직면한 미국이 현재 추진하고 있는 한·미·일 군사동맹의 본격

가동 구도는 한·일 양국을 군사적인 하위체계로 편성하려는 것이다. 1960년대 월남전 수행을 위해 한·일협정을 강행했던 당시 아버지가 범한 과오를 딸이 재연하지 않는가 하는 우려가 기우이길 바란다.

■ 독도 밀약, 이제는 말해야 한다

역사적으로 독도를 지킨 건 국가가 아니라 민간인이었다. 조선조에는 울릉도와 독도에서 왜구를 내쫓은 건 민간인 안용복이었으며, 해방 후 독도를 지킨 건 예비역 특무상사 홍순칠과 33인의 민간인이었다. 홍씨는 전쟁을 틈타 독도를 제집 드나들듯 하던 일본인들을 몰아내기 위해 의용수비대를 조직했다. 정부 지원도 없어 가산을 처분하고 의연금을 모아 기관총·박격포 등을 구입하고 의용대도 모집했다. 수비대는 일본 해상보안청 소속 함정의 침범을 두 차례나 격퇴하고, 가짜 해안포를 설치해 일본 함정이 접근하지 못하게 하는 기지도 발휘했다. 수비대에서 물러난 뒤에도 1969년, 1972년 독도개발계획서를 경상남도에 제출하는 등 실효적 지배를 강화하도록 재촉했다.

박정희 정권은 부담스러웠다. 홍 대장은 1974년 12월 중앙정보부에 끌려가 사흘 동안 고문을 당했다. 중정의 요구는 더 이상 '독도는 우리 땅'이라고 떠들지 말라는 것이었다. 다시는 글을 쓰지 못하도록 그의 오른손을 부러뜨리기도 했다. 전두환의 신군부에서도 똑같았다. 신군부는 1980년대 초, 그가 독도지킴이로 북한방송에 소개되자 그를 즉각 체포해 극렬한 고문을 가하여 간첩 조작을 하려 했다. 결국 고문 후유증으로 홍 대장은 1986년 숨졌다. 전두환 정권은 독도를 천연기념물로 지정해 민간인 출입을 막았고, 심지어 '독도는 우리 땅'이라는 노래도 금지곡으로 지정했다.

1965년 1월 11일, 서울 성북동 박건석 범양상선 회장의 자택에서 정일권 국무총리와 일본 자민당의 실력자 우노 소스케 의원이 하나의 메모에 사인을 했다. '미해결의 해결'이란 원칙에 따라 작성된 독도밀약의 내용은 첫째 독도는 앞으로 대한민국과 일본 모두 자국의 영토라고 주장한다. 반박해도 이의를 제기하지 않는다. 둘째 어업구역을 설정할 경우 양국 모두 독도를 기점으로 획정하되 중복되는 부분은 공동수역으로 한다. 셋째 현재 대한민국이 점거한 현상을 유지한다. 그러나 경비원을 증강하거나 새로운 시설을 증축은 하지 않는다. 이는 결국 미해결 상태를 해결로 간주하고 독도 언급을 하지 않는다는 것이다. 일주일 뒤 1년 넘게 교착됐던 정상회담 예비회담은 재가동됐고, 6월22일 한·일 협정이 체결됐다. 함께 발표된 한·일 어업협정은 독도 주변 해역을 공동규제수역으로 규정했다. 밀약 내용 그대로였다. 공동규제수역 혹은 중간수역 규정은 지금까지 지켜지고 있다.

최근 와다 하루키和田春樹 도쿄대 명예교수가 독도 문제 등 동북아시아 영토 문제에 관한 매우 현실주의적인 해법을 제시했다. "한국 측 주장의 핵심은 1905년 1월 일본의 독도 영유는 조선 침략을 시작하면서 5년 뒤의 강압적인 한국 병합을 위한 전조로 행해졌다는 점에 있다. 일본에서 이 주장을 논박하는 것은 불가능하다. 그리고 이 주장에 따른 독도 지배는 한민족이 존재하는 한, 대한민국이 존재하는 한 절대 철회되는 일이 없을 것이다. 한국이 실효 지배하는 독도에 대한 주권 주장을 일본이 단념하는 것밖에는 다른 길이 없다. 이 결단은 이르면 이를수록 좋다. 전망 없는 주장을 계속해서 한·일 관계, 일본인과 한국인의 감정을 점점 더 악화시키는 것은 어리석음의 극치다."

그렇다고 일본이 그냥 다 내주라는 건 아니다. 와다 교수는 독도가 한국 영토라는 걸 일본이 인정하고 한국은 독도를 영해 등 경계수역을 정하는 기점으로 삼지 말고 일본 시마네 현 어민들의 주변 해역 공동이용권을 보장해 줌으로써 쌍방 이익이 되는 쪽으로 타협하라고 주장한다. "이를 위해 고유 영토나 실효 지배에 연연하지 말고 우선 분쟁이 존재한다는 것을 인정하고 대화와 협상을 시작해야 하며 이는 일본군 위안부 등 여전히 미해결 상태인 다른 과거사 문제 청산 작업과 동시에 진행돼야 한다. 그 해법도 대화와 타협, 그리고 공생의 길 찾기 밖에 없다."고 와다 교수는 말한다.

노벨상 수상자인 오에 겐자부로大江健三郎를 비롯한 일본의 양심 있는 이들은 2012년 9월, 일본의 각성을 촉구하는 대국민호소문을 발표했다. "현재 영토 갈등은 근대 일본이 아시아를 침략했던 역사를 배경으로 하고 있다는 것을 잊어서는 안 된다. 일본의 독도편입은 러·일전쟁 기간 일본이 대한제국의 식민지화를 진행하며 외교권을 박탈하려던 중에 일어난 것으로 한국인들에게 독도는 단순한 섬이 아니라 침략과 식민 지배의 원점이며 그 상징이란 점을 일본인들이 이해해야 한다."고 호소했다.

미완의 해방 미완의 독립

독립은 주도적·주체적이었나?

1919년부터 1945년까지 3·1운동의 이념과 명예를 수호한 유일한 실체가 있었다면 그것은 상해의 대한민국 임시정부였다. 27년간 남의 나라인 중국에서 그들과는 다른 이념의 정부가 존재하였으니 그 존립이 평탄할 수는 없었지만 여러 번의 고비를 넘기며 해방 때까지 그 명맥을 이어왔다. 우리가 현 시점에서 임시정부를 평가할 때 그 역할 가치는 다양할 수 있어도 존재 의미는 높게 인정되어야 한다는 것은 바로 이 점 때문이다.

그렇다면 해방 한국에서 새로운 정부를 담당해야 할 민족적 주체는 당연히 임시정부여야 하며, 그것은 민족적 명분과 함께 해방 시점까지 이어온 유일한 독립운동단체라는 점에서도 더욱 그렇다. 그러나 미·소 간의 이해관계가 얽힌 전후의 세계정세로 말미암아 김구 선생이 이끌던 임시정부는 8·15와 함께 환국조차 거부당해야 하는 참담한 상황을 맞았다. 그해 11월, 임정요인들이 환국할 때도 그들은 개인 자격으로 귀국했을 뿐 정부 자격으로 돌아오지 못했다. 또한 항일혁명가 무정 장군은 해방이 되자 자신이 거느리던 조선의용군 8만 명을 데리고 서울로 들어와 시가행진을 벌일 계획이었다. 그러나 무장부대를 데리고 들어오는 것을 완강하게 막은 것은 미국이나 소련이나 마찬가지였다. 점령군으로 왔음을 밝힌 미군이야 그렇다 치더라도 해방군으로 왔다는 붉은 군대도 마찬가지였다. 그들은 조선이라는 나라를 일본 제국주의와 맞서 싸운 주체로 인정하지 않는 것이었다. 수십 년간 이역 땅에서 풍찬노숙하면서 지켜 온 조국의 실체인 임시정부를 환국하는 마당에 버리고 돌아와야 했던 민족사의 비극은 이때부터 시작된 것이다.

미국과 소련은 처음부터 우리 민족의 정치적 장래나 자존심은 염두에 없었다. 1943년 카이로선언 때부터 구상해 온 신탁통치를 실현하기 위하여 그해 12월 모스크바에서 신탁통치안을 우리와 상의도 없이 일방적으로 발표해 버린 것이다. 신탁통치안은 민족적 분노를 불러오게 되어 결국 이를 철회했지만 그렇다고 임시정부의 실체가 회복된 것은 아니었다.

우리가 독립운동이라는 민족적 과제를 스스로 만족할 만큼 주도하였는지에 대한 부정적 견해가 아직도 상당히 있는 것은 사실이다. 그러나 이 점은 대단한 오해가 있다고 보아야 한다. 이에 대한 안동대 사학과 김희곤 교수의 지적은 의미심장하다. 첫째 대한민국 임시정부는 망명지에서 국가를 세우고 정부조직체를 구성하여 침략세력에 맞선 대표적인 사례였다. 그것도 26년 반이라는 길고도 긴 기간이었다. 프랑스와 폴란드가 제2차 세계대전 때 각각 망명정부를 설치하였으나 불과 3~4년에 지나지 않았다. 둘째 대한민국 임시정부는 독립운동을 벌이면서도 민주공화정을 일구어 냈다. 우리가 나라를 잃을 때는 황제가 주인인 대한제국이었지만, 되찾아 세울 때는 국민이 주권을 가진 민주국가였다. 서유럽은 근대 시민사회를 시민혁명을 통해 달성했지만 한국은 독립운동을 통해 만들어 갔다. 독립운동 근대화론을 말하는 이유가 여기에 있다. 셋째 우리 독립운동사 전체를 통틀어 대한민국 임시정부보다 강한 구심점을 가진 존재는 아직 없었다. 국가와 정부의 이름으로 외국 활동을 폈으며 군대를 조직하여 국내 진공작전을 시도하였다. 넷째 대한민국 임시정부가 좌우 대립을 극복하여 통합 정부를 이끌어 낸 역사적 성과가 평화통일을 갈구하는 현 시점에 주는 교훈도 적지 않다.

대한민국 임시정부는 대한민국의 출발이고 독립운동을 통해 근대화를 일구어 내는 구심점이었다. 반침략 투쟁만이 아니라 근대화운동을 함께 펼쳤다는 뜻이다. 독립의 의지를 무장전력만 가지고 말할 수는 없지만, 2차 대전 당시 영국 런던으로 피난을 간 유럽의 군소국가 중에는 한국광복군의 전력에 미치지 못한 나라가 많았다. 만주와 중국대륙을 누비면서 장기적이고 치열하게 일제에 저항한 우리 민족의 독립투쟁 역사는 세계적으로 인정받는 위대한 항쟁이었다. 임시정부의 광복군은 2차 대전 때 이미 인도와 버마전선에 출전하여 영국군과 협정을 체결하였고, OSS에 출전한 광복군은 미군과의 협정에 의한 것이었고, 중국과는 광복군 창설부터 공동으로 대일항전에 참여하였다. 그러나 광복군이 준비하고 있던 참전 계획이 실행에 옮겨지기 직전에 일본이 연합군에게 항복함으로써 국내 상륙 계획은 무산된 것이다.

김구 주석은 8·15 해방의 소식을 접하고 "내게는 이것이 기쁜 소식이라기보다 하늘이 무너져 내리는 듯한 일이었다."고 개탄하면서 가장 걱정되는 일은 우리가 이번 전쟁에서 한 일이 없기 때문에 장래에 국제간의 발언권이 약해질 것을 우려하였다. 2차 대전 당시 연합군의 승리에 대한 폴란드의 공헌은 상당했다. 독일의 점령 당시에도 예상 외의 완강한 저항으로 전략에 큰 차질을 준 것으로 평가되고, 바르샤바 항쟁 등 게릴라 항쟁 외에도 종전 당시 50만의 폴란드인이 소련군·프랑스군·영국군으로 참전하고 있었다. 망명 정부도 폴란드인의 저항을 이끌어 내는 데 큰 몫을 하고 있었다. 그런데 얄타와 포츠담에서 스탈린은 소련 중심의 폴란드 처리 방식을 주장했고 그것이 관철되었다. 망명 정부는 무시 당했고 소련이 조종하는 '국민통합 임시정부'가 국가건설 주체가 되었다. 연합군에 종군한 폴란드 군인들은 신분 보장 없는 개인 자격으로만 귀국이 허용되었다. 전후 처리도 일방적이었다. 1795년까지의 분할에서 러시아가 얻었던 그리고 1939년 나치 독일과의 분할에서 소련이 얻었던 몫은 그대로 소련에게 넘어갔고, 대신 독일 땅 일부를 빼앗아 폴란드에게 넘겨주었다. 3백만 유대인 외에 2백만 가까운 폴란드인이 2차 대전으로 목숨을 잃었다. 그런 폴란드마저 온전한 독립을 얻지 못한 것이 2차 대전 종전 당시의 상황이었으며 1945년 8월에 우리가 얻은 해방의 의미를 파악함에 있어서도 감안하지 않으면 안 될 엄혹한 현실이었다. 우리가 대일전쟁에 나서 주체적으로 광복을 찾지 못했다는 사실을 부정할 수는 없다. 그러나 우리가 아무것도 하지 않고 있다가 공짜로 굴러 들어온 해방을 맞은 것은 절대 아니다. 물론 미국을 포함한 연합국이 2차 대전에서 일본에 승리한 덕으로 한반도가 식민 상황에서 벗어났으니 해방은 미국의 선물이라는 타율적 해방론이 정설로 받아들여지는 것은 분명하다.

그러나 다른 관점도 존재할 수 있다. 해방은 연합국의 승리로 저절로 주어진 것이 아니라 우리의 주체적 역량으로 각고의 노력을 통해 쟁취한 것이라고 주장하는 관점도 있다. 국내에서나 만주·연해주에서 끈질기게 독립운동을 전개하고, 대한민국 임시정부가 적극적으로 외교 활동을 펼치지 않았다면 연합국이 우리에게 광복절을 선물했을 리가 없다. 이러한 노력 덕분에 연합국 지도자들은 카이로회담과 포츠담회담에서 한반도의 독립을 약속한 것이다. 국제정세와 국내 외 독립항쟁이 함께 작용해서 대한민국의 광복에 이른 것이다. 무엇보다 우리 민족의 강렬한 독립 의지가 광복의 밑거름이 된 것은 인정되어야 한다.

■ 뒤틀린 현대사의 서곡

대한민국은 헌법상 한반도의 유일한 합법 정부가 아니다. 유엔 승인안에 따르면 대한민국은 한반도 전체가 아니라 북위 38선 이남에서만 유일한 합법 정부다. 38선 이남에서만 유일한 합법 정부라는 유엔의 규정은 중대한 의미를 가지고 있는데 38선 이북지역에 대해 대한민국은 아무런 통제도 법적 권한도 행사할 수 없다는 뜻이기 때문이다. 어느 날 북한정권이 무너지면 누가 북한에 대한 통치권을 행사할 것인가라는 질문에 당연히 대한민국일 것이라고 생각하면 오산인 것이다. 유엔 승인안에 따르면 남한 정부는 그럴 권리도 자격도 없다. 대한민국은 한반도 전체가 아니라 38선 이남에서만 합법적인 정부라는 유엔 승인안은 고비마다 결정적인 영향을 미쳤다. 1965년 한·일협정 조인 때 일본은 유엔이 승인한 범위 안에서만 대한민국을 합법 정부로 인정하겠다는 주장을 했고, 국제법인 유엔 승인안을 근거로 일본의 주장이 반영되어 협정이 조인되었다. 지금 일본이 북한과 수교 협상을 벌이고 있는 것도 이러한 법적 근거에 기초하고 있는 것이다.

1991년 남한과 북한이 유엔에 동시 가입한 것도 유엔 승인안에 근거한다. 대한민국이 한반도 전체를 아우르는 유일한 합법 정부로 규정되어 있다면 북한의 유엔 가입은 이루어질 수 없었을 것이다. 한국전쟁이 정전협정 체결로 일단락되었을 때, 휴전선 이남에 속하게 된 철원과 속초는 전쟁 전과는 달리 대한민국 영토가 되었지만 38선 이북에 위치하고 있었기 때문에 대한민국의 통치권이 미치지 못하는 지역으로 남아 있어야 했기 때문에 이곳 주민들은 전쟁이 끝난 지 10개월 뒤에 실시된 1954년 총선에서 선거권을 행사하지 못했다. 대한민국은 한반도에서 유일한 합법 정부라는 대전제 아래 북한을 "정부를 참칭하거나 국가를 변란할 목적으로 조직된 반국가단체가 지배하는 지역"으로 규정하고 있는 국가보안법도 실은 그 존재 근거가 유엔 승인안과 상충된다.

유엔은 왜 대한민국을 38선 이남에서만 합법 정부로 승인한 것일까? 해방 후 일본이 물러난 뒤 한반도에는 38선을 경계로 남쪽에 미국 군정이 북쪽에 소련 군정이 들어섰다. 그 후 한반도 문제는 미·영·중·소 4대 강국의 얽히고 설킨 이해관계 속에서 모스크바 삼상회의, 신탁통치 파동, 미소공동위원회 개최와 결렬 등 격렬한 진통 끝에 유엔으로 넘어갔다. 한반도 문제를 유엔에 넘긴 것은 미국이었다.

미국은 1947년 9월 17일, 제2차 유엔총회에 한국 문제를 의안으로 상정했으며 그로부터 2달 뒤인 11월 14일, 유엔 감시 하에 총선거를 실시하여 정부를 수립케 하자는 한국독립 문제에 대한 결의안이 총회에서 통과되었다. 이후 소련의 유엔한국임시위원단 입국 거부로 위원단이 접근하기 용이한 한국 영토에서만 선거를 치르기로 결의하고, 38선 이남에서만 선거를 치르게 되는데 이것이 1948년의 5·10선거다. 5·10선거로 제헌의회가 구성되고 헌법이 만들어졌으며 대통령이 선출되어 대한민국 정부가 수립되었다.

미국은 호주와 공동발의로 유엔총회에 대한민국 정부 승인안을 제출했다. 미국이 구상했던 것은 당연히 '한반도에서 유일한 합법 정부' 안 즉 대한민국 남·북한을 아우르는 통일 정부로 인정하자는 안이었다. 그러나 미국은 반대에 부딪혔다. 호주를 비롯한 몇몇 회원국들이 선거가 치러지지 않은 지역까지 대한민국 정부가 통제하게 할 수는 없다고 이의를 제기한 것이다. 열띤 막후 협상과 토론 끝에 1948년 12월 12일, 제3차 유엔총회는 대한민국을 "유엔한국임시위원단이 총선거와 감시·협의를 실시할 수 있었던 남한지역에서 유일한 합법 정부"라고 규정하고 이를 찬성 48, 반대 6, 기권 1로 결의했다. 이렇게 결의된 대한민국의 지위가 오늘날까지 국제법으로 그 효력을 발휘하고 있는 것이다. 대한민국의 헌법은 "대한민국의 영토는 한반도와 그 부속도서로 한다."고 북한을 통치주권이 미치는 영역으로 규정하고 있지만 헌법의 이 조항은 여태껏 어떤 국제기구에서도 인정받지 못했다. 대한민국은 한반도 전체가 아니라 절반의 지역에서만 합법 정부인 것이다.

이영희 교수는 '방북취재기획사건'으로 재판을 받을 때 국가보안법 전문의 대전제가 객관적 진실 검증에 견딜 수 있는가를 반박하였다. "휴전선 이북의 지역을 정부를 참칭하고 국가를 변란할 목적으로 불법 조직된 반국가단체가 지배하는 지역으로 규정하려면, 그 단체가 활동하거나 지배하는 지역에 대해 대한민국이라는 국가의 통치권 또는 행사되었던 실적이 있어야 한다. 즉 역사적 근거다. 그런데 1945년 8월 15일 광복과 동시에 한반도는 북위 38도선으로 분할됐기 때문에 불행하게도 반국가단체가 지배한다는 그 지역에 대해 대한민국은 통치권을 행사해 본 역사적 사실이 없다. 헌법이나 그 밖의 선언적 문서에 그렇게 기술했다는 것만으로는 효과가 없다. 38선 이남 지역에 대한 북한 측의 같은 주장도 무효이다. 대한민국은 한반도 전 국토를 통치했던 조선 왕조의 계승국가도 아니고, 일본 식민지하의 조선 총독통치를 계승한 국가도 아니다. 따라서 반도 전토에 대한 주권 행사의 역사적 실적이 없다."

또한 이영희교수는 한반도의 유일 합법 정부에 관한 문제점을 조목별로 제시했다. 예컨대 박정희 대통령의 7·4남북공동성명은 정부를 참칭하고 국가를 변란할 목적으로 불법 조직된 반국가단체를 처음으로 대등한 정부로 인정한 정치적 결정이며, 전두환 대통령은 남북 최고책임자 회의를 갖고자 김일성 주석에 거듭 제의했는데 반국가단체의 괴수를 어떻게 주석으로 정식 호칭할 수 있는가? 등 역대 대통령이 취해 온 발언록을 샅샅이 뒤져 논증을 제시하면서 유일 합법 정부의 문제점을 논박했다.

정부 수립 과정의 정통성 문제를 요약하면 다음과 같다. 첫째 대한민국은 반쪽 국가니까 한민족 전체를 대표하는 국가가 아니다. 한민족 전체를 포괄하는 정통성은 대한민국의 본질상 없는 것이다. 둘째 대한민국 건설은 민족독립의 당위와 명분을 어느 정도 충족시켰나? 정부 건설에서 대부분의 민족지도자·애국지사들이 배제되고 오히려 친일파나 그렇게 의심되는 사람들이 사회지배층으로 군림하였다. 셋째 민족의 발전과 번영에 대한 기여를 국가 건설의 정통성 요건으로 들 수 있으나 이는 사실 필수요건이 아니다. 국가나 정부는 그 업적으로 평가받아야 하지만 그 사실 자체가 정통성의 기반이 되는 것은 아니다. 그것은 효과일 뿐이다.

미·소가 점령한 한반도
|

제2차 세계대전을 승리로 이끈 연합국 정상들은 1945년 2월 11일 얄타협정과 7월 26일 포츠담선언에서 카이로선언의 원칙을 재확인하였다. 그러나 8월 15일 직전까지도 한반도의 전후 처리, 특히 한국의 독립과 신생국가 수립에 대한 뚜렷한 원칙이나 방침이 마련되지 못하였다.

국무부 출신의 루이스 할레가 저술한 역사로서의 냉전에는 "도대체 한국이 어디에 위치해 있는지 가르쳐 달라."고 1945년 에드워드 스테티니어스(Edward R Stettinius) 미 국무장관이 부하에게 질문을 했다고 한다. 그만큼 미국은 일본의 식민지인 한국에 대해서 어두웠다. 일본이 2차 대전에서 항복을 선언하기 직전에 소련이 마침내 일본에 선전포고를 하고 한반도 북부에 군대를 진주시키자 비로소 미국은 전후 한반도 정책에 관해 고민하기 시작했다. 소련의 한반도 점령이 일본과 동아시아의 미래에 군사적으로 중대한 영향을 미칠 것이라는 사실을 깨달았기 때문이었다.

1945년 9월 8일, 오키나와를 출발한 하지 중장 휘하의 미 제24군단 6·7·40 보병사단으로 이루어진 72,000명의 미군이 21척의 함선에 분승하여 인천 월미도에 도착하였다. 그들은 200여 대의 트럭에 나누어 타고 9월 9일 서울에 입성하였다. 미군은 우리 땅에 상륙을 앞두고 일본군과 경찰을 동원하여 한국인의 외출을 전면 금지시켰다. 당시 미군을 환영하는 일부 시민들이 인천항에 모여 들었다가 경비구역을 침범했다는 이유로 일본 경찰이 발포하여 2명이 사망하는 사건이 발생하였으나 미군은 정당한 공무집행이었다며 일본 경찰을 끝까지 두둔했다. 그 후 이 땅에서 미군의 존재는 감히 비판할 수 없는 성역으로 존재해 왔고 현재도 그러하다. 하지는 조선총독 정치를 존속시키려고 했다가 한국인들의 맹렬한 반대에 부딪쳐 그 계획을 수정했으나 그 자신이 기자회견에서 공언했듯이 미군정은 한국에 관한 모든 정보를 전적으로 일본인들에게 의존하여 일을 처리해 나갔다.

9월 9일 하오 4시 30분, 이른바 총독부 정문에 걸린 일장기는 강하되고 대신 성조기를 높이 게양하였다. 곧이어 맥아더는 조선 인민에게 고함이라는 포고문을 발령하였다. 하지는 기회 있을 때마다 한국은 미국인의 피로써 해방시켰다는 점을 내세워 자기들의 고자세를 밀고 나가려 했다. 군정을 실시한 하지는 군정장관 아놀드로 하여금 인민공화국을 부인하는 성명 속에서 "38선 이남의 조선 땅에는 미군정이 있을 뿐이고 그 외에는 다른 정부가 존재할 수 없다."고 못 박고 "고관대작을 참칭하는 자들은 흥행 가치조차 의심할 괴뢰극을 하는 배우에 지나지 않으며 그 연극을 조종하는 사기꾼은 마땅히 그 괴뢰극을 폐막하여야 한다."고 모욕적이고 냉소적인 비난을 퍼붓게 했다. 한국을 잘 이해하고 일본을 곧바로 응징하여 친일부역자까지 솎아 낼 해방군을 기대했던 한국민들에게는 매우 실망스런 일이었다.

1945년 9월 2일 발표된 맥아더의 포고문 제1호[36]는 이 사실을 잘 보여 준다. '조선인민에게 고함'이라는 말로 시작하는 포고문 제1호에서 맥아더는 "나의 지휘 하에 있는 승리에 빛나는 군대는 금일 북위 38도선 이남의 조선영토를 점령한다."라고 밝혔다. 미군은 38선 이남에 친미정권이 들어선 직후인 1948년 9월부터 철수하기 시작하여 1949년 6월 말에는 500명의 군사고문단을 남겨둔 채 모두 철수했다.

미군은 38선 이남에 진주하면서 진주의 목적과 행동 방침을 매우 솔직하게 밝히고 들어왔다. 사실 남쪽 사람들은 맥아더를 터무니없이 짝사랑했던 것이다. 말 그대로 미군은 38선 이남을 점령하였다. 그리고 포고문 1조에서 약속했던 대로 미군정을 통해 직접 통치권을 행사하였다. 아울러 당분간이라는 표현은 미군정 3년으로 구체화되었다. 그 밖에 포고문에서 약속했던 사항들 역시 그대로 지켜져 나갔다. 미군정은 일제강점기의 모든 것을 그대로 유지 또는 부활시켰다. 친일파들을 재등용했고, 일제의 폭압기구를 되살렸으며 그리하여 미국은 38선 이남에서 명실공히 일본의 계승

----

36) 맥아더 포고문 제1호
   조선인민에게 고함
   미국 태평양 방면 육군총사령관으로서 다음과 같이 포고한다.
   일본 정부의 연합군에 대한 무조건 항복은 여러 나라 군대 간에 오랫동안 행해져 왔던 무력투쟁을 끝내게 하였다. 일본천황에 의하고 또 그를 대표하여 일본 정부의 대본영이 조인한 항복문서의 조항에 의하여 본관의 지휘 하에 있는 빛나는 군대는 금일 38도선 이남의 조선영토를 점령하였다. 본관은 태평양 방면 및 미 육군사령관으로서 본관에게 부여된 권한으로써 이에 38도선 이남의 조선 및 조선인민에 대한 군정을 펴면서 다음과 같은 점령에 관한 조건을 포고한다.
   제1조 북위 38도선 이남의 조선영토와 조선인민에 대한 최고 통치권은 당분간 본관 권한 하에 시행된다.
   제2조 정부·공공단체 및 기타의 명예직원과 고용인 또는 공익사업·공중위생을 포함한 전 공공사업 기관에 종사하는 유급 또는 무급 직원과 고용인, 그리고 기타 제반 중요한 사업에 종사하는 자는 별도의 명령이 있을 때까지 종래의 정상기능과 업무를 수행할 것이며 모든 기록 및 재산을 보호·보존하여야 한다.
   제3조 주민은 본관 및 본관의 권한 하에서 발표한 명령에 즉각 복종하여야 한다. 점령군에 대한 모든 반항행위 혹은 공공안녕을 교란케 하는 행위를 감행하는 자에 대해서는 용서 없이 엄벌에 처할 것이다.
   제4조 주민의 재산권은 이를 존중한다. 주민은 본관의 별도 명령이 있을 때까지 일상의 직무에 종사한다.
   제5조 군정 기간에 있어서 영어를 모든 목적에 사용하는 공용어로 한다. 영어 원문과 조선어 또는 일본어 원문해석 또는 정의가 불명하거나 부동할 때는 영어 원문을 기본으로 한다.
   제6조 앞으로 모든 포고·법령·규약·고시·지시 및 조례는 본관 또는 본관의 권한 하에 발포될 것이며, 주민이 이행해야 할 사항들을 명기하게 될 것이다.
   일본 요코하마에서 1945년 9월 7일
   태평양 방면 미 육군 총사령관 육군대장 더글러스 맥아더

자가 되었다.

반면 1945년 8월 8일, 대일 선전포고를 한 소련은 9일부터 총 150만 명의 병력과 대량의 무기를 투입하여 군사작전을 전개하였으며 1945년 8월 11일 함경북도 옹기에 상륙하였다. 서방측에서 참전 기간을 거론하면서 '소련은 다 끝난 전쟁에 참전했다'고 보는 시각에 대해 소련은 강한 거부감을 표시하면서 자신들도 충분한 피의 대가를 치렀다고 주장했다. 소련 제25군은 작전을 개시한 8월 9일부터 청진·원산·옹기·나진 등을 점령해 나갔으며 8월 24일 평양에 입성하였다. 8월 25일 소련군사령관 치스차코프는 즉각 포고문[37]을 발표하고 8월 27일에는 38선을 봉쇄하라는 지시를 내림으로써 남과 북의 자유 왕래가 처음으로 제약이 가해졌다.

소련군은 미군과는 달리 직접 군정에 나서지 않고 북한지역에 간접 통치 방식을 택하였다. 따라서 당시 강력한 힘을 가지고 있던 공산주의자들은 소련군의 후원을 업고 큰 어려움 없이 권력을 차지할 수 있었다. 북한의 친일청산은 해방이 발표되는 시점인 1945년 8월부터 조선민중의 자연발생적 힘에 의해 곧바로 시작되어 1946년 거의 완벽할 정도로 마무리되었다. 북한에서는 김일성이 공산당 북조선 분국을 세워 당권을 장악했으며 임시인민위원장에 취임함으로써 행정기관도 장악하였다. 그의 첫 발은 토지개혁에서부터 시작되었는데 북한의 토지개혁은 20여 일이라는 아주 짧은 기간에 끝났다.

----

37) 소련 점령사령관 치스차코프 포고문
　　조선인민들이여!
　　붉은 군대와 동맹국 군대들이 조선에서 일본 약탈자들을 구축하였다. 조선은 자유국이 되었다. 조선 사람들이여 기억하라. 행복은 당신들의 수중에 달려 있다. 당신들은 자유와 독립을 찾았다. 이제는 모든 것이 당신들에 달려 있다. 왜놈들이 고대광실에서 호의호식하며 조선 사람들을 멸시하고 조선의 풍속과 문화를 모욕한 것을 당신들은 잘 안다. 이러한 노예적 과거는 다시 돌아오지 않을 것이다. 진저리나는 악몽과 같은 과거는 영원히 없어져야 한다. 조선 사람들의 훌륭한 민족성의 하나인 노력에 대한 애착심을 발휘하라. 진정한 사업으로서 조선의 경제적·문화적 발전에 대하여 고려하는 자라야만 모국 조선의 애국자가 되며 충실한 조선 사람이 된다.
　　해방된 조선인민 만세!

남한 역시 해방과 동시에 친일청산의 욕구가 분출되어 자연발생적인 청산작업이 시작되었으나 점령군의 개입으로 즉각 중단되고 말았다. 남한도 이승만 정부 수립 이후인 1946년에서야 늦장을 부린 친일청산이 시작되다가 결국 흐지부지 되고 마는데 이같이 대조적인 행로는 미국과 소련의 점령정책 차이에서 비롯되었다. 치스차코프 포고문이 당시의 한국인이 할 일에 대해 한국인이 듣고 싶어 하는 내용을 담은 것이라면, 맥아더 포고문은 한국인이 하지 말아야 할 일과 미국인이 싫어하는 내용에 대한 주의 촉구였다.

■ 38선의 비극, 우연인가 필연인가?

1945년 7월 26일, 일본의 무조건 항복을 촉구하는 포츠담선언이 발표되었다. 일본은 3일 뒤 이를 무시하겠다는 입장을 표명하였는데 천황제에 대한 확고한 보장이 없다는 것이 주된 이유였다. 그러자 미국의 트루먼대통령은 곧바로 일본에 원폭을 투하할 것을 지시했다. 마침내 8월 6일, 히로시마에 최초의 원폭이 투하되었고 3일 뒤인 9일 나가사키에 두 번째 원폭이 투하되었다. 히로시마에서는 시내에 있던 42만 명의 38%인 약 15만 9천 명, 나가사키에서는 약 7만 4천 명이 뜨거운 열과 급성 방사선 장애로 사망했고, 그 후에도 방사능에 의한 사망자가 속출했으며 오랜 세월 동안 많은 사람이 후유증으로 고통을 받았다.

히로시마에 원폭이 투하되자 기회를 상실할지 모른다고 판단한 소련은 8월 8일 미국에 통보도 하지 않고 곧바로 일본에 선전포고하였다. 다음 날인 9일 소련군은 독일과의 전쟁에서 승리한 최강 육군의 전력을 바탕으로 외몽고·만주·한반도 동북단·남부 사할린·쿠릴열도 등으로 노도와 같이 밀고 내려왔다. 소련군은 약 8천여 명의 인명이 희생되는 가운데 미국이 예측했던 것과는 달리 단 2주 만에 관동군을 궤멸시켰으며 이와 함께 일본군의 저항은 일순간에 무력화되었다. 그것은 곧 겁도 없이 아시아 일원을 유린했던 일본 제국주의가 처참하게 무너져 내리는 순간이기도 했다.

긴박한 상황에서 일본은 독일의 전례를 떠올렸다. 독일은 연합국에 의해 분할점령이 되었고 그 결과 동·서독으로 분할되고 말았다. 이러한 분단은 전범국가인 독일에 대한 국제사회의 응징이자 재범을 방지하기 위한 조치이기도 하였다. 독일의 전례에 따르면 전범국가인 일본 역시 미·소 연합국에 의한 분할 점령을 거쳐 두 개의 국가로 분단시키는 것이 합당할 수도 있었다. 소련군의 사할린 점령은 일본이 그러한 과정을 거칠 수도 있음을 암시하는 것이었다. 바로 이 상황에서 일본은 분단을 면하기 위하여 필사적인 노력을 기울였다. 그 당시 일본이 선택할 수 있는 유일한 카드는 서둘러서 미국의 단독점령을 받아들이는 것이었다. 결국 일본은 8월 10일, 무조건 항복을 요구한 포츠담선언을 수용하겠다는 의사를 밝혔다.

그러자 정작 당황한 것은 미국이었다. 일본이 그처럼 빨리 항복할 것이라고 미처 예상하지 못했던 것이다. 미국은 서둘러서 일본군의 항복 절차를 마련함과 동시에 통보도 없이 발 빠른 행보를 보였던 소련군의 남진을 저지하기 위해 부심하였다. 미국으로서는 소련의 행보가 더없이 불안스러울 수밖에 없었다. 소련군은 이미 한반도 동북지역에 진주해 있었고 일본 훗카이도를 넘볼 수 있는 위치에 있었다. 반면 미군은 한반도로부터 1,000km나 떨어져 있는 오키나와에서 일본 본토의 남단인 큐슈에 상륙할 준비를 하고 있는 중이었다.

긴박한 상황이 이어지는 가운데 미국은 8월 11일 일본군의 항복조건을 명시한 '일반명령 1호'의 문안 작성 임무를 주무부서인 전쟁성 작전국 전략기획단에 긴급 명령했고, 이 명령을 받은 전략기획단은 일반명령 제1호 가운데 한반도와 극동지역에 관계된 부분의 초안 작성 임무를 찰스 본스틸 대령과 딘 러스크 대령에게 맡겼다. 한반도의 상황은 급박하게 돌아가고 있었다. 그런 이유 때문이겠지만 두 젊은 대령에게 주어진 시간은 단 30분이었으며 이들은 30분 만에 지도를 보고 위도 38도선을 분할선으로 잡은 보고서를 작성했는데 저주스러운 38선이 설정된 곳은 펜타곤 4층 818호실이었다.

여기서 특별히 밝혀 두고자 하는 것은 많은 사람들이 38선을 미·소가 합의한 결과로 알고 있으나 그것은 착각일 뿐 미국이 단독 결정한 것이다. 이들은 이 분할안을 링컨 소장에게 올렸고 이는 합참과 3성 조정위원회, 그리고 국무장관·전쟁장관·해군장관을 거쳐 최종적으로 대통령에게 보고되었다. 바로 이것이 최종적 '일반명령 제1호(General order No.1)[38]'로 확정되어 맥아더에게 전달되었는데 한반도가 북위 38도선을 경계로 하여 남북으로 분단된 공식적인 근거가 되었다. 이 문서는 우리 민족의 분단을 확정하고 나아가서는 남북 대립의 원인을 제공한 것으로 대단히 중요한 의미가 있는 문서다.

그런데 우리가 통상 맥아더의 명령으로 알고 있는 이 문서는 실제로 맥아더사령부에서 발령된 것이 아니고 일본 대본영에서 공표한 것이다. 이것은 패전국인 일본이 승전국인 연합국의 요구에 따라 자기 나라 군대 및 그때까지 일본의 통제 하에 있던 지역의 군대에게 '적대행위의 정지' '무장해제' '연합국 지휘관에 대한 무조건 항복'을 지시하는 명령이었다. 요컨대 일

----

38) 연합군 최고사령부 명령 제1호(1945년 9월 2일)
　　1945년 9월 2일 일본천황 및 정부 그리고 대본영의 대표자에 의해 서명된 항복문서의 규정에 따라 별첨 일반명령 제1호, 육·해군 및 이것을 부여할 필요가 있는 훈령을 일본 군대 및 그 지배하에 있는 군대 그리고 관계 비군사기관에 대하여 지체 없이 시달하고 그것을 충분히 또는 완전히 지키도록 할 것.

　　　　　　　　　　　　　　　　　　　　　　　　　　　　연합군 최고 사령관에 의해
　　　　　　　　　　　　　　　　　　　　　　　　참모장 미 육군 중장 서덜런드(KK Sutherlsnd)

　　첨부서
　　일반명령 제1호(1945.9.2)
　　1. 일본군 대본영은 자에 칙령에 의하고 또한 칙령에 기하여 일체의 일본국 군대가 연합국 최고사령관에게 항복한 결과로서 일본국 국내 및 국외에 있는 일체의 지휘관에 대하여 그 지휘 하에 있는 일본국 군대 및 일본국 지배하의 군대로 하여금 적대행위를 즉각 정지케 하고 그 무기를 놓고 현 위치에 정지케 하여 다음에 지시하는 또는 연합국 최고사령관이 추후 지시할 수 있는 미·영·소·중의 이름으로 행동하는 각 지휘관에 대하여 무조건 항복을 하게 할 것을 명함.(중략)
　　2. 만주, 북위 38도선 이북의 한국, 사할린(樺太) 및 쿠릴열도(千島列島)에 있는 일본국의 선임지휘관과 모든 육상, 해상, 항공 및 보조부대는 소비에트 극동군 최고사령관에게 항복할 것(중략)
　　3. 일본 대본영, 일본국 본토에 인접한 제 소도, 북위 38도선 이남의 한국, 유구제도, 필리핀제도에 있는 일본 선임지휘관과 모든 육상, 해상, 항공 및 보조부대는 미합중국 태평양 육군총사령관에게 항복할 것.(중략)

반명령 1호는 미국이 초안을 만들고 연합국의 동의를 받아 일본에 제시한 것이며, 일본 대본영이 일본 국내외의 모든 지휘관 그리고 그 지휘 하에 있는 일본 군대 및 일본의 지휘 하에 있는 모든 군대에게 내린 명령이라고 할 수 있다. 이는 1945년 9월 2일 일본이 항복할 때 연합국 최고사령부 명령 제1호의 첨부문서로 맥아더에 의하여 발표되었다.

　미국은 소련이 일반명령 1호에 대해 어떤 반응을 보일지 촉각을 곤두세웠다. 그런데 소련은 미국의 우려와 달리 38도선 확정을 포함해서 일반명령 1호를 전격 수용했다. 소련이 제시한 부대조건은 일본의 홋카이도 북부지역을 소련군이 점령할 수 있도록 허용해야 한다는 것이다. 소련의 일본 점령 참여 요구에 대해서 미국은 "단 며칠 동안 전쟁에 참여한 나라로서 점령군 정부에 참여하는 것은 절대로 받아들일 수 없다."고 단호하게 거부하였다. 이러한 미국의 태도에 대해 영국과 소련은 반대의 입장을 표명했지만 소용이 없었다. 스탈린은 자신의 요구가 받아들여지지 않으면 한반도 전체를 점령하겠다는 제스처를 취하기도 했지만 결국 미국의 결정을 넘어서는 어떤 행동도 취하지 않았다.

　소련이 38도선 확정을 별다른 이의 없이 받아들인 배경에 대하여 논자들 사이에서는 큰 견해 차이가 없다. 특히 한반도는 처음부터 소련의 주된 관심 대상이 아니었다는 점에서 대체로 의견이 일치하고 있다. 당시 소련이 주된 관심을 두었던 것은 얄타협정에서 확인된 만주지역에서의 이권을 확보하는 것이었다. 소련은 자국의 군대가 만주를 점령하자 곧바로 중국 국민당 정부를 설득하여 과거 러시아가 누렸던 권리를 보장받는 협정을 체결하였다. 그 대가로 소련은 국민당 정부를 중국의 유일 합법 정부로 인정하였다. 그만큼 소련은 만주에 절대적인 중요성을 부여하고 있었다.

　소련군이 한반도 북부지역에 진주한 것도 조선 주둔 일본군이 만주의 소련군을 배후에서 공격하는 것을 차단하기 위한 방편이었다고 보는 경우가 많다. 같은 맥락에서 소련은 미국의 38선 제안을 만주에 대한 완충지대로서 한반도 북부를 보장하는 것으로 이해하고 받아들였을 가능성을 배제할 수 없다. 이렇게 해서 그어진 것이 다름 아닌 38선이었고, 국토의 분단과 한국전쟁의 비극을 빚어낸 원천이 되고 말았다. 정작 분단되어야 할 나라는 전범국가인 일본이었지만 미국의 대 소련정책의 일환으로 한국이 분단되는 기막힌 일이 벌어진 것이다.

일본의 스즈키 수상은 1945년 7월 28일 포츠담 회담을 수락하여 항복하려고 하였으나 과격파 장교들의 반발로 결정을 미루다가 원자폭탄이 투하된 후 8월 15일 무조건 항복하였다. 만일 스즈키가 계획대로 7월 28일 항복하였다면 소련군이 만주와 한반도에 진격할 수 없었고 그들에게는 발언권도 없었으므로 한반도는 분단되지 않았을 뿐 아니라 원폭으로 인한 자국민의 희생도 없었을 것이다. 미군은 1941년 12월 8일부터 1945년 8월 15일까지 4년 동안 싸워 일본을 패망시켰는데 소련은 겨우 10여 일간의 참전으로 한반도의 중간인 38선 북쪽을 점령하여 한반도를 분단시켰다. 그러므로 38선 분단의 원인은 첫째 일본인이 한국을 강점한 결과이고 둘째 해방 당시 스스로의 힘으로 일본군을 물리치지 못한 무능 때문이며 셋째 소련군의 신속한 북한 점령에 그 원인이 있다 할 것이다.

분단국가의 탄생
|

우리의 현대사 왜곡의 시발은 미군정기 최대의 민족분열극인 신탁통치 파동일 것이다. 그것은 남한만의 단독정부 수립을 가져왔고 친일반역자를

애국자로 행세케 했으며 38선을 고정화시켰다. 그러나 아직까지도 이 통한의 분열극에 대한 최소한의 이해마저 이루어지지 않음으로써 아직도 역사 교과서는 "반탁이 애국이요, 찬탁은 소련의 사주를 받은 공산당의 선동"이라는 논리를 가르치고 있다. 현대사 연구자들은 정도의 차이가 있기는 하지만 모스크바 삼상회의 결정을 지지·실천하는 것이 민족통일의 지름길이었음을, 반탁운동은 이미 그어진 38선에 철조망을 두르는 민족자멸책이었음을 지적하고 있다.

한반도의 신탁통치를 처음부터 끈질기게 주장한 것은 미국이었다. 이미 1943년 11월 말 테헤란회담에서 미국의 루스벨트는 한국인은 독립을 위해 40년의 훈련 기간, 즉 신탁통치가 필요하다고 스탈린에게 제안하여 구두합의를 얻어냈다. 1945년 2월의 얄타회담에서도 루스벨트는 미국·소련·중국이 참여하는 조선의 신탁통치를 주장하였다. 또 루스벨트는 신탁통치의 실시 기간은 20~30년이 필요하다고 주장했으나 스탈린은 짧으면 짧을수록 좋다고 말했다. 1945년 12월 16일부터 모스크바에서 열린 삼상회의에서도 미국은 변함없이 조선의 신탁통치를 주장했다. 미국 국무장관 번스는 미·소·영·중 대표로 구성된 집행위원회가 권한을 행사하며 신탁통치의 기간은 5년으로 하되 협의에 따라 연장할 수 있도록 하자고 제안했다. 이에 대해 소련 외상 몰로토프는 무엇보다 조선을 독립시키기 위한 임시정부 수립을 주장하고 4개국은 단지 조선의 독립과 발전을 도와주는 후견적 위치에 머물러야 하며 신탁통치의 기간도 협력과 원조의 형태로 5년을 넘기지 않는 범위에서 실시되어야 한다고 했다.

소련과 미국의 제안이 절충 수정되어 12월 27일 모스크바 삼상회의가 끝나면서 조약문서가 서명되었는데, 그 내용은 모스크바 시간으로 12월 28일 오전 6시에 발표되었다. 주요 내용은 먼저 조선을 독립국가로 재건하기 위한 임시정부를 수립하고, 이를 위해 미·소 사령부 대표로 공동위원회를 구성하며, 임시정부와 협의를 통해 최고 5년에 걸치는 4개국 신탁에 대한 협정체결 등으로 되어 있다. 삼상회의의 핵심 내용은 미국의 신탁통치 주장보다 소련의 임시정부 수립에 있었다. 조선 문제의 해결에서 임시정부 수립이 우선적인 과제로 결정되었기 때문에 신탁통치 문제는 부차적인 내용이었다. 그럼에도 당시 모스크바 삼상회의 결정은 처음부터 소련의 주장에 의한 식민지적 식탁통치가 결정된 것으로 사실 자체가 왜곡되어 국내에 전달되었다.

모스크바 삼상회의가 진행 중이던 1945년 12월 27일 동아일보는 워싱턴에서 지급으로 전송된 "모스크바에서 개최된 삼국 외상회담을 계기로 조선 독립 문제가 표면화되지 않는가 하는 관측이 농후해 가고 있다. 즉 번스 미 국무장관은 출발 당시에 소련의 신탁통치 안에 반대하여 즉시 독립을 주장하도록 훈령을 받았다고 하는데 삼국 간에 어떠한 협정이 있었는지 불명하나 미국의 태도는 카이로 선언에 의하여 조선은 국민투표로써 그 정부의 형태를 결정할 것을 약속한 점에 있는데 소련은 남·북 양 지역을 일괄한 신탁통치를 주장하여 38선에 의한 분할이 계속되는 한 국민투표는 불가능하다고 하였다."는 뉴스를 실었다.

1946년 1월에 왜곡보도로 판명난 이 기사가 인쇄되고 있을 때 모스크바에서는 이와 정반대의 결정이 일어나고 있었다. 후일 반탁·찬탁의 도화선이 되었던 이 기사는 정보 조작에 의한 민족분열의 시발점이었다는데서 가히 현대사 최대의 왜곡보도라 할 수 있다. 동아일보 기사는 조작된 것이었다. 모스크바 회담 결정 내용이 공식 발표된 것은 한국 시간으로 28일 오후 6시였고, 정확한 결정문은 그 이튿날 군정청에 도착됐다. 그보다 이틀 앞서 나온 이 기사에는 신탁통치에 관한 미국과 소련의 입장이 뒤집혀져 있었다.

카이로 선언 이래 모스크바 회담에 이르기까지 미국은 조선에 대해 긴

기간의 신탁통치를 주장해 왔고, 소련은 가급적 신탁통치 기간을 짧게 하고 방법에 있어서도 한국민의 자결권을 최대한 보장할 것을 주장해 왔다. 신탁통치 파동은 이제 좌우 대립으로 변질되기 시작하였다. 반탁을 고집하는 우익세력은 스스로 애국자라 내세우면서 모스크바 삼상결정을 지지하는 세력을 소련의 사주를 받은 꼭두각시, 민족을 팔아먹는 매국노로 비방하였다. 이 과정에서 일제와 손잡고 같은 동포를 탄압 착취하던 친일파들은 이제 반공·반소를 앞세워 하루아침에 애국자로 변신하고 나섰으며, 미군정도 우익 주도의 반탁운동을 묵인하거나 후원하였다. 반소·반공운동으로 발전한 신탁통치 파동은 친미정권을 세우려는 미국에게 유리한 상황을 마련해 주었으나 이러한 태도는 모스크바에서 결정된 미·소간의 국제적 협정을 정면으로 위반하는 것이었다.

1946년 1월 23일, 스탈린이 미국대사 해리만을 접견하고 회담 과정을 공개해야 하는 입장을 알렸는데 이 접견을 해리만은 이렇게 회고했다. "그는 한국으로부터 받은 전보 하나를 내게 읽어 주었다. 그곳에서 미국을 대표하는 사람들이 신탁통치 결정의 파기를 주장하고 있다는 사실과 미국이 아니라 소련만이 신탁통치를 고집했다고 하는 기사들이 한국신문에 게재되었다는 사실을 알린 전보였다. 이런 일에 러치 군정장관이 연루되어 있다고 지목해서 말했다." 스탈린까지 이 문제를 지적하고 나선 것이었다. 1946년 1월 25일, 소련의 타스 통신은 한국 문제에 관한 모스크바 결정이 이루어진 과정을 밝히는 장문의 기사를 타전하면서 미·소 양국 안의 차이점을 세 가지로 요약했다. 첫째 미국 안은 조선인을 단지 고문 자격으로만 행정기구에 참여시키는 데 반하여 소련 안은 조선임시민주정부 수립을 제안하여 조선이 직접 정부를 수립케 하였고 둘째 미국 안은 조선과의 협의 없이 4개국 신탁통치를 실시하는 것이었지만 소련은 조선임시정부 및 정부·사회단체와의 협의를 거칠 것을 규정했으며 셋째 신탁통치 기간에 관해 미국은 5년을 연장할 수 있도록 했으나 소련 안은 5년 이내로 못 박았다는 것이다. 이런 상황 속에서 1월 26일 소련의 미·소회담 수석대표 스티코프 대장은 모스크바 삼상회의 내용을 공개하고 미군정이 반탁운동을 지원하고 있다고 비난하면서 신탁통치의 제안자는 미국임을 폭로하였다. 소련의 이러한 주장에 대해 미국 정부도 공식적으로 동의했다.

우익의 반탁과 좌익의 찬탁으로 국내가 소용돌이 치고 있는 상황에서 1946년 1월 16일 미·소 공위 준비회담이 열렸다. 3월 20일 본 회담을 열어 신탁통치를 실시하기 위한 제1단계 조치로서 임시정부를 조직하기로 하고 남북한 정당·사회단체 지도자들과 협의하기로 하였으나 협의 대상을 결정함에 있어서 미·소 양측은 극단적인 대립을 빚었다. 소련 측은 모스크바 삼상회의를 반대하는 정당이나 사회단체는 협의 대상이 될 수 없다고 주장한 반면, 미국 측은 반탁·찬탁은 자유이니 언론 자유를 부인해서는 안 된다는 입장이었다. 이러한 양측의 대립은 모두 새로운 임시정부에 자기 측 지지 세력을 참여시키려는 속셈이었으나 양측 의견의 상충으로 제1차 미·소공위는 끝내 결렬되고 말았다.

제1차 미소공위가 결렬되자 남한에서의 좌우 대립은 더욱 격화되어 한국 독립의 길은 점점 험난해져 갔다. 제1차 미·소공위가 결렬된 후 이승만은 미·소 공위의 재개에는 관심도 없는 듯 남한 단독정부 수립의 실천을 표면화했다. 이승만은 남한 각지를 순방하던 6월 3일 정읍에 도착해서 "이제 우리는 무기 휴회된 공위가 재개될 기색도 보이지 않으며, 통일 정부를 고대하나 여의치 않으니 우리 남한만이라도 임시정부 또는 위원회 같은 것을 조직하여 38선 이북에서 소련이 철수하도록 세계 공론에 호소하여야 한다."며 단독정부 수립을 통한 집권 야욕을 표면화하였다.

미국의 동아시아 정책이 중국 중심에서 일본 중심으로 바뀌면서 한국에 대한 정책도 달라졌다. 미국은 소련같은 사회주의 국가와 협력은 포기하고 오히려 사회주의 국가를 포위하는 정책을 선택했다. 따라서 이전처럼 소련과 협력해서 한반도를 신탁통치를 하겠다는 정책은 당연히 포기하게 되는 것이다. 그 대신 남한만이라도 확실하게 지키고 그 다음에 소련 진영인 북한을 포위하겠다는 정책으로 변경하게 된다. 그런 배경에서 남한의 단독정부가 수립되는 것이다. 자력 해방이 아닌 만큼 승전국의 영향력은 어쩔 수 없었으나 하나의 국가로 독립해 여러 나라의 영향을 고르게 받는 것이 최선의 길이었다.

■ 멀어져 간 통일의 꿈

1947년 7월 19일, 몽양 여운형이 암살당한 후 좌우합작위원회는 그해 10월 16일 자연적으로 해산되었으며, 모처럼 재개되었던 제2차 미소공동위원회도 10월 18일 중단되었다. 미국은 기다렸다는 듯이 모스크바 삼상회의의 결정을 일방적으로 파기하면서 유엔의 감시 아래 남·북한 총선을 실시한다는 계획을 유엔총회에 제출하였다. 이 조치는 유엔이 전후 처리에 관한 분쟁에 관여해서는 안 된다는 유엔헌장 제107조의 규정을 위반한 것이었다. 이 문제가 안전보장이사회가 아니라 총회의 의제로 상정된 것은 안전보장이사회에서 소련의 거부권 행사를 봉쇄하기 위한 미국의 술수였다.

1947년 11월 14일, 제2차 유엔총회에서 미국의 제안은 찬성 43·반대 9·기권 6으로 통과되고 말았다. 유엔한국임시위원회(UNTCOK)가 늦어도 1948년 3월 31일 이전에 있을 국회의원 선거를 위해 구성되었다. 이때부터 적절한 절차를 밟았더라면 결코 일어나지 않았을 전쟁으로 치닫는 위기를 부채질하며 유엔은 심하게 요동치고 있는 한반도 정국의 한복판에 뛰어 들었다. 소련의 협력을 기대할 수 없다는 사실은 분명해졌고, 실제로 북측에 들어가겠다는 유엔의 요청은 퇴짜를 맞았다. 그럼에도 위원회가 자기 역할을 전국 선거의 감독기관으로 규정했고, 당시 위원장 인도인 메논(K.P Menon)의 표현처럼 거의 만장일치로 분할선거 또는 지역별 선거를 반대하는 움직임이 분명해졌다. 한국임시위원회 소속 위원들이 1948년 초 한국에 도착했을 때 이들은 남한 단독선거를 극도로 꺼렸으나 미국의 압력이 지속적으로 가해졌다. '적절한 수준의 자유 분위기'가 존재하다면 우선 접근 가능한 지역에서부터 선거를 실시한다는 결정은 이로부터 두 달 뒤 채택됐다.

알려진 바에 의하면 이승만 대통령은 모윤숙에게 직접 '낙랑클럽'을 만들라고 지시했는데, 이 낙랑클럽은 이화여전 출신으로 영어 회화가 가능한 여자만을 골라 모윤숙이 외국인들을 접대했던 사교클럽이었다. 이때 접대한 사람은 덜레스 미 국무장관·리지웨이·콜터·밴프리트장군·무초대사 등이었다. 이들의 로비가 얼마나 심했던지 당시 미국 방첩대와 CIC가 직접 수사에 나서기도 했다고 한다. CIC는 정보보고서에 이 낙랑클럽을 '미군 장교들을 로비하기 위한 고급 호스티스들'이라고 기록했다. 그 로비 상대 중 한 명이 바로 유엔 한국위원장이었던 메논이었다. 메논은 "태곳적부터 통일된 하나의 국가였던 조선을 둘로 가르는 단독선거는 절대로 있을 수 없다."고 공언해 오던 사람이었다.

그런데 1948년 3월 12일 유엔한국위원단 표결에서 그는 찬성표를 던져 결국 4 대 2의 다수결로 단독선거안이 통과되었다. 3월 12일 서울에서 실시된 위원단의 표결은 위원단 8개국 중에서 프랑스와 시리아는 기권을 표명했고, 중국(대만)·필리핀·엘살바도르 3개국은 미국편이고 호주와 캐나다는 반대 입장이었으므로 결국은 인도 대표인 메논이 결정에 따른 것으로 메논이 부표를 던졌다면 가부 동수가 되어 문제는 유엔 소총회로 반려되었을 것이다.

메논의 돌연한 변심은 모윤숙의 미인계 때문이라 알려졌다. 이에 대해서 모윤숙은 "만일 나와 메논 단장과의 우정 관계가 없었더라면 단독선거는 없었을 것이며 따라서 이승만 박사가 대한민국 대통령 자리에 계셨다는 것도 생각할 수 없는 사실일 것이다."라고 말한바 있다. 후일 메논은 자서전에서 "외교관으로 있던 오랜 기간 동안 나의 이성이 감정에 의해 흔들렸다는 것은 내가 유엔한국임시위원단 단장으로 있던 그때가 처음이자 마지막이었는데 나의 심정을 흔들었던 여성은 한국의 유명한 여류 시인 매리언 모(모윤숙)였다."고 밝혔다. 사소한 우연이 어떻게 한 민족과 국가의 운명을 결정적으로 좌우할 수 있는가에 대해 메논과 모윤숙의 치정 관계는 매우 적절한 사례를 남겼다. 당시 세간에서는 "대한민국 건국의 아버지는 메논이고 건국의 어머니는 모윤숙이다."라는 자조 섞인 이야기가 돌기도 했다.

3월 12일의 표결로 남한의 단독선거 실시가 결정되자 김구 선생께서는 "유엔이라는 기구가 우리 자손만대에게 씻을 수 없는 원한을 남겼다."는 한탄의 말을 남기고 38선을 넘어 방북 길에 올랐는데, 그에 앞서 제주도에서는 단독선거를 반대하는 민란이 일어나 30만 명의 도민 가운데 약 3만 명이 목숨을 잃은 4·3항쟁의 참극이 벌어졌다.

좌파와 민족주의 우파에 의해 보이콧 당한 남한의 선거는 경찰 및 관련 우파 세력에 의해 폭력과 협박이 공공연히 동원된 선거운동 끝에 5월 10일 실시됐다. 그러나 이날의 단독선거는 유엔이 감시 활동을 제대로 하지 않았다는 점과 선거 때의 분위기가 결코 자유로운 것이 아니었다는 점이 지적되어야 한다. 당시 이남의 인구는 약 2천만 명이었다. 그러나 임시위원단은 각국 대표와 사무원을 합하여 30명을 넘은 적이 없었고 이 인원으로는 결코 전국에 걸친 선거를 감시할 수 없었다. 더구나 당시 위원단은 미군정 당국에 교통수단을 의존했으며 미군정이 보이고 싶지 않은 곳에는 갈 수도 없었다. 임시위원단은 전체 투표소의 2%에 해당하는 곳만을 대충 살피며 지나갔을 뿐이었다.

한편 선거를 몇 달 앞두고 미군정은 저항하는 우리 민중을 탄압을 하기 위하여 군대를 늘림과 동시에 전 미군에게 특별경계령을 내려 철저히 무장토록 조치하였다. 선거날인 5월 10일에는 미 해군 함정이 그리스 국민투표에서 자행했던 것과 마찬가지로 한반도의 남한 해안선을 따라서 항해하면서 무력시위를 했으며 미 공군의 전투기들은 쉴 새 없이 하늘을 날고 있었다. 도시의 거리에는 중무장한 헌병들이 지프차를 타고 순찰했으며, 수천명의 경찰관들과 특별히 고용된 공무원들이 시내 주요 도로와 네거리에 바리케이드를 치고 있었고, 뒷골목 입구에는 무장 경찰이 상주하고 있었다. 모든 투표소에는 20명의 정복경찰과 2명의 사복형사가 배치되어 있었고 선거관리위원회가 투표인들을 감시하고 있었다.

5·10 단독선거는 민의를 총칼로 짓밟고 학살과 폭력으로 얼룩진 피의 잔치였다. 미군정의 공식 발표에 따르더라도 5월 7일에서 10일까지 단선 반대 투쟁으로 350명이 학살되고 5,425명이 체포되었다. 이것은 결코 자유로운 선거가 아니었다. 평양은 8월 25일 독자적인 선거를 치러 남한에 상대되는 제도로서 최고인민회의를 구성하여 국가 의회기구로 합법성을 선언하고 김일성을 지도자로 하는 정부를 수립했다. 두 개의 상호 적대적인 정권 가운데 하나는 대체로 일본 식민국가와 그 존립을 가능케 한 각종 기구의 핵심 특징을 그대로 유지한 상태였지만 또 다른 정권은 일본에 수십 년간 대항해 투쟁한 세력에 의해 창출되어 급진적인 사회·경제 개혁에 대한 강렬한 요구에 부응하는 형태를 취했다. 이후 두 점령 지역은 전적으로 상반된 길을 걷게 되면서 점차 통일의 전망은 멀어져 갔다.

3

누구를 위한 전쟁인가?

승자도 없는 전쟁

한국전쟁은 단지 지나간 역사의 기억이 아니다. 60여 년이 지난 지금까지도 우리들의 삶에 깊은 상처로 각인되어 있는 너무도 어두운 그림자이다. 얼마 전까지만 해도 휴전선에선 총성이 계속 울렸고, 서해에서는 남과 북의 해군이 교전을 벌였다. 한국전쟁으로 발생한 이산가족 문제는 아직도 해결이 되지 않았으며 남과 북의 체제 경쟁은 한반도를 세계에서 유일한 분단지역, 그리고 냉전지역으로 남겨 놓고 있다. 1953년 형성된 정전협정과 그로 인한 정전체제는 언제든지 전쟁이 다시 일어날 수 있는 가능성을 남겨 놓고 있는 것이다.

그러나 모든 사건에는 그것이 일어나게 된 원인과 배경이 있기 마련이다. 한국전쟁도 전쟁의 직접적인 시작은 1950년 6월 25일 북한의 기습 공격이었지만 그렇게 발전되기까지 여러 가지 과정이 있었다. 1949년 1월부터 시작된 38도 선상의 무력 충돌은 남·북 간의 긴장과 적대감을 고조시켰으며 철저한 확대 보복의 원칙이 적용되어 한국전쟁 이전까지 남·북 간은 874회나 되는 크고 작은 충돌이 벌어졌다. 매일 두 차례 이상의 전투가 있었다는 결론이 되며 사실상 전쟁은 이미 시작되고 있었던 것이다.

왜 1949년부터 38도 선상에서 무력 충돌이 빈발하게 일어났을까? 그것은 기본적으로 이승만의 '북진통일론'과 김일성의 '국토완정론'의 충돌이었다. 이승만에게 북한의 김일성 정권이 북진통일의 대상이었다면, 김일성에게 남한 이승만 정권 역시 무력통일의 대상이었다. 양측은 서로를 적으로 인식했을 뿐으로 남북 군대의 충돌은 불가피했다. 남한의 군부지도자들이 대부분 일본군이나 만주군 출신이었다면 북한은 군부지도자들이 중국에서 항일 무장투쟁에 참가했던 인물이었다. 그들 사이에는 화해할 수 없는 적대감과 증오감이 팽배해 있었다. 북한 군부지도자들의 입장에서는 남북의 군사충돌을 친일세력과 항일세력의 대결로 인식했다. 전쟁의 연원을 따지면 해방 이전까지 거슬러 올라갈 수 있지만 직접적으로는 해방직후 3년간의 미군정 기간 및 분단 정부가 수립된 이후 서로 간에 반목과 대립을 심화시킨 데서 비롯되었다. 아울러 국제적으로 냉전이 격화되고 1944년 10월 공산정권이 중국대륙을 장악하게 된 것도 큰 영향을 미쳤다.

정치적 혼란을 거듭하던 남한에 비하여 일찍이 통치 제제를 확립한 북한이 즉각 소련과 미군의 철수를 주장하고 나서자 더 이상 주둔할 명분이 없어진 미·소 양국은 1949년 한반도에 주둔한 군대를 철수시켰다. 그리고 때를 기다렸던 북한이 1950년 6월 25일 마침내 통일전쟁을 일으킨 것이다. 그당시 남북한의 병력이나 화력은 비교도 되지 않았다. 정부 수립과 동시에 창설된 대한민국 국군은 총 병력 수가 10만 명에 불과했고 장비는 더욱 보잘 것 없었다. 반면 북한의 인민군은 휴전선 부근에만 13만 명이 배치되어 있었고 10만 명의 예비군이 편성되어 있었으며 소련제 전차로 무장한 우수한 기갑부대로 조직되어 있었다. 또한 북한군의 지휘부는 오랜 항일 무장투쟁을 통해 실전경험을 쌓은 백전노장들이었다.

북한이 먼저 도발하자 미국은 즉각 이를 침략 행위로 규정했다. 객관적인 시각으로 볼 때는 분명 침략이 아니라 한나라 안에서 벌어진 내전이었지만 미국의 입김이 워낙 거센 UN에서는 미국의 편을 들지 않을 수 없었다. 7월에 UN군의 파병이 결정되고 미국을 비롯한 16개국이 참전에 동의했으나 미국을 제외한 15개국이 동원한 병력은 30만 명을 동원한 미군의 1/7에 불과한 숫자였다. 초기에 일반적으로 밀리던 전세는 미국이 참전 명분을 확보한 뒤 사전에 계획한 바에 따라 인천상륙작전을 통해 대반격에 나섰다.

이때 맥아더장군 못지않게 호전적으로 변한 사람은 또 있었다. 전쟁 초 허겁지겁 도망했던 이승만 대통령은 남한 정부의 통치권은 38선 이남에 한한다는 UN의 결정을 무시하고 이북 5개 도지사를 임명하여 북한 수복지구에 보내는가 하면, 10월 말에는 평양을 방문하는 등 돌출 행동을 계속했다. 맥아더와 이승만의 기세를 꺾은 것은 중국이었다. 11월 압록강까지 진출한 UN과 남한군의 공세에 위협을 느낀 중국은 18개 사단의 인민해방군에게 압록강 도하를 명령하였다. 전쟁은 곧 끝날 것으로 느긋해 하던 맥아더는 무려 20만 명이 넘는 중국군이 공격해 오자 크게 당황했다. 12월에는 평양이 다시 북한의 손에 넘어갔고 이듬해 1월 4일에는 서울마저 빼앗겨 버렸다.

맥아더는 중국과 전면전을 주장하고 중국해안 봉쇄, 만주폭격, 대만군의 투입, 나아가 중국 남부에 UN군을 상륙시켜 제2의 전선을 펴자는 제안까지 했는데 만약 그의 말대로 전쟁이 진행되었으면 3차 세계대전으로 이어졌을 것이다. 1951년 유엔의 반격이 시작되었고 3월에는 다시 38선까지 진출하는 데 성공하였다. 결국 양측은 서로 한 차례씩 남쪽과 북쪽 끝까지가 보았으니 무승부인 셈이었다.

지금까지 한국전쟁의 전개 과정에 대한 서술은 대개 성공의 과정으로만 그려 왔다. 한국군과 유엔군이 낙동강에서 북한군을 잘 막았고, 인천상륙작전을 성공적으로 수행하였으며, 북한군은 궤멸의 위기에서 중국군의 도움을 받아 38선 이북지역을 회복했고, 한국군과 유엔군은 중국군의 반격을 방어하는 데 성공해서 남과 북의 경계선을 38도선 근처로 되돌려 놓았다는 것이다. 그러나 이제는 인식의 전환이 필요하다. 참혹한 이 전쟁은 남과 북 모두에게 실패의 연속이었다. 그렇기에 누구도 목적을 이루지 못한 전쟁이다. 군번 1번 이형근 장군은 "오늘날 우리의 한국전쟁 기록에서 남침 저지와 국민 보호에 실패한 남한 정부와 국군 자신의 반성을 좀처럼 찾을 수 없다. 국민과 국가를 도탄과 위기에 빠트리고 어찌 이럴 수 있는가? 도대체 부끄러워서 고개를 들 수가 없다."는 증언을 남겼다.

이 전쟁은 미군과 UN 참전국의 피해도 컸지만 남한군 25만 명, 북한군 50만 명, 중국군 20만 명이 각각 전사하거나 실종되었다. 더욱 비참한 사실은 역사상 어느 전쟁보다 민간인 피해가 컸다는 점이다. 남·북한과 중국의 군인과 민간인을 모두 합치면 한국전쟁의 직접적 피해자는 무려 500만 명이 넘는다. 한국전쟁은 북한은 말할 것도 없고 이승만 정권도 결코 면책될 수 없는 전쟁이었다. 한반도를 잿더미로 만들었던 한국전쟁은 최악의 내전임과 동시에 동북아 국제질서를 바꾸어 놓은 국제전이었다. 전쟁의 결과로 남·북한에서는 반공과 반미의 이념으로 무장한 두 체제가 치열한 대립과 경쟁에 들어갔으며, 동아시아에서는 제2차 세계대전의 패전국인 일본이 국제무대에 복귀했고, 중국은 타이완을 통일할 기회를 놓쳤다. 한국전쟁을 계기로 고착화된 냉전 질서 속에서 탄생한 미·소 두 블록은 20세기 말 소련이 붕괴되기 전까지 세계를 양분하기에 이르렀다.

■ 야만과 음모의 대리전

일본 주둔 미군은 이미 유엔 결정 이전에 한국전쟁에 참여하여 작전을 전개하였다. 백악관으로부터 맥아더 극동사령관에게 출동 명령이 떨어진 것은 전쟁 발발 직후인 26일 밤 10시였다. 이는 군대의 해외 파견에 대한 의회 승인의 절차조차 거치지 않은 것으로서 엄밀한 의미에서 보자면 불법적인 것이었다. 그렇다면 왜 미국은 굳이 유엔군으로 옷을 갈아입고 한국전쟁에 참여하려고 하였을까? 이는 한국전쟁이 국제적 분쟁이 아니라 내전으로서의 성격을 지니고 있었기 때문이었다. 내전은 당사자 해결을 원칙으로 하며 그런 점에서 미군의 한국전쟁 개입은 외부세력의 부당한 개입이 되는 것이다.

미 국무장관 덜레스는 6·25 전쟁이 터지기 일주일 전인 6월 18일 당시 국방장관이던 신성모를 대동하고 38선 일대를 시찰한 후 다음 날 한국 국회에서 "미국은 스스로를 지키는 노력을 게을리 하지 않는 국민에 대해서는 정신적으로나 물질적으로나 지원을 아끼지 않을 것이다. 유엔은 거의 만장일치로 한국에 정치적 자유를 부여했으며 한국 영토에 대한 어떠한 위협에도 대항할 것이다. 여러분이 인간의 자유를 갈구하는 전진의 과정에서 충실하게 할 바를 다하는 한 당신들은 절대로 혼자가 아니다."라고 격려했다.

덜레스가 연설을 끝내고 21일 도쿄로 돌아갔을 때 그를 기다리고 있던 사람은 이상스럽게도 국방부장관 존슨과 통합참모본부 의장 브레들리였다. 한국전쟁 나흘 전인 21일 도쿄에 맥아더를 비롯하여 존슨·브레들리·덜레스 등이 모였다. 이 사람들이 그 시기에 한자리에 모였다는 사실을 단순한 우연이라 볼 수 있을까? 브루스 커밍스 교수는 미군부대가 인천항에 도착했던 1945년 9월 8일, 일본 경찰에 의해 미군을 환영하러 나온 조선인 2명이 하지 중장의 묵인 아래 사살당하는 상징적 사건으로 보아 한국전쟁은 이미 그날부터 시작된 것이며 본격적인 전쟁이 일어난 당일 어느 편이 제1발을 쐈는가를 캐묻는 것은 오히려 그 전쟁의 본질을 호도하는 것이라는 그의 주장이다.

아직도 일부에서 주장하는 6·25전쟁이 미국에 의해서 계획된 것이라는 주장의 몇 가지 근거다. 첫째 공산당 사냥꾼으로 유명한 조셉 메카시는

1950년 9월, 1945년 얄타회담에서 이미 루즈벨트와 스탈린이 한국에서 전쟁을 하기로 계획을 짰고 10년 후 베트남에서도 전쟁을 일으키기로 합의했다고 주장했다. 둘째 1950년 1월 12일, 조선반도는 미국 방위선 안에 포함되지 않는다는 애치슨선언이 있었다. 셋째 1985년 비밀 해제된 문서에 의하면 1947년 조지 케넌 미 국무부 정책기획본부장은 가쓰라·테프트 밀약을 다시 회복하여 한반도와 만주를 다시 일본에게 재위임하고 일본을 미국이 직접통치하자는 조지 케넌 설계도를 작성하였다. 넷째 1950년 4월 12일, 트루먼은 소련과의 무력 충돌을 기정사실화하고 군사비를 무제한 지출할 수 있도록 의결한 국가안전보장회의 문서 NSC-68을 트루먼이 승인하였다. 다섯째 1947년 3월 12일, 소련과의 대결에서 무력행사를 불사하겠다는 '트루먼 닥트린'을 발표하였다. 여섯째 1949년 8월 29일, 소련의 원폭실험이 성공하였고 1949년 10월 1일, 모택동이 장제스를 물리치고 중국을 창건한 정세 변화에 대한 우려다.

또한 얼마 전 드러난 사실은 그 동안의 여러 음모론보다 더 충격적이다. 워싱턴 포스트의 기자가 수년간 추적해서 폭로한 내용은 "미국은 제2차 세계대전에 늦게 참전했지만 사실 전쟁 초기부터 연합군에 무기를 공급하고 있었다. 당연히 상당한 부를 챙길 수 있었지만 군수산업이 너무 비대해졌다. 더욱이 전쟁이 예상보다 빨리 종결되면서 소비하지 못한 막대한 양의 무기가 남았고, 군수산업의 과잉 생산 능력은 또다시 대대적인 불황을 초래할 위험이 컸다. 미국은 제1차 세계대전 이후에도 같은 문제로 인해 대공황을 겪었던 터라 어떡하든 이를 해소하고 싶었다. 대책에 부심하던 트루먼 정부는 한국전쟁을 일으키기로 했다. 한국전쟁이 과잉 생산 문제를 해결해 줄 수 있을 뿐 아니라 새로 탄생한 또 하나의 거대한 공산주의 국가인 중국에 대한 경고 효과도 있다고 생각했다. 미국은 처음부터 한반도를 분단시켜 일본을 보호하는 완충지대로 삼고자 했는데 한국전쟁은 그 계획의 하이라이트였다. 미국은 전쟁은 일으켰지만 한반도를 통일할 생각은 없었다. 그래서 압록강까지 밀고 올라가 한반도를 통일할 수 있는 절호의 기회를 맞았지만 거기까지였다. 그 순간 오히려 중국의 개입을 유도하고 계획이 실현되자 곧바로 후퇴하였으며, 처음에 그렸던 38선과 비슷하게 전황이 정리되자 서둘러 정전협정을 체결해 버렸다. 정전협정 체결의 당사자인 한국 정부는 배제한 채였다."는 것이다.

폭로 기사의 파장은 예상대로 극심했다. 한국 내에서는 미국과의 관계를 당장 단절하라는 여론이 빗발쳤다. 반면에 미국의 행위는 괘씸하지만 이를 감정적으로 처리할 수 없다는 신중론도 등장하면서 국내 여론이 엇갈렸다. 70년간 미국에 모든 것을 의존해 왔던 나라가 갑자기 미국을 벗어난다는 것은 결코 쉬운 선택이 아니었기 때문이다.

■ 비겁한 역사의 원죄原罪

한국전쟁 때 수도 서울을 버리고 남쪽으로 도망친 이승만 대통령 이하 고관들의 행태는 400여 년 전 임진왜란 당시 선조 이하 고관대작들이 보인 행태와 놀라울 만치 닮았다. 부산에 상륙한 왜군이 파죽지세로 밀고 올라오자 울부짖는 백성과 도성을 버리고 선조는 야밤에 허둥지둥 의주로 피난을 떠났다. 피난길에 올랐던 선조는 분조分朝를 하여 당시 세자였던 광해군에게 내정을 맡기고 자신은 압록강을 건너 중국으로 도망치려 했다. 물론 명분은 명 군대의 원조 요청을 하기 위해 가려 한다는 것이었지만 사신을 보내야 할 일을 굳이 선조 자신이 가려고 한 것은 누가 봐도 속이 뻔한 것이었다.

선조와 조정은 전란을 맞이해서 효과적인 대응을 못하고 비겁한 모습을 보임으로써 백성들의 신뢰를 잃었고 조정의 권위는 완전히 땅에 떨어졌다. 이에 따라 조정의 힘이 미치지 못하는 지역이 급격히 늘어나면서 왕이나 조정보다 의병장을 믿고 따르는 백성들의 민심 이반이 급격히 진행되었다. 광해군은 도망간 아버지와 달리 직접 전쟁에 참여하였다. 그는 적이 곳곳에 출몰하는 평안도·함경도를 거쳐 강원도 깊숙이 내려가면서 열심히 싸웠다. 곳곳에서 각 지역의 유지들과 백성들을 설득해 의병을 일으켰다. 백성들은 도망간 왕보다는 몸소 앞장 서 싸우는 왕세자 광해군을 믿고 따랐다. 조선왕조 개국 이래 500년 동안 전쟁을 몸소 겪은 왕은 광해군밖에 없었다.

1950년 한국전쟁 때도 이와 비슷한 상황이 생겨났다. 전쟁이 발발한 지 겨우 사흘이 지났을 때 대통령이던 이승만은 수도 서울을 사수하겠다던 국민과의 약속과 국군과 서울시민의 사기 앙양을 위해 잔류를 권유하는 주한 미국대사 무쵸(John J Muccio)의 권유도 뿌리치고 국회·행정부에도 알리지 않은 채 6월 27일 새벽 2시 제일 먼저 피난길에 올랐는데, 6월 28일 새벽 2시 30분 한강 철교를 폭파하여 약 1,600여 명의 피난민 희생자를 내면서 허둥지둥 남쪽으로 도망친 것이다. 결국 대통령의 말을 그대로 믿은 순진한 시민들은 피난도 가지 못한 채 공산군의 점령 하에서 엄청난 고통과 시련을 당하게 된 것이다. 국가의 최고 지도자가 대국민 약속을 어기고 국민을 희생시켜 자기 목숨을 보존한 것은 엄연한 범죄행위다. 그러나 전쟁이 끝나고서도 이승만은 처벌은 커녕 대통령으로 재선되는 한심한 일이 벌어졌으며, 지금까지도 우리 사회 일각에서는 이승만을 국부로 추대해야 한다는 반역사적 세력이 상당수 존재하는 것은 역사에 대한 몰염치이다. UN군의 개입으로 전세가 역전되어 서울에 다시 돌아온 대통령은 자신의 잘못에 대한 사과나 반성도 없이 오히려 서울이 북한군 점령 하에 있던 기간 중에 북한군에 협조한 사람들에 대한 처벌에 열을 올렸다.

당시 지도층과 국군 수뇌부의 파렴치함도 마찬가지였다. 국방장관 신성모는 부산에 배를 띄워 놓고 있었다고 하는데 부산마저 적에게 점령당하면 일본으로 도피하기 위해서였다고 한다. 지배집단의 상당수는 전쟁 직전에 자식들을 유학이랍시고 미국으로 빼돌렸고 이런 행태는 전쟁 중에도 계속되었다. 피난길에 오른 어떤 장성은 트럭에 가재도구와 함께 개까지 싣고 피난을 갔다고 한다. 임시수도 대전에 머물던 각료들은 북한군이 평택까지 왔다는 소문을 듣고 아무에게도 알리지 않고 자기들끼리 전주로 도망갔다가 그것이 사실이 아닌 것으로 밝혀지자 다시 대전으로 돌아왔다. 그 한심한 작태에 분노한 여관집 주인 김금덕이 그들의 투숙을 거부했으니 이것이 유명한 '대전 성남장 사건'이다. 이런 사람이 핵심을 구성하고 있던 이승만 정권을 어찌 국가라 할 수 있는가? 해방정국에 새로운 국가를 건설하는 데 친일파 위주의 기능적 효율성만 따져서는 안 되었던 이유가 전쟁 중에 적나라하게 드러나고 만 것이다.

상류층의 의무, 노블레스 오블리주(Noblesse Oblige)란 원래 전쟁에서 나온 개념이다. 고대 그리스와 로마시대에 군대의 지휘관들은 원정을 벌일 때나 전쟁이 일어나면 병사들을 이끌고 앞장서서 전쟁에 나갔다. 300명 결사대를 이끌고 강적 페르시아 군을 저지하다 병사들과 함께 전사한 스파르타 왕 레오니다스, 원정군을 거느리고 직접 멀고 험한 동방 원정을 감행한 마케도니아 왕 알렉산드로스, 십자군 원정에 참여한 잉글랜드 왕 리처드와 프랑스 왕 필리프, 30년 전쟁에서 자신의 왕국을 선진국의 반열로 끌어올리기 위해 직접 조련한 군대를 거느리고 발트 해를 건너 활약하다가 전사한 스웨덴 왕 구스타프 아돌프가 모두 전장에서 노블레스 오블리주를 실천한 인물이다.

한국전쟁에서는 미국 지도자들의 아들도 숱하게 희생되었다. 냉전 이후 최초의 이념전쟁이자 가치전쟁에 미국의 지도층들은 목숨을 걸었다. 한국전쟁 중 미국 대통령에 당선된 아이젠하워 원수의 아들 존 아이젠하워 중령을 비롯한 정치 및 군 지도층 자제 142명이 참전했고 미8군사령관 워커

중장의 아들 샘 워커를 비롯한 35명이 전사 또는 부상을 당했다. 미 제8군 사령관 제임스 벤플리트 장군의 아들인 공군 중위 지미는 전폭기 조종사로 야간폭격 임무 수행 중 실종됐으며, 미 CIA부장 알렌 덜레스의 외아들은 미 프린스턴 대학 재학 중 자원입대하였다가 머리에 총상을 입고 영구 정신장애자가 되었다. 또한 모택동 주석의 아들 모안영毛岸英이 주위의 만류를 무릅쓰고 한국전쟁에 참전했다가 스물여덟 살의 나이에 미국 공군의 폭격을 받아 전사했다.

일본이 세계의 강자로 떠오를 수 있었던 배경에도 기득권층의 도의적 책임감이 나름대로 강하게 발휘했기 때문이었다. 러·일전쟁을 승리로 이끈 일본군 총사령관 노기 마레스케乃木希典가 함대를 이끌고 시모노세키 항구로 돌아올 때 일본의 많은 어머니들이 부두로 몰려갔다. 일본이 승리했지만 일본 해군의 전사자가 너무 많이 발생했기 때문에 자식을 잃은 어머니들이 노기 장군에게 항의하기 위해서였다. 그러나 전사한 자기 아들 셋의 유골을 안고 내리는 노기 사령관을 보고는 모두가 같이 통곡했다고 한다.

더러운 전쟁과 추락한 영웅
ㅣ

한국전쟁 시 미국은 적어도 세 차례 정도 핵무기 사용을 진지하게 검토했다. 그것도 남한 땅에 핵무기를 떨어뜨릴 계획을 했던 것이다. 미국이 핵무기 사용을 검토한 목적은 두 가지다. 하나는 참패를 모면하기 위한 것이고 또 하나는 조기 휴전을 위해서였다. 결국 핵무기를 사용하지는 못하였고, 이를 강력히 주장한 맥아더는 국제연합군 최고사령관직에서 해임되었다.

사실 트루먼과 아이젠하워도 핵무기 사용을 고려했지만 모두 단념하였다.

제1차 계획은 1950년 7월~8월, 한미연합군이 한국의 한쪽 구석인 부산까지 밀리고 등 뒤에 바다 밖에 없게 되었을 때였다. 당시 전략공군 부사령관이었던 토마스 파워 장군은 "나는 원폭 투하를 위해서 전략공군부대를 대기시키라는 명령을 받았다."라고 회고했다. 그러나 원폭은 미군부대의 상당한 피해 우려와 미군증원 부대의 도착으로 북한군을 이길 수 있다는 자신감 때문에 사용이 중지되었다. 제2차 계획은 1950년 11월~1951년 3월, 미군의 청천강 전투 참패로 인해 인천상륙작전의 효과는 상쇄되고 말았다. 11월 28일, 미 합동참모본부에는 맥아더가 발신한 급보가 배달되었다. "총병력 20만 명의 적군이 UN군과 대치하고 있다. 우리는 사실상 새로운 전쟁을 맞이하고 있다." 연락을 받은 트루먼은 소련과의 최종적 핵 대결시점이 다가왔다면서 기자회견에서 "우리가 보유한 모든 무기를 포함한다. 핵무기의 사용은 항상 검토될 수 있다."고 발표했다. 제3차 계획은 1952년 11월~1953년 4월, 미국이 조기 휴전을 희망했기 때문이다. 미국 입장에서는 전쟁이 비참한 국면으로 흐르고 있기 때문에 핵무기라도 터뜨려서 북한으로 하여금 휴전에 동의하도록 만들려는 의도였다. 아이젠하워 대통령은 "조기 휴전을 위해서는 핵무기 사용도 불사하겠다."는 입장을 발표하였다.

1953년 봄, 미군은 원자탄두 장착 미사일을 오키나와에 배치했다. 미국이 핵카드를 꺼낸 것이다. 전세가 유엔에 불리하게 돌아가자 트루먼은 핵무기 사용을 적극 검토 중이라고 밝히면서 이는 유엔 허가 사항이 아니라고 덧붙였다. 이 발언은 미국의 동맹국도 깜짝 놀라게 했다. 영국 수상 클레멘트 애틀리(Clement Atlee)는 워싱턴으로 날아가 자제를 촉구했다. 1950년 12월 9일, 맥아더는 중국의 베이징·다렌·뤼순과 러시아 블라디보스토크 및 하바로프스키 등 가능한 공격 목표물을 열거하면서 자신의 판단에 따라 원자폭탄을 사용할 권한을 요청했다. 그는 또한 열흘 안에 전쟁을 끝낼 계획을 입안했다. 즉 압록강 전선 이북인 만주의 숨통에 원자폭탄을 투하하고 50만 명의 국민당 군을 참전시키는 한편, 동해로부터 서해에 이르기까지 방사능 코발트 띠를 두른다는 것이다. 맥아더가 이 계획을 실현했더라면 세계대전이 거의 확실하게 일어났을 것이며 적어도 한반도 대부분은 거주 불가능한 지역이 되었을 것이다. 트루먼은 애틀리에게 핵을 사용하지 않겠다고 다짐했지만 분해된 원폭을 항공모함에 실어 한반도 해안과 오키나와 기지로 보내도록 명령했다.

1951년 5월, 맥아더 후임인 매튜 릿지웨이 장군이 또 다시 핵무기 사용권을 승인받고자 했다. 1951년 말에는 '허드슨 작전'이란 이름 아래 평양에 대한 핵 모의폭격 비행 훈련이 B29에 의해 개시됐다. 원폭 투하 문제는 그 뒤로도 미 정부 최고위급 수준에서 주기적으로 논의되었으나 결국 다른 동맹국들의 압력, 소련의 보복 가능성에 대한 우려, 그리고 평화회담에서의 돌파구가 한국을 핵 참화에서 구했던 것이다. 한국전쟁 중 다수의 북한지역 주민들이 월남하였는데 가장 큰 원인 중의 하나는 1951년 초 후퇴하던 미군의 원자폭탄 투하 위협 때문이었다.

■ 비기기 위해 죽어야 하다

제1차 세계대전이 시작되던 1914년 8월, 화려한 전투복 차림의 독일 황제 빌헬름 2세는 "낙엽이 지기 전에 독일의 아들들이 돌아오리라."고 독일 국민에게 한 그의 약속은 지켜질 수 없었다. 독일과 오스트리아는 러시아의 힘을 얕잡아 보았으며 이러한 오판이 그들에게 값비싼 대가를 치르도록 했다. 역사의 굴레는 숙명처럼 반복되어 그중 하나가 한국전쟁에서 발생했다. 1950년 10월 1일, 한국군은 38선을 넘어 북으로 진격하기 시작했고 미 제1기병사단도 10월 7일 진격을 개시했다. 파나카 인도대사가 10월 2일 중국의 개입 가능성을 이미 경고했고, 10월 10일에는 중국의 외무장관 저우언

라이가 "중국은 이 침략전쟁을 방관하지 않을 것"이라고 발표했다.

그러나 미국 정부는 이 말을 중국 사람의 허풍으로 받아들였다. 맥아더의 압록강 진군은 중국의 힘에 대한 그의 오판에서 비롯되었다. 맥아더는 이상하리만큼 중국군들을 경멸했다. 그는 교조적이고 잘 훈련된 1950년대의 공산주의 군대를 1948년의 국민당의 군대 정도로 생각했다. 상대방을 높이 평가하지 않았던 경멸의 결과로 인해 맥아더는 막대한 대가를 지불해야 했다. 1950년 10월 26일, 격렬한 나팔소리와 함께 귀를 찌르는 호각소리에 맞춰 중국군은 국경선 남쪽 약 80km 지점에서 한국군과 미군에 대한 기습 공격을 개시했다. 11월 1일, 중국군은 미군 제3대대에 대규모 공격을 실시했고 이어 제8기갑연대를 격멸했다. 그런데 이후 중국군은 뜻밖에 접촉을 끊고 철수했다. 11월 초순, 중국군의 철수는 적군의 자만심을 고무시키기 위해 계획된 것이었다. 유엔군을 북한 쪽으로 더욱 깊숙이 유인해 그곳에서 그들의 빈약한 보급로를 차단하고 험한 지형으로 분리된 부대를 고립시켜 격파하기 위한 중국군 지도부 팽덕회가 만들어 놓은 치명적인 함정이었다.

특히 1950년 11월 26일부터 12월 13일까지 장진호 지역에서 미 해병 1사단 1만 2천 명, 보병 7사단 일부 병력과 중국군 제9병단 12만 명이 맞붙은 장진호전투[39]는 맥아더의 자만심과 북한 지역의 자연과 기후에 대한 대비를 소홀히 한 작전 실패로서, 미군 6,532명의 병력 손실을 입은 미 해병대 사상 최악의 패전이었다. 한국전쟁은 이때부터 중공군의 참전으로 '비기기

---

39) 1950년 6·25 때 미군 제1해병사단이 함경남도 장진호 부근에서 중공군의 포위망을 뚫고 함흥으로의 철수에 성공한 작전으로 1950년 11월 26일부터 12월 13일 사이에 있었다. 미군 제1해병사단은 유엔군의 북진 때 원산항으로 상륙하여 서부전선에서 북상 중인 미 제8군과 접촉을 유지하려고 장진호 계곡을 따라 강계 방면으로 전진하던 중 장진군 서한면 유담리·신흥리 일대에서 중공군 7개 사단으로부터 포위·공격을 받게 되었다. 이 지역은 높이 2,000m 이상의 높은 산들이 남북으로 뻗어 낭림산맥을 이루고 있고, 흥남으로 이어지는 계곡은 깊은 협곡을 이루고 있어 철수 작전을 어렵게 하였다. 미 해병은 추위를 무릅쓰고 40km의 협곡지대를 돌파하여 철수 작전에 성공함으로써 청천강 일대에서 수세에 빠져 있는 미 제8군의 철수를 가능하게 하였으며, 또한 중공군의 함흥 지역 진출을 2주간 지연시켜 국군과 미군의 흥남 철수를 성공시킬 수 있게 하였다.

위해 죽어야 하는(Die for Die)' 3년 간의 참혹한 전쟁으로 치닫는다. 1953년 7월 27일 휴전까지의 지루하고 참혹한 고지전의 배경에는 중국과 소련 간의 복잡한 계산이 있었다. 소련으로서는 잠재적 경쟁국인 중국과 미국 사이의 전쟁이 길어지면 길어질수록 이익이었다.

1950년 12월 24일, 맥아더 유엔사령관이 워싱턴의 트루먼 대통령에게 "이 전쟁은 이제 전혀 새로운 적과 벌이는 전혀 새로운 전쟁이 되었습니다. 중국과의 전면전에 들어갈 필요가 있습니다. 중국 스물한 곳의 목표물에 26개의 원자탄을 투하할 필요가 있습니다. 그러면 우리는 이 지긋지긋한 전쟁에서 해방될 수 있을 것입니다."라는 전문을 보냈다. 그러나 트루먼 대통령은 전문을 읽고는 불쾌한 듯이 내던져 버렸다. 바로 얼마 전까지 중국군의 개입은 절대로 없다고 호언장담했던 맥아더가 아닌가? 트루먼은 한숨을 쉬며 중얼거렸다. "이 친구 아무래도 계속 내버려둬선 안 되겠어."

트루먼과 맥아더 사이에 틈이 점점 벌어지고 끝내 맥아더 해임으로 이어진 것은 맥아더가 원폭 투하를 요청했기 때문이 아니었다. 맥아더가 해임된 진짜 이유는 그가 총사령관으로서 전쟁을 잘못 지휘하고 있었기 때문이며, 보다 근본적으로는 일개 군인이 아니라 정치인으로서 트루먼과 경쟁하고 있었기 때문이다. 극동군 사령관으로 도쿄에서 일본 총독이나 다름없는 생활을 누리던 맥아더는 한국전쟁의 총사령관이 되면서 이 전쟁을 백악관에 입성하기 위한 마지막 트로피로 삼기로 했다. 많은 반대를 무릅쓰고 과감한 인천상륙작전을 추진한 것도 그런 이유가 있었다. 그러나 과연 유엔군이 38선 이북까지 진입할 권한이 있느냐는 의구심을 일축하면서 북진을 감행하고, 중국·소련의 참전을 초래할까 봐 백악관이 노심초사하는 것도 아랑곳없이 과감한 작전을 계속할 때 트루먼은 맥아더의 속셈을 의심하기 시작했다.

군 지휘관으로서 맥아더의 치명적 실책은 먼저 중국의 개입 가능성을 무시한 것이었다. 트루먼이 불안한 나머지 태평양의 웨이크 섬까지 날아와 맥아더와 만났을 때도 맥아더는 중국은 절대로 참전하지 않는다고 몇 번이고 강조했다. 그러나 그의 다음 실책이 더 뼈아팠다. 1950년 11월 24일, 중국이 전면 개입했을 때 사실은 그렇게까지 위협적인 상황은 아니었다. 당시의 중국군에게서 흔히 인해전술을 떠올리지만 중국군은 20만이 조금 넘는 숫자로 유엔군보다 오히려 조금 적었고, 보유 장비도 유엔군과 비교할 수 없을 만큼 열악했다. 그런데도 중국군에게 유엔군이 대책 없이 몰린 이유는 맥아더가 중국군의 개입 가능성을 전혀 고려하지 않고 안이하게 대응한 탓이 컸다.

1951년 1월 4일, 중국군에게 밀려 다시 한 번 서울을 빼앗기는 상황이 되자 맥아더는 트루먼에게 병력 증강을 요청한다. 트루먼이 이를 묵살하자 맥아더는 "병력 증강 없이는 우리는 패배할 수밖에 없다. 이제 한반도의 공산화는 피할 수 없게 되었다."고 하면서 한국의 핵심 인사들을 하와이나 사이판 또는 제주도로 피난시키는 계획안까지 제시했다. 그러나 맥아더의 패전 예언도 헛구호로 끝나는데 새로 부임한 미8군사령관 리지웨이가 중국군을 몰아붙여 38선 부근까지 다시 올라갔기 때문이다. 이제 맥아더는 처지가 딱하게 되었다. 이대로라면 자신의 힘으로 전쟁을 이기고 한국을 통일시켜서 당당한 개선장군으로 미국으로 돌아갈 수 없기 때문에 이대로 휴전이 이루어지도록 해서는 안 되었다.

백악관과 미국 시민들 사이에서 한국전쟁을 지겨워하는 분위기가 짙어지고 휴전 논의가 구체적으로 오가는 것을 본 맥아더는 1951년 3월 도쿄 대반란을 일으켜 협상 진행을 망쳐 버린다. 도쿄의 극동군사령부에서 중국을 전면 공격할 것을 주장하는 성명서를 발표한 것이다. 백악관의 인내심은 한계에 달했으며 4월 11일 트루먼은 맥아더를 해임했다. 맥아더로서는 차라리 잘되었다고 생각했다. 이제 자신은 끝까지 전쟁에서 이기려 했던 '불행한 영웅'이 되는 것이고 트루먼은 영웅의 등에 칼을 꽂은 비겁자가 될 테니까.

그런 생각은 맥아더 해임에 대한 대중과 일부 정치인들의 열광적인 반응으로 입증되는 것 같았다. 미국 전역에서 맥아더 지지 데모가 벌어지고 4개 주의 의회는 대통령 탄핵 결의안을 통과시켰다. 맥아더가 귀국하여 의회에서 "노병은 죽지 않는다."는 유명한 연설을 한 다음 워싱턴 시가를 행진했을 때 그를 뒤따르던 사람은 7백만 명에 달했다. 맥아더는 멀리 백악관을 바라보며 1952년 선거에서 이기고 취임 선서를 하는 자신의 모습을 그렸을 것이다. 그러나 그의 인기는 모래성이었다. 맥아더가 "어쨌든 전쟁은 이기고 봐야 한다."고 주장한 반면 트루먼은 "한국전쟁에 너무 집중하다 보면 유럽에서 소련의 도발을 불러 온다."고 반박했다. 그러나 트루먼의 주장이 점점 설득력을 얻어 갔다. 전략적으로 더 그럴듯했다기보다 미국 국민은 이제 전쟁에 염증이 났기 때문이다. 맥아더에 대한 의회 청문회에서 맥아더가 몇몇 군사적 결정에 대해 제대로 답변을 못하자 대중은 그를 철저히 외면했다.

■ 비켜설 수 없는 죄악

남한 지역까지 확대된 공중폭격은 전쟁에서 최대한 빨리 승리하려는 전술적 목표까지 더해져 무차별 폭격 양상으로 나아가게 된다. 전황이 악화되자 1950년 11월 5일, 맥아더는 미 공군 사령관들에게 북한 민간인들이 거주하는 도시와 농촌 지역 자체를 군사적 목표로 간주하고 소이탄으로 불태워 없애 버리라는 야만적 명령을 하달했다. 3년 간의 전쟁 기간 대부분 미국은 북한의 영공에 대해 거의 완전한 제공권을 쥐고 있었으며, 폭격의 강도는 주민들 상당수가 대낮에도 지하에서 지내야 할 정도였다.

한반도의 모든 것이 미 공군의 폭격 대상이었다. 그들에게 있어서 한반도 땅에서 살아 움직이는 모든 것은 폭격의 대상일 뿐 인간과 짐승의 구분도 되지 않았다. 얼마나 폭탄을 퍼부었으면 미 전투비행사가 이북 상공을 선회하여도 폭격할 대상이 없어서 그냥 돌아갔겠는가? 그럼에도 불구하고 미군은 이북을 점령하지 못했다. 미군은 아무리 전쟁 중이라도 금지된 범행들을 이북과 이남에서 자행하였다. 민간인을 학살하고, 학교와 댐을 폭파하였으며 그것도 모자라 세균전까지 감행하였던 미군의 만행은 그들이 한국전쟁에서 얼마나 궁지에 몰렸는가를 잘 보여 주는 것이었다.

북한의 미국에 대한 불타는 증오심은 누구나 잘 알듯이 1950년 한국전쟁에서 미국이 취한 행동과 깊은 관련이 있다. 스칼라피노의 한국 공산주의 운동사에 의하면 미국은 3년 간의 전쟁 중 북한의 조그만 땅덩이에 미국이 태평양 기간 중 사용한 총 폭탄량을 상회하는 63만 5천 톤의 폭탄과 3만 3천여 리터의 네이팜탄을 투하하였다고 한다. 이는 북한에 1㎢당 18발의 폭탄이 투하된 것을 의미한다. 미국은 평양에만 42만 8,700여 발의 폭탄을 쏟아 부었는데 당시의 평양 인구가 40여 만 명이었으니 평양 시민 한 사람당 폭탄 1발을 안기고도 2만 8천 발이 더 떨어진 셈이었다. 유엔 한국재건단(UNKRA)의 도널드 킹슬리 사무국장은 "세계 역사상 로마의 카르타고 약탈 이후 한국에서 처럼 완벽한 파괴가 있었는지 의심스럽다."고 그 참상을 평했다.

그러나 미국에 대한 북한 사람들의 증오감이 극에 달한 것은 미군에 의한 양민학살이었다. 북한의 공식적인 발표를 보면 40여 일 강점 기간 동안 미군의 지휘·감독과 직접적인 적대 행위에 의해서 172,000여 명의 북한 주민이 학살되었다고 한다. 이 숫자는 직접 전투 행위나 미군 후퇴 이후의 폭격 등으로 살상된 숫자를 포함하지 않고 강점 40여 일 동안 저지른 보복적인 학살만을 포함하고 있다. 학살 방법 또한 인간 이하의 잔인성과 포악성을 보였는데 집단적 생매장, 통풍이 되지 않는 건물에 감금하는 질식사, 굶겨 죽이기, 휘발유와 장작불로 태워 죽이기, 눈알을 빼며 귀와 코를 도려내기, 산 채로 톱이나 칼로 사지 자르기, 피부를 벗기며 불에 달군 쇠로 지지기, 산 사람을 탱크로 깔아 죽이기, 임신부의 배를 갈라 죽이기 등 이루 형언할 수 없는 야수적 학살 방법을 거리낌 없이 감행했다고 한다.

이 잔인한 미군의 학살 중 가장 큰 규모로 진행된 곳이 황해도 신천·안악·강원도 양양이다. 신천군의 경우 군내 총인구의 1/4인 35,383명이 학살되었고 그 가운데 어린이·노인·부녀자들이 무려 16,234명이나 되었다. 강점 기간 동안 파괴와 약탈 행위도 엄청났다. 5,000여 개의 학교, 1,168개의 병원 및 휴양소, 260여 개의 극장과 영화관, 675개의 과학연구기관 및 도서관, 수많은 민간주택, 6개의 박물관, 문화유물 6,709점 약탈, 수십만 톤의 양곡, 용강의 국보급 고분 등을 파괴 및 약탈했다.

이러한 미군의 범죄행위에 대해 세계의 여론이 비등하자 1951년 국제민주여성동맹과 국제민주법률가협회가 진상조사단을 북한에 파견했다. 이 진상조사단의 일원으로 참가한 영국인 모니카 펠튼(Monica Felton)의 기행문인 'That's Why I Went'와 1952년 3월 북한을 방문한 후 작성된 법률가협회의 '미국의 범죄에 대한 국제법률협회조사단의 보고서'에 제시된 증언 중 일부다. "안악군 송화리 117번지에 살다 신천의 창고수용소에 갇혀서 간신히 죽음을 면한 28살의 양연득 여인의 이야기다. 어린이 다섯과 남편을 가진 일곱 식구였으나 미군이 강점하자 남편은 즉시 살해되고 그녀와 다섯 어린이는 어떤 창고에 수용되었다. 이 창고는 약 300여 명의 여자와 어린이를 수용했다고 한다. 이 좁은 수용소에서 밀고 밀리는 아수라장 속에서 그녀의 두 살 난 어린이는 밟혀 죽었다. 며칠 뒤 미군 두 명이 그녀를 밖으로 끌고 나와서 차례로 성폭행했다. 그녀는 어둠 속에 겨우 도망쳐 나와 신천이 다시 해방될 때까지 숨어 지냈다. 해방된 뒤에야 비로소 그녀의 네 아이들이 그 곳 창고수용소에서 불타 죽었다는 것을 알았다. 이 창고 근처에 죽은 어린이와 어른의 시체를 묻은 묘지가 있었고, 그 너머로는 완전히 어린이만 수용했던 수용소가 있었다. 그러나 이 수용소는 미군의 고성능 폭탄에 의해 파괴되었다. 나중에 주위의 주민들에 들으니 이 수용소와 묘지들 주위의 모든 지역을 미군들이 자주 폭격했다고 한다. 미군이 저지른 죄악에 대한 증거를 소멸시키기 위하여 폭격을 계속한다고 주민들은 이야기한다."고 펩톤은 말했다.

국제민주법률가협회보고서는 미군의 범죄행위를 더 생생하게 기술하고 있다. "미국 군대가 신천군 초리면 월산리에 들어온 바로 그날 우말재의 가족에 대해 끔찍한 범죄가 감행되었다. 미국인들은 우말재의 손과 귀와 코를 쇠줄로 꿰어 뚫었다. 그들은 방에 있던 노동표창장을 그의 이마에 못으로 박아 붙이고 그가 죽을 때까지 고문했다. 5세로부터 25세에 이르는 11명의 우말재 가족과 자녀들은 즉석에서 총살되었다. 우말재의 며느리는 미국 장병들이 그 시아버지를 고문하는 것을 보고 제지하려고 하자, 이 여성의 머리채를 잡아서 나무에 비틀어 맨 다음 젖을 베고 국부에다 막대기를 박고 기름을 부은 다음 불을 질렀다. 이 범죄에는 약 20명의 미국 장병이 참여하였다."

1992년 12월 14일, 거제 제6포로수용소가 있던 용산마을 부근 농지에서 경지정리 작업을 하던 중 큰 병속에 넣어진 채 비옷에 쌓여 있는 문서를 발견해 거제군 공보실에 신고했다. 이 자료 가운데 '불란서 파리 세계평화옹호대회 귀중'이라는 제목의 편지는 속옷을 찢어 만든 가로 80cm, 세로 120cm 크기의 광목에 잉크로 "미군이 북한 포로들을 일렬로 세워 놓고 총기 성능 시험을 하고 있다." "세균무기 실험 등 생체 실험을 하고 있다." "세계 평화를 위해 애쓰는 여러분들의 노고에 경의를 표한다."는 등의 내용을 적고 편지 끝 부분에 "피의 섬 거제도에서 제6수용소 전체 인민군 전쟁 포로 일동"이라고 썼다. 이와 함께 엽서만 한 크기의 종이에 깨알 같은 글씨로 활동 계획을 적은 기밀문서 30점도 발견됐다. 또한 1952년 5월, 거제도 포로수용소 소장인 도드가 포로들에 의해 감금되었을 때 포로들이 도드에게 요구한 4개 조항 가운데 제1조항이 "폭행·모욕·고문에 의한 심문, 혈서의 강요를 중지하고 위협·학살·독가스와 세균무기 실험 중지, 국제법에 의한 전쟁 포로의 인권과 생명의 보장"을 제기하고 있어 미군의 범죄행위가 다양하게 전개되었음을 암시한다.

한국전쟁은 그 전후를 불문하고 인류가 한 번도 경험해 보지 못한 민간인 사망자를 발생시킨 전쟁이었다. 사망자 중 민간인 비율은 1차 대전 41.2%(682만 명), 2차 대전 65.2%(4750만 명)인데 반해 한국전쟁은 85%인 330만 명 정도로 추정되었다. 20세기 전쟁에서 이와 같이 군인과 민간인을 구별하지 않는 대량 살육이 재래식 무기에 의해 짧은 기간 집중적으로 진행된 전쟁은 한국전쟁만한 사례가 없다. 우리는 지금도 이긴 전쟁만 기억하는 것이 아닌가? 더러운 권력과 자본, 애국심이라는 마성이 잘못 써 내려간 전쟁의 기억은 이제 찢어 버려야 한다.

V

생존의 마술 '친일과 반공주의'

우리가 친일파를 비판하고 그들의 잘못을 추궁할 때 서민들의 먹고살기 위한
친일을 비난하지는 않는다. 일반 필부보다 지도층 인사들에게 더욱 가혹한 잣
대를 들이대는 것은 비단 도덕성 문제에만 국한되는 것이 아니다. 몰상식이 상
식을 이기고, 부당함이 정의를 억누르는 사회는 미래가 없기 때문이다. 미국은
해방 직후 이승만 정권부터 계속된 독재와 야합하며 우리 민족으로 하여금 적
이 누구인가를 바로 알지 못하게 하여 우리의 적이 분단이 아니라 북한임을, 분
단을 가져온 미국 등의 외세와 반민족·분단고착 세력은 구축해야 할 적이 아니
라 동족인 것처럼 왜곡하였다.

배반과 변절의 기억

청산하지 못한 부채

1945년 8월 15일, 해방이 되었다. 고통스럽고 참혹했던 일제 지배 36년의 세월이 끝난 것이다. 그동안 일제에 민족을 팔아 부귀영화를 누려 온 친일 파들의 처단은 새로운 국가 건설에서 반드시 거쳐야 할 최우선의 민족적 과제였다. 대한민국 정부가 수립되기 이전인 1947년 친일잔재청산을 위하여 남조선과도입법의원은 '민족반역자·부일협력자·전범·간상배에 대한 특별법'을 제정한 바 있으나 미군정은 이 법안이 미군정의 동맹 세력인 친일경찰·친일관료·친일정치인을 대상으로 하고 있었기 때문에 인준을 거부하여 친일파 청산의 과제는 정부 수립 후로 넘어가게 되었다.

1948년 9월, 정부가 수립되어 반민법이 공포되고 반민특위가 활동을 시작한 지 사흘 만에 제1호 검거자로 친일기업인 박흥식을 체포하였다. 그러나 이승만은 담화를 통하여 활동을 견제하기 시작하였는데, 그 요지는 반민특위가 삼권분립의 원칙에 위반되며 안보 상황이 위급한 때 경찰을 동요시켜서는 안 된다는 것이었다. 반민특위위원장 김상덕은 "헌법에 뚜렷이 명시된 주문에 의하여 반민법이 제정·운영되고 있는데 무엇이 위헌이며 삼권분립의 혼동은 어느 조문에 해당되는가?"라고 항변하면서 이승만과의 대립이 첨예화되었다.

이승만은 계속 비협조로 일관하더니 1949년 2월 24일, 반민특위를 대통령 산하에 두고 반민족행위의 범위를 대폭 축소하는 것을 골자로 하는 반민법 개정안을 국회에 제출하였다. 국회에서 개정안이 폐기되고 반민족행위자에 대한 재판이 시작되자 친일파는 사활을 걸고 저항했다. 49년 1월 8일, 친일경찰 노덕술 등은 반민특위를 붕괴시키려는 음모를 꾸몄다. 반민법에 적극적인 국회의원과 위원장 김상덕을 38선으로 끌고가 월북하려는 것으로 꾸며 살해하려는 것이었다. 그러나 테러리스트 백민수가 자수하면서 그 계획은 이루어지지 않았으며, 이 음모를 위한 자금의 출처는 반민특위 제1호로 체포된 박흥식이었다.

1949년 5월 17일, 국회 프락치사건이 벌어지는데 국회의 소장파 의원이 남로당 프락치라는 공세였으며, 1949년 6월 6일 일요일 새벽 7시, 무장 경찰이 반민특위 본부를 습격하여 특위위원들을 체포하고 그들에게 혹독한 고문을 가하였다. 7월 6일 국회는 반민법 공소시효를 단축하는 개정안을 통과시켜 1950년 6월 20일이었던 공소시효 기간을 1949년 8월 31일로 단축시켜 반민족행위자 청산은 사실상 종료된다.

반민특위 기간 중 활동 성과는 총 취급 건수 682건 중 기소 221건, 재판부의 판결 건수 40건으로 체형은 고작 14명에 그쳤다. 실제 사형 집행은 한 명도 없었으며, 체형을 받은 사람들도 곧바로 풀려났다. 친일파 청산에 대한 국민적 지지에도 불구하고 반민특위의 활동은 실패하였다. 반민특위는 결국 친일경찰을 선두로 한 이승만 정권의 반격으로 무너져 버렸는데 반민법을 시행하기에는 해방 후 3년이란 세월이 지났고, 친일파들이 기득권 세력으로 국가권력에 이미 강력하게 뿌리내리고 있었기 때문이다.

반민법이 유명무실해진 것은 이 땅에서 친일파를 청산할 기회가 사라졌다는 것을 의미하는 것이었고, 그것은 폭력을 수반한 친일파의 반공 이데올로기가 지배하는 세상이 왔음을 말해 주는 것이었다. 이승만 절대 권력의 그늘에서 되살아난 친일파는 이후 항일 독립운동 세력을 조직적으로 제거했고 탄압도 불사했다. 많은 독립운동 인사들이 공산당으로 낙인찍혀 일제강점기보다 더 가혹한 탄압을 받게 되었다. 친일파가 청산된 새로운 나라의 건설은 그렇게 역사의 뒤편으로 사라져 갔으며 친일파 청산이라는 민족적 열망은 더 이상 말할 수 없는 금기가 되었다. 또 다시 못난 조상이 되지 말아야 한다는 다짐을 평생 신조로 삼은 광복군 출신 장준하 선생은 "광복 조국의 하늘 밑에는 적반하장의 세월이 왔다. 펼쳐진 현대사는 독립을 위해 이름 없이 피를 뿜고 쓰러진 주검 위에서 칼을 든 자들을 군림시켰다. 내가 보고 들은 그 수 없는 주검들이 서럽다."며 피맺힌 통한의 말을 남겼다.

북한은 해방공간의 가장 핵심적인 과제였던 친일의 인적 및 구조적 청산을 거의 완벽하게 이루어 조선인에 의한 조선사회를 일궈 나갔다. 친일청산이라는 민족사적 핵심과제의 역사적 이행이 이후 민족정신으로 이어지면서 민족자주를 최고의 덕목으로 삼게 만든 것이었다.

북한의 친일청산에 대해 두 가지를 주목할 필요가 있다. 하나는 소련 점령군의 역할이다. 소련 점령군의 역할은 첫째 남한을 점령한 미 점령군과는 정반대로 곧바로 일본군의 무장해제와 토착 자생 국가기관인 인민위원회로 행정권 및 치안권을 이양했다. 둘째 조선 토착 혁명세력의 세력화와 대중투쟁에 의한 반제·반봉건혁명에 대한 개입을 철저히 차단시켰다. 셋째 미국과 모스크바 삼상 회의에서 합의한 대로 일제 잔재의 청산을 점령 정책의 우선 과제로 제시했다. 넷째 인민위원회 등 자생기구에 행정·통치권 등의 자주적 행사를 승인 및 지원해 주어 조선인에 의한 조선 역사의 창출을 지원했다. 결론적으로 북한 친일청산에 대한 소련 점령군의 역할은 독립변수라기보다 촉진변수였다.

중국은 1931년 만주사변부터 1945년 중일전쟁과 제2차 세계대전 기간 중

일본제국에 협력한 한간漢奸이라 부르는 부일 중국인들과 친일 괴뢰 정부였던 왕징웨이汪精衛[40] 정권에 참여한 고위관리 등 십 수만 명을 중일전쟁이 끝난 후 모두 처벌하였다. 비슷한 시기 일본 제국주의 침탈을 받았던 월남·필리핀·미얀마 등에서도 비슷한 수준의 친일파 척결을 실시했다. 미군은 한반도에 상륙한 그날부터 반민족적인 현상유지 정책으로 일제하의 친일관리, 특히 민족의 증오가 서린 친일경찰을 다시 불러들여 대거 중용하였다. 친일파들은 미군정을 등에 업고 민족분열을 획책하였으며 그것은 분단지향 즉 단정운동으로 나타났다. 단정운동이 극우 반공이데올로기와 결합된 것은 해방된 해 연말에 일어난 반탁운동을 통해서였다.

해방 직후는 미군정을 제외한다면 남한은 좌익이 압도적이었다. 우익 특히 극우는 그 성질상 친일파·개량주의자가 많았고 일제 때의 행적 때문에 해방공간에서 민중에게 영향력을 갖기가 어려웠다. 그런데 신탁통치 문제는 이것을 변화시키는 계기를 만들어 주었다. 신탁통치 문제는 민족을 분열시키는 기제로 작동되었고, 반탁운동 이전에는 친일파가 민족반역자로 규탄과 청산의 대상이 되었는데 반탁운동이 시작되면서 찬탁세력이 극우세력에 의해 민족반역자·매국노로 매도되었고 반탁운동을 벌인 친일파들은 애국자가 되었다. 이때부터 친일파는 공산당을 때려잡기 위해서 거론되어서는 안 되는 문제가 된 것이다. 분단체제와 극우 반공이데올로기의 결합은 한국전쟁을 계기로 확고히 정착, 공고화되었다.

■ 그들의 비겁한 영혼

나라를 팔아먹은 이완용도 한때 독립협회의 핵심 지도자였다. 2·8 독립선언서를 쓴 이광수나 3·1 독립선언서를 쓴 최남선은 조선이 낳은 천재들

---

40) 본명 왕자오밍(Wāng zhàomíng)은 중국 정치인으로 청나라 마지막 황제인 푸이의 아버지를 암살하려다가 발각되어 투옥되었으나 신해혁명으로 영웅이 되었다. 그는 중국 국민당 좌파의 일원으로 쑨원과 친밀한 관계에 있었으며, 장제스와 대립하는 라이벌로 중일전쟁 발발 이후 1938년 하노이에서 평화성명을 발표하고 친일파로 변절하여 난징에 친일 괴뢰정권을 세웠다. 중국의 대표적인 매국노(漢奸)로 불린다.

로서 독립운동에 앞장섰지만 독립운동이 성과를 거두지 못하자 누구보다 먼저 변절했다. 친일행위자 명단에서 한 시대를 풍미한 애국자들의 이름을 찾는 것은 우리 모두에게 가슴 아픈 일이다. 반민특위 조사관 중 유일한 생존자인 정철용은 이광수를 직접 체포하였다. 그는 "나는 그래도 '미안하다' 이런 이야기가 나올 줄 알았는데, 하는 이야기가 해방이 1년만 늦었어도 우리는 전부 황국신민이 되었을 것이다. 신사참배 안하고 창씨개명 안한 사람이 어디 있느냐고 항변했다. 나는 상당히 실망했다. '나의 실수는 당시 일제의 강압에 의한 것이었다. 미안하다.' 이런 걸 기대했는데 엉뚱한 소리를 하길래 내가 화가 나서 '가야마(이광수의 일본식 이름)' 하고 불렀더니 일본 말로 '하이' 그러더군요."라고 증언했다.

반민특위 제1조사부장 이병홍은 "체포된 고종의 당질 이기용은 자기 사무실에 일왕의 사진을 걸어 놓고 일왕으로부터 받은 훈장 30여 개를 진열해 놓고 있었으며, 어떤 자는 태연하게 우리들 앞에서 이완용의 위대한 민족애를 강조하고 동상 건립의 필요성까지 역설하였다. 또한 우리들이 자기들 앞에 심판받을 날이 불원할 것을 오연히 말하기도 했다. 이러한 사상의 소유자가 해방 후 한국에 하나의 거대한 세력으로 남아 있었다는 것을 알아야 한다."고 증언했다.

1930년대에 들어오면서 송진우와 김성수를 우두머리로 하는 동아일보계, 최린을 우두머리로 하는 천도교 신파 등 민족개량주의자들의 활동은 더욱 극성을 부렸다. 세계공황의 여파로 조선의 농촌이 황폐할 대로 황폐해지자 민족개량주의자들은 가난한 농민대중을 상대로 브나로드 운동 (Vnarod Movement)[41]을 전국적으로 벌였다. 그러나 1930년대 중반 이후 그

----

41) 러시아의 차르(Tsar) 체제 말기에 젊은 지식인층으로부터 시작된 농촌계몽운동으로 러시아어로 '민중 속으로'를 뜻하는 말이다. 이 운동을 전개한 이들을 인민주의자라고 하였다. 이들은 러시아의 낙후성을 극복하여 이상사회를 건설하기 위해서는 부패하고 억압된 차르 절대왕정을 타파하고 자본주의 체제에 오염되지 않는 순박한 농민들을 깨우쳐야 한다고 주장하였다. 이 운동은 1930년대 우리나라에 영향을 주면서 신학문을 배운 학생들에 의해 퍼져 나갔다. 일제를 이기는 길은 무지몽매(無知蒙昧)한 농민을 깨우는 일이라면서, 위생의식과 문맹타파를 위해 한글을 보급시키고 애국애족사상을 고취시키고자 조선일보, 동아일보 등이 중심으로 범국민운동으로 전개해 나갔다. 하지만 이들은 농민들이 빈궁한 생활을 하는 이유가 이들의 무지와 게으름 때문이라고만 생각했다.

들의 환상은 산산조각이 났다. 일제는 자치권을 주기는커녕 민족을 말살하려 하고 있었기 때문이다. 일제의 의도가 명백히 드러날수록 민족개량주의자들도 본 모습을 드러내어 마침내 친일파로 전락하였다. 일제 식민지 하에서 묵묵히 농사를 지으며 살아왔다면 그는 농부일 뿐이지 준비론적 지도자는 아닌 것이다. 그와 마찬가지로 언론이나 교육의 경우도 일제의 민족말살에 저항하여 독립운동을 목적으로 했다면 몰라도 단순한 교육이고 언론이라면 민족해방을 위한 실력양성이 될 수 없는 것이다. 그것을 굳이 민족운동이라고 강변한다면 식민지체제에서 안주한 것을 호도하는 자기변명에 불과한 것이다.

그들은 자기들이 친일한 이유에 대해서 일제 식민시대 문명개화의 선구자였고 사회의 지도층이었기 때문에 일제가 표적으로 삼아 친일을 더욱 심하게 강요했다고 하면서 자기들의 친일은 그 시대에 당했던 수난이었다고 강변한다. 그들에게 묻고 싶다. 당신들은 친일해서 어떤 고통을 당했는지? 이민 사기임을 알면서도 버젓이 가난한 대한제국의 백성들을 멕시코 농장주들에게 헐값으로 팔아넘긴 윤치호는 식민지 기간 중 친일의 대가로 풍족한 삶을 누렸고, 수많은 식민지 조선의 청년들을 일본제국의 전쟁에 지원하도록 선동한 이광수 역시 해방이 되자 제일 먼저 자신의 재산을 빼돌리기에 급급했다.

일제 강점기 삼절三絶로 알려진 만해 한용운은 총독부를 마주보는 것이 싫어서 총독부를 등지고 산비탈의 북향집 심우장(尋牛莊)을 지어 저항하는 삶으로 일관하며 불 한 번 피우지 않은 냉돌 위에서 겨울을 났다. 단재 신채호는 일제가 망할 때까지 허리 굽히기가 싫어 꼿꼿한 자세로 세수를 하였다. 고개를 숙이지 않고 무릎을 꿇지 않는 것이 단재의 항일정신이었다. 특히 심산 김창숙은 일제의 모진 고문으로 앉은뱅이가 되었음에도 감옥에서 포로로서 당당히 죽겠다며 무료 변호사도 거절하고 두 아들과 전

재산을 역사와 조국에 바쳤다. 100번을 꺾어도 꺾이지 않은 그가 있었기에 조선 유교 500년의 역사가 결코 헛되지 않았다.

병자호란 때 왕명으로 청 태종의 공덕비문을 쓴 오준은 뒷날 스스로 부끄러워 붓을 들었던 손을 돌멩이로 쳐서 불구가 되고, 프랑스 나치 협력자 드리외라 로셀은 역사에 대한 책임을 느껴 자살로 죄를 면했다. 하지만 이 땅에서는 친일언론·학자·독재협력자 중에 목숨은 커녕 손가락 하나 자른 사람도 없다.

프리모 레비(Primo Levi)는 세계 제2차 대전 말 아우슈비츠에 수감되어 갖은 고생 끝에 살아남았으나 40년 뒤 자살로 생을 마감한 이탈리아의 대표적인 작가다. 그는 유대인 강제수용소의 가공할 현실에서 생환한 소수의 삶에 드리워진 부끄러움의 흔적을 다음과 같이 정리하였다. "수용소에서 살아남기 위해 본의 아니게 간수의 명령에 따라야만 했던 것, 열악한 환경에서 죽은 사람 대신에 살아남은 자로서의 부끄러움, 생존자 역시 희생자인데도 자신이 가해자인 인간들과 같은 부류라는 사실 그 자체에 부끄러움을 느낀다. 이 부끄러움의 감정은 생존자들이 감당하기에는 너무나 가혹한 것인지도 모른다. 그러나 이들의 부끄러움은 자신을 대신해 죽어 간 수용소 동료들, 이른바 죽은 자들의 존재를 잊을 수 없기 때문에 결코 지워버릴 수도 없는 부끄러움이다."

이 땅의 친일세력들은 한 번도 레비가 말한 것과 같은 부끄러움을 느낀 적도 드러낸 적도 없다. 얼마 전 서울 흥사단 강당에서 열린 학술단체협의회 정책토론회 '한국 근현대사 속의 친일의 의미와 친일파 청산운동의 필요성'에서 친일파를 옹호하고 청산 작업을 반대하는 궤변들이 유형별로 정리·발표돼 주목을 끌었다. 박한용 민족문제연구소 상임연구원은 과거를 잊자는 망각론, 모두가 친일을 했다는 공범론, 한때의 친일로 한 사람을 매도하지 말자는 공과론, 친일파를 오히려 수난을 감내한 사람으로 떠받드는 순교자론 등 친일파 청산을 반대하는 10대 궤변이 있다고 발표했다. 박 연구원은 '10대 궤변' 중 친일파 청산 주장을 하는 사람을 빨갱이로 몰아세우는 색깔론을 가장 강력한 반론으로 과거 친일파의 논리를 가장 충실히 이어받은 논리라고 비판했고, 최근 정치권에서 제기되고 있는 야당 정치인을 겨냥한 정치적 음해론에 대해서는 정치권의 당리당략에 의해 친일문제가 이용되어서는 안 되지만 정치음해론을 빌미로 친일청산 그 자체의 필요마저 부정해서는 안 된다고 지적했다.

과거 청산은 세계적인 추세다. 한국만 과거 청산에 매달린 것이 아니다. 1980년대 후반부터 많은 국가들이 과거사 규명으로 몸살을 앓고 있다. 이른바 '진실과 화해위원회'와 같은 조직이 아르헨티나에서 미국까지 27개국에 세워졌다. 미국도 미시시피 버닝사건(Mississippi Burning)[42]의 주모자에게 다시 재판을 받게 했으며 인디안 말살정책에 관해서도 보상을 위한 법안이 마련되고 있다. 과거 청산 작업은 서구·아시아·아프리카 그리고 남아메리카 지역의 여러 나라에서 활발히 진행되고 있으며, 더 구체적으로 살펴보면 나치가 저지른 홀로코스트, 동독 사회주의 정부의 독재체제, 프랑스의 나치 부역자 문제, 프랑스의 알제리 전쟁, 소련의 스탈린주의, 스페인의 프랑코 독재체제, 남아프리카 공화국의 아파르트헤이트(Apartheid: 인종차별주의), 칠레의 피노체트 독재정권, 아르헨티나의 군부독재, 서인도제도의 프랑스 구식민지 마르티니크(Martinique) 등이다.

얼마 전 독일 베를린·함부르크·쾰른 등 주요 도시에 은신한 나치 전범자에 대한 신고를 촉구하는 포스터 2,000여 장이 내걸렸다. 포스터에는

---

42) 1964년 미시시피 주 네쇼바 카운티에서 흑인 인권운동을 벌이던 청년 3명이 백인 우월주의 단체인 '쿠클럭스 클랜(KKK)' 단원 10명에게 구타당한 뒤 총에 맞아 숨진 사건으로 이들의 시신은 44일 뒤 흙더미 속에 파묻힌 채 발견됐다. 이 사건은 당시 미국 남부에 만연해 있던 흑인에 대한 공공연한 린치를 만천하에 드러냈으며 혐의자들은 3~10년 형을 선고받았으나 모두 형기 만료 전에 석방됐다.

"늦었지만 너무 늦지 않았다. 수백만 명의 무고한 사람들이 나치전범에 의해 희생당했다. 가해자 일부는 자유로운 상태이며 생존해 있다. 그들을 체포할 수 있도록 도와 달라."는 내용이었다. 스페인은 프랑코 독재를 막 벗어나면서 과거사를 접어 두고 새로운 역사를 만들자는 뜻에서 1977년 망각협정[43]을 체결하고 과거사의 역사 페이지를 넘기기로 했으나 평화로운 민주주의 정착이라는 임무를 끝낸 후 이 침묵은 깨어졌다. 1990년 대 후반 과거사논쟁 및 역사 갈등이 펼쳐질 수 있다는 자신감을 바탕으로 기억 회복 움직임이 일어나면서 역사기억법[44]을 만들었다.

　　과거 청산은 미래로 가기 위한 디딤돌을 놓는 작업으로 보아야 하는데 유독 한국사회에서는 과거에 대해 책임 있는 구세력이 사죄는 커녕 자기들의 죄많은 과거를 인정하지 않고 있다. 변절의 대가가 젖과 꿀이 흐르는 땅이 되어서는 안 된다. 양심을 팔고, 동지를 팔고, 지조를 판 대가가 온갖 특혜와 부를 보장하는 것이라면 그건 분명 제대로 된 나라가 아니다. 한 사람의 변절이 얼마나 많은 이들의 꿈과 정신을 망가트리는 것인지 우리는 기억해야 하며 그 책임을 물어야 한다. 아일랜드는 300년 만에 독립했고 유대인은 2천 년을 국가도 없이 떠돌았으나 결코 민족의 자존과 주체성을 잃지는 않았다. 일제통치 불과 36년 만에 우리가 이 정도 타락했다는 것은

----

43) 1977년 10월 15일 사면법이 통과되었는데 이 법의 중요 내용은 1976년 12월 15일까지 저질러진 모든 정치적 의도를 가진 행위는 그로 인해 어떤 결과가 초래되었는지에 관계없이 모두 사면에 포함하였고, 이 법에 포함된 행위의 조사 또는 추적을 목적으로 독재 정부 당국, 국가공무원, 그리고 공안기구 요원들이 저질렀을지 모를 범죄와 과실, 인권행사를 억압할 목적으로 관리들과 공안요원들이 저지른 죄 역시 사면 대상에 포함한다는 것이다. 인권유린과 탄압 당사자들이 저지른 일의 내막은 영원히 묻히게 된 것이다. 바로 이 점이 소위 말하는 망각협정 또는 침묵협정으로 후대에 알려지게 된 내용이다.

44) 2007년 스페인은 내부의 치열한 논쟁과 수많은 이해 관계자들의 정치적 입장 차이를 힘겹게 거치고 과거사 청산에 관한 역사기억법을 제정했다. 그들이 말하는 과거사란 프랑코 장군이 쿠데타를 일으킨 이후 그가 죽은 1975년까지 독재정권을 유지하는 과정에서 저지른 수많은 인권유린 행위와 관련된 내용을 말한다. 독재 체제 붕괴 이후 민주주의로의 이행을 모색하던 스페인은 불행한 과거를 잊어버리자는 소위 망각협정으로 이제까지의 일을 봉합했다. 끔찍한 일을 들추어내어 상처를 덧나게 하지 말고 미래로 나아가자고 정치권과 사회가 합의한 것이다. 그러나 그 아픔과 억울함, 분노가 쉽게 가라앉은 것으로 생각하기 어렵다. 20여 년이 지난 1990년대 말 여러 요인이 복합적으로 작용하여 정치권과 일반 시민들 사이에서 망각협정에 대한 재고를 요청하는 요구가 일기 시작한다. 2004년 사빠떼로 총리가 이끄는 사회당이 재집권에 성공한 후 과거사 논란은 본격화되어 2007년 12월 역사기억법을 통과시켰다. 역사기억법은 스페인 사람들의 고통 위에 세워진 법이다.

친일파들만의 수치도 아니다. 친일은 결코 은폐의 대상이 될 수 없다. 이는 민족정기를 좀먹고 민족가치관을 학살하는 일이기 때문이다. 우리가 참담한 현대사의 진흙탕을 빨리 걷어 내지 않으면 민족자주는 공염불이요, 통일의 꿈은 헛소리가 된다.

매국 장물의 소유권 다툼
|

국내에서 간행된 모든 역사사전이나 인명사전에는 이완용의 이름 석 자 앞에 민족반역자·매국노란 수식어가 붙어 있다. 그만큼 그의 친일행적에 대한 민족의 심판은 준엄했다. 그러나 어느 자료에도 이완용의 가계도와 해방 후 이완용 일가에 대한 기록은 찾아 볼 수 없다. 이완용의 가문인 우봉 이씨 가문에서 발간한 족보에도 종친회가 문중의 수치라 해서 이완용을 족보에서 파내 버렸던 것이다. 매국노 이완용은 그의 형 이윤용과 함께 한일강제병합의 공로를 인정받아 일제로부터 각각 백작과 남작의 작위를 받았다.

황현이 쓴 매천야록을 보면, 이완용의 장남이던 이승구의 행적에 대해 "구한말 혼자 일본유학을 떠났던 이승구는 귀국 후 부친과 아내의 불륜관계를 알고서 '나라건 집안이건 다 망했다'고 탄식하다 자살했다."라고 적고 있다. 절세미인으로 알려진 이완용의 큰며느리 임걸구와 이완용의 관계에 대해 한일강제병합 이후 이런 소문이 나돌았던 모양이다.

한일강제병합 이후 이완용은 조선총독부 중추원 고문을 거쳐 부의장에 올랐다. 일제는 그가 강제병합에 힘쓴 공로를 인정해 은사금 20만 원을 하사하고 전국 각지에 은사 토지를 불하해 주었다. 이완용이 일제의 협력을 받아 소유한 토지는 전국 각지에 수천만 평에 달하였고, 1910년 6월 24일자 대한매일신보에는 "이완용의 재산은 4백만 원 가량이더라."는 내용의 기사가 나와 있다. 그의 재산을 현재 가치로 환산하면 줄잡아 6~7천억 원 정도의 거액이다. 이완용의 재산은 손자 이병길에게 상속되었으며, 이병길은 전국의 토지와 재산을 이용해 땅 투기와 목탄사업을 벌인 것으로 알려졌으나 한국전쟁 때 피난길에 나섰다가 평택 근처에서 행방불명되었다.

이완용의 증손자 이윤형 씨는 서울에서 동성고교와 홍익대 건축과를 졸업했다. 한동안 불우한 나날을 보내다가 1961년 5·16 군사쿠데타가 난 후부터 권력의 그늘에 들어가 비호를 받기 시작했다. 1960년대 말 박종규 청와대 경호실장의 심복이 된 그는 박 실장이 당시 총재를 맡았던 대한사격연맹에서 사무국장으로 근무했다. 그 후 이씨는 1975년 캐나다로 이민을 떠났다가 1980년 말 귀국해 조상 땅 찾기에 전념한 데는 한국 정계를 주도하는 친구들과 토지 브로커들이 자리하고 있는데 선대의 매국 장물을 찾는 데 부끄러워하기는 커녕 당당함과 자신감이 넘쳐 보였다고 한다.

■ 권력과 친일 후손의 결탁

그가 한 가지 비화를 소개했다. "1970년 3월 새벽에 집으로 지프차가 여러 대 들이닥쳤다. 이후락 정보부장이 보낸 요원들이 대검찰청 3층 중수부로 나를 끌고 가서 연희동에 있는 증조부 명의의 땅 30만 평에 대한 문서를 내어 놓으라고 했다. 문서를 안 갖고 있다니까 여기 사인만 하시오, 해서 살펴보았더니 맨 위에 대통령 사인이 있고 그 아래 이후락 부장의 이름과 도장이 찍혀 있었다. 박종규 실장에게 사연을 말했더니 여기저기 알아보고 난 후에 '잊어버려'라고 했다 한다. 한마디로 대한민국에서 나에게 증조부님 땅을 놓고 손가락질할 자격은 없다는 투였다.

1992년 8월 29일, 경술국치일을 기해 이완용 후손 땅 찾기 연쇄소송을 다룬 기사가 나가자 말 그대로 세상이 발칵 뒤집혔다. 분노한 민심은 규탄과 항의시위에만 머물지 않았다. 광복회·순국선열유족회·독립유공자유족회 등 관련 48개 시민사회단체들은 조직적으로 대책 마련에 나서 '특별법 제정 100만 명 서명운동'을 시작해 그해 말까지 서명을 마쳤다. 처음에는 안일하게 일과성 지탄에 그칠 것으로 생각했던 친일파 후손들은 경찰에 신변 보호를 요청하고 전화번호를 바꾸는 등으로 대응하다 국민들의 지탄이 계속되자 일부 소송을 취하하기 시작했다.

그러나 법원은 이런 움직임에 찬물을 끼얹었다. 헌법이 규정한 국민의 재산권 보호조항을 근거로 현행 민법상 상속권을 인정할 수밖에 없다는 논리였다. 법원은 특히 일제 과거사에 대한 지나친 정의 관념이나 민족 감정을 내세워 문제를 삼는 것은 사회질서에 어긋난다며, 친일파 토지를 몰수할 법률상 근거가 없는 만큼 토지를 그 후손에게 돌려주어야 한다고 판시했다. 법원의 이런 터무니없는 판결은 국민의 염원과 동떨어진 것이기에 시민사회단체의 반발은 거세었고, 이 판결은 특별법 제정 움직임을 가속화하는 촉매제가 되었다.

국회는 그해 말 특별법 마련 법안소위원회를 구성해 '민족정통성회복특별법'을 법사위원회에 제출했으나 당시 신한국당 박희태 의원이 필사적으로 이 법안에 반대하는 바람에 본 회의 상정이 미루어지다가 그해 말 14대 국회 폐회와 함께 자동 폐기되고 말았다. 국회에서 특별법 입법이 무산되자 이를 숨죽이며 지켜보던 다른 친일파 후손들의 심리에도 적지 않은 영향을 미쳤다. 송병준의 후손들은 95년 2월 10일 기자회견을 통하여 선조의 땅을 불우이웃돕기, 사회단체 등에 기증하겠다고 발표했으나 이는 곧 국민 기만행위이자 소송을 위한 쇼에 불과한 것으로 위장 기증이라는 편법을 동원했던 것이다.

매국노 후손들의 재산 찾기 소송에 대한 법원의 관대한 태도도 문제였다. 친일파 후손들이 낸 토지 반환 소송에 대해 국민의 사유재산권보호라는 헌법조항을 근거로 적잖이 그들의 손을 들어 주었다. 이례적으로 2001년 1월 서울민사지법 민사 14부는 국가를 상대로 낸 토지소유권 반환 소송에서 헌법정신을 엄격히 해석하여 이를 기각했다. 이런 판결은 헌법의 틀 안에서도 법원이 적극적인 법 해석을 통해 얼마든지 민족정기 훼손을 막을 수 있다는 점을 보여준 전향적인 판례라 하겠으나 그 이후 항소심은 또 다시 보수적인 법 해석으로 1심 판결을 뒤집어 버렸다.

　1980년대 말부터 시작된 친일파 후손들의 땅 찾기 소송은 원고 승소율이 절반에 이른다고 한다. 2004년 국회법사위의 용역을 의뢰받아 민족문제연구소가 조사한 바에 의하면 이완용·송병준 등 주요 친일파 11명이 일제 때 보유한 토지 중 현재까지 확인된 규모만 해도 전국에 걸쳐 440만 평이었다. 특별법 발의에 앞장선 최용규 의원은 우리 헌법에서 규정한 국민의 사유재산권 보호 조항이 친일파의 매국 대가까지 포함되지 않는다는 적극적인 법 해석을 해야 할 때라고 주장하였다. 특별법 통과 후 나올지도 모르는 위헌 시비에 대해서는 앞으로 개헌 논의가 구체화될 때 새 헌법에서 반민족 행위에 대한 시효 규정을 손질할 필요가 있다. 땅 찾기 소송에서 그동안 친일파 후손의 손을 들어주던 사법부조차 2004년 이후 특별법이 제정될 때까지 재판 진행을 보류하겠다고 나섰다.

　드디어 해방 60년 만인 지난 2005년 12월 19일, 친일반민족행위자 재산의 국가 귀속에 관한 특별법이 국회 본회의를 통과하였다. 2013년 8월 4일 친일반민족행위자 후손이 친일반민족행위자 재산의 국가 귀속에 관한 특별법이 헌법에 위반된다며 헌법재판소에 제기한 위헌법률 심판제청에서도 최종적인 합헌 결정을 내렸다. 헌재는 "일제로부터 작위를 받은 자는 친일세력의 상징적 존재로 친일세력의 형성·확대에 기여하고 일제 강점의 유지·강화에 협력해 다른 친일반민족 행위자와 질적으로 다르다고 할 수 없다."고 결정 이유를 밝혔다. 또한 헌재는 "한일병합의 공으로 작위를 받지 않았으면 종전 법에 따라 재산이 국가에 귀속되지 않았을 것으로 믿었다고 해도 그런 신뢰에 견주어 이 법으로 달성되는 공익이 매우 중대하다."고 밝혔다. 해방 이후 이미 상당한 시간이 지나 버렸기 때문에 재산 환수 업무가 어느 정도 가시적인 성과를 거둘지는 미지수지만 그간 국민 정서와 역사 정의 관념에 정면으로 위배되었던 친일파 후손들의 행태를 염두에 둔다면 비로소 독립된 민족국가로서 당연한 최소한의 의무를 이행하는 것이 된다.

한국현대사가 식민지시대와 분단시대로 이어지면서 역사적으로 정리되지 못한 부분이 많지만 광복 70년이 다 되어 가는 지금까지 친일파 재산 귀속 문제로 온 세상이 들끓는 것은 부끄러운 일이 아닐 수 없다. 따지고 보면 친일파 후손들의 장물 찾기는 전적으로 국가의 책임이라고 보아야 할 것이다. 이승만 정부는 농지개혁 과정에서 온 국민이 한 목소리로 주장했던 '매국적의 일체 재산을 몰수한다.'는 정책을 수용하지 않았다. 이승만 정권은 해방 후 처음 수립되는 정권이면서 단 한 사람의 민족 반역자도 제대로 단죄하지 않았을 뿐 아니라 그들의 재산까지 고스란히 보호해 주었다. 이후 정부도 친일파 재산 문제에 대해서는 팔짱을 끼고 있었고, 심지어 일부 권력자들은 친일파 후손과 결탁하거나 비호하는 파렴치함을 보여 주기도 했다.

프랑스의 친독 청산
|

1940년 5월, 히틀러의 군대는 난공불락으로 믿었던 프랑스의 마지노선을 우회하여 벨기에 국경을 통과함으로써 단 6주 만에 파리를 점령해 버렸다. 혼비백산 도망간 당시 프랑스 내각은 외국으로 정부를 옮겨 계속 싸우자는 레이노 수상 중심의 주전파와 이미 전세가 기울었으니 패배를 인정하고 휴전을 해야 한다는 페당 부수상 중심의 휴전파가 맞섰다. 이 대립에서 결국 휴전파가 이기면서 페당이 수상에 취임한다. 페당은 취임 즉시 휴전을 선포하였고 점령군 나치와 타협하여 공화국 정부를 수립했다. 이 정부가 임시수도로 정한 곳이 바로 남부 프랑스의 도시인 비시였다. 2차 대전이 끝날 때까지 4년간 프랑스에서 지속된 비시정권은 그렇게 탄생했다.

4년 후 프랑스인에 의해 전면 부정되었던 이 비시정권은 사실 합법적인 것이었다. 점령군이 강제로 수상을 임명한 것도 아니고, 파리가 함락되자 프랑스인들이 스스로 새로운 수상을 세우고 헌법을 준수하며 탄생한 정권이었으며 또 그 권위 아래 휴전협정까지 맺었다. 또한 페당이 주장한 대로 어차피 져버린 전쟁, 끝까지 싸워서 국가를 완전 피폐하게 만드는 것보다 휴전협정을 맺는 것이 물적·인적 피해는 훨씬 적었던 것도 그것만 떼놓고 본다면 분명 사실이었다.

전쟁이 끝나고 드골에 의해 민족의 배신자로 재판에 회부되었던 페당은 어쩔 수 없었다는 상황론에 기대어 자신을 변호했다 한다. "나는 프랑스를 최악으로부터 보호했다. 만약 내가 프랑스의 칼이 될 수 없다면 방패라도 되려고 했다." 프랑스 바깥에서 드골이 프랑스의 자주독립을 위해 싸우며 프랑스의 칼이 되었다면, 자기는 프랑스 내부에서 점령군의 요구에 대항하며 점령군과 프랑스 국민 사이에서 일반 국민을 보호하는 방패가 되었다는 논리였다. 그러니까 독일의 유태인 학살에 동조하고 독일이 각종 프랑스 물자나 프랑스인을 징용·징발하도록 허용할 수밖에 없었던 것도 또 레지스탕스를 탄압했던 것도 보다 많은 프랑스 국민을 보호하기 위한 어쩔 수 없는 희생이었으며 불가피한 협력이었다는 논리였다. 이러한 협력의 대열에는 유명한 문인·작가·정치인·언론인들이 대거 포함되어 있었으며, 이들은 오히려 점령군 독일보다 더 강한 어조로 독일과의 협력을 촉구했다. 전혀 낯설지 않은 논리이며 풍경이다.

제법 그럴듯한 이 상황론은 비시정권의 정통성을 부정하며 영국에서 자유프랑스 망명 정부를 이끌던 드골과 조용히 숨죽이고 있던 프랑스 국민에 의해 독일 패전과 동시에 박살이 난다. 가장 먼저 프랑스의 모든 경찰서장이 해임되었고 그 중 5명에게는 사형선고가 내려졌다. 또한 비시정권에 협조했던 수백 명의 판사가 처벌되었으며, 정치인들은 정치 활동이 금지되었고, 경제인들은 그 재산을 몰수당했다. 그 외에도 군인·외교관·언론인·문인 교육자 등 어떤 형태로든 협력했던 모든 계층은 집요하게 색출당해 처벌되었다.

사실 프랑스는 2차 세계대전 당시 독일에 고작 4년을 점령당하고서도 과거사 청산을 단호하게 했다. 언론인에 대해서는 대중에 대한 영향력을 고려해 더욱 엄하게 단죄했다. 프랑스는 독일 점령 4년 동안 15일 이상 발행한 신문은 모두 발행을 금지했다. 나치에 협력하지 않고는 그렇게 긴(?) 기간 동안 신문 발행이 어렵다고 본 것이다. 프랑스에서는 1944년 8월 25일, 해방 직후부터 다음 해 4월까지 전국에서 12만 6,020명이 체포되었다. 최종적으로 12만 4,613명이 재판을 받았고 6,763명이 사형선고를 받았다. 하지만 궐석재판과 종신형·감형 등에 따라 실제 사형 집행된 인원은 767명이었다. 이는 해방 초기 약식 처형된 1만 명 이상을 제외한 숫자다. 그리고 98,000명이 징역형을 선고받았다. 부역 언론은 폐간되었고 문인들은 발표가 금지됐으며 노조 지도자들은 노조에서 추방되었다. 511명의 정치인은 피선거권을 박탈당했다.

가장 강력한 숙청 대상은 언론인과 작가들이었다. 이들이 가장 먼저 숙청의 대상이 된 것은 증거가 확실하고 가장 저명했으며, 그래서 가장 큰 증오의 대상이 되었기 때문이다. 일간지 로토 사장 알베르 르죈은 적과 내통한 죄로 사형을 당했다. 일간지 오주르디 편집인 쉬아레즈는 연합군의 노르망디 상륙에 대해 "우리의 땅을 수호하고 있는 것은 독일인이다."라고 히틀러의 관대함을 찬양한 기사를 쓴 혐의로 역시 사형을 당했다. 일간지 르마탱의 스테판 로잔 논설위원은 독일을 찬양한 사설을 쓴 혐의로 20년 독방 구금과 재산 몰수형을 당했으며, 점령 기간 동안 선전방송에 나섰던 아나운서도 대부분 10년 이상 징역형을 받았다. 비시정부의 요인들도 중형을 선고받았다. 국가원수이자 1차 대전의 국민적 영웅이던 페탱은 사형선고를 받았으나 고령인 탓에 종신형으로 감형되었다. 2인자 라발을 포함하여 18명에게 사형이 선고되었지만 10명은 끝내 잡히지 않았고 결국 3명에게만 사형이 집행되었다.

네덜란드·벨기에·노르웨이 등에서의 부역자 처리는 프랑스보다 더 치열하였으며 처벌된 사람들의 비율도 더 높았다. 또 다른 연구에 의하면 부역 행위로 구속된 사람의 숫자가 매 10만 명당 프랑스 94명, 벨기에 596명, 네덜란드 419명, 노르웨이 633명 등 나치 점령을 경험한 서유럽은 프랑스를 제외하고는 부역자 처리에 적절한 반역죄 등에 관하여 전쟁 전에 입법을 통하여 갖추고 있는 나라는 없었으며, 노르웨이·네덜란드·덴마크에서는 소급입법과 금지된 사형을 재도입하였다.

사실 프랑스의 독일 점령 하에서 대표적 부역자 집단이라고 할 수 있는 비시정부는 한국의 친일 부역집단과는 달리 나름대로 존립과 정당화의 여지가 있었다. 그럼에도 불구하고 프랑스는 자신의 어두운 역사와 부끄러운 과거를 과감하게 도려내는 역사적 과업을 수행함으로써 민족적 정통성을 바로 세웠다.

프랑스 비시정권과 부역자들의 처리 문제를 되돌아보며 남의 문제로 여겨지지 않는 것은 우리가 그보다 훨씬 더 심각한 부역 문제의 상처를 안고 있기 때문이다. 그러나 우리의 경우에는 그 시대에 대한 진실의 탐구, 반성과 사죄, 가해자 처단, 공직 추방의 목소리가 해방을 맞는 날에서부터 오늘에 이르기까지 너무도 미약했다는 점에서 문제의 심각성이 있다. 이제 더 이상 그러한 감정의 포로가 되지 않기 위해서라도 더욱 과거의 잘못된 역사를 바로잡는 노력이 오늘 이 땅에서 시도되지 않으면 안 될 것이다.

또한 1944년 해방 직후 프랑스의 '작가 및 극작가 협회'가 그 회원들에게 답변을 요구한 다음의 질문서를 통해 이제는 우리가 자신에게 질문할 때이다. "당신이 실제로 적의 선전에 봉사하지 않고 또한 당신의 글이나 연설·행동이나 제스처를 통하여 적극적인 부역 행위를 하지 않았다고 하더라도 수치스러운 패배 뒤에 물리적이고 도덕적으로 고약한 점령 기간 중에 협력을 가장하여 우리나라를 타락시키고, 우리 국민들을 굶기고, 우리의 생각과 문화·자유를 질식시키고, 우리의 동족을 고문하고, 인질을 총살하고, 우리문명의 지독한 적에 대항하여 사적으로 또는 공적으로 당신은 우리 국민들이 준 신뢰에 기초한 프랑스의 지성으로서 당신의 의무를 제대로 이행하거나 진실로 가슴속 깊이 우리가 지켜야 할 애국적 위엄에 부합하는 언동을 하였다고 느끼는가?"

제2차 대전에서 프랑스의 역할에는 애매한 데가 있었다. 프랑스 본국은 개전 초기에 항복해서 전쟁 말기까지 나치 지배를 받으며 추축국 진영에 협력했고 드골의 자유프랑스는 국민에게 선출된 정통성 있는 정부가 아니었다. 자유프랑스의 병력 중 태반이 세네갈·토고 등 식민지 출신의 흑인이어서 파리 해방 때 앞장서 행진할 부대를 고를 때도 흑인이 적은 부대를 고르느라 고심할 지경이었다. 프랑스는 얄타회담과 포츠담회담에 초청받지 못했다. 그러나 포츠담 회담에서 독일과 오스트리아 분할 점령의 주체로 결정된 것은 연합국으로 인정받은 결과다. 이와 같이 되기 위해서는 1940년 7월부터 1944년 8월까지 프랑스를 통치한 비시정부의 정통성을 부정하고 모든 나치 협력을 '반프랑스 또는 비프랑스'적인 것으로 규정해야 했다. 비시정부의 정통성을 부정하는 것은 프랑스 정계뿐 아니라 학계에서도 대세이지만 이것이 현실 정치의 필요에 얽매인 것과 국가적 책임을 회피하는 부도덕성이라는 의혹 또한 지울 수 없는 것도 사실이다. 프랑스의 경험과 한국의 현실에 적지 않은 차이가 있지만 그들의 단호한 대독 협력자 숙청은 우리에게 귀감이 되며 친일파 청산에 실패한 우리들에게는 도덕적 민주국가 건설을 위한 중요한 교훈이 된다.

■ 알제리의 배신자 '아르키(Harki)'

알제리 독립전쟁(1954~1962년) 당시 프랑스 쪽에 가담하여 프랑스의 이익을 위해 활동한 알제리 출신 군인을 아르키라 부른다. 따라서 독립을 갈구한 알제리인들에게 아르키는 배신자라는 의미를 내포한다. 그런데 아르키라는 명칭은 좀 더 일반화되어 그들의 가족이나 굳이 군인이 아니라도 같은 의도를 실행했던 일반인까지 포함하기도 한다. 유엔의 자료에 따르면 1962년 독립 직전 알제리에는 6만여 명의 군인들을 비롯해 공무원이나 보충원 등 26만 3천 명의 아르키가 있었으며, 그 가족들을 포함하면 거의 100만 명에 달했다고 한다. 당시 무슬림 알제리인들의 총수가 800만임을 감안하면 엄청난 수가 아닐 수 없다.

당시 아르키들은 "알제리는 영원히 프랑스일 줄 알았다"고 후회했지만, 1962년 3월 알제리의 독립을 기약하는 에비앙조약 체결 이후 가장 막막한 미래와 맞닥뜨려야 했던 이들이 바로 아르키였다. 그들 중 소수가 프랑스로 떠났고 미처 떠나지 못한 일부는 독립 알제리군에게 고문과 학살을 당했다. 당시 알제리 민족해방전선(FLN)에 의해 학살당한 아르키가 15만여 명에 이르는 것으로 추정되며, 아직도 아르키들은 공식적으로 알제리를 방문할 수 없다. 인권의 나라라고 널리 알려진 프랑스에서 알제리 전쟁 동안 프랑스 쪽이 행한 전쟁 포로의 학대와 더불어 아르키 처리 문제는 프랑스 현대사의 가장 암울한 장이었다.

'아르키는 과연 누구의 희생자들인가?'라는 논란은 아직도 프랑스에서 중요한 이슈다. 2001년에는 아르키와 그들의 가족에 의해 인권유린 명목으로 프랑스를 상대로 소송이 제기되어 당시 지식인 사회에서는 아르키와 관련해서 진지한 논쟁이 또 한번 불거졌다. 프랑스를 돕다가 알제리 독립과 함께 비참하게 학살당하고 인권이 유린당하도록 방치한 프랑스의 책임이라는 논지로 소송을 제기한 원고들의 소송은 "에비앙조약 체결 뒤 프랑스의 무기 회수 명령으로 인해 자기방어가 불가능했으며, 그렇다고 프랑스 쪽에서 적극적으로 보호해준 것도 아니어서 학살 당했다. 이후 프랑스로 호송됐던 아르키들 조차도 차별 대우를 받았으며 인권이 유린됐다."는 내용으로 요약된다.

이 소송에서 흥미로운 점은 원고 쪽이 정작 학살을 강행한 알제리는 접어 두고 그 화살을 프랑스로 향하고 있다는 점이다. 다행히 2004년 6월 11일 프랑스 국회에서 아르키의 노고와 고통을 인정한다는 법이 통과됐다. 에비앙조약 이후 42년 만에 채택된 이 법안은 알제리·모로코·튀니지에서 프랑스의 이익을 위해 참여한 내국인들의 고통과 학살에 대한 대가를 공식적으로 인정한다는 일종의 '기억과 역사에 대한 정치적 제스처'로 해석된다. 그러나 이것으로 충분하지 않으며 희생자들에 대한 국가적 과오의 반성이 곁들여져야 한다는 의견도 있지만, 아무튼 역사적 잘못을 청산하려는 정치적 진전인 것은 분명하다. 지나간 130여 년은 알제리의 과거인 동시에 프랑스의 과거다.

권력이 길친 이념의 안경

이념 과잉의 유산

전쟁과 빈곤은 인간을 동물의 수준으로 전락시키는 근대문명 최악의 양대 재난이라고 볼 수 있다. 전자는 대체로 국민 또는 민족을 위한다는 명분하에 정치권력에 의해 자행되는 경우이며, 후자는 자본주의적인 시장경제와 그것을 지탱하는 국가 경제정책에 의해서 조장되는 경우가 많다. 이두 가지는 별개의 것으로 보이지만 세계 자본주의 체제, 열국 체제의 틀 내에서 본다면 같은 부모가 낳은 다른 자식들이라고 볼 수 있다.

60년 전 한국전쟁 과정에서 민중이 당한 비참함과 인간 존엄성의 훼손은 오늘날 우리 사회에 잔존하고 있는 극우 반공주의의 광기, 소외계층의 궁핍과 사회적 배제 등과 같은 뿌리를 갖고 있다. 우리는 한국전쟁을 인간의 존엄성을 앗아가는 이러한 세계 자본주의, 그것의 정치적 표현인 국제적 군사 대결 체제라는 틀 속에서 보아야 하고 한반도는 물론 전 세계에서의 항구적인 평화 질서 구축과 인권의 실현이라는 전망 속에서 그 부정적 유산을 청산할 길을 찾아야 한다.

20세기 한국인들은 폭압적 권력 하에 살아오면서 가족 중의 누구 하나라도 화를 당하지 않고 먹고 살기 위해 스스로 자유와 권리를 권력자에게 양도하였다. 입신출세를 위해 적극적으로 일제 파시즘의 하수인이 된 사람들과 그 후예들은 8·15 해방 후에는 자신을 살려준 미국의 반공주의에 매달렸으며 군사독재의 첨병이 되었다. 권력욕은 물질에 대한 탐욕과 언제나 병행했으며 폭압에 대한 비판을 경제성장이라는 이데올로기로 피해 나갔다. 그들은 스스로의 행동에 최면을 걸었다. 과거에는 동아시아의 평화를 위해, 1948년 이후에는 빨갱이를 박멸하기 위해, 1960년대 이후에는 국가 경제 발전을 위해, 그 길을 갈 수밖에 없었다고 합리화했다.

일제의 악명 높은 헌병 출신 김창용이 대전의 국립묘지에 편하게 누워 있는 나라, 개인적 축재를 위해 국가를 사사로이 이용했던 관리들이 한 번도 국민의 심판을 받은 적이 없는 나라, 미국과 달리 전쟁의 비극을 고발하면서 평화운동에 나서는 퇴역 군인이 없는 나라, 어두운 곳에서 학생과 민주화운동가를 고문하고 죽였던 세력들 중 한 명도 양심선언한 사람이 없는 이 불모의 한국은 미국보다 파시즘의 병균이 더 깊이 침투해 있는 나라일 것이다. 국제 경쟁이니 생산성이니 하면서 국가와 사회의 발전을 위해 사회 구성원은 어느 정도 희생을 감수해야 한다는 생각이 은연중에 자리잡고 있는 사회, 타인의 고통이 혹시 모를 나의 탐욕과 이기적 행동에서 기인하는 것이 아닌지 성찰할 능력이 없는 사회, 거짓과 반인륜을 보고도 고발하거나 항거할 용기를 낼 수 없는 사회, 복잡한 의사결정 구조, 관료제, 사업미디어의 그물망이 소신 있는 개인의 의사 표현을 철저하게 무력화할 수 있는 사회, 다른 사람과의 차이를 받아들일 준비가 되어 있지 않은 사회에서는 언제든지 파시즘이라는 병균이 서식할 수 있다고 보아야 한다.

1945년 8월 이후, 분단과 전쟁 때문에 남으로 내려온 이북 사람들은 당시 남한 인구의 약 16%에 해당하는 5백만 명에 이르렀다. 이들은 주로 토지개혁과 종교적 억압, 그리고 정치와 사상 탄압을 이유로 월남했는데 이들 가운데 일제 치하에서의 친일 경력이 문제가 되어 내려온 사람들도 많았다. 38선을 경계로 남과 북이 분단된 후 남한으로 내려온 이북 사람들에게 반공은 곧 자유의 다른 이름이었다. 이들은 반공의 파수꾼임을 자임하고 나섰는데 반공은 이들에게 일종의 종교였다. 그들은 월남 직후 수많은 단체를 조직하였는데 단체들의 문패는 달랐지만 모두가 반공의 전위부대였다. 이들은 전국 각지를 다니면서 이북의 토지개혁을 비롯한 민주개혁과 북한정권의 허상을 선전했다.

이 단체들 중 가장 활발한 활동을 보인 단체가 서북청년단이었다. '서청!' 하면 울던 아기도 울음을 그친다는 유행어가 나돌았을 정도로 서청은 모든 사람들에게 공포의 대상이었다. 빨갱이 사냥은 사람들의 이성을 마비시켰다. 정적을 빨갱이로 모는 매카시즘이 정치 영역을 벗어나 보통 사람들의 일상을 위협했다. 사적 원한이 있거나 평소 관계가 좋지 않았던 사람들을 빨갱이로 모는 일도 비일비재했다. 인간성은 피폐해졌고 전통적인 의미의 공동체는 파괴되었다. 분단 이후 남한에서 공산주의자는 사람으로 인식되지 않았다. 그들은 처부수고, 무찌르고, 때려잡을 대상이며 피도 눈물도 없는 비인간이었다.

한국에서는 공산주의자도 빨갱이지만 사회주의자도 빨갱이며, 진보주의자도 빨갱이며, 미국에 비판적이어도 또한 빨갱이다. 그리고 이상주의자도 휴머니스트도 또한 빨갱이가 될 수 있는 곳이 바로 대한민국이다. 좌익이나 우익이란 말은 상대적이다. 극우에겐 극우가 아닌 모든 자가 좌익이다. 한국에서는 이 모든 좌익이 빨갱이가 될 수 있다. 침묵하지 않을 때는 말이다.

우리는 근대 100년을 지나면서 나름대로 성공했다고 자평한다. 지난 반세기 동안 한국인들이 경제와 기타 영역에서 이룬 성과를 폄훼할 필요는 없다. 그야말로 한국인들은 역경을 뚫고 미친듯이 경제 재건에 매진했고 놀라운 성공을 거두었다. 누가 뭐래도 최빈국을 일거에 부국으로 바꾸고 독재 체제를 무너뜨린 그 능력에 긍지를 느껴도 좋다. 그러나 잊어서는 안 될 것이 있다. 그 성공은 한반도 반쪽만의 것이라는 것과 그마저도 우리 민족을 둘로 가른 가해자들이 제공해 준 안보와 시장이라는 틀 속에서 가능했다는 점이다. 우리는 기억해야 한다. 무수히 많은 약자들을 도태시키는 그들의 세계 전략을 추종하고 거기에 편승함으로써 가능했다는 것을…… 그리고 그 정도의 성공을 손에 쥐기 위해 우리는 동족을 적으로 삼는 민족 해체를 반공의 이름으로 정당화하고, 빈부 격차를 확대하고, 전통 가치를 파괴했으며, 최소한의 예의염치와 존엄마저 쓰레기처럼 내던져 버렸다.

반공이 어떻게 민주주의를 대체할 수 있는 이데올로기가 될 수 있는가? 우리 사회에서 반공이라는 이데올로기의 무장을 해제하면 오히려 보호받아야 할 대상은 누구인가? 우리 사회에서 북한이라는 존재가 없었다면 무엇을 가지고 불의를 논해야 하는가? 우리는 어떤 사회를 만들고자 하는가? 라는 질문은 이제 우리 스스로에 대한 것이어야 한다.

■ 광기의 전설 1

아버지와 형이 부역 혐의로 참담한 죽음을 당했던 소설가 이문구가 초등학생 시절 겪었던 경험은 참혹했다. 수복이 된 후 이문구의 짝으로 들어온 아이가 다름 아닌 전쟁 중에 인민재판을 받고 죽음을 당한 전직 기관장의 아들이었기 때문이다. 그러니까 원수의 자식이 한 의자에 앉아 공부를 했던 것이다. 당시 이문구를 가르쳤던 담임선생의 말이다. "이문구 옆에 열여덟 살짜리 아이하고 그 집안 식구들은 9·28 수복이 되니까 눈이 시뻘개져 가지고 공산당한테 당한 분풀이를 하기 위해서 손에 몽둥이·낫·쇠스랑 같은 것들을 들고 사변 당시까지 좌익의 두목이었던 집으로 쳐들어갔지요. 그러나 그 집에서는 이미 죽어야 할 사람은 다 죽고 노인이 혼자서 족보만 지키고 앉아 있었지요. 그들은 그 노인을 놔두고 좌익 두목의 열 살 먹은 넷째 아들을 잡아내기 위해 눈에 불을 켜고 집 안을 발칵 뒤집어 놓았지요. 아주 씨를 말리겠다는 것이었지요. 다행히 열 살 먹은 그 넷째 아들은 달아나고 없었습니다."

그 넷째 아이가 이문구였다. 이문구가 달아났다는 사실을 알고 난 이후에 무슨 일이 벌어졌던가? 이문구의 말이다. "그들은 사람 대신 세간을 때려 부수기 시작했다. 책상·의자·찬장·항아리 따위는 물론 그들이 부수고 깨뜨릴 수 있는 것이라면 모두 박살을 냈다. 그리고 곡식·간장·고추장·소금 같은 먹을 만한 것들은 알뜰히 챙겼다. 그들은 노획한 적산 재물을 이고 지고 끌고 가는 것으로써 전과를 올렸다. 그러나 달아나지 않았으면 맞아 죽었을 아이와 잡기만 했으면 단매에 요절을 내리라고 별렀던 아이가 한 교실 한 걸상에 앉아 한 책상을 쓰며 공부를 하였다."

자신을 죽이려고 했던 아이와 옆자리에 앉아 학교생활을 했던 이문구는 훗날 그것은 내가 이 나이 먹도록 두 번 다시 겪어보지 못할 만큼 참담한 고통이었으며 시련기였다고 회고한다. 소설가 이문구의 집안은 한국전쟁을 겪으면서 집안이 풍비박산 나 버렸다. 이문구의 글 '지금은 꽃이 아니어도 좋아라'의 한 대목이다. "조부는 집안이 풍비박산 난리 속에서 고적감을 못 이겨 엄동설한에 운명하셨고, 선고先考는 내가 태어난 해부터 농사꾼으로 전업함과 함께 남로당 보령군 총책을 맡았던 바 6·25사변의 발발과 동시에 예비검속 되고 뒤미처 후퇴 철수하던 향읍 치안기관에 살해되니 조부보다 7개월 먼저 유계幽界에 오른 셈이며, 서울 성남 중학교를 졸업하고 육사 2기로 들어가 위장병을 얻어 자퇴하고 집에서 요양하던 둘째 형은 다른 사람들과 한 오랏줄에 묶인 채 운명을 같이했다. 고향에서 농업중학을 다니다가 어느 토요일 방과 후 학교 운동장에서 공놀이를 하고 있을 때, 술에 취한 교장이 읍내 무슨 관의 요릿집 기생을 껴안고 학교 운동장에 나타나 학생들더러 사모님께 인사하라고 호통치는 것을 어깨 너머로 메어꽂고 자퇴하여 상경한 셋째 형은 부친에 대한 연루 혐의로 같은 해 초겨울 밤 가마니에 담겨져 대천 해수욕장의 바닷물에 산 채로 수장되니 그는 겨우 18세의 소년이었다. 맨 큰형은 내가 태어나기 전인 왜정 중엽에 징집되어 도일한 후 곧 실종되었거니와 한 해 동안에 3대에 걸친 네 사람의 목숨을 남의 손에 앗겼으니 선비先妣인들 어찌 견디었으랴. 넋이 나간 채 신산고초를 견디다 못해 장서長逝하니 1956년 8월 향년 50세였다."

이렇게 해서 넷째 아들로 태어났다가 순식간에 장남이 되어 버린 이문구는 오로지 생존을 위해 문학을 업으로 삼았다. 빨갱이 자식이라는 천형에 눌려 언제 또 그때와 같은 개죽음을 당할지 모른다는 공포와 두려움에 휩싸였던 그는 사상 문제가 얽힌 필화사건에 휘말렸던 한 시인이 동료 문인들의 구명운동으로 별다른 피해 없이 풀려나는 것을 보고 문학을 업으로 삼으면 개죽음은 면하겠구나 하는 생각을 하였다. 그는 열두 살의 어린 나이에 소설가가 돼야 살아남을 수 있다고 생각하여 반공을 소리높이 외치는 김동리의 추천을 받아 등단하게 된다.

■ 광기의 전설 2

김원일의 어둠의 혼의 일부 내용이다.

"담을 뛰어넘어 왔는지는 어쨌는지는 모르지만 순사 두 명이 방 안으로 왈칵 들어왔다. 신을 신은 채였다. 순사들은 소스라쳐 일어난 어머니의 가슴에 총부리를 들이대며 소리쳤다. 네 서방 어디로 갔어? 이 방에 있는 걸 봤는데 금세 어디로 갔어? 이년아! 순사는 어머니의 멱살을 틀어잡기까지 하며 악을 썼다. 한 순사는 어머니의 허리를 모질게 걷어찼다. 이어 호각소리가 집 주위 여기저기에서 요란스럽게 들렸다. 많은 순사들이 집 안을 이 잡듯이 샅샅이 뒤졌으나 끝내 아버지를 붙잡지는 못했다. 그날 밤 사실 아버지는 집에 오지 않았던 것이다. 그래서 순사들은 애꿎은 어머니만 데리고 지서로 돌아가 버렸다. 한사코 버티는 어머니의 머리채를 잡아끌며 순사들이 떠나자, 우리 세 오누이는 갑자기 밀어닥친 무섬기에 꽁꽁 묶이고 말았다. 나는 숨도 제대로 쉬지 못할 지경이었다. 그날 밤 누나는 큰 소리로 울다 지쳐 잠이 들었고, 분선이와 나는 서로 꼭 껴안은 채 밤새 소리 죽여 울었다. 울기조차도 못하게 했다면 분선이와 나는 기절을 하든지 아니면 죽고 말았을 것이다. 봉창이 훤해질 때까지 오들오들 떨며 콧물 눈물이 범벅이 된 채 울며 새운 그 밤의 무서움은 정말 지독한 것이었다. 죽어뿌리라, 어디서든 콱 죽고 말아뿌리라. 나는 아버지를 두고 몇십 번이나 이 말을 되씹었는지 모른다. 한밤 중 순사들이 밀어닥쳐 집 안을 뒤지는 날 밤, 나의 머리에 떠오르는 아버지는 밉다 못해 원수처럼 여겨졌던 것이다.

그 이튿날, 학교 갈 생각도 않고 늘어져 누워 있을 때 어머니가 지서에서 풀려 나왔다. 이모가 어머니를 부축해서 데리고 왔다. 어머니의 얼굴은 온통 피멍이 들어 있었다. 어머니는 죽어 가는 소리로 아버지를 두고, 순사를 두고, 쌍말을 섞어 가며 마구 욕설을 퍼 부었다. 그러나 이제부터 순사들이 밀어닥치지는 않을 것이다. 아버지가 잡혔기 때문이다. 총살을 당할 거라고들 사람들은 말한다. 아버지가 죽고 나면 그래도 사람들은 우리 집을 빨갱이 집이라고 손가락질할까?"

고은의 시 빨갱이 2의 내용이다.

나는 빨갱이가 아니었다 / 어느 날 / 내 아이 담임선생 만나 / 삼거리 주막에서 / 술 한 잔 대접했다 / 막걸리 한 되하고 반 되를 더 마시는 동안 / 담임선생은 / 내 아이를 칭찬했다 / 공부는 어중간하지만 / 아이들 싸움도 잘 말린다 했다 / 그러다가 눈썹 사이 주름 잡히며 / 김선생은 말했다 / 앞으로는 모든 사람들이 다 잘사는 평등시대가 옵니다 / 땅은 지주의 것이 아니라 / 모든 농부의 것이 됩니다 / 나는 술맛을 잃고 눈을 번쩍떴다 / 주막 안에는 / 할멈과 / 술꾼 두 사람이 있었다 / 며칠 뒤 / 사복형사가 나를 잡으러 온다는 말을 들었다 / 동네 이장이 고개를 저었다 / 이상하다 / 이상하다 / 성님은 빨갱이가 아닌데 / 겁이 났다 / 그때 누군가가 산으로 가는 길이라 해서 / 그 사람 따라갔다 / 나는 빨갱이가 아니었다 / 그러다가 / 나는 빨갱이가 되고 말았다 / 지리산에서 / 내 집 쪽을 바라보았다 / 내려가고 싶었다 / 내려가고 싶었다.

김남주는 그의 시집 조국은 하나다에서 '40년 동안이나'라는 절창을 남겼다.

나는 들어왔다 40년 동안 / 이북 사람들에 대해서 이남 사람들이 / 욕하고 야유하고 헐뜯고 비웃고 하는 소리를 / 쏘아 죽이자. 찢어 죽이자. 때려죽이자 하는 소리를 / 귀가 시끄럽도록 들어왔다 / 고막이 터지고 치가 떨리도록 들어왔다 / 나는 또한 들어왔다 40년 동안 / 이북에 대해서 이남 사람들이 / 어둡게 나쁘게 부정적으로 이야기하는 소리를 / 귀가 따갑도록 들어왔다 / 못이 박혀 귀에 진물이 나도록 들어왔다 / 모든 사물에는 어두운 면과 밝은 면이 있다 / 이것이 진리이다 / 모든 사물에는 나쁜 면이 있고 좋은 면이 있다 / 이것이 사실이다 / 모든 나라에는 부정적인 면이 있고 긍정적인 면이 있다 / 이것은 현실이다 / 그러나 나는 보지 못했다 / 이 진리를 이북에 적용하는 사람을 / 나는 또한 듣지 못했다 / 이북 사람들에 대해서 이남 사람들이 / 밝고 긍정적으로 이야기하는 소리를 / 단 한 번도 듣지 못했다. 40년 동안 / 이렇게 제 민족을 중오하는 민족을 보지 못했다 / 이렇게 제 민족을 저주하는 민족을 나는 보지 못했다 / 이렇게 집요하게 / 이렇게 끈질기게 / 이렇게 사나웁게 / 이렇게 악랄하게 / 이렇게 격렬하게 / 이렇게 떳떳하게 / 제 민족과 제

동포를 증오하고 저주하는 국민을 / 나는 보지도 못했고 나는 듣지도
못했다.

■ 광기의 전설 3

1975년 민청학련 및 인혁당 사건에 관련해서 사형선고를 받은 사형수들
은 사형을 당한 후에도 모독을 당해야 했다. 박정희 정권이 사형수들이 자
신들의 죄를 순순히 인정하고 반성한 것처럼 유언비어를 조작했기 때문이
다. 어디 그뿐인가? 그들은 시신까지 탈취하는 만행을 저질렀다. 사형수들
의 가족들이 당한 고통은 이루 말할 수 없을 정도였다. 중앙정보부는 사
형수들이 사형당하기 전 그들의 아내들을 연행하여 잠을 못 자게 하는 등
온갖 정신적·육체적 고통을 가하면서 "남편이 간첩과 같은 행동을 했다.
앞으로는 구명운동을 안 하겠다."는 각서를 쓰도록 강요했다.

인혁당사건의 희생자 가운데 한 명인 우홍선의 아내가 1987년 작성한 호
소문의 내용이다. "우리들의 남편들은 가족들 얼굴 한 번 못보고 아침이슬
처럼 쓰러져 갔습니다. 저는 남편이 사형당한 이후 신문에 나온 박정희 사
진을 그가 죽을 때까지 이가 아프도록 꼭꼭 씹어서 뱉곤 했습니다. 남편
산소에 매주 꽃을 들고 찾아가서 하늘을 향해 '살인마 박정희 천벌을 받아
라.' 하고 외쳤습니다. 한 번 외치면 효과가 없을 것 같아서 꼭 세 번씩 외쳤
습니다."

심지어 이런 일도 있었다. 사형수 하재완의 세 살 먹은 아들을 동네 애들
이 끌어다가 목에 새끼줄을 매어 나무에 묶어 놓고 빨갱이 자식이니 총살
한다고 놀이를 한 일이 있었는데 그것을 보고도 동네 여자들은 쳐다보고
만 있었다고 한다. 하재완의 자식인 초등학교 어린이가 소풍을 가서 점심
을 먹는데 다른 급우들이 돌을 던져서 그 어린이는 나무 뒤에 숨어서 점심
을 먹었다고 한다.

■ 광기의 전설 4

김영은 전북 순창의 빈농 홀어머니 밑에서 자란 수재였다. 어머니의 눈물 겨운 뒷바라지로 1948년 9월, 연세대학에 입학한 김영은 문학청년이었다. 당시 학생들 사이에서도 좌우 이데올로기 대립은 극에 달해 있었고, 이런 대립과 열기는 김영에게도 예외는 아니었다. 겨울방학이 되어 잠시 집에 들른 김영은 충격적인 사실을 접했다. 그의 친한 친구 두 사람은 벌써 야산대를 따라 입산해 버렸고, 좌익 혐의로 밀고된 그의 스승은 토벌대에게 맞아 죽었다는 것이다. 우울한 나날을 보내던 그는 소년 12명이 야산대의 심부름을 했다는 이유로 국방경비대에게 무참히 살해되었다는 충격적인 소식을 접하였다. 그날 이후 김영은 상경을 미루고 고민하다가 자기 발로 전북 유격대를 찾아가 빨치산이 되었다. 그의 기구한 운명의 시작이었다.

야산대 활동 중 이름 모를 병에 걸린 김영은 퇴각하는 동료들을 따르지 못하고 다른 환자 세 명과 함께 주저앉고 말았다. 그때 김영은 적에게 사살 당하는 것보다 동료들에 의해 즉결 처분되는 공포에 시달렸다. 이들 중환자들은 기밀 유지를 위해 자신들을 사살해 버릴 가능성이 컸기 때문이다. 다행히 동료들은 그를 죽이지 않고 그 자리를 떠났다. 차가운 눈밭에서 밥 한 톨 먹지 못하고 견딘 5일째 되던 날, 토벌대와 마주쳤는데 두 명의 동료는 수류탄으로 자폭하였고, 그럴 틈도 없었던 그는 토벌대에 체포되었다. 토벌대에 생포된 그는 재판 과정에서 살상은 하지 않은 것이 참작되어 20년 형을 선고받았다.

김영은 대전형무소와 마산형무소를 전전하던 중 1964년 12월 가출옥되었다. 출옥 당시 그의 나이도 어언 35세의 노총각이었고 몸과 마음은 너무도 황폐해졌다. 고향에 돌아와 보니 자식의 옥바라지에 지친 어머니는 다 쓰러져 가는 집에 혼자 몸져누워 있었다. 집에 있는 동안에도 경찰의 감시망은 계속되었고, 얼마 후 80세를 넘긴 노모는 한 많은 이 세상을 떠나고 말았다. 그 사이에 김영은 14세 연하의 여인과 결혼하여 아들딸 하나 씩을 낳았다. 그는 잠시 교편을 잡기도 했고 잡지사의 편집 일도 보았으나 끝없는 경찰의 감시망으로 견딜 수가 없었다. 지쳐 버린 김영은 가족을 데리고 무작정 상경하여 영등포시장과 신길동시장에서 과일 장사를 하며 입에 풀칠을 하였다.

1995년 어느 가을 날, 몸과 마음이 만신창이가 된 채 65세를 일기로 그는 세상을 마감하였다. 격동의 시대에 태어나 통곡으로 살아온 불운의 시인 김영은 이렇게 죽어 갔다. 그의 시신은 화장되어 유골은 그가 산 생활을 하였고 하늘나라와 가까운 지리산 세석평전에 뿌려졌다. 그에게는 살아남았다는 것이 죽음보다 더 큰 형벌이었다. 그는 첫 시집 깃발 없이 가자를 냈다.

나에게 깃발을 묻지 마라 / 하얀 기도 아니고 붉은 기도 아닌 / 패배자가 혼드는 기는 / 기치도 없고 구호도 없음을 / 찢기고 벗기고 퇴색한 깃발일랑 / 너와 나의 가슴에 묻고 / 깃발 없이 가자 / 너와 나의 벽을 헐고 분단의 담을 넘어 / 오늘 우리는 모두가 패배자 / 내일 우리 모두의 승리를 위해 / 깃발 없이 가자

폭풍의 서곡, 대구 10·1항쟁

일제로부터의 해방은 민중들에게 민족의 독립이라는 기쁨도 있었지만 더 이상 빼앗기지 않고 일한 만큼 먹고 살 수 있으리라는 희망과 기대의

실현이었다. 그러나 미군정은 민중의 이런 소박한 기대를 여지없이 무너뜨렸다. 미군정은 남한이 자본과 기술의 축적이 극히 낮고 부존자원도 없는 빈곤한 사회라는 것을 무시하고 군정 통치 1개월 만에 쌀의 생산·분배·수집에 관한 모든 통제를 일거에 철폐해 버렸다. 그러자 해방을 맞은 해 8월, 가마당 30원 하던 쌀값이 1946년 3월경에는 910원으로 치솟아 불과 몇 달 사이 30배가 오르는 살인적인 물가고가 발생하였다. 1945년의 쌀 생산고가 전년보다 60% 증가했음에도 악덕 상인들의 매점·매석과 해방이후 귀환동포가 몰리면서 인구가 급증했기 때문이다. 미군정 당국은 1946년 봄, 일제 잔재인 추곡수매령을 공포하여 전년도의 추곡부터 공출을 실시했는데 쌀값 폭등과 식량난을 겪고있던 일본에 500만석의 쌀이 밀수출되자 부족한 식량을 보충하기 위한 조치였으나 이미 때는 늦어 버렸다.

1946년 들어 미 군정청의 식량정책 혼선과 지주와 상인들의 매점매석으로 시중에는 곡물이 자취를 감추었고 통제배급제는 유명무실해졌다. 가난한 농민들은 공출량은 늘어나고 수매가는 시장가의 1/5도 안 되는 헐값으로 강제수매 당하면서 일제강점기에도 없던 하곡수매까지 강행하자 미군정과 경찰에 대한 분노는 극에 달하였다. 더욱이 당국이 배급은 제때 주지 않으면서 외지로부터의 곡식 반입을 막고 자유 매매를 금지시키자 대구 시민들은 양곡 품귀 현상에 휘말리어 아사자가 속출하였고, 굶주림 끝에 노인과 어린이 들이 먼저 쓰러졌다.

해방 후 최초로 대구에서 터진 대규모 민중봉기인 10·1 항쟁은 시민들의 굶주림이 도화선 구실을 하고 시민을 학대하던 미군정과 친일경찰에 대한 반감, 식량정책 실패에 따른 물가고와 실업자 문제, 이 지역에서 만연한 콜레라로 1,200여 명의 사상자가 발생했고, 특히 귀환 동포가 많았던 경남·북 지역에 대한 무대책이 민중들의 분노와 좌절감에 불을 붙여 최초의 좌우익 결전장의 기폭제가 되었다. 성난 민중은 사흘동안 대구 시내를 무정부 상태로 만들었는데 미군과 경찰 측 발포에 죽음으로 맞선 시민항쟁은 절대빈곤이 원인이 됐지만 '미군정 반대, 조선 독립 쟁취'라는 구호를 부르짖은 대중의 항쟁은 대구를 '조선의 모스크바로'로 불리게 했다.

10월 2일 하루 동안 대구 일대를 전쟁터로 만든 폭력 사태는 3일에 경북·경남·전남·전북으로 파급되었고 순식간에 전국으로 확산되었다. 보름 남짓 사이 경북지방은 시위대가 19개 군을 휩쓸며 관공서와 경찰서를 부수고 불태웠다. 충북을 제외한 남한 전역 73개 지역에 파급된 폭력 사태는 11월 11일경이 되어서 겨우 치안이 회복되었다. 10·1항쟁이 마무리된 후 발표에 따르면 경찰 및 관리가 63명, 민간인 73명 등 희생자가 136명, 부상자 162명, 건물 파괴 및 전소가 776동이라 했지만 이는 상당히 축소된 통계로 보인다. 대구 10·1항쟁은 해방된 지 1년 만에 닥친 우리 민족의 시련으로서 1948년 4월의 제주 4·3항쟁과 여순사건의 단초를 제공하였다.

■ 항쟁인가 폭동인가?

10월 항쟁은 1946년 9월 조선노동자 전국평의회의 주도로 전국적 규모의 총파업으로부터 시작되었다. 9월에 시작된 총파업은 미군정의 탄압에 직면한 좌익세력이 기존의 미군정에 대한 태도를 전면적으로 수정하면서 이른바 신전술의 일환으로 대대적인 파업에 나섰다. 그러나 미군정의 대대적인 진압과 전평이 제시한 요구 조건을 대한노총이 미군정에 제안, 이를 미군정이 수락함으로써 9월 파업은 일단락되었으나 전국 각지의 산발적인 파업이 이어졌고 이는 10월 항쟁으로 발전하였다.

초기의 총파업은 전평의 지휘 하에 이루어졌으나 이후 전국 각지에서 발생한 민중들의 항쟁은 이미 전평의 통제를 떠나 민중들의 쌓인 불만이 자생적으로 터져 나온 것이었다. 대구시보는 그해 여름 '시민의 소리'란 특집 기사에서 배급미 사정이 악화되어 굶어 죽을지도 모른다고 전제하고 봄에 식량이 동나는 춘궁기에 설상가상으로 수해가 겹들어 수십 명이 이미 굶어 죽었다며 당국의 조속한 대책을 촉구했다. 미 군정청 당국은 이 보도를 허위 보도라며 대구시보에 정간 처분을 내려 민중의 분노를 불렀다.

1946년 8월 8일 결성된 대구신문편집자회와 대구신문기자단도 '식량 문제에 관한 성명서'를 발표하고 "관리들은 책임을 회피하지 말 것, 언약을 실천할 것, 인민을 무시하는 고압적인 태도를 버릴 것"을 촉구하였다. 당시의 신문은 연일 식량 부족, 실업자 속출, 적산의 관리와 처분 난맥상을 들어 갈팡질팡하는 군정청을 질책하는 데 지면을 할애했다. 언론은 비로소 미군정에 대한 회의와 의구심을 갖게 되었던 것이다. 더구나 해방과 더불어 독립할 수 있다고 믿었던 민중들조차 그것과는 거리가 먼 미 군정청 포고령이 잇달아 공포되고 있어 불안과 실망감을 더하게 했다.

대구 시내는 공권력의 부재 속에서도 민중들이 자발적으로 만들어 내는 새로운 질서로 평온했다. 시내의 모든 상가는 철시하고 시청·도청 직원들까지 결근하여 투쟁에 동참하였다. 동네마다 청년들이 완장을 차고 교통정리를 하였고 신발가게 주인이 시위대에게 신발을 무상으로 지원하였다. 10월 항쟁에는 부녀자·노동자·일반시민·학생 등 대부분의 민중이 총궐기하여 참여하였고 의사·교수·하위관리도 여기에 동조하였다.

미군정 하의 한국 사회 실정을 직접 현지 취재한 바 있는 라우터바크(R E Lauterbach)는 10월 민중항쟁에 대한 한·미 공동조사단의 조사 결과를 하지에게 보고했는데, 10월 민중항쟁의 주요 원인은 첫째 경찰에 대한 증오감 둘째 부일협력자들이 미군정에서 여전히 등용되고 있는 점 셋째 통역정치의 폐단 넷째 한국 관리들의 부패 그리고 마지막으로 이러한 점을 공격하는 공산당의 선동을 원인으로 들었다. 그는 특히 하지가 한국인이 해방민족이라는 것을 인정하지 않은 것이 가장 큰 잘못이었다고 말했다.

로자 룩셈브루크(Rosa Luxemburg)의 대중파업론에 의하면 "조직이 할 수 있는 것은 한계가 있으며 규모가 큰 총파업은 노동조합, 좌파정당의 사주에 의해서 이루어지는 것이 아니라 대부분 자생적 동기에 의해 발생한다."는 것과 맥락을 같이한다. 따라서 10월 민중항쟁의 근본적인 원인은 해방 이후 새로운 민주사회 건설에서 제반 개혁의 요구가 좌절된 데 대한 민중의 항거라고 보는 것이 타당한 해석이라 판단된다.

대표적인 연구자인 정해구 교수의 주장에 따르면 항쟁이라는 용어는 일으킨 측에 정당성이 부여된다는 점에서 자연히 일으킨 측의 의도와 조직의 중요성이 강조되어야 한다며, 대구에서 10월 인민항쟁이 비롯될 수 있었던 것은 대구지역 좌익의 유능함과 조직적 역량이 주요한 요인으로 작용하였다고 지적한다. 이와 같은 주장은 10·1항쟁을 일회적인 폭동이나 농민반란보다는 일제하에서부터 독립운동을 겸해 민중이 전개해 온 변혁운동의 맥락에서 파악할 것을 요구한다. 즉 10·1항쟁은 변혁을 향한 요구와 행동이 꾸준히 이어져 오는 과정에서 외적으로 표출된 하나의 결과였다는 주장이다.

10·1항쟁은 근대화를 향한 체제 재편과 저항이라는 역사적 맥락에서 발생하여 국가 건설의 제도권 이념 설정에 지대한 영향을 미쳤다. 그러나 이 사건은 쌍방향의 폭력으로 어떤 세력도 정통성을 확보하지 못한 상황에서 좌우 대립이 극단적으로 표출된 계기가 되었다. 그 후의 상황 전개는 좌익과 중도 세력까지 제도권에서 배제되어 극우파와 군정은 물론 초대 정권에 의해서도 탄압받게 되었다. 이로써 국가 건설 과정에서 이념의 스펙트럼은 갈수록 좁아져 민주화와 인권 개념 및 적용에 한계로 작용했으며, 친미와 반공이라는 범위를 넘어서지 못하도록 제한하는 결과를 초래하였다.

끝나지 않은 슬픔, 제주 4·3항쟁

제주 4·3항쟁은 1948년 4월 3일부터 1954년 9월 21일까지 제주도에서 5·10 총선거를 반대하는 제주 민중들의 항쟁과 그에 대한 군인과 경찰, 극우 반공단체들의 유혈진압 사건을 말한다. 제주 4·3항쟁이 일어나게 된 배경에는 미군정의 친일파 등용과 서북청년단 같은 극우단체들의 폭력에 대한 제주도 주민들의 반발 등 여러 복합 요소들이 얽힌 것이다. 이 사건은 30여만 명의 도민이 연루된 가운데 한국전쟁이 끝날 때까지 계속되었으며 2만 5천~3만 명의 학살 피해자를 냈다. 전체 희생자 가운데 여성이 21.1%, 10세 이하의 어린이가 5.6%, 61세 이상의 노인 6.2%가 무차별 학살된 사건으로 제주사람들에게는 되새기고 싶지 않은 처절하고 비극적인 역사다.

제주 4·3항쟁의 도화선이 된 1947년 3·1발포사건은 단순히 정치적 역학관계만으로는 설명할 수 없다. 물론 민족자주세력(인민위원회)과 외세(미군정)의 대립이라는 기본 틀이 문제의 핵심이기는 하지만 그 배경이 되는 사회·경제적 상황도 고려되어야 한다. 당시 검찰총장 이인은 "제주사건은 부패한 관료들이 원인이며 좌익세력들이 그것을 터트렸다."고 지적한 바 있다.

1947년 3월 1일, 관덕정 광장 앞에 있던 제주경찰서 망루에서 총성이 있었다. 그 결과 아기를 업은 여인을 포함한 민간인 6명이 죽고 8명이 부상을 당하였다. 그때까지만 해도 이 발포사건이 최소 3만 명의 희생자를 낸 4·3사건의 도화선이 될 줄은 아무도 몰랐다. 왜 총을 쐈을까? 그리고 그 발포는 정당한 것이었나? 이날은 기미만세운동이 일어난 지 28주년이 되는 날이었다. 발포는 기념식이 끝난 뒤에 일어났는데 그날의 기념식은 단지 과거 만세운동에 대한 기념만으로 그친 것이 아니라 당면 문제들을 해결하기 위한 계기로 적극 활용했던 것이다. 3·1절 기념식을 정치집회로 승화시킨 것인데 그때의 열기는 대단했다.

제주읍·조천면·애월면의 연합기념식이 열린 제주 북초등학교 운동장에는 3만 명의 인파가 몰렸다. 탐라 개벽 이래 최대 인파가 몰린 것이다. 이날 기념식에 등장한 슬로건은 '모스크바 삼상회의 절대지지' '미소공동위원회 개최촉구' '3·1정신으로 통일독립'이었다. 우리 현대사에 대한 기본적인 이해가 없으면 파악하기 어려운 말들이었다. 그런데 북국민학교에 모인 3만 명이라는 인파가 과연 모스크바 삼상회의 결정 사항이나 통일국가 건설 등의 정치 용어를 제대로 이해한 것일까? 지금보다 문맹률이 높았으니 단순 군중심리에 쏠려 간 것은 아닐까? 라는 생각할 수도 있지만 결코 그것은 아니었다. 오늘날 생각하는 것보다 당시 민중의 정치의식은 상당히 높았다.

사건은 집회가 모두 끝난 뒤에 일어났다. 제주경찰서 방면을 향하던 기마경관이 어린아이를 치고도 이를 그냥 방치한 것이 화근이었다. 응급조치나 사과 한마디 없이 그대로 가 버리자 그곳에 있던 사람들이 흥분하기 시작했고, 모두가 그 경관의 뒤를 쫓아갔다. 단순히 항의하기 위하여 몰려간 군중일 뿐이었으나 경찰은 지레 겁을 먹고 발포해 버린 것이다. 그러나 그것이 변명이 될 수는 없었다. 사람들은 시위대도 아니었고 무장한 사람도 없었다. 그런데도 발포를 한 것은 경찰의 명백한 잘못이었다. 사망한 대부분의 사람들이 등에 총을 맞은 것이다. 한발 양보하여 겁에 질린 경찰이 상황을 오판하여 과잉 대응했다고 사과라도 한마디 했으면 발포 상황을 이해할 수도 있었으나 경찰은 끝까지 정당방위였다고 우긴 것이다. 때문에 도민들의 항의가 거세게 일어났다.

학생들의 동맹휴교가 시작되더니 3월 10일에 이르러서는 제주도 전역의 총파업으로 이어졌다. 이 파업은 세계 역사상 유례가 없는 민·관연합의 총파업으로 기록된 사건이다. 특히 모슬포·중문·애월지서의 제주 출신 경찰들도 상부의 지시에도 불구하고 도민의 편에 서서 파업에 가담했다. 하지만 미군정의 대응은 강경했다. 미군정 경찰은 제주도를 '빨갱이 섬'으로 규정하고 마구잡이로 잡아들였다.

당시 기록을 보면 제주도민 90%가 좌익 색채를 띠고 있다는 기록이 나오는데 드디어 마녀사냥이 시작되었다. 당시 경찰총수였던 조병옥은 3월 14일 제주도로 직접 날아와 "대한민국을 위해서는 제주도 전역에 휘발유를 뿌리고 거기에 불을 놓아 싹 쓸어 한꺼번에 태워야 한다."는 막가파식 위협과 함께 강력한 탄압을 지시했다. 북조선 세력과 연계된 공산주의자들의 난동이므로 가차 없이 분쇄해야 한다는 논리였는데 정권이 위기에 몰리면 무조건 북한의 위협을 들먹이는 한국사회 권력층의 못된 버릇이 이때도 이미 있었던 모양이다.

그러나 합리적인 해결을 모색하던 지도층도 있었는데 당시 제주도지사였던 박경훈이 대표적인 사람이다. 그는 3·1발포사건과 3월 10일 총파업이 진행되는 과정에서 그 나름의 최선의 노력을 다했다. 그러나 조병옥의 일처리 모습을 보면서 절망하고 말았다. 결국 그는 도지사로서 모든 사태의 책임을 지겠다며 항의성 사표를 제출했다. 미군정은 유해진을 후임으로 임명하고 서북청년단을 파견하여 현실적 탄압을 준비하였다.

■ 영원할 수 없는 침묵

1948년 4월 3일의 소동은 사실 별것이 아니었다. 우리가 흔히 4·3사건이라고 하니까 무언가 대단한 사건이 있었던 것처럼 생각하기 쉬운데 사실은 그렇지 않다. 제주 도내 24개 지서 중 11개 지서가 피습당했던 정도다. 인명 피해 등 경찰 4명 사망, 부상 8명, 행방불명 2명이었고 민간인 사망 8명, 부상 19명이었으며 경찰을 습격했던 유격대 측은 사망 3명, 생포 1명의 인명 피해를 낸 정도였다. 물론 이것만으로도 큰 사건일 수 있으나 이 정도의 사건은 5·10 총선이 가까워지면서 한반도에서는 종종 발생했던 수준이었다. 사태의 조기 수습을 위하여 머리를 맞대기만 했어도 3만 명의 희생자를 낸 엄청난 사건으로 번지지는 않았을 것이다. 그러나 한반도에 대한 지배권을 놓지 않으려는 미국과 자신의 죄과를 덮으려던 친일경찰, 그리고 권력에 눈이 먼 정치군인에 의해 사태는 걷잡을 수 없이 확대되었고 비극은 시작된 것이다.

이 무렵 미군정의 최고책임자 군정장관 딘 소장은 제주도를 두 차례 방문했다. 처음은 평화협상 바로 다음 날인 4월 29일에 있은 극비 방문이었다. 두 번째 방문은 5월 5일이었다. 이때의 방문은 딘 소장, 안재홍 민정장관, 조병옥 경무부장, 송호성 경비대 사령관 등 당시 미군정 최고 수뇌부와 함께였다. 그러나 여기서 큰 소동이 일어났다. 경찰총수 조병옥과 9연대장 김익렬 사이의 대립이었다. 제주사태를 본질적으로 경찰의 과오에서부터 출발했다며 김익렬이 먼저 근거를 제시했다. 그러자 당황한 조병옥은 김익렬을 공산주의자로 몰았다. 너무도 억울하고 기가 막힌 김익렬은 육탄으로 조병옥에게 달려들었다.

다음 날 5월 6일, 김익렬 중령은 해임되고 그 자리에 박진경 중령이 부임했다. 박진경은 구 일본군 소위 출신으로 미군정장관 딘 소장의 총애를 받던 인물이었다. 그는 취임사에서 "우리나라의 독립을 방해하는 제주도 폭동사건을 진압하기 위해서는 제주도민 30만을 희생시키더라도 무방하다."고 했을 정도로 김익렬과는 대조적인 인물이었다.

미군정은 곧바로 강경 진압을 결정했으며 강경 진압을 이끌어 내기 위해 5월 1일 '오라리 방화사건[45]'을 조작했다. 그리고 바로 4일 뒤인 5월 10일에는 38선 이남에서 처음으로 선거가 실시되었다. 선거는 강압적인 분위기

----

45) 미군정 촬영반이 찍은 '제주도의 메이데이'란 제목의 무성 기록영화가 한 편 있다. 그것은 제주읍 외곽마을인 오라리에 우익 청년들이 대낮에 들이닥쳐 민가에 방화를 하면서 시작된 오라리 방화사건을 촬영한 것이다. 이 영화에 방화자로 등장하는 사람 가운데 한 명이 그다음 날 9연대 조사반에 연행되었다. 그는 반공 우익 청년단체인 대동청년단 단원이었다. 하지만 그는 22일 뒤 연대장이 김익렬에서 박진경으로 바뀌자 곧바로 풀려 나와서 얼마 후 경찰이 되어 토벌 활동에 참가한다. 오라리 방화사건은 제주도 사태를 강경 진압하는 결정적 구실이 된 사건이다. 그러나 미군정은 오라리 방화사건의 전모를 알고 있으면서도 강경 진압을 위해 사건을 조작하였던 것이다. 따라서 제주도민의 엄청난 희생을 초래한 일차적인 책임은 미국 측에 있다고 보아야 한다.

속에 실시되어 정원 200명 중 198명이 선출되었다. 제주의 3개 선거구 중 2개 선거구가 투표율 미달이었다. 그때는 투표율 미달이면 무효 처리가 되었으므로 제주도만이 유일하게 5·10선거를 파탄시켰던 것이다.

이 과정에서 5월 20일, 경비대원 41명이 탈영하여 무장대에 가담하였고, 6월 18일에는 경비대 연대장 박진경이 대령 진급 축하연을 마친 후 문상길 중위 등 부하대원에게 암살당하는 사건이 발생하였다. 육사 3기생으로 졸업한 문상길은 4·3 당시 제주도 모슬포 9연대에서 소대장을 거쳐 중대장(당시 28세)으로 근무하고 있었다. 특히 그는 9연대 창설의 초창기에 모병 활동을 적극적으로 전개했으며, 제식훈련을 잘 시키기로 유명하였다.

박진경이 암살된 후 범인을 찾지 못하고 수사가 미궁에 빠졌을 때, '제3중대장 문상길 중위와 연대 정보과 선임하사를 잡아 보면 사건 전모를 밝힐 수 있을 것'이라는 투서가 들어왔다. 암살 사건의 혐의자 중 직접 박진경 대령을 쏜 범인은 부산 5연대에서 파견된 손선호 하사이며 이 밖에 암살 공모자는 양회천 이등중사 등이었다.

1948년 7월 12일, 서울로 압송되어 법정에 선 문상길 중위는 "이 법정은 미군정의 법정이며 미 군정장관 딘 장군의 총애를 받던 박진경 대령의 살해범을 재판하는 인간들로 구성된 법정이다. 우리가 군인으로서 자기 직속 상관을 살해하고 살 수 있으리라고 생각하지 않는다. 죽음을 결심하고 행동한 것이다. 재판장 이하 전 법관도 모두 우리 민족이기에 우리가 민족 반역자를 처형한 것에 대하여서는 공감을 가질 줄로 안다. 우리에게 총살형을 선고하는 데 대하여 민족적인 양심으로 대단히 고민할 것이다. 그러나 그런 고민은 할 필요가 없다. 이 법정에 대하여 조금도 원한을 갖지 않는다. 안심하기 바란다. 박진경 연대장은 먼저 저 세상으로 갔고, 수일 후에는 우리가 간다. 그리고 재판장 이하 전원도 저 세상에 갈 것이다. 그러면 우리와 박진경 연대장과 이 자리에 참석한 모든 사람들이 저 세상 하느님 앞에서 만나게 될 것이다. 이 인간의 법정은 공평하지 못해도 하느님의 법정은 절대적으로 공평할 것이다. 그러니 재판장은 장차 하느님의 법정에서 다시 재판하여 주기를 부탁한다."고 진술하였다.

1948년 9월 23일 오후 2시, 경기도 수색 기지에서 총살형이 집행되었는데 그 직전에 문상길과 사병 세 명은 "하느님께서 우리의 영혼을 받아들이시고 우리들이 뿌리는 피와 정신은 조국 대한민국의 독립을 위하여 밑거름이 되게 하소서."라고 기도를 하였다. 그러고서 대한독립만세를 삼창한 후 군가를 부르면서 형을 받았다. 이들 네 명은 모두 기독교 신자였으며 이들에 대한 처형은 정부 수립 후 사형 집행 1호였다.

이승만정부는 제주문제를 정권의 정통성에 대한 도전으로 인식하고 1948년 11월 17일, 계엄령을 발표했다. 중산간 마을을 모조리 불사르고 그 지역에 사람이 얼씬거리기만 해도 모조리 사살해 버렸다. 여성이나 어린이 노약자도 예외가 아니었다. 애당초 군경이 파악했던 유격대는 불과 500명 정도였다. 그런데 그들을 잡기 위해 무려 3만 명을 학살하였으며 그것도 동원할 수 있는 모든 잔인한 짓을 모두 동원해서 학살했다. 이것은 광기였다. 시대가 미쳐버린 것이다. 4·3항쟁은 국가 폭력이라는 비극이 본질이며 이념 갈등의 문제가 아니다. 역사는 진실을 말한다. 강요된 침묵은 영원할 수 없다. 사건 발생 후 60년이 지나도록 국가 폭력이라는 비극의 본질을 외면하고 이념 갈등으로 몰아온 이 사건의 진상 규명이 이루어지지 않다가 2000년 1월 12일, 제주 4·3항쟁 진상규명 및 희생자 명예회복에 대한 특별법이 제정·공포되었고, 2003년 10월 말, 노무현 대통령이 이 사건과 관련하여 처음으로 국가 차원의 잘못을 공식 사과했다.

죽음마저 학살하다

우리 현대사는 인권유린의 역사이기도 했다. 해방 이후 이승만·박정희·전두환·노태우 정권으로 이어지는 40여 년 동안 국민들은 독재정권의 지배를 받았다. 정당성을 인정받지 못한 독재정권은 권력을 유지하고자 온갖 정치적 음모를 자행하고 힘없는 이들을 억압하는 작태를 수도 없이 되풀이했다. 그 원조 격인 이승만은 경찰·검찰·군인 계통의 친일파를 하수인으로 활용해 정치적 반대자를 암살하기도 하고 반대당 파괴 공작을 시도했으며 민주·통일 인사를 간첩으로 둔갑시켜 제거했다. 여운형·김구·조봉암 등 민중의 추앙과 지지를 받은 인물일수록 이승만 독재정권의 대표적 제물이 되었다.

이영희 교수는 한국전쟁 당시 군부대 고문관으로 있다가 소속 부대가 저질렀던 끔찍한 학살을 목격하고 충격을 받아 인생의 진로를 바꾸었다. 그는 한국전쟁 당시 거창·함양·산청·함평 등지에서 양민학살극을 벌인 국군 11사단 9연대 소속 장교였다. 그 당시 학살이 얼마나 잔혹하였는지 사건 두 달 후 영국 언론이 이를 보도하며 야만적인 한국을 도울 필요가 없으므로 영국군은 철수해야 한다는 주장까지 실었다고 회고하면서, 그 이후로 그는 우리 민족이 다른 민족의 잔인성을 나무라는 데 동조하지 않는다고 한다.

민간인 학살만큼이나 끔찍스러운 일은 전국 방방곡곡에서 100만 명가량의 희생자가 발생한 참혹한 역사에 대해 우리 사회가 모르는 척하거나 정말로 모른 채 반세기를 보냈다는 점이다. 같은 하늘 아래 이런 엄청난 일들이 묻혀 있음을 애써 외면한 채 또는 전혀 알지 못한 채 우리는 먹고 마시고 잠자는 일상의 생활을 살았다는 것이다. 그 수많은 죽음을 60년간 외면해 온 우리 사회의 구성원 모두는 학살 그 자체는 아닐지라도 학살 은폐의 방조자가 됨으로써 사람의 도리를 다하지 못하였다. 광범한 학살이 휩쓸고 지나간 이 땅에서 피해자도 가해자도 유가족은 물론이고 우리 사회 전체 구성원은 모두가 사람일 수가 없다는 자조만으로는 반성이 충분하지 않다.

특히 쿠데타로 집권한 박정희 정권은 온갖 정치적 파행과 폭압을 자행하면서 18년 장기 독재를 통해 국민을 현혹하는 갖가지 이념 공작을 벌였다. 반공·멸공을 내세워 간첩사건을 조작하고 저항하는 학생과 시민들을 불법 체포하고 지독한 고문을 자행했다. 민족일보 사건, 통혁당 사건, 인혁당 사건, 민청학련 사건 등 그 사례는 더 나열할 필요조차 없을 정도며 불법 감금과 고문으로 희생된 무수한 의문사는 아직도 다 밝혀지지 않았다. 1980년 민주화의 봄을 뒤엎고 등장한 전두환과 노태우 역시 이승만·박정희의 수법을 고스란히 이어받은 독재자였다. 두 정권은 비록 약간의 차이는 있었으나 근본적으로 우리 사회의 민주 질서를 가로막고 인간의 권리를 무시한 점에서는 동류였다.

이승만 정권의 인권유린이 박정희 정권 아래에서 그대로 답습되어 더욱 가혹한 조치를 만들어 낸 사례가 있다. 경남 김해는 일제 시기부터 농민조합운동과 야학운동이 활발했던 곳으로 유명하다. 김해의 강성갑·김정태 등은 일제하에서 항일운동의 일환으로 교육운동에 진력해 온 인물이었는데 지역사회에서 두터운 신망을 받고 있었다. 강성갑은 진영한얼학교 설립자로 사재를 털어 교육운동에 헌신했으며, 김정태는 19세의 나이로 경남 진영읍의 삼일만세 시위를 주동한 혐의로 대구복심법원에서 1년 6개월의 옥고를 치렀고, 독립군에게 자금도 제공했다. 해방 뒤 그는 친일파와 싸웠는데 지역의 일제 끄나풀들은 그를 부담스러운 존재로 여겼다. 특히 강성갑에 대해서는 "진영이 고향도 아니면서 진영에 머물러 교육사업입네 하는 것이 아니꼽다."면서 험담했다.

김정태가 해방 뒤 3·1절 행사 때 이승만 정부의 행사에 참가하지 않고 김구의 행사에 참가하자 일제 시기 교사를 하다 여학생 추행 사건으로 면직된 경력이 있는 강백수는 그를 국민보도연맹에 가입하게 했고, 결국 그는 보도연맹원이라는 혐의를 씌워 한국전쟁 발발 직후 학살하고 말았다. 강성갑은 당시 진영읍의 우익계 비상시국대책위원회 구성원인 이석흠·이병희·강백수 등이 사설 군법회의를 조직하고 지서주임 김병희 등과 모의하여 1950년 7월 27일, 낙동강변에서 카빈소총으로 사살하였다. 이 사건은 미국 선교단체와 유엔한국재건단(UNKRA)이 최초로 문제를 제기하여 미국 언론에까지 보도되었는데 이승만 정권은 사건이 시끄러워지자 김병희 등을 군사재판에 회부하여 김병희는 사형을, 나머지는 10년형을 선고했으나 실제로 형이 집행된 사람은 김병희뿐이고 나머지는 한 달도 못 돼 석방되었다.

한편 진영여자중학교 교사였던 김영명은 결혼한 지 6개월 밖에 안 된 신혼이었고 미모나 인간성으로 주위의 칭찬을 한 몸에 받았으나 지서 주임 김병희가 오빠 김영봉의 은신처를 캐묻다가 그녀를 성폭행하고 고문치사 뒤 암매장했다. 김영봉, 김영명의 부친 김성윤이 일제 때부터 재산을 털어 독립운동을 후원하고 지역 내 후진을 해외 유학까지 보낸 인물이었으나 진영 읍내의 각 기관의 유지들은 이를 시기해 한국전쟁 발발을 계기로 이들을 몰살시키기로 작정했다고 한다. 이때 진영읍에서는 보도연맹원을 포함하여 258명이 학살되었는데 피학살자의 시체는 진영창고 바닥에 묻어 버렸다.

4·19혁명 이후 이승만 정권을 타도하고 장면 정권이 들어섰다. 김정태의 아들 김영욱 등 희생자 유족들은 창고의 시신 발굴 작업을 했다. 김영욱은 아버지의 금이빨을 확인하여 시신을 수습하고 발굴된 시체는 모두 화장을 하고 진영의 외곽지에 있는 설창리에 납골묘를 만들었다. 5·16 군사 쿠데타 이후 군사정권은 김영욱을 보도연맹원으로 몰아 이적행위를 했다는 죄

목으로 체포했다. 군인들은 설창리에 몰려들어 굴착기를 동원해서 위령비를 훼손하고 공공묘역을 파헤쳐서 그 흙을 파서 내박고개에 흩어 버렸다. 유골의 흔적마저 완전히 없애 버린 것이다.

김영욱은 혁명재판소에서 온갖 고문을 받은 끝에 7년형을 언도받고 2년 7개월의 옥고를 치른 끝에 출옥했다. 김영욱은 출옥한 뒤 직장의 복직도 어려워졌다. 아버지의 많은 재산도 한 푼 건지지 못했으며 고향으로도 돌아갈 수 없었다. 그는 동래 일대를 떠돌면서 시장에서 배추장사를 하는 등 어렵게 살았다. 더욱이 간첩사건 등 무슨 일이 있을 때마다 검속이 된 탓으로 정상적으로 생업에 종사할 수도 없었으며, 온 가족이 좁은 방 한 칸에 살면서 자살을 시도한 적도 있었다.

반공을 빙자한 인권 탄압의 실상은 이승만 정권 때보다 더 가혹했다. 이러한 인권유린은 민주화운동의 인사들에게도 그대로 적용되었다. 이들에게도 감시는 물론 취업의 제약을 가했고 대부분 여권도 내주지 않았으나 민주·민중운동은 이 과정을 통하여 성장하였다. 우리에게 남겨진 과제는 경직화된 반공주의와 분단 이데올로기를 극복하고, 당시의 정치·사회사에 대한 이데올로기 차원의 극단적 논리가 드러내는 허구성에 대한 심정적 근거를 확인해야 하며, 분단과 혼란이 관념론적인 비극이 아니라 민족사적 갈등과 모순 구조임을 인식하고, 소모적인 이데올로기를 뛰어넘어 역사의 제 자리를 확인하는 이성적인 인식이 절실하다고 본다.

■ 눈물과 증오의 산하(山河)

일제의 압제에서 해방된 우리는 피비린내 나는 동족상잔의 현대사를 만들었다. 그것은 이해와 사랑, 땀과 노력, 벽돌과 회반죽이 아닌 눈물과 좌절, 피와 뼈, 탄압과 억울한 희생 위에 세워졌다 해도 과언이 아니다. 한국전쟁 전후 이승만 정권에 의해 자행된 민간인 학살은 1백만 명 수준에 이른다. 전·남북 지역의 약 20만 명, 보도연맹 학살의 30만 명 등을 포함하여 함평·문경·대구·부산·함양·산청·거창·충무·거제 등 민간인 학살은 전국적·조직적·체계적인 현상이었다. 4·19 이후 남한 전역에 걸쳐 구성된 유족회, 국회진상조사단의 조사 등으로 민간인 학살 만행에 대한 역사적 진실이 서서히 밝혀지기 시작했으나 5·16 쿠데타 이후 이들 유족회는 대부분 국가보안법 위반 혐의로 검거되어 침묵을 강요당해 왔고 진실은 은폐되었다.

2002년 2월 25일, 제주도에서 제2회 인권학술회의가 열렸다. 한국전쟁 전후 시기 민간인 학살 문제가 인권 주제로 정식 거론된 것은 이때가 처음이었다. 그만큼 우리 사회의 인권에 대한 지평이 넓어졌다는 뜻으로 해석할 수도 있지만 그동안 한국의 양심이 너무 오랫동안 직무유기를 벌여 왔다는 비판을 면하기도 어렵다. 특히 한국 사회에서 70대 이상의 세대는 전국적으로 자행된 불법적이고 반인륜적인 민간인 학살의 진실을 대체로 알고 있었을 것으로 보이나 극우 반공 이데올로기가 획일적으로 지배해 온 지난 세월 아무도 목소리를 내지 않았던 것이다. 이데올로기는 그저 명분이었을 뿐, 총을 쥐어 주자 타고난 듯 잔인성을 과시한 학살자들의 행태는 민족성을 의심하기에 충분했다. 우리는 대량 학살에 대해 기억이 상실된 기억상실증의 민족이다. 그 더러운 동족 학살의 피바다 위에 우리의 현대사가 떠 있는 것이다. 힘없는 민중들이 왜 역사로부터 그렇게 잔인하게 단죄를 당해야 했는지 아직도 받아들일 수 없다.

① 여순사건

1948년 4월, 제주도에서 단선·단정에 반대하는 제주 4·3사태로 무장봉기가 발생하여 유격전이 지속되자 정부는 이를 진압하기 위해 여수에 주둔하고 있던 제14연대를 급파하기로 했다. 이에 14연대 소속 지창수·김지회 등 좌익계 군인들이 중심이 되어 동족에게 총부리를 겨누어야 하는 제주도 출동을 거부하고 친일파 처단과 조국통일 등을 내걸고 민족적 양심이 시키는 대로 총부리를 돌린 사건이다. 10월 19일 8시, 제주도에 출동하라는 명령이 떨어지자 지창수 상사는 미리 짜 놓은 계획대로 먼저 탄약고와 무기고를 점령하고 3개 대대 병력을 장악한 뒤 연대 내의 반동 장교 20여 명을 사살하고, 밤 11시 30분 부대를 출발하여 비상소집으로 방어진을 치고 있던 150여 명의 여수 경찰을 물리친 후 새벽 3시 30분 여수 시내를 장악했다.

장병의 대다수인 3,000여 명이 봉기에 참여하였고, 여수시 좌익들이 인민위원회를 결성하여 통치권을 행사함으로써 단순한 군인 봉기가 아닌 민중 봉기로 발전하였다. 이들은 좌익 청년단체와 학생연맹 학생들을 동원하여 경찰관, 친일파, 모리간상배, 서북청년단, 민족청년단 등을 반동분자로 규정하고 이들을 속속 잡아들였다. 20일 10시, 읍사무소에 인민위원회와 보안서가 들어서 14연대와 협력하였으며, 오후 3시에는 중앙동 로터리에서 1,000여 명이 모인 가운데 인민대회를 열었다. 23일에는 김영준을 비롯한 우익 진영의 중요 인사 14명을 처형하고 양심적으로 소문난 9명의 경찰관을 석방시켰는데 이때까지 그들에 의해 처형된 경찰관은 74명, 민간인은 14명으로 인명 피해는 모두 88명이었다.

정부는 10월 20일 광주에 여순반란사건을 진압하기 위한 작전지도부를 세우고, 이튿날 여수와 순천 지역에 계엄령을 선포하면서 진압에 나섰다. 그러나 3일 간의 전투에서 진압군이 패배하자 미 군사고문관의 지휘와 탱크·함포사격 등의 지원을 받아 여수와 순천에 대한 집중 공격을 퍼부어 23일 순천, 25일에는 여수를 제외한 모든 지역을 탈환했다. 여수 진압작전은 10월 26일부터 시작되었다. 이때 전 육군 병력의 1/3인 5개 연대와 7척의

해군 함정, 그리고 전 공군력에 해당하는 10대의 비행기까지 총동원되었다. 진압군이 여수에 대한 대대적인 봉쇄와 포격 이후 여수에 진입하였으나 시내 거리는 이미 텅 비어 있었다.

10월 26일, 진압군은 오후 3시를 기해 시내를 완전 포위하고 일제히 무차별 공격을 가하여 여수 시내를 완전히 아비규환의 수라장으로 만들어 버렸다. 진압군 병사들이 집집마다 문을 박차고 들이닥쳐 무조건 서국민학교로 모이라고 하였다. 시민들은 안도감과 함께 허둥지둥 집을 나섰다. 아무 생각 없이 나왔던 시민들은 여기가 바로 죽음의 현장이라는 것을 직감하고 전율을 느꼈다. 그 자리에는 반란 치하에서 살아남은 경찰관과 우익 진영 요인들이 소위 심사위원이 되어 4~5명씩 조를 지어 사람들의 얼굴을 쓱 보고 다니다가 '저 사람' 하고 손가락질만 하면 바로 그 자리에서 학교 뒤뜰로 끌고 가 무조건 즉결 처분하는 광경이 목격됐기 때문이다.

이날부터 시민들은 3일 동안 학교마당에 잡혀 있었는데 그때마다 심사원을 바꿔 번갈아가면서 심사했기 때문에 그 사람들이 훑어보고 지날 때마다 사람들은 목숨을 하늘에 맡길 수밖에 없었다. 백두산 호랑이로 악명 높은 김종원이 시퍼런 일본도로 사람들의 목을 마구 치고 다니는 공포 분위기 속에서 근 한 달 동안 진행된 이 색출 작업은 천인공노할 인간 도살이었다. 이때는 날씨도 제법 쌀쌀한 초겨울이었는데 모든 사람들을 팬티만 입힌 알몸으로 학교 마당에 앉혀 놓고 한 사람씩 조사실로 불러 들여 장작으로 매타작을 하면서 억지 자백을 받아 냈다. 사람들을 다루는 것이 아니라 짐승을 다루는 것 같은 이 조사에서 무작정 자백을 하라고 후려치는 장작개비에 견디다 못한 사람들은 울부짖음을 토하거나 생똥을 싸면서 까무라쳐 버렸다.

이 과정에서 외모, 개인감정, 중상모략으로 무고한 사람들이 다수 희생당하였다. 무고한 청년들이 단지 학생복을 입은 죄, 흰 운동화를 신은 죄, 국방색 러닝셔츠를 입은 죄, 머리를 짧게 깎은 죄, 과거에 좌익단체에 가입한 적이 있는 죄, 가족과 친구 가운데 좌익에 가담한 적이 있는 죄 등 죄 아니 죄로 젊음을 마감해야 했다. 이렇게 4개 수용소 등에서 즉결처분된 사람은 당시 계엄사령부의 발표에 의하면 여수 1,200명, 순천 1,134명으로 밝혀졌다.

그 현장을 목격한 한 미국 라이프지 기자는 1948년 12월 6일자 기사에서 "한쪽에서는 그 광경을 여자들과 아이들이 가만히 보고 있었다. 그런데 그 중에서 나에게 가장 무섭고 두려운 징벌의 장면을 말하라고 한다면, 보고 있는 아녀자들의 숨 막힐 것 같은 침묵과 자신들을 잡아온 사람들 앞에 너무나도 조신하게 엎드려 있는 모습과 그 표정, 그리고 총살되기 위해 끌려가면서도 그들은 한마디 항변도 없이 침묵으로 차례를 기다리고 있다는 사실이었다. 살려 달라는 울부짖음도 없고 슬프고 애처로운 애원의 소리도 없었다."고 썼다.

이승만 정부는 이 사건을 계기로 강력한 반공체제를 구축하였다. 군 내부적으로는 공산주의자들을 숙청하는 숙군작업을 벌이는 한편, 1948년 12월 1일에는 국가보안법을 제정하여 사회 전반에 걸쳐 좌익세력에 대한 대대적인 색출·처벌에 나섰다. 여수 사람들은 이 사건을 겪은 뒤 일본으로 밀항한 사람이 많았는데 그것은 조국의 장래에 한계를 느꼈기 때문이었다. 반란군은 진압군에 격퇴당하여 지리산 등의 산속으로 들어가 2·7 구국투쟁 이후 형성돼 있던 야산대와 결합하여 본격적인 유격투쟁을 전개하였다. 남한의 133개 군에서 118개 군에서 유격전구가 형성되어 작은 전쟁을 지속하였다.

② 보도연맹사건

국민보도연맹(정식 명칭은 국민보호선도연맹)은 1949년 6월, 남한 내 공산주의 세력 약화를 위해 과거 좌익에 몸담았다가 전향한 사람들을 가입시켜 만든 단체다. 일제 강점기 친일 전향 단체인 대화숙大和塾을 본떠 만든 것으로 당시 반공 사상 검사로 이름을 떨친 선우종원과 오제도가 주도했다. 1950년 초 연맹원 수는 약 30만 명 정도였으며, 지나친 가입 독려와 공무원들의 실적주의 때문에 전향자들은 물론 농민들이 대다수 가입했다. 연맹의 활동 목표는 대한민국 정부에 대한 절대적 지지, 북조선 정권의 절대반대, 공산주의 배격 등으로 이를 위해 좌익분자 색출, 반공 대중집회 개최, 문화예술 행사를 통한 사상운동 등을 벌였다. 1949년 11월 28일, 당시 내무부장관의 담화문은 "공산주의 사상에 오도돼 반역도당에 가입, 활동했을지라도 대한민국의 충성된 국민임을 염원하고 실천에 옮긴 자라면 우리는 그들을 관용·관대하게 용서해 줄 용의가 있음을 언명해 둔다."는 내용처럼 좌익세력에 대한 회유책이었다.

1950년 한국전쟁이 발발하면서 보도연맹원들이 전국에서 조직적으로 학살되는 보도연맹사건이 발생한다. 학살은 위장으로 전향한 좌익세력이 전쟁을 이용해 반정부 활동을 벌일지 모른다는 우익세력의 불안감이 작용한 결과였다. 이승만 대통령은 보도연맹에 가입된 사람들이 조선인민군이 점령한 지역에서 부역행위 등 북한군에 협조할 수도 있다는 보고를 받고, 헌병대장 김창룡에 지시하여 인민군 점령 수중에 들어가지 않은 지역에 있는 보도연맹원들을 잡아 처형하도록 명령했다. 그런 이유로 최후방이었던 영·호남의 보도연맹원 학살은 그 피해 정도가 특히 심각했다.

학살은 주로 국군과 서북청년단 등 극우 폭력단체에 의해 자행됐으며 산골짜기·우물·갱도 등에 모아다가 한꺼번에 총살했다. 위험 요소를 제거한다는 명분 아래 한국전쟁 중 약 25~30만 명이 희생된 최초의 집단 민간인 학살사건이다. 특히 이 사건은 보도연맹에 연루되어 학살된 유가족이 그 이후 진주하는 북한인민군에 힘입어 남한의 공무원·경찰·지주계급 등에 대한 보복살인을 자행하는 계기가 되었는데, 이는 보복의 악순환을 가져와 동족상잔을 더욱 부추긴 결과를 가져왔다.

4·19혁명 직후 전국에서 보도연맹 희생자 유족들의 여론이 들끓어 오르자, 제4대 국회에서는 '양민학살사건의 진상조사특위'를 구성하여 가장 많이 학살당한 지역인 경상남·북도 등 학살 현장을 돌며 실태조사를 벌였고, 정부에 진상조사와 피해배상을 촉구하는 대정부 건의문을 채택했다. 또 각 지역에서 합동위령제가 치러져 장면 총리는 조화와 부조금을 보내어 조의를 표하기까지 했다. 그러나 이듬해 터진 5·16 쿠데타는 모든 것을 원점으로 돌려놓고 말았다. 쿠데타 세력은 소급법을 만들어 보도연맹 희생자 유골을 수습한 유족들을 빨갱이로 몰았고, 혁명재판이라는 이름 하에 유족들의 목소리를 묵살했다. 이후 군사독재정권은 유족들을 요시찰 대상으로 지목하여 감시하고 연좌제를 적용해 오랫동안 유족들을 옥죄었다. 또 학살과 관련한 정부 기록을 모두 소각해 버려 진상을 철저히 은폐했다.

③ 국민방위군사건

국민방위군은 1950년 12월, 국가 비상시 예비 병력을 양성하고 병력 동원을 신속히 하기 위하여 17세 이상~40세 이하의 남자는 제2국민병에 편입시키고 제2국민병 중 학생이 아닌 사람은 지원에 의해 지방단위로 편입시킨다는 내용의 국민방위군 설치법이 공표되면서 조직됐다. 이에 따라 약 50만 명의 장정들이 국민방위군에 편성되었는데 당시 한국군 병력의 두 배 정도 되는 숫자였다.

이승만 정권은 서울은 다시 빼앗기는 한이 있더라도 인민군이 가용할 수 있는 인적 자원만큼은 빼앗기지 않겠다는 일념으로 아무런 준비도 없이 실천에 옮김으로써 상상을 초월한 비극을 탄생시켰다. 정부가 이들을 징집했으면 군복을 입히고 밥을 먹이고 훈련을 시켜야 했으나 국민방위군에게 주어지는 것은 아무것도 없었다. 그들은 한겨울 얼어붙은 들판을 굶주리면서 남하하다가 아무데나 들어가 쓰러져 자고 곯은 배를 움켜쥐고 다시 걸음을 재촉하는 수만 명의 유령부대였다. 홑바지와 저고리 차림에 길을 나선 사람들은 대부분 추위와 굶주림으로 쓰러져 갔다.

정부는 이들을 위해 피복비를 전혀 계상하지 않았는데, 그 이유는 현금을 주더라도 방한복 50만 벌을 구할 길이 없는데 예산은 배정해서 무엇 하느냐는 것이었다. 그런 형편이니 추위를 막을 수 있는 것은 오로지 서로의 체온과 2명 당 1장씩 지급된 가마니뿐이었다. 학교 교실에서라도 숙영할 때는 교실 하나에 200~300명씩 처넣으니 서로 몸을 맞대고 자야 했다. 굶주린 대원들은 수십 명씩 떼지어 다니다가 잔칫집이나 굿판이 있으면 들이닥쳤다. 이들이 가까이 오기만 해도 냄새가 진동하여 손님들은 구역질을 참으며 코를 막고 혼비백산해 흩어지고, 굶주린 이들은 잔칫상에 놓인 간장까지 싹싹 비워 버렸다. 잔칫집 습격사건의 황당함은 집주인에게만 그치지 않았다. 그런 날 밤이면 갑자기 기름진 음식이 들어온 데 놀란 창자가 토사곽란을 일으켜 여러 명의 대원들이 숨을 거뒀다고 한다. 정부의 공식 기록인 한국전란 1년지誌에는 천 수백 명 사망으로 돼 있지만, 당시 소문으로는 5만 명 내지 10만 명이 죽었다고 한다. 중앙일보 간행의 민족의 증언에는 50만 명의 대원 중 2할 가량이 병사나 아사했다고 돼 있고, 부산일보 보도에는 사망자가 5만여 명으로 보도되었다.

국민방위군 사건과 관련하여 문제가 불거지고 여론이 비등하자, 국방장관 신성모는 제일 먼저 책임을 져야 할 인물이었지만 사건의 축소와 은폐에 앞장섰다. 그는 이 사건의 수사를 여러모로 방해했으며, 결국 수사가 시작되자 자신의 절친한 친구의 사위인 방위군 사령관 김윤근은 빼돌리고 부사령관인 윤익헌 선에서 처벌을 마무리하고자 했다. 이승만 정권은 국민방위군을 설치하면서 이 부대의 운영을 사설단체에 불과한 대한청년단과 대한청년단을 중심으로 구성된 청년방위대에 맡겼다. 대한청년단 단장인 김윤근은 민간인 신분에서 하루 아침에 별을 달았고, 윤익헌 등 청년단 간부들은 대령, 중령으로 임명되었다.

국민방위군 사건이 터진 것은 이승만 정권 수립에 행동대 역할을 해온 우익 반공청년단체들이 준군사단체 또는 정식 군대로 발돋움하려는 오랜 소망을 전쟁 중에 실현하려는 과정에서 빚어진 것이기도 했다. 대한청년단을 기반으로 한 청년방위대는 사설단체였지만, 한국전쟁 발발 중에는 국가기구를 대신해 모병과 후방의 치안을 담당했다. 그리고 이들이 국민방위군이 창설되자 그대로 그 지휘부를 맡아 마침내 일을 저지른 것이다. 수만 명의 병력자원이 얼어 죽고 굶어 죽어도 책임자인 국방장관과 사령관에게는 죄가 없다고 선언한 나라가 전쟁통에 사라지지 않았던 것은 오히려 이상하다.

④ 거창사건

1951년 중공군의 개입으로 1·4후퇴가 시작된 후 빨치산 공세가 강화되자 후방의 빨치산과 대결하던 국군가운데 거창군 신원면 일대에서 공비토벌작전 중이던 11사단 9연대 3대대는 공비와 내통하였다고 하여 2월 10일에는 내탄內呑 부락 골짜기, 11일에는 박산朴山계곡에서 주민을 무차별 학살하였다. 연대장인 오익경 대령의 명령을 받은 제3대대의 대대장 한동석 소령이 공산군에게 협력한 신원면 주민을 가려낸다고 하면서 대현리·중유리·과정리·와룡리 등에 남아 있던 사람들을 모두 신원초등학교에 소집했는데, 그 속에는 젖먹이 아기에서 90세 노인까지 있었다. 군인들은 이들을 모두 박산골로 끌고가 무차별로 총살하고 근처에 쌓아 두었던 장작더미를 가져다가 시체 위에 덮고 불을 질렀다.

골짜기에서 울부짖던 100여 명 가운데 임분임이라는 여자 한 명만 살아남았다. 그녀의 증언에 따르면 군인들이 빙 둘러서서 총을 겨눴을 때 어떤 남자가 손을 들고 외쳤다고 한다. "대장님, 죽을 때 죽더라도 말 한마디 하고 죽읍시다." 죽음을 예감한 사람의 절망적인 외침이었다. 총살 신호를 내리려던 장교의 손이 멈칫했고 애끓는 목소리가 이어졌다. "백성 없는 나라가 무슨 소용 있습니까?" 피를 토하는 그의 울부짖음은 사격신호가 되었다. 빨갱이 잡으라고 보낸 토벌대가 죄없는 양민을 학살한 것이다. 이 참혹한 사건은 그로부터 한 달 보름이 지난 3월 29일, 거창 출신 국회의원 신중묵 씨의 입을 통해 세상에 드러났다. 온 나라가 벌집 쑤셔 놓은 듯이 들끓었지만 정부에서는 아무런 공식 발표도 하지 않았다.

이 사건이 전 세계로 퍼져 나가자 영국의 신문들은 "한국에서 민주주의를 기대하는 것은 쓰레기통에서 장미꽃이 피기를 기다리는 것과 같다."라고 논평했고 유엔도 발칵 뒤집혔다. 국회는 조사단을 구성하여 4월 7일에 현지로 보냈다. 그러나 조사단이 중도에 공비의 습격을 받았는데 당시 헌병 사령관이며 경남지구 계엄사령부 민사부장이던 김중원 대령이 사건을 감추려고 꾸민 가짜 공비 사건임이 밝혀져 세상을 또 한번 놀라게 하였다. 소대 병력의 국군이 공비 복장을 하고 숨어 있다가 국회의원들에게 총을 쏘았던 것이다.

이렇듯 일이 복잡하게 돌아가자 4월 24일 이승만 대통령이 담화문을 발표했다. 신원면 지구의 공산군 소탕을 위해 그 지역 주민들에게 여러 차례에 걸쳐 소개령을 내렸음에도 듣지 않으므로, 한동석 소령이 공비에게 협조한 주민 187명을 적법한 절차에 따라 처형했다는 것이었다. 그러나 박산골에서 죽임을 당한 사람들은 재판을 받지 않았고 그 수효 또한 정부에서 발표한 것보다 훨씬 많은 719명이었다. 뒷날 시신을 수습하는 과정에서 거창사건 유족회가 밝힌 바에 따르면, 3세 이하의 젖먹이가 1백 명, 4~10세 유아가 191명, 11~14세 소년이 68명으로 14세 이하가 전체의 절반인 359명이나 되었다. 이런 소년들과 60~90세까지의 노인들을 빨갱이, 공비 협력자, 악질분자로 대량 학살한 군대는 어느 나라의 군대였는지 도대체 어떤 군대이기에 그런 인면수심의 만행이 가능했는지 묻지 않을 수 없다.

1951년 5월 14일, 국회에서는 '거창사건의 비합법적인 형행'을 규탄하는 결의문을 채택하였고, 결국 그 사건에 관련된 사람들이 군법회의를 통하여 형을 선고받았으나 그들은 이듬해에 특별사면으로 풀려났다. 권력에 대한 복종은 무죄였다. 4·19혁명 직후인 1960년 5월 11일, 유가족 70명은 사건 당시 국민성분조사에 참여했던 신원면장 박영복을 생화장하는 등의 보복을 가하였다. 유족들은 1988년이 되어서야 희생자위령 궐기대회를 갖고 위령비를 세울 수 있었고, 1996년에 비로소 국회는 명예회복에 대한 특별법을 통과시켰다.

⑤ 부역자 처벌

부역자를 발생시킨 요인은 한국전쟁이다. 한국전쟁에서 부역자가 대량으로 발생한 데에는 두 가지 이유가 있다. 첫째 북한의 인민군이 단시일 내에 마산·왜관·포항 지역까지 밀고 내려와 북한군의 점령 지역이 넓었고, 중공군의 개입 이후 다시 미군과 한국군이 후퇴하는 와중에서 경기도·강원도 일대가 다시 공산군 측에 재점령되었으며 둘째 전쟁이 발발하고 당시 대통령이었던 이승만이 방송 등으로 국민들에게 안심하라고 말한 후, 28일 새벽 한강 인도교를 폭파함으로써 서울시민과 경기도 일부 지역 주민들이 피신할 수 없어서 잔류파가 대규모로 생겨났다는 점이다. 이승만 정권은 피난을 간 자와 피난을 가지 않았더라도 전쟁 과정에서 북에 부역하지 않은 사람을 충성스러운 국민으로 간주하였다.

그 첫 번째 구분 기준이 피난을 간 '도강파'와 피난을 가지 않고 서울에 남았던 '잔류파'였는데, 다른 관점에서 보면 전쟁에 전혀 대비하지 않았을 뿐 아니라 미숙한 전쟁 지휘로 일패도지한 주제에다 그것도 부족해 전황을 속이고 낙관적인 보도를 하여 많은 시민들을 서울에 버려두다시피 하여 사실상 부역을 강요한 책임이 있었던 이승만 정권이 이런 잣대로 서울에 남았던 시민들에게 들이대는 것은 적반하장이 아닐 수 없었다.

9월 28일, 서울이 수복되면서 재빨리 도망갔던 도강파들이 돌아와 애국자 행세를 하며 잔류파를 탄압하기 시작했다. 정부는 돌아오자마자 긴급명령 제1호를 통해 부역자를 엄단하겠다는 방침을 발표하고 잔류파들은 심사 대상이 되었다. 이 명령은 국가보안법과 상당 부분 중복되었고, 형법과 형사소송법을 초월해 만들어진 명령으로 해석 여하에 따라 참혹한 학살사건이 일어날 소지가 컸다. 그러한 우려는 현실화되고 말았다. 그러한 분위기에 따라 수복되는 지역마다 각지의 경찰서에서 부역혐의자를 조사한 후 풀어놓으면 이번에는 경찰국의 형사가 와서 잡아가고, 또 다시 군 특무대와 헌병대가 다시 와서 잡아가고 하는 대혼란 사태가 벌어진다. 그야말로 경찰·군·우익단체들의 부역자 처벌과 색출이 마구잡이로 진행된 것이다.

그 정도가 극에 달하자 50년 10월 4일, 군·검·경 합동 수사본부와 헌병대 사령관 등이 재물을 탐내 무고한 시민을 체포 구속하는 악질 사설단체들을 엄중 수사하며 부역자라고 하더라도 불법구속 구타할 경우 그 책임자와 담당자를 엄중 처벌하겠다고 공표한다. 같은 날, 부역자 처리를 위한 공식기구가 탄생하여 조사 활동에 들어가지만 사실상 이승만 행정부는 마녀사냥식 대규모 부역자 색출 작업을 즐기고 있었다는 심증이 갈 만큼 말과 행동이 달랐다.

수복 과정에서 남한 군인과 경찰에 의한 무차별적인 학살에 대한 어느 목격자의 소름끼치는 증언이다. 1950년 늦은 가을, 미아리 뒷골목에선 한낮인데도 군인과 청년 이렇게 두 젊은 사내가 젊은 아낙 한 명을 야구방망이만한 몽둥이로 때려죽이는 살인 만행이 벌어지고 있었다. 뜨문뜨문 지나던 사람들은 그 몸서리치는 만행이 역겨워 고개를 돌리며 지나가고, 또 멀리 마루턱에선 창문을 닫는 소리가 날 정도로 그 끔찍한 장면을 헛기침 소리로 나무라건만 두 사내는 끄떡도 하지 않고 그 연약한 아낙을 내려치고 있는 것이었다. 헉 하고 후려갈기면 강냉이 대처럼 풀썩 꼬꾸라지다가도 아낙은 두억신(송장귀신, 모질고 사나운 귀신)처럼 일어서며 "그분이 북쪽으로 갔는지 남쪽으로 갔는지 내 어찌 아느냐."며 울부짖는 것이었다. 이렇게 몽둥이를 들고 내려치기를 서른 번 남짓, 그 몽둥이 찜질 소리도 그 아낙의 비명 소리도 더 이상은 들리지 않았다.

이미 국회에서 서울 수복 이전부터 윤길중 의원 등이 부역행위처리특별법과 사형私刑 금지법 등을 제정·가결하여 부당한 처벌과 권력 남용을 막고자 했으나 이 법안들에 대해서 군과 경찰은 이적 행위라며 노골적으로 반대했고, 이승만 대통령은 거부권을 행사하여 국회의 재의결을 요구한 사실로도 당시 행정부와 이승만이 부역자들에 대해서 어떤 생각을 가지고 있었는지를 잘 알 수 있다. 이승만 행정부의 부역자 처리가 얼마나 잔혹하고 무자비했는지는 50년 11월 13일에만 대한민국 각 도에서 무려 5만 5천9백여 명의 부역자가 검거되었고 그 수는 전국적으로 수십만에 이르렀다는 것을 봐도 알 수 있다.

그러나 주도적으로 좌익 활동을 했던 사람들 대부분이 인민군을 따라 북으로 혹은 지리산과 태백산맥으로 올라간 상황에서 이토록 많은 부역자들이 과연 전부 북한정권과 인민군에 협조한 좌익 빨갱이들일까? 막말로 이렇게 많은 좌익이 있었는데 대한민국이 그 당시 온전할 수 있었을까? 당시의 이러한 마녀사냥식 마구잡이 색출이 너무 심했다 싶었는지 후일 이들 대다수가 감형되기는 하였으나 그 와중에 이미 처형된 사람들의 숫자가 전국적으로 적지 않았다. 이쯤 되면 북한 정권의 어설프나마 나름대로 체계와 논리가 분명했던 반동분자 처리와 그야말로 무원칙적이며 무자비하기까지 했던 이승만 정권의 부역자 처벌 중에서 당시 누가 더 큰 혼란과 고통을 가중시켰을지는 물어볼 필요조차 없건만, 대한민국의 소위 건국세력들이 주장해 왔던 공식적인 역사 담론에서는 언급조차 없다.

VI

국가와 폭력, 그리고 정의

세상은 불공정하고 사회는 정의롭지 않다는 느낌은 사람들을 좌절시킨다. 사회적인 불의와 폭력 그리고 운명의 광포함을 개인적인 노력으로만 극복하기란 쉽지 않기 때문이다. 사회적 신뢰는 경쟁 및 부의 축적 방식과 밀접한 관련이 있는데 "부의 획득이 타인의 희생에 근거한다."고 믿는 사람이 많을수록 사회적 신뢰는 낮아진다.

국가는 정의인가?

국부인가 권력의 화신인가?

구한말 과거에 열한 번이나 낙방한 이승만은 뒤늦게 선교사들이 세운 배재학당에 들어가 개화파로 변신하였고 명성황후 시해에 연루되어 감옥살이를 하다가 선교사의 도움으로 구출된다. 이후 독립협회에 가담하여 활동하던 중 정부전복죄로 투옥되어 사형선고까지 받았지만 민영환의 주선으로 풀려나 도미한 후 학업에만 열중한다. 그가 프린스턴 대학에서 철학 박사 학위를 받은 것은 나라가 완전히 망한 1910년이었다. 이후 기독교 청년회와 감리교 세계대회에 한국 대표로 참가하는 등 해외 활동을 하였지만 독립운동과 직접 관련되는 일을 한 기록은 없다. 이승만은 일본의 조선 침략을 두둔하는 미국인 스티븐스를 저격한 장인환 의사의 재판에 통역을 맡아 달라는 제안을 거절하여 교민들의 빈축을 샀는데 장 의사의 방법이 폭력적이라는 이유에서 였다고 변명했다.

또한 1923년 이봉창·윤봉길 의사의 의거를 크게 비난하면서 '어리석은 짓들'이라고 조소했다. 이봉창·윤봉길 의거가 한국 독립에 하등 도움이 되지 않고 일본으로 하여금 한국을 탄압하는 구실밖에 주는 것이 없다는 주장이었다. 그의 박사 학위 논문도 '미국의 영향 하에 중립'이란 것으로 굉장히 위험한 발상에 기초한 것이다. 그는 1919년 미국 대통령 윌슨에게 "한국은 독립될 가망이 없고 또 독립한다고 하더라도 자치 능력이 없으니 미국이 주관하여 국제연맹으로 하여금 한국을 당분간 통치하게 해 달라."는 요지의 이른바 위임통치청원을 미국 대통령 윌슨에게 제출하여 물의를 일으키기도 했다.

1919년 상해 임시정부는 이승만을 국무총리로 추대했으며, 문창범이 주도한 노령 정부 역시 이승만을 국무총리로 추대했다. 한성 임시정부도 이승만을 제1서열인 집정관 총재로 추대했다. 당시 미국에 있던 이승만은 이 소식을 듣자마자 '대한민국 프레지던트'라는 명함을 만들고 집정관 총재 집무실을 개설한다. 그리고 그는 한성 임시정부를 정통으로 인정했다. 이 때문에 상해 임시정부에 각료로 참여한 안창호에게 항의를 받기도 했다. 이런 이승만이 임시정부의 첫 국무총리에 선출되자 단재 신채호는 회의장을 박차고 나오며 "미국에 틀어 앉아 외국의 위임통치나 청원하는 이승만을 어떻게 수반으로 삼을 수 있단 말이오. 따지고 보면 이승만은 이완용보다 더 큰 역적이오. 이완용 등은 있는 나라를 팔아먹었지만 이승만은 아직 우리나라를 찾기도 전에 있지도 않은 나라를 팔아먹은 자란 말이오!"라고 격렬히 성토하였다.

1945년 4월 25일, 미국 샌프란시스코에서 국제연합회의가 열려 유엔헌장이 채택되고 이에 따라 유엔이 창립됐다. 이 회의 참석국들은 거의 제2차 세계대전에서 연합국 쪽에 가담했던 국가였다. 특히 영토가 독일 점령 아래 있던 런던의 망명정부들도 대부분 회의에 초청되었다. 중국 국민당 정부의 주장에 따라 대한민국 임시정부의 대표도 초청받을 가능성이 충분히 있었다. 임시정부에서는 대표단을 구성했다. 단장은 부주석인 김규식 박사, 부단장은 조소앙 외무부장, 단원은 정환범 차장으로 이들 3인은 중국 정부에서 발급한 여권도 받았으며, 중국 정부로부터 경비로 사용할 달러 대부 승인까지 받고 있었다. 그런데 미국 국무부는 재미 한국인 대표도 이 대표단에 참석해야 한다고 생각하여 재미 한인 대표로 이승만·김용중·한길수 3인을 선정하고 이들을 임정 대표단에 합류시키려고 했던 것이다. 이들 3인은 서로 반목하는 사이였으나 김용중과 한길수는 국무부의 요청을 수락하였다.

그런데 이승만이 이들과 함께 대표단에 참여하는 것을 완강하게 거부했다. 이 때문에 임시정부대표단 참석이 무산됐으며 한국이 유엔의 창립회원이 되는 천재일우의 기회를 놓치고 말았다. 만약 이때 한국이 유엔의 창립회원국이 됐으면 개별적인 국교 수립 없이 유엔 회원국들의 승인을 자동적으로 받는 것이기에 임시정부는 해방된 조국의 합법적인 정부로 당당하게 귀국할 수 있었을 것이며, 1945년 말의 모스크바 3상회의에서의 신탁통치 결정도 나올 수 없었을 것이다. 이승만은 역사적 과제를 해결할 수 있는 지도자라기보다는 대통령에 대한 끊임없는 집념을 갖고 있는 정략가로서의 성격이 강했다. 우리는 식민지 시대에 만들어진 임시정부들이 독립운동에 별로 기여한 바가 없는 이승만을 왜 국가원수로 추대했는지 궁금해진다. 사실 이것은 한국 독립운동사에서 미스터리에 속하는 일이다.

■ 독선과 아집의 리더십

그가 조국이 해방되자 74세의 나이로 귀국하여 대통령이 될 수 있었던 것은 미국의 본심과 노선을 정확히 파악한 미국의 한국 만들기에 가장 적합한 인물이었기 때문이다. 8·15 해방 직후 이승만은 즉시 귀국하려 하였으나 이승만을 기피 인물로 여기는 미국 국무부가 여권을 내주지 않아 2개월간 발이 묶였다. 록펠러 대령의 도움으로 여행증서를 받아 들고 동경을 거쳐 미군 군용기를 이용하여 10월 16일 오후 김포공항에 도착했다. 귀국 다음 날 존 하지 중장의 안내로 군정청 제1회의실에서 기자회견을 가졌다. 저녁에는 서울 중앙방송국에서 첫 방송을 했는데 연설 요지는 잘 알려진 것과 같이 "나를 따르시오. 뭉치면 살고 헤어지면 죽습니다."였다. 귀국 뒤 그는 매일신문과의 회견에서 "나는 공산당에 호감을 가지고 있는 사람입니다. 그들의 주의에 대하여도 찬성하므로 우리나라 경제정책을 세울 때 공산주의를 채용할 점이 많이 있습니다."라고 공산주의 우호 발언도 했으나 미군정의 공산당 불법 조치로 극렬 반공주의자로 다시 선회했다.

미·소공위 재개, 좌우합작 등 분열과 분단을 막기 위한 중간파의 활동이 강화되는 시점인 1946년 6월 3일, 정읍 발언으로 단정 수립을 처음으로 주장하고 김구·김규식 등의 남북협상 방안에 반대했다. 1946년 말, 미군이 제공한 군용기로 미국에 건너가 남한 단독정부수립안 6개항을 제시하고, 미국의 반소정책을 촉구하는 등 대미 활동을 주도하였다. 제헌헌법 내각제 시안을 대통령제로 바꾸어 초대 대통령에 당선된 후 반민특위를 해체하고, 김구 암살 배후 의혹과 국회 프락치사건 등 의혹투성이인 정치 보복을 자행하였다. 또한 국가보안법을 제정하여 정적 제거와 언론 탄압에 활용했으며 재임 중 북진통일을 입에 달고 다녔다. 한국전쟁 직전에도 당시의 각료 조병옥은 서울신문에 북진의 시급성을 강조하는 글을 써 대고는 했다. 점심은 평양에서 먹고 저녁은 신의주에서 먹는다는 것은 당시 국방장관과 국무총리 서리를 지낸 신성모의 말이었다. 이는 한국전쟁 발발 유인의 책임이 이승만에게도 일부 있음을 시사한다.

정작 이승만은 한국전쟁이 터지자 즉각 대전으로 도망쳤다. 그는 서울에 있는 것처럼 위장하면서 대 국민방송을 통해 시민들에게 피란하지 말고 직장을 지키라고 말했다. 그래 놓고 나서 그는 또 부산과 거제도로 피신한다. 그는 전쟁 중 국민방위군사건, 거창사건과 아울러 잔류 서울 시민들을 부역 혐의로 탄압하였고, 보도연맹원 수십만 명의 학살 등 한국전쟁 전후 100만 명의 민간인 학살에 대한 직접적인 책임이 있다. 이승만 정부는 한국은행 지하에 있는 현금을 그대로 두고 피란하면서도 형무소에 수감 중인 좌익인사들은 적출해서 사살했다. 반면에 그렇게 화급한 경황 중에도 김구를 암살한 안두희까지 챙겨서 풀어 주었다. 이승만은 끝까지 휴전을 반대했다. 그가 반공포로를 무단으로 석방한 것도 휴전을 반대했기 때문이었다. 그는 한반도에 26개의 핵폭탄을 쓰자는 맥아더의 주장을 지지했다. 전쟁이 끝나고 전시작전권을 돌려주려는 미국에 그는 극렬하게 반대했다.

1950년 7월 15일 아침, 무초 주한 미국대사를 불러 밤새 손수 작성한 국군통수권의 핵심인 작전권의 이양에 관한 공한을 유엔군 총사령관인 맥아더에게 넘겨주었다. 이 문서 한 장으로 인해 한국군의 작전권이 오늘에 이르기까지 유엔군사령부에 귀속된 근거를 이루게 되었다. 그에게서 약소민족의 주체적이고 독자적인 생존 논리를 찾기는 매우 어려웠다. 그는 미 육군장관 페이스와 리지웨이 장군 일행을 만나서 "만일 내가 한국을 희생시켜 미국의 지위를 강화할 수 있다면 나는 그렇게 할 것이오. 왜냐하면 미국이 국가 간에 지도적 위치를 확보하고 있는 한, 한국은 언젠가는 다시 살아날 수가 있기 때문이오. 그러나 만일 미국의 영향력이 쇠퇴한다면 자유세계는 희망이 없을 것이오."라는 비겁한 논리에 함축되어 있다. 그는 1952년 대통령 재선이 어렵게 되자 부산 피난국회에서 발췌개헌을 시도하여 대통령 직선제 개헌을 이끌어 내면서 제2대 대통령 선거에 당선한다. 부통령 김성수는 이를 지켜보다가 민주주의를 유린한 행동이라며 부통령직을 사임한다.

1960년 3월 15일, 정·부통령 선거가 있었고 개표 과정에서 조작이 발각되어 이에 대한 항의로 마산에서 3·15의거가 발생했다. 4월 11일, 한 낚시꾼이 마산 부정선거 반대 시위에 참석했던 고등학생 김주열 군의 시신을 발견하고 이에 분노한 국민들의 시위가 전국적으로 확대되어 4·19혁명이 일어났다. 이즈음 이승만 정권을 바라보는 미국의 시각도 변화하고 있었다. 미국은 자신의 경제력 악화에 대비하여 동북아 지역에서 일본의 군사·정치·경제적 역할을 증대시키는 정책을 추진하고 있었다. 그런데 극단적 반일주의를 고집하는 이승만 정권이 미국 정책의 걸림돌로 작용하게 되었다. 더구나 50년대 후반 들어 노쇠와 부패로 민심이 이미 등을 돌렸다는 것을 미국은 파악하고 있었다.

4·19 혁명이 일어나고 4월 26일 매카나기 주한 미 대사는 세 차례나 경무대를 방문하여 이승만에게 하야를 권고하였고, 바로 이어진 이승만의 하야로 미국은 자신이 이승만 정권의 독재정치와는 관련이 없으며 민주주의를 지지하고 있음을 한국민에게 과시할 수 있었다. 그의 오랜 지인 리차드 알렌은 이승만에 대해 "이승만은 자기의 선입견에 맞지 않는 어떠한 견해도 전혀 받아들이지 않았고, 주기적으로 일으키는 발작적 신경질은 그의 주변 사람들에게 비굴한 노예적 아첨만을 일삼게 했다. 한국 정부 안에 유능한 인사가 부족한 이유는 이승만이 자기 주변에 영합을 일삼는 자들만을 등용하고 자부심 있는 유능한 인사를 멀리한 데 가장 큰 이유가 있다. 그가 정권을 유지하는 수단으로 경찰을 계획적으로 악용한 행위도 일본 통치의 가장 악랄한 독소를 한국 사회에 뿌리박게 하는 결과를 가져왔다. 또한 헌법을 걸핏하면 뜯어고친 것은 정치의 불안정과 법적 보장을 무시하는 유산을 후대에 남겼다며 이승만이 그토록 오래 권좌에 머물 수 있었던 가장 큰 이유는 미국의 지지"라고 말했다.

개발 영웅인가 독재자인가?

장면 내각은 5·16쿠데타로 1년 만에 무너졌다. 그것은 문민 지배 전통과 4·19 이후 팽배했던 민주화 열망을 무자비하게 짓밟은 군사독재의 시작인

동시에 동북아 방위 체제의 전제조건인 한·일국교 정상화를 더 이상 미룰수 없다는 미국의 판단을 반영한 사건이었다. 5월 16일 당일 미군이 쿠데타군과 동행했으며, 겉보기에 쿠데타 반대를 고집했던 그린 주한 미 대리대사가 쿠데타 성공 후 홍콩 총영사로 사실상 승진한 사실을 보더라도 5·16쿠데타와 미국과의 관계를 짐작할 수 있다. 1964년 5월 3일, 전직 CIA 최고책임자였던 앨런 덜레스가 영국 BBC 텔레비전에 출연하여 자신의 재직 중에 이루어진 CIA 해외 활동에서 가장 성공적인 것은 5·16쿠데타였다고 밝힌 것으로써 충분히 입증될 것이다.

현지에서 쿠데타를 기획하고 주도한 인물은 주한 미군사령관 특별보좌관 하우스만과 CIA 한국지부장 실버였다. 박정희와 하우스만의 인연은 여순사건 때 였으며, 당시 하우스만은 미 군사고문단 참모장으로 여순사건 진압에 참가했는데 그 과정에서 위기에 처한 박정희를 구출해 주는 결정적역할을 했다. 박정희는 남로당 안에서 군대 내의 조직을 총괄하는 군사부조직책의 임무를 수행했다. 그는 여순사건 발생 후 곧바로 체포되어 무기징역을 언도받았으나 만군 출신인 백선엽·정일권 등의 구명운동과 군부 내남로당 조직 체계와 300명에 이르는 명단을 넘겨준 대가로 10년으로 감형되었고 이내 석방될 수 있었다.

박정희의 일생은 기회주의적 역정과 배신의 그것이었다. 보통학교 교사에서, 만주군관학교와 일본 육사를 거쳐 만주군 장교로, 박정희에서 다카키 마사오로, 다카키 마사오에서 오카모토 미노루로, 오카모토 미노루에서다시 박정희로, 만주군 중위에서 가짜 광복군 중대장으로, 가짜 광복군 중대장에서 대한민국 육군장교로, 제국주의자에서 공산주의자로, 공산당 최고위급 간부가 공산당 진압군 작전장교로, 무기징역 죄수에서 다시 육군정보장교로 어지러울 정도로 변신하여 시의를 쫓아다녔다. 그러나 많은 사람들은 그 속에서 한 가지 목표만은 뚜렷했다고 보고 있다. 국민을 잘살게 하려는 의지로 굶주리던 시대에 먹을거리를 해결해 주었다는 것이다.

그러나 식민지와 한국전쟁을 겪은 뒤 우리에게도 50년대 후반부터 경제성장의 기회가 왔었고 농민·노동자·기업인·공무원 등이 대열에 함께 나서 성과를 올릴 수 있는 기회의 시기이기도 했다. 이들의 근면과 지적 기반을 무시할 수 있는가? 그들은 바로 서독에 보내진 광부·간호사들과, 중동의 뜨거운 열사에 맞서 싸운 건설기술자, 월남에서 활동한 기업인들이었고 국내에서 10시간 넘게 노동한 청계천 직공과 YH 여성 노동자였다.

박정희의 열성과 리더십도 무시할 수 없지만 모든 공로가 그에게만 주어지는 것은 무리가 있다. 박정희는 '개발과 폭력성'이 상충되어 따르는 인물이었다. 긴급조치 9호 시대의 4년은 그야말로 암흑의 시대였으며, 유신종말기인 1979년에는 한 해 동안 구속된 양심수만 1,239명에 이르렀다. 그의 집권시대는 미궁에 빠진 의문사 사건은 물론 국민을 현혹하는 갖가지 정치 공작의 시기였다. 유신시기 전에는 민족일보사건·인혁당사건·동백림사건·통혁당사건·오적 필화사건 등이었고, 유신시기에는 김대중 납치사건·민청학련사건·동아일보 광고탄압사건·장준하 의문사사건·함평 고구마사건 등이 발생했다. 이 과정에서 반공법과 국가보안법을 전가의 보도처럼 휘둘렀다.

박정희 정권에 대한 평가는 별개로 하더라도 민주주의 국가인 대한민국에서 국민이 추앙해야 할 절대적 가치는 결코 아니다. 박정희에 대한 평가는 동 시대를 살아온 장준하와 비교하면 정리가 된다. 장준하는 일제 때 독립군 대위로 일제와 싸웠으며, 박정희는 일본군 소위로 민족 반역을 했다. 장준하는 해방 후 김구 선생의 비서로 일했으며, 박정희는 군대 내의 공산당 조직을 폭로하고 자기만 살아남은 인간적 배신자였다. 장준하는 4·19때 이승만 독재와 싸웠고, 박정희는 4·19정신을 짓밟고 독재정권을 세워 민주 반역을 자행했다. 결국 장준하는 다카키 마사오가 토벌한 마지막 독립군이 되었다.

■ 부풀려진 성장론의 실체

요즈음 국민들 사이에 박정희 향수가 유령처럼 떠돌고 있다. 박정희에 대한 향수는 성장 이데올로기에 대한 구체적 표현이다. 박정희 정부가 내세웠던 '선성장 후배분론'은 경제개발 초기에는 성립이 가능했다. 자본투자의 한계 효율은 높은 반면 국내 저축이 부족했기 때문에 성장을 제고하기 위하여 허리띠를 졸라매자는 것이었다. 그러나 이러한 방식의 성장은 80년대에 들어서면서 더 이상 가능하지 않게 되었다. 고도성장의 가치를 객관적으로 평가하기 위해서는 소득의 증가와 물질적 생활수준의 향상만을 보아서는 안 되며, 고도성장이 수반했던 문제점도 함께 고려되어야 하기 때문이다.

박정희 시대의 경제는 성장지상주의, 과속성장이 낳은 지가와 물가폭등, 재벌과 관치금융, 적대적 노사관계, 경쟁력을 상실한 농업, 부실한 사회복지 등 아직도 한국경제를 왜곡하고 있는 중요한 요소로 규정할 수 있다. 특히 1997년 외환위기와 사회양극화 위기도 박정희식 경제개발의 지속 불가능성과 그것이 남긴 후유증이라고 보는 것이 타당할 것이다. 우리나라의 경제성장은 이미 1950년대 후반부터 시동을 걸었다. 성장률이 57년 7.6%, 58년 5.5%, 59년 3.9% 등을 기록하여 본격적인 성장 가도에 들어섰던 것이다. 매년 50% 안팎으로 오르던 물가도 57년부터는 한 자리 수로 안정되었다. 이승만 정권이 붕괴되던 60년에는 성장률이 1.2%에 그쳤지만, 4·19혁명으로 사회 혼란이 극에 달했다고 군사정권이 선전했던 61년에는 다시 5.9%로 뛰어올랐으며 물가 역시 안정세를 유지했다.

그러나 이런 사실은 완벽하게 은폐되고 말았다. 박정희 경제는 처음 5년간은 부정·부패 이외는 별로 달라진 것이 없었고, 60년대 후반부터 일본과 베트남으로부터 돈이 들어오면서 조금씩 좋아졌으나 말기에는 또 완전히 망할 정도로 몰락해 가고 있었다. 특히 박정희의 마지막 해인 1979년 GNP는 마이너스로 돌아섰고, 경상수지는 사상 최악인 41억 5천만 달러의 적자를 냈으며, 기름 재고는 7일분밖에 남지 않았으며, 소비자 물가도 18.3%나 상승하였고, 외환보유고도 바닥을 드러내기 시작했다.

박정희 정권 초기에 그가 초능력을 발휘하여 단숨에 뭔가를 이루었느냐 하면 그것 또한 전혀 아니다. 초기 박정희 정권 5년간은 4대 의혹사건 등 부정부패를 제외하고는 경제가 특별히 달라진 없었다. 1960~1964년의 연평균 GNP성장률 5.5%는 별 볼일 없는 것이었다. 박정희 경제가 좋아진 것은 60년대 후반기에 한·일협정의 대가로 경제개발지원금, 독립축하금 명목의 5억 달러가 들어오고 베트남전쟁에 따른 특수로 10억 달러 이상이 들어오면서부터 였다. 베트남전에서 한국군 5만 명이 5년간 받은 수당은 1억 3,000만 달러였다. 60년대 외화보유고는 3억 달러에도 미달했으므로 한국 외환 보유고의 거의 반에 해당하는 숫자였고, 한국 총 수출액의 40%에 해당하는 금액이었다.

1960~70년대의 한국경제는 중요한 조건 하나를 갖추고 있었다. 세계는 제1·2차 대전과 대공황을 거치면서 자본주의 국가들과 사회주의 국가들로 양분되기 시작해 냉전이라는 체제 간 대결과 경쟁이 격화된 것이다. 그런데 한반도의 북쪽에는 사회주의 종주국인 소련과 1949년에 탄생한 중화민국이 버티고 있었고, 미국과 소련의 대결 구도 속에서 한반도 역시 서로 다른 체제로 분단되어 있었다. 미국과 서유럽을 비롯한 자본주의 종주국과 자본가의 입장에서는 이런 지역에서 사회주의 국가들에 밀리거나 뒤처지는 것은 경쟁에서의 패배를 의미하기 때문에 사회주의 국가들과 접경 지역에 위치한 자본주의 국가의 경제발전을 보여주는 것은 체제 경쟁의 필수요소였다.

한국경제는 체제 경쟁의 최전선에 있다는 이유로 이른바 '쇼 윈도우' 역할을 부여받았다. 많은 차관이 아무런 조건 없이 제공되었고 심지어 몇몇 산업 분야에서는 기술 이전도 이루어졌다. 냉전 시기에 한반도는 체제 경쟁의 전쟁터나 다름없었기 때문에 자본주의 국가들과 초국적 자본이 한반도에 취했던 태도는 분명히 달랐다. 한반도의 지정학적 위치가 제공한 유리한 조건이었다. 미국은 남미와 아프리카를 상대로 해서는 자국 기업이 자유롭게 진출해 이들 나라 산업의 토대를 장악하는 길을 선택했다. 그러나 한국기업에 대해서는 자국 기업의 진출이 아니라 차관 제공의 길을 선택했다. 박정희 체제가 외국자본을 통제한 것이 아니라, 미국이 의도적으로 도와준 것이다. 미국의 지원은 공산주의와 대결, 미국의 위신, 일본 보호 때문이었다고 1961년 3월 15일 미 국제협력처 소속 휴 팔리(Hugh Farley) 보고서는 밝히고 있다.

1965년~1980년 중 동아시아의 연평균 경제성장률은 일본 10.5%, 싱가포르 10.1%, 대만 9.8%, 홍콩 8.6%, 북한 57년~69년 연평균 21%일 때 한국은 9.4%를 성장했다. 오히려 박정희 시대 한국의 성장은 동아시아 선발개도국과 비교해서 미흡했다. 박정희는 처음부터 민주주의의 발전을 통해 자신의 정치적 기반을 확대하는 일을 꿈꿀 수 없었다. 우리가 경제만 잘되면 다른 것은 볼 것 없다는 경제 지상주의에 기대 박정희의 군사 반란과 헌정 질서 파괴, 인권유린과 정보 정치를 용인한다면 일본 제국주의나 히틀러·스탈린도 비판할 수 없다. 그들도 모두 일정기간 동안에는 놀라운 경제성장을 거두지 않았는가? 근대화 프로젝트를 수행하던 많은 나라들, 특히 공산주의 국가들은 단기적인 강제동원을 통해 일정기간 급속한 경제성장을 이루었으나 조금 길게 보면 그 성과를 이어간 나라는 많지 않다. 독재는 아무리 효율적이라 하더라도 도덕적으로 성숙한 사회를 만들 수 없기 때문이다. 진실로 자유롭고 성숙한 사회는 인간의 삶을 외면하는 성과측정의 지표적 효율성이 아니라 사회구성원 간의 이성과 감성의 조화를 추구하는 것이다.

■ 강요 된 희생과 도농都農 갈등

한국은 1964년 9월 11일, 의료부대 140명 가량을 베트남에 처음 보낸 이후 1973년 3월 철수할 때까지 8년 6개월간 모두 324,864명을 파병하였다. 당시 호주가 4만 5천 명, 뉴질랜드 2천 5백 명, 태국 3만 8천 명, 필리핀 6천 명을 파병한 데 비하면 엄청난 숫자였다. 참전한 8년간 전사자는 5,099명, 부상자는 16,000명이었다. 그렇다면 왜 한국은 베트남전에 참전했을까? 미국이 베트남 전쟁에 개입한 명분은 공산주의자들의 침략을 저지하고 자유와 평화를 수호하기 위한 것이라고 했지만 더 분명한 것은 미국의 국익 때문이었다. 한국 역시 우방인 월남을 도와 자유 민주주의를 수호하기 위해서라고 했지만 실질적인 이유는 한국의 국익, 실제로는 정권의 이익 때문이었다.

참전 군인들의 피와 눈물을 담보로 가장 큰 이득을 본 것은 박정희 정권이었다. 전쟁 안보와 반공의 이름으로 통치 기반을 강화할 수 있었고, 경제 발전의 재원 확보와 미국의 군사·정치적 지원을 받을 수 있었다. 그러나 매사에는 항상 양면이 있는 것으로 이로 인하여 남북의 대결 상태가 심화되었고, 한국 사회에 군사주의 문화가 확산되었으며, 민주주의도 위험에 봉착하기 시작했다. 그러나 더욱 중요한 것은 베트남전 참전으로 한국이 제3세계 국가들로부터 '미국의 용병'이라는 치욕적인 비난을 받아야 했다는 사실이다. 주권을 가진 나라로서 이보다 더 치욕적인 말이 어디 있겠는가? 베트남 전쟁은 한국에서 상시 5만 명의 전투부대를 보낸 것과 달리 필리핀·태국·호주가 보낸 병력은 1,000~3,000명 정도였다. 그 밖의 다른 나라들은 미국의 압력에도 불구하고 파병을 거절했다. 영국은 혈연적으로나 역사적으로 미국의 전쟁 협력자가 아닐 수 없음에도 마지못해 유니온 잭을 앞세운 의장대 6명을 파견했을 뿐이다.

박정희는 새마을 운동을 통하여 농촌이 잘사는 나라를 만들겠다고 했으나 사실은 그 반대다. 박정희 시절은 연간 약 50만 명씩 이농을 했다. 박정희 정권 전 기간에 걸쳐 농촌인구의 거의 절반이 도시로 떠났는데 농촌이 잘살면 왜 이농을 하였겠는가? 1960년 농업인구가 58.3%였는데 박정희의 저곡가·공업화정책과 미국에서 들여온 엄청난 잉여농산물로 살기가 어려워지고 이에 따른 농촌 부채 증가로 농민들이 이농함으로써 1975년에는 37.5%까지 줄었다. 1967~1976년 사이에 670만 명의 농촌인구가 도시를 떠났는데 이는 한국전쟁 동안의 인구 이동보다 더 심대한 것이었다. 박정희 시절은 수출을 위해선 저임금이 필요했고 저임금을 유지하기 위해서 저곡가 정책을 강행했는데 이 영향으로 농촌은 몰락해 갔다. 박정희 시절은 저임금으로 수출을 했다. 저임금으로 수출을 하자면 농촌에서 사람을 뽑아내어 산업노동력으로 충당해야 했다. 그런 면에서 농촌을 잘살게 해야 할 이유가 없었던 것이다.

이러한 사회구조 저변의 급격한 전환을 바탕으로 부동산 광풍이 몰아쳤는데 63년 기준으로 하여 7년 후 강남의 부동산은 학동이 20배, 압구정동이 25배, 신사동이 50배로 올랐다. 또한 농촌을 떠난 사람들이 도시로 몰려들면서 도시빈민층이 형성되어 1970년대 중반 서울 인구의 1/3~1/5에 해당하는 100만~300만 명이 판자촌에서 비참한 생활을 했다. 박정희 정권은 그들을 강제로 퇴출하여 광주(성남)로 이주를 시켰는데 도로도 없고, 물도 없고, 전기도 없는 황량한 곳으로 사람만 추방했다. 그들은 일자리가 없어 굶주리다 못해 대대적인 저항에 나서 20만 명의 철거민들이 폭동을 일으켰는데 엄청난 사회적 위기감을 불러온 광주폭동이다. 당시 서민들의 삶은 혹독하고 참담하였다. 노동자들의 노동시간이 세계에서 가장 길었으며 산업재해는 세계 최고였다.

피고용인 가운데 1976년 74.9%, 1978년 76.7%는 근로소득 면세점 이하였다. 근로자들은 노조를 결성하거나 노조에 가입했다는 이유만으로 쫓겨나든가 빨갱이로 몰리기도 했다. 박정희 정권의 근대화노선 자체가 도·농 갈등을 심화시켰고, 대통령에 당선되기 위하여 영·호남의 지역 갈등을 극대화하여 지금도 소백산맥을 경계로 두 민족이 존재하는 것 같은 감정적 이질감을 느끼게 만들었다. 그는 7·4공동성명과 통일에의 열망을 악용하여 유신쿠데타를 일으켰고, 그 뒤 7·4공동성명을 휴지처럼 밟아 버리고 영원한 독재를 꿈꾸다 비명에 사망하였다.

승자인가 패자인가?
|

노무현 전 대통령의 죽음은 노무현의 부활이라 할 만한 사회 현상을 낳았다. 우리 모두가 고인을 사지로 내몬 데 대한 연민과 애통함, 분노로 시작된 추모는 우리 스스로의 삶을 반추해보는 계기가 되었으며, 실종된 시대정신과 가치에 대한 회한이기도 했다. 그는 죽음으로써 '가난한 자들의 친구, 서민의 수호자로 거듭났다. 그는 갈등과 분열로 찢겨진 시대의 희생자였다. 대통령이 된 후에도 사사건건 보·혁의 이분법으로 재단하는 이 시대는 그를 변방으로 내몰았다. 功공은 폄훼되고 과過는 부풀려지기 일쑤였다. 그가 추진하려 한 각종 개혁정책은 좌파라는 올가미를 쓴 채 겉돌았고, 상고 출신의 비주류 대통령에 대한 기득권층의 멸시는 또 다른 벽이었다. 지역주의 타파에 대한 열정은 승부사 기질로, 권력기관마저 놓아줬던 탈권위주의는 비주류의 한계로, 10·4 남북합의는 좌파정책으로 매도됐다.

노무현인들 왜 실수가 없었겠는가? 대연정 제안, 한미 FTA 졸속 추진, 이라크 파병, 비정규직 확대와 양극화 심화에 대한 정책적 대안 미흡 등 과오와 실책도 적지 않았다. 하지만 그는 절차적 민주주의와 원칙을 지켜 내려는 개혁을 꾸준히 실천했고, 청와대의 권위주의적 권력 행사를 중단했으며, 각급 선거에서 돈들지 않은 공정한 선거의 틀을 만들어 정치판을 정화시켰다. 무엇보다 힘없고 가난한 사람들에게 "바르고 정직하게 살면 성공할 수 있다"는 모범을 보여주었고, 기득권층보다는 사회적 약자를, 대기업보다는 중소기업을, 수도권보다는 지역을 더 생각하는 정책적 배려를 아끼지 않았다. 그는 모든 권위를 내던지고 정의로운 사회를 만들고자 했던 사회개혁가였다. 그는 검찰 권력을 포기하였고, 언론 권력과 타협하지 않았으며, 수도권 기득권층과의 일전을 불사했다. 그런 싸움이 자신에게 불리하리라는 것을 알면서도 그것이 옳은 길이라 믿었기에 뻔히 손해 보는 줄 알면서도 그 길을 갔다.

노무현이 꿈꾸었던 '사람 사는 세상'은 거창한 유토피아가 아니었다. "우리 아이들에게 결코 불의와 타협하지 않아도 성공할 수 있다는 하나의 증거를 꼭 남기고 싶다"는 것이었다. 가난하고 배우지 못해도, 소외된 사람도 인간다운 생활을 할 수 있도록 보장해 주고, 누구나 당당하게 인간적 존엄을 누릴 수 있는 세상, 공동체 내에서 자신보다 못한 사람에 대해 배려하고 연대하고 잘못된 제도를 개선하는 일들에 참여하는 세상이었다. 그는 정치의 변화, 삶의 변화, 인간 가치의 변화를 위한 시동을 걸었지만 이를 완성하지는 못하였다.

이와 같은 노무현의 꿈은 특별히 진보적이거나 개혁적인 것도 아니었다. 그럼에도 공권력을 사유화한 오만한 권력자, 공직을 부끄럽게 한 검찰, 정치권력화한 족벌신문과 어용화된 공영방송, 굴절된 프리즘을 통해 왜곡된 모습을 그린 사이비 지식인들, 냉전의식으로 사고가 화석화된 수구세력이 한

덩어리가 되어 모진 언어폭력과 날선 비수를 그에게 던졌다. 그는 반칙하지 않고도 승리할 수 있다는 것을 증명하고 싶어 했으며 대한민국을 그런 믿음 위에 올려놓으려고 했다.

노무현 정부는 수구세력에 포위된 상태에 있었다. 국회는 기득권 집단인 야당이 지배하고 국민의 여론은 기득권 집단과 유착된 보수신문들이 지배하고 있었다. 이 거대한 수구집단은 정부의 정책을 비판·토론하는 것이 아니라 정부·여당의 스캔들 사냥에 몰두했다. 2004년 3월 12일, 국회는 노무현대통령 탄핵안을 결의했다. 그러나 우리에게 충격을 준 것은 헌정사상 처음이라는 사실 때문만은 아니었다. 문제는 탄핵 사유의 정당성에 있었다. 노무현 대통령이 기자의 질문에 답해서 "국민이 총선에서 압도적으로 지지해 줄 것으로 기대한다."고 말한 것이 선거법 위반인가? 위반이라면 탄핵할 수 있을 만큼 중대한 위법인가? 거기다가 탄핵안은 대통령의 부정부패 그리고 국민경제와 국정 파탄을 추가해서 세 가지 사유를 들었다. 그러나 대통령의 측근 조사는 진행 중에 있었고 대통령 관련 여부도 밝혀지지 않은 사안이었다. 또 국민경제와 국정의 파탄은 구체적으로 무엇인지 알 수 없는 추상적인 정치 선전 구호일 뿐이었다. 한마디로 요약하면 탄핵안은 법률적 고소장이 아니라 정쟁용의 정치 선전 문구를 나열에 불과한 것이었다. 더 근본적인 문제는 임기 만료를 한 달 남긴 국회의원들, 그것도 과반수가 차떼기를 저지른 집권야당 소속으로 그들 자신이 탄핵받아야 할 입장에 있었다는 사실이다.

■ 테르미도르(Thermidor)의 반동[46]과 혁명의 죽음

----

46) 테르미도르의 반동은 프랑스 혁명기인 1794년 7월 27일에 일어난 반란으로, 쿠데타로 인하여 로베스피에르 파가 몰락하고 공안 위원회의 독재가 해체되어 공포정치를 종결시킨 사건이다. 공포정치 시기에 공안 위원회가 강력한 지도 아래 재정 위기를 극복하고 국내의 반혁명 세력을 진압하였으며 혁명전쟁도 호전되었다. 이에 따라 봉건 탄압에서 풀려나 토지를 분배받은 소농과 유산 시민 들이 보수화하여 전처럼 강력한 지지를 보내지 않았으며, 혁명 정부 내부의 분파 항쟁이 계속되는 가운데 부르주아적인 당파들이 쿠데타로 주도권을 회복하였다. 이에 혁명 입법을 폐기하고 부르주아적 안정을 꾀하였으며, 1795년에 총

테르미도르의 여름은 타오르고 있었다. 그 뙤약볕 아래에서 한 사나이가 두 손이 묶인 채 혁명 광장에 높이 솟은 단두대의 계단을 올랐다. 두 명의 형리가 그의 목을 구멍 안으로 집어 넣었고, 잠시 뒤 섬뜩한 칼날이 벼락처럼 떨어졌다. 순간 피보라가 푸른 하늘을 가렸다. 형리도 군중들도 무덤덤했다. 그런 장면은 일 년 전부터 질리도록 보아 온 것이었다. 지금 막 단두대의 제물이 된 사람도 오늘만 20번째의 제물이었다. 다만 특이한 점이 있다면 그 사람이야말로 날이면 날마다 펼쳐지는 살육극의 막을 올렸던 장본인인 막시밀리앙 로베스피에르(Maximilien de Robespierre)[47]였다는 점이었다. 그는 역사 속에서 수많은 정적과 죄 없는 시민들을 단두대의 이슬로 보낸 공포정치의 화신으로 지금까지 불명예를 뒤집어쓰고 있다. 혁명의 시작을 알렸고, 혁명의 중심에 있으면서 민중들의 열화와 같은 지지를 받았던 그가 죽은 지 200년이 훨씬 넘도록 역사 속에서 아직 명예를 회복하고 있지 못한 이유는 아직 이 세상을 부르주아가 지배하고 있기 때문이다.

1792년 식량난과 폭동이 이어지는 가운데 왕정 폐지를 요구하는 공화파와 그것에 반대하는 왕당파 사이에 유혈 충돌이 빚어졌다. 1792년 8월 10일, 민중들은 튈르리궁을 습격했다. 그들은 호위병들과 교전하여 1천 명이 넘는 사망자를 낸 끝에 루이 16세 일가를 탕플탑에 유폐시켜 버린다. 왕정을 끝내고 공포정치의 서막을 올린 것이다. 로베스피에르 역시 변호사로서

명망 높은 부르주아였지만 철저히 민중들의 편에 서서 왕을 몰아내고, 귀족과 성직자의 특권을 빼앗아 그들에게 돌려주고자 했다. 자유롭고 평등

재 정부가 성립되었다.

47) 막시밀리앵 프랑수아 마리 이지도르 드 로베스피에르(Maximilien François Marie Isidore deRobespierre, 1758년 5월 6일~1794년 7월 28일)는 프랑스 혁명을 주도한 사람 가운데 하나로 잘 알려져 있는 프랑스의 법학자로, 공포정치를 행하다가 도리어 반란으로 처형 당했다.

한 사회는 민중의 일반의지, 즉 깨어 있는 시민의 힘으로 달성될 것이라고 믿고 있던 젊은 혁명지도자에게 노회한 부르주아들은 민중들은 우리 부르주아들이 세상의 전면에 나서는 도구일 뿐이라고 주장하며 사사건건 부딪쳤다.

혁명의 확산을 두려워한 오스트리아가 프랑스를 침공하려 할 때도 귀족 출신의 장교 그룹과 대 부르주아들은 민중들을 부추겨 전쟁 불사를 외쳤지만 현실주의자 로베스피에르는 철저히 반대 입장을 고수했다. 막상 대륙전쟁이 터졌을 때, 3일도 안 돼 대부분의 장교들이 오스트리아군에 투항하고, 그 틈을 노려 반동세력들은 뒤에서 적과 내통하며 내부 반란을 꾀했다. 그토록 전쟁을 반대했지만 조국이 풍전등화의 위기에 처하자 로베스피에르는 오합지졸 민병대를 조직하여 오로지 애국심 하나로 적들과 맞서 싸웠고 결국은 승리했다.

동지였던 부르주아들의 이중성에 치를 떨던 그는 가장 뜨거웠던 루이 16세의 처리 문제에 대해서도 "왕은 무죄일지도 모른다. 그러나 그를 무죄라고 선언하는 순간 혁명이 유죄가 된다. 이제 와서 혁명을 잘못이라고 할 수 있는가? 왕을 죽여야 한다. 혁명이 죽을 수는 없기 때문이다."라고 하면서 왕을 비롯한 구체제 인물들과 부패한 혁명세력인 일부 부르주아들마저 단두대의 이슬로 보내 버렸다. 그는 항상 음모를 모의하는 압제자들에 대한 분노는 강렬하고 완강하게, 위기에 처해서는 용감하고 꿋꿋하게, 노력은 부단하고 끈기 있게, 투쟁은 과감하고 격렬하게, 성공했을 때는 겸손하고 조심성 있게 행동할 것을 주문했다. 그러나 세상을 바꿔 가는 와중에도 민중들의 손에는 빵이 쥐어지지 않았다.

결국 로베스피에르는 한때 동지였으나 서로 가는 길이 달랐던 대책 없는 이상주의자들과 우파 부르주아들의 협공에 시달리기 시작했다. 그리고 그는 그토록 사랑하던 민중들의 손에 죽을 것임을 알게 된다. "나는 충분히 살았습니다. 나는 프랑스 민중들이 비천함과 예속의 한가운데에서 영광과 자유의 정점으로 도약하는 것을 보았습니다. 그래서 나는 지금 죽어도 여한이 없습니다. 그러나 또 다른 도전이 기다리고 있습니다. 민중들이여 완수하십시오. 시민들이여, 당신들의 숭고한 운명을 이제 당신들이 완수하십시오." 이 연설을 하고 두 달 뒤, 그의 오른팔이나 다름없던 공안위원회는 대 부르주아와 내통하여 그를 체포하였다. 권력을 잡은 부르주아들은 바로 다음 날 그와 동지들을 단두대의 이슬로 보내 버렸다. 민중들은 환호했다.

  그러나 권력을 잡은 자들은 에베르파를 당장 숙청하고 파리 민중들의 폭동을 더 잔인하게 진압했다. 부르주아들이 권력의 전면에 나서자 노동자와 농민들의 삶은 더 피폐해졌다. 그들의 사치와 방탕은 절대왕권이 절정에 있던 시절보다 훨씬 강도를 더했다. 얼마 지나지 않아 파리 민중들은 자신들이 무슨 짓을 했는지 깨달았지만 이미 그들의 진정한 영웅은 사라지고 없었다. 1789년 삼부회의가 소집되어 '인간과 시민의 권리선언'이 발표되고 바스티유 감옥이 함락되고 나서도 프랑스혁명이 정치적으로 안착하는 데 100년 가까운 세월이 흘렀다. 1791년 헌법은 입헌군주제였고, 기요틴에서 루이 16세의 목이 떨어지고 마침내 공화정이 수립된 것은 1793년, 하지만 1804년 다시 나폴레옹이 제정을 세웠고, 1814년에는 왕정복고가 이루어졌다. 1848년 2월 혁명을 거쳐 제2공화국이 수립됐으나 1852년 나폴레옹의 조카 루이가 쿠데타로 집권하여 다시 제2제정이 섰다. 1871년 민중봉기와 파리코뮌을 거쳐 제3공화정이 수립된 것은 1875년이었다. 그 사이 얼마나 많은 민중들의 뜨거운 피가 혁명의 제단에 뿌려졌는가?

부끄러움도 모르는 권력

민주 정권 10년 이후 이명박·박근혜로 이어지는 보수 정권의 반민주적·반역사적 행태는 지난 대선 직후부터 1년 여에 걸쳐 퇴행과 훼손이 가히 심각한 수준으로 우리 사회가 최소한의 상식이라 믿었던 가치들이 곳곳에서 무너져 내리고 있다. 청와대를 정점으로 한 정부·여당·보수언론 등 보수세력은 민주화 이후 쌓아 온 역사학계와 시민단체의 성과를 무시하고 친일과 독재를 미화하는 거침없는 행보를 계속하고 있다. 국가권력의 비민주적이고 반민주적인 오용과 남용, 정부기관들의 선거 개입과 일방 통행식 정책, 공권력에 의한 인권과 국민기본권의 유린, 시민위협, 사생활침해, 언론 옥죄기, 지방자치단체의 횡포와 공무원들의 비민주적인 정신 상태, 수임받지 않은 시장 권력과 언론 권력에 의한 민주주의 파괴 행위, 집권당 국회의원들의 민주적 역량 결핍 등 수많은 사건과 사례들은 한국 민주주의가 겪고 있는 퇴행과 반전의 충격적 실상이다.

이들은 건국의 주춧돌을 잘못 놓은 이승만을 국부로 내세우기 위해 '건국 60년' 운운하며 헌법 전문에 명시된 대한민국의 정통성을 부정했고, 한·미·일 삼국동맹을 이야기하며 과거사 청산을 거부하는 일본을 동맹국이라 했다. 독재자 박정희를 근대화의 아버지로, 친일파 백선엽을 구국의 영웅으로 되돌려 놓으려는 역사적 반동은 참을 수 없는 국민의 공분을 불러왔다. 또한 시민사회와 학계가 각고의 노력으로 일궈 낸 성과물인 친일인명사전은 사회적 반향이 매우 컸으나 한국의 보수세력은 사실 확인도 없이 편향 보도와 사실 왜곡으로 일관하면서 편찬 주체의 자격이나 대표성을 문제 삼고 그들이 국가 정체성을 부정하고 자학사관에 매몰되었다는 터무니없는 주장을 펼쳤다.

이명박 정권에 이어 2013년 출범한 박근혜 정권은 시작부터 부정선거 논란에 휩싸여 국민적 저항에 직면했다. 대통령 선거 직후 국가정보원의 댓글사건이 터졌을 때만 해도 국민들은 반신반의했으나 시간이 지나면서 밝혀진 내용은 범죄수준에 가까운 총체적·조직적 선거부정이었다. 박근혜 정권은 엄연한 사실을 부인하면서 이를 은폐하려고 하지만 전 국민을 혼돈과 분노로 경악케한 잘못은 반드시 바로 잡고 불의는 척결되어야 한다. 아버지의 5·16 쿠데타에 이은 자식의 12·19 사이버 쿠데타가 결코 성공적이어서는 안되기 때문이다.

나폴레옹의 조카 루이가 큰아버지의 후광을 업고 1848년 정계에 입문하여 사회적 혼란기를 틈타 대통령에 당선되었다. 이어 1859년 쿠데타를 일으켜 의회를 해산하고 스스로 황제가 되었는데 나폴레옹 3세가 된다. 이를 지켜보던 칼 마르크스가 런던에서 프랑스 혁명사를 쓰면서 "첫 번째는 비극으로, 두 번째는 소극으로"란 헤겔의 명구를 인용하여 "황제의 망토가 루이 나폴레옹의 어깨에 걸쳐지는 순간 나폴레옹의 동상이 방돔광장(Place Vendome)의 원기둥 꼭대기에서 굴러 떨어지게 될 것이다."라고 비판적 예언을 했는데 1871년 5월 파리코뮌 정부는 파리 시내 방돔광장의 원기둥을 파괴함으로써 루이 나폴레옹의 권력은 몰락했다. 이것이 소극인 까닭은 그가 전체 인민을 대표한다는 환상을 통해 집권하였다는 데에 있다. 그 어떤 계급도 지배권을 장악하지 못한 예외적인 국면에서 엉뚱하게 나폴레옹의 핏줄이라는 이유로 선거를 통해 집권한 다음, 황제가 되어 공화정을 무너뜨리는 결과까지 초래한 것이다. 현대 민주주의 사회에서 결국 권력은 투표로부터 나올 수밖에 없다. 그런데 그 투표가 때로는 잘못 알려진 환상이나 누구의 핏줄이라는 엉뚱한 요인에 의해 좌우되면서 역사의 후퇴를 낳기도 한다. 역사는 두 번 되풀이된다.

■ '역사 흔들기' 어디까지?

뉴라이트를 앞세운 보수 정권의 주장을 요약하면 임시정부는 근대 국민 국가의 요소인 영토·국민·주권을 가지지 못한 '의제적인 국가'였고, 임시정 부를 건국으로 이해하는 나라가 없으며, 식민지 기간 중에 임시정부가 실 질적으로 국민을 보호하지 못하였다는 황당한 주장이다. 그들의 주장은 우리의 독립은 외부로부터 주어진 것이며, 2차 세계대전 후의 아시아·태평 양 지역의 전후 청산에서 우리가 아무런 발언권을 가질 수 없음을 스스로 정당화하고 있다. 이러한 관점이야말로 일본과 미국을 맹목적으로 추종하 는 '자학사관'과 '패배주의 사관'의 극치라 하겠다. 그들은 또한 이승만이 대 한민국을 문명으로 이끌었다는 것을 높이 평가한다고 말한다. 그러한 큰 공로 앞에서는 민족 분단도 부패와 독재도 인정되어야 한다고 주장한다. 물론 여기서 말하는 문명이란 자본주의를 말하는 것이다. 자본주의가 곧 문명이란 황당한 주장이 어떻게 나올 수 있는가? 아무리 자본주의를 받든 다 해도 일본 식민 통치와 이승만 정권에 대하여 한국 자본주의화의 공로 를 돌리는 데는 문제가 있다. 그들이 생각하는 대한민국은 국민들의 노력 에 의해 진화·발전해 나가는 유기적 공동체가 아니라 자본주의를 실행하 는 도구로서의 국가만 존재한다고 보는 것인가?

① 건국절 논란

이명박 정부는 또 하나 역사 왜곡의 소모적 논쟁을 시작하였다. 그것은 제63회 광복절을 뒷전으로 밀어내고 이승만을 국부로 하는 건국 60주년을 전면에 내세워 대한민국의 정통성을 왜곡하는 처사를 벌였기 때문이다. 그 핵심은 건국의 아버지 이승만, 근대화의 혁명가 박정희로 이어지는 친일· 독재 세력의 계보를 대한민국의 정통으로 삼고 이를 역사적으로 공식화하 기 위해 8·15 광복절을 8·15 건국절로 바꿔야 한다는 이른바 건국절 논란 이다. 이들의 주장은 건국절 제정을 통해 반공과 자본주의 시장경제 옹호를 국시로 하는 대한민국의 정체성을 국민들에게 각인시키고 나아가 대한민국 건국 세력을 친일파로 매도하는 친북 좌파들을 척결하는 애국심의 지렛대로 삼아야 한다는 것이었다.

세계 어느 나라도 건국일을 기념하는 나라는 없다. 이스라엘·미국·프랑스 등도 건국 관련 행사를 한다고 하나 그것은 건국일이 아니라 독립기념일이다. 우리나라는 수천 년 역사를 이어온 국가이다. 그런데 이명박 정부는 대통령이 앞장서서 건국 60주년 행사를 벌여 대한민국의 역사를 고작 건국 60년 밖에 되지 않는 초라한 신생국가를 만들어 버린 것이다. 임시정부 대한민국의 정통성은 제1공화국 대한민국으로 이어졌다. 제1공화국의 헌법은 임시정부를 계승한다고 분명하게 정통성을 제시했으며, 제1공화국인 대한민국의 수립은 새 정부 탄생이지 새 국가의 탄생은 아니다. 또한 임시정부는 국가의 존재 요건인 국민·주권·영토를 확보하지 못해 정식 정부로 인정할 수 없다는 논리는 더욱 황당하다. 이렇게 되면 식민지 시기에 세워진 세계 모든 망명정부는 정통성을 상실하게 된다.

일제 강점 36년은 분명히 주권을 빼앗긴 공백 상태였다. 그러나 그 역사마저 공백이 된 것은 아니다. 그 역사의 한 주체가 독립 투쟁이었고 독립투쟁의 상징인 임시정부가 존재했다. 임시정부는 광복군을 창설하고 각 지역에서 독립운동을 벌였으며, 일제 말기 광복군은 대일 선전포고를 통하여 일전불사를 선언하였다. 1948년 정부 수립을 건국이라 규정한다면 3년 전에 발생한 광복은 어디로 가야 하는가? 건국절 주장은 우리의 모든 역사인식, 전 세계에서 일반적으로 통용되는 자유와 혁명의 역사 또는 이성과 희망의 역사를 다 뒤집어 놓은 것이다. 반민족 행위를 옳다고 하는 나라는 지구상에 없다.

② 대한민국 역사박물관

2012년 12월 26일, 대선이 끝난 지 1주일 만에 임기가 얼마 남지 않은 이명박 정권은 마치 대통령 당선자에게 큰 선물을 하듯 대한민국 역사박물관을 개관했다. 대한민국 역사박물관은 2008년 이명박 대통령이 일방적으로 현대사박물관을 설립하겠다고 공표한 이후 사업추진의 폐쇄성과 일방성 등으로 논란을 빚어 왔다. 한국 현대사가 다양한 기억과 다원적인 가치를 포함하고 있음에도 성공신화에 사로잡혀 역사의 굴절·위기·희생을 담아내지 못한 일방적인 것이었다. 대한민국 역사박물관은 건립 문제부터 국민들 의견을 폭넓게 수렴하고 해결책을 요구했지만 공허한 메아리에 불과했다. 박근혜 정권 역시 우편향이라는 점에서 이를 마다할 리 없었고 특히 아버지의 시대를 위대한 역사로 재평가하고자 하는 박 대통령의 역사 인식과 산업화와 성장에만 초점을 맞춘 박물관의 지향성 역시 그와 다르지 않았기 때문이다.

③ 광주민주화운동 폄하

일부 종편방송의 광주민주화운동 폄하와 왜곡 보도는 이성과 상식의 한계를 넘었다. 지난 5월 13일 TV조선에 출연한 탈북자 출신의 전 북한 특수부대 장교 임 아무개의 발언과, 15일 채널 A에 나온 탈북자 김 아무개의 주장은 광주민주화운동을 북한군의 유격전으로 둔갑시켰다. 이것은 김영삼 정부 이래 김대중·노무현 정부 시기에 여러 공적 조사기관의 조사와 사법부의 재판 과정에서 밝혀진 광주민주화운동의 실상을 정면으로 뒤엎은 명백한 역사 왜곡이었다. 야당과 진보 언론이 거세게 공격하자 두 종편은 마지못해 사과했지만 그것으로 마무리될 일은 아니다.

④ 박정희 기념사업 확산

2012년 18대선 이후 가장 우려했던 일 중의 하나가 박정희의 부활이었다. 수십 년 동안 박정희의 망령은 곳곳을 배회하면서 영향력을 미치고 있는 보이지 않는 권력이었다. 박근혜 정권 출범 직후부터 박정희 기념사업이 전국 곳곳에서 다양한 형태로 벌어지고 있다.

철원군은 3월 26일, 철원군 갈말읍 군탄리에 있는 군탄공원을 25년 만에 옛 이름인 '육군대장 박정희 장군 전역지 공원'으로 복원한다고 발표했다. 이 공원은 1987년 민주화 항쟁 이후 5·16 군사쿠데타와 박정희 군사정권에 대한 역사적인 평가가 달라지면서 육군대장 박정희 전역지 공원 역시 논란의 대상이 되었고, 결국 1988년 군탄리라는 지명을 따 군탄공원으로 바뀌었다가 박근혜 정권의 출범과 함께 공원 명칭이 과거 박정희 시기로 되돌아간 것이다. 특히 박정희의 정치적 기반이었던 경북지역에서는 지방자치단체들이 경쟁적으로 기념사업에 나섰다. 구미시는 286억 원을 들여 박정희 생가공원을 건립했고, 새마을운동 공원도 추진 중이다. 포항은 새마을운동기념관을 건립했고, 청도는 박정희 동상을 세웠다. 문경시는 박정희가 주로 먹었던 칼국수와 보리밥을 관광 상품으로 만들었고, 울릉도는 박정희가 묵었던 울릉군수 관사를 박정희 기념관으로 만들었다.

기념사업뿐만 아니라 공식석상의 박정희 찬양과 미화 발언도 그 정도가 더욱 심해지고 있다. 국립서울현충원에서 열린 박정희 34주기 추도식에서 서강대 총장 출신의 손병두는 추도사를 통해 "우리 서민들은 간첩이 날뛰는 세상보다는 차라리 유신시대가 좋았다고 부르짖는다며 무지한 인간들의 생떼와는 상관없이 조국근대화의 길로 매진하고 있는 따님의 국정 지지율이 60%를 넘었다."고 말했다. 박정희 생가에서 열린 추도식에서 새누리당 심학봉 의원은 "아버지 대통령 각하"라며 "아버지의 딸이 이 나라의 대통령이 됐다."고 말했다. 서울 강남의 한 대형 교회에서는 '제1회 박정희 대통령 추모예배'라는 행사까지 열렸다.

박정희 기념사업의 확산과 노골적인 미화 움직임의 저변에는 박정희 대통령의 통치 스타일과 역사의식이 큰 몫을 하고 있다. 아버지 시대를 극복하지 못하고 과거로 회귀하는 듯한 모습이 우리 사회 전체를 과거로 되돌리고 있는 것이다. 그들은 이념으로 모든 것을 덮고자 한다. 그러나 넘지 말아야 할 선이 있다. 그것은 진보와 보수를 떠나 과거의 상처에 책임을 느끼고 그것이 재발하지 않도록 노력해야 할 의무인 것이다. 남북 분단도 모자라 남남 분단을 부추기는 정치 세력은 역사 앞에선 반성이 필요하다.

⑤ 교과서 왜곡과 오류

정권이 바뀌면 정책은 바뀔 수 있으나 한 나라의 역사 자체가 정권의 입맛에 따라 좌우된다면 이는 결코 정상적인 것이라고 볼 수는 없다. 금년 새학기부터 각급 학교에 배포하는 교학사 역사 교과서는 역사 왜곡과 부실이라는 면에서 역대 교과서 가운데 그 유례를 찾기 어려운 부실투성이다. 최종 승인을 거쳤음에도 역사적 사실 오류와 베끼기 등 357건의 심각한 오류가 있는 것으로 확인됐다. 교과서는 한 시대의 국가와 사회가 그 국민에게 이상적 가치관과 세계관을 제시하는 집약적인 표현이다. 역사 교과서를 좌우 대립의 산물로 보는 것 자체가 시대착오적 궤변이고, 이러한 선입견을 가지고 쓴 교과서가 객관성과 보편성을 담보하기는 매우 어렵다. 또한 국사를 가르치면 국수주의적 사고방식을 길러 주게 되어 세계화에 역행한다는 말이 일부 지식인과 공직자들의 입에서 나오고 있으며, 국사는 세계사의 일부이므로 굳이 세분하여 가르칠 필요가 없다는 정신 나간 교수들도 있다.

교학사 역사 교과서의 내용은 사건명·인명·년도와 같은 기초 사실과 편집상의 오류, 학자의 양식과 도덕성마저 내팽개친 표절과 전재轉載, 독립운동에 대한 폄하와 사실왜곡, 일제 식민 지배 미화와 한국인의 피해 축소, 친일파에 대한 비호와 미화, 시대착오적인 냉전의식, 독재옹호와 정당화, 각종 민간인 학살과 조작 사건 피해자에 대한 진실왜곡과 모독, 민주화 운동에 대한 폄하, 친기업 반노동적 서술, 역대 대통령에 대한 편파적 해석 등 한마디로 온갖 역사 범죄의 재구성으로 가득 차 있다. 더 큰 문제는 한국사 교과서 논란을 명분으로 국정교과서 체제로 회귀하려는 움직임이다.

교육 자체를 통제해서 국가의 정책을 반영하는 교육을 하겠다는 것은 국민이 국가를 위해 존재하는 것으로 보는 것이다. 시민사회의 건강한 문제 제기를 외압으로 호도하여 교과서 채택을 철회한 학교를 특별조사하고 나아가 편수실을 통해 교육의 정치적 독립성을 포기하는 것은 민주사회에서 합법적으로 선출된 정부가 할 일이 아니다. 역사관의 차이는 논쟁의 영역일 수는 있어도 심의의 대상이 될 수는 없기 때문이다. 정권적 차원의 이러한 역사 훼손 책동과 수구세력의 역사 도발은 이미 도를 넘어섰으며, 학생들에게 가르쳐도 무방한 범위를 벗어나 버렸다.

또 하나의 비극, 제국주의

1) 광기와 탐욕의 축제

'자유의 위협'이라는 허구

혼히 알려진 것처럼 미국이 제2차 세계대전 후 구 파시즘 세력을 응징했다는 것도 사실과 다르다. 뉘른베르그 재판으로 서독에서는 확실히 파시즘 세력이 제거된 것처럼 보였다. 그러나 미국은 중요한 정보를 갖고 있는 일부 나치전범들을 살려주고 미국에 거주케 하였다. 그리고 CIA는 나치 협력자들을 채용하여 그들을 냉전 전략에 활용하였다. 일본의 경우에도 일부 전범들, 특히 제2차 세계대전 중 악명 높은 생체 실험을 했던 일본군 731부대의 전범들에게 그들의 기술을 전수받기도 했다. 승자의 정의가 관철되었다고 볼 수 있는 전범 재판을 통해 미국은 이들 일본 전범들을 순교자로 만들어 버렸다. 그 정치재판은 순전히 동아시아의 새로운 적으로 등장한 소련을 견제하기 위한 것이었다.

트루먼의 냉전 전략은 그리스와 한국에서 구 파시즘 세력, 즉 나치 및 일본 군국주의에 협력한 세력을 부활시켰으며, 과거에 그들과 대항했던 좌파나 민족주의 세력은 소련의 조종 하에 있다고 판단해 철저하게 배제하고 탄압하였다. 한반도에서 1945년 이후 부일 협력 세력이 부활한 것은 미국의 이러한 전후 세계 전략의 결과였다. 가브리엘 콜코(Gabriel Kolko)가 지적한 것처럼 제2차 세계대전 진행 중에 미국은 눈앞의 적인 파시즘과 싸우는 것 이상으로 유럽에서 소련의 영향력이 확대되는 것을 극도로 경계하였으며 후방에서는 민족해방운동 세력이 장차 독립국가의 주역으로 부상하는 것을 막았다. 이때까지 소련은 형식적으로는 미국의 친구였으나 전쟁이 끝나자 소련은 악으로 간주되었다. 자유세계를 지킨다는 명분하에 제3세계에서 구 제국주의 협력자, 군사독재를 지지한 것이 바로 미국 냉전정책의 본모습이었다.

미국의 지도자들은 미국의 이익이라는 표현보다는 자유세계의 위협이라는 말을 즐겨 썼는데 그것은 자유를 희구하는 사람들이 공산주의 침략에서 독립할 수 있도록 지원한다는 것이었다. 애치슨은 그의 자서전에서 "우리는 공산주의의 확산을 막기 위한 우리의 목표를 그들의 목표 앞에 두었다며 우회적으로 아시아 개입이 미국의 국가이익을 위한 것"이었음을 인정했다.

20세기는 전쟁의 세기라 불린다. 1904년 러·일전쟁을 시작으로 두 차례의 세계대전을 거쳐 지역 분쟁과 민족 분쟁에 이르기까지 최근 100년 동안 전쟁 또는 분쟁이 발발하지 않은 해는 없었다. 이에 따른 희생자도 무려 1억 명에 이른다. 16세기 이후 각 세기마다 전쟁으로 죽은 사람은 16세기 160만 명, 17세기 610만 명, 18세기 700만 명, 19세기 1,940만 명, 20세기 1억 780만 명으로 죽은 사람의 수를 보면 20세기가 얼마나 참혹하고 비정상적인지 알 수 있다. 20세기는 대량 살상무기의 개발과 더불어 전쟁 양상이 국가 전체가 참가하는 총력전이 되었기 때문에 전사자의 수가 비약적으로 증가한 것이다. 특히 전투원보다 비전투원인 희생자가 더 많은 경향이 증대되고 있다. 제2차 세계대전 시 48%에 이른 민간인 사망자의 비율은 한국전쟁을 거치면서 84%로 증가하였고, 베트남전쟁은 민간이 사망자 비율이 무려 95%에 이른다.

  그러나 아프가니스탄에서 소련이 실패한 사건, 다시 말해 10여 년에 걸친 무력 개입 끝에 결국 아프가니스탄에서 철수하기로 결정한 일은 결연히 떨치고 일어난 사람들에 대한 지배를 원자폭탄조차 보증하지 못한다는 사실을 증명하였다. 미국 역시 똑같은 현실에 직면하고 있다. 미국은 한국에 군대를 보냈지만 이기지 못했고, 결국 휴전협정에 서명할 수밖에 없었으며 전면전을 펼친 인도차이나에서도 결국 철수해야 했다. 역사상 가장 참혹한 폭격을 이 조그만 반도에 퍼부었는데도 말이다. 오랜 군사 개입 덕분에 양키 제국주의를 구가할 수 있었던 라틴 아메리카에서도 강대국 미국은 좌절을 겪었다. 쿠바혁명도 막지 못했고, 칠레에서는 성공적으로 반혁명을 조직했지만 니카라과혁명은 막거나 저지할 수조차 없었다. 남아프리카공화국을 지배한 백인들은 절대 다수인 흑인들이 일으킨 폭동을 진압하지 못했으며, 이스라엘은 무시무시한 재래식 무기뿐 아니라 핵무기까지 갖고 있지만 서안과 가자지구에서 돌을 던지며 저항하는 팔레스타인 사람들의 반란을 억누를 수 없었다.

■ 거룩한 땅(Holly Land)의 선민選民

  1620년 12월 21일, '오월의 꽃(May Flower)'이란 이름을 가진 배 한 척이 미국 북동부 해안에 도착했다. 이 배는 180톤 노르웨이 선박인데 원래 화물 수송선이어서 고기 썩은 냄새와 기름 냄새로 악취가 심했다. 그런 고약한 환경을 극복하고 102명의 영국 청교도들은 엄격한 기독교 국가 건설이란 이상을 품고 북아메리카 대륙에 발을 디뎠다. 미국은 신앙을 지키기 위해 죽음을 무릅쓰고 유럽에서 건너온 청교도들이 세운 나라이다. 아메리카 대륙은 청교도 선조들 때부터 신이 선택한 '거룩한 땅(Holy Land)'으로 인식되어 왔다. 종교의 자유를 찾아온 초기 이민자들은 이 광활하고 기름진 땅을 바로 성경에 나오는 젖과 꿀이 흐르는 가나안 땅으로 생각했다. 이 신천지를 예루살렘으로 생각한 것이다. 트루먼 대통령은 "나는 신이 우리 미국인들을 만들었으며 어떤 위대한 목적을 달성하기 위해 우리에게 이처럼 큰 힘을 주셨다는 느낌이 든다."고 말할 정도였다.

현재 미국인들 중 80%는 하느님을 믿는다고 대답하고 있으며 그중 39%는 다시 태어나도 기독교인이 되겠다고 말한다. 또한 종교가 자기의 삶에 중요한 역할을 한다고 생각하는 사람은 60% 정도이며, 그것은 프랑스·독일인 중 20%만이 '그렇다'라고 대답한 것에 비해 엄청나게 높은 수치다. 부시 행정부 들어서는 백악관 관리들이 성경 공부 모임까지 만들어 운영했다고 한다. 특히 미국의 기독교인 중에는 가장 보수적인 복음주의의 신앙을 가진 사람이 1/3 이상을 차지하고 있다. 이 복음주의자들 중에서 악한 세상과 싸울 준비가 되어 있는 분파가 근본주의 그룹을 형성하고 있다. 이들은 성경의 무오류성, 예수의 신성, 처녀탄생, 대속적 구원, 예수의 육체적 부활과 재림이라는 다섯 가지 근본적인 교리를 신봉한다.

원래 개신교 근본주의는 반가톨릭·반유대주의 입장을 견지했으나 1960년대 이후 가톨릭 우익, 유대교 우익과 연합하여 적극적으로 정치적 발언을 하기 시작했다. 이들을 합하면 미국 유권자의 40%에 육박한다. 이들은 정치는 곧 하느님의 뜻을 이 땅에 실현하는 것이라 생각하기 때문에 사실상 정치와 종교 분리를 인정하지 않으려 한다. 2001년 부시의 악의 축 발언은 정치적으로 선택된 것이지만 그의 이분법적인 기독교적 세계관을 천박하게 드러내는 것이기도 하다. 미국인들이 입만 열면 이야기하는 히틀러·스탈린·후세인·김정일로 연결되는 악마 리스트는 바로 미국 근본주의 개신교도들의 정서를 반영하고 있다. 근본주의자들은 악마가 없으면 자기 존재의 불안을 느끼기 때문에 자신이 선하고 하느님의 선택을 받았다는 것을 입증하기 위해 언제나 악마를 만들어 내는 경향이 있으며 악마에 대한 처벌은 어떤 방법이든지 용납할 수 있다고 본다.

이 근본주의자들은 무고한 이라크 민간인들을 살해한 현장을 보고도 하느님의 뜻이라고 해석했다. 물론 구약성경에는 정당한 목적을 이루기 위해 하느님을 대신하여 사탄을 부수는 신성한 전쟁을 칭찬하는 구절이 있다. 하지만 십자군전쟁을 비롯해 하느님의 이름으로 저지른 수많은 야만의 기록을 우리는 알고 있으며, 유일신이 없는 동아시아 문명권보다는 유일신을 믿는 서양 사람들이 훨씬 더 많은 침략과 대량학살을 저질러 온 것도 사실이다. 1893년 7월, 미국의 역사학자 프레데릭 터너(Frederick Turner)는 미국 역사학회 연차대회에서 짧은 미국 역사에서 국민들의 삶을 영웅적으로 만든 두 가지 꿈에 대해서 이야기 했다. 첫째 꿈은 대륙의 풍요로운 자원을 차지하기 위해 무제한 경쟁할 수 있는 개인의 자유였다. 터너는 개척자에게 정부는 악이라고 지적했다. 미국인들이 정부를 불신하며 정부가 자신들의 재산권과 자유를 침해하거나 제한할지 모른다고 우려한다는 것이다. 영국의 지배에 반기를 들었을 때 그들의 모토 가운데 하나가 "우리를 간섭하지 말라(Don't tread on me)."였다. 두 번째 꿈은 국민에 의한 국민을 위한 국민의 정부라는 민주주의의 이상이었다. 이 두 가지 꿈이 공유지와 천연자원의 사유화 과정에서 공존한 것으로, 끝이 없어 보이는 넓은 땅으로 말을 타고 들어가는 욕망처럼 프런티어의 자유를 획득한 것이다.

미국의 민주주의는 헐값이나 무료로 차지할 수 있는 땅이 넓다는 것을 바탕으로 이루어졌다. 바로 그런 조건이 미국의 민주주의를 형성했고 그 기본 특징을 이루고 있다. 무상이나 헐값으로 차지할 수 있는 땅이 있는 한 미국인들은 계급 간의 갈등에 관해 우려할 필요가 없었다. 새로 이주해 왔든, 현지에서 태어났든, 가난하고 착취당하는 사람들은 서부로 이주함으로써 동부 지배층의 억압에서 벗어날 수 있었다. 미국의 서부는 사실상의 안전밸브 역할을 했다. 서부는 기회균등을 보장하는 통로였다. 그러나 개척이 종료된 시점에서는 주인 없는 자원을 두고 벌어지는 무제한 경쟁의 시대가 종언을 고하였다.

제국주의의 총구와 폭력
|

정복과 제국주의는 문명과 함께 시작되었으며 16세기 서구가 쌓은 부의 원천은 무력에 의한 약탈과 불공정교역에 의한 착취였다. 타인 소유분, 즉 식민지 피지배국에 대한 갈취는 정상적 교역에 의한 배분이 아니라 폭력과 약탈을 앞세운 수탈 이익이었다. 스페인이나 포르투갈의 불량배나 무일푼의 하등 귀족들은 무기와 새로운 박테리아로 미주 대륙의 주민들을 대량 학살하고 그들의 은광을 빼앗아 치부의 원천으로 삼았다. 맨손으로 금을 파낼 수 있다는 소문은 스페인 전역을 열광시켰으며 황금의 나라 엘도라도로 가려고 수백 수천의 사람들이 구름처럼 몰려들었다. 모험가나 용감한 병사들도 있었지만 스페인 전역의 더러운 자들도 함께 몰려온 것이다. 그들은 단번에 부자가 되기 위해서는 폭력이나 범죄행위도 서슴지 않을 각오가 되어 있는 범죄 집단이었다. 강탈한 돈으로 가공할 만한 함대를 만든 그들은 인도양 국제무역 루트를 강제로 장악하여 이슬람 상인으로부터 엄청난 보호세를 갈취하고 고가 상품인 향료 원산지를 점령해 향료 투기로 거금을 마련했다.

이 모든 대형 강도 행각으로 무력과 재력을 더욱 더 키워 결국 18세기에 인도의 선진산업을 황폐화시키면서 인도를 점령하고 19세기에는 아편전쟁으로 중국을 굴복시킨 것이다. 이것은 내재적 원동력에 의한 기적적 발전이 결코 아니었다. 아메리카 대륙의 찬란한 문명, 아시아의 산업·무역 네트워크를 힘으로 파괴시켜 산업혁명을 위한 원시 자본 축적을 이룬 것으로 총구야말로 유럽 자본주의의 어머니다. 독일의 인구를 절반으로 줄인 17세기의 30년 전쟁처럼 서구 국가 사이의 정규적인 살육도 상상을 초월했지만 그들의 밑바닥에 깔린 비서구 지역에 대한 잔혹성은 야수보다도 못했다.

인도에서 세포이항쟁 소식을 들은 영국의 문호이자 사형제 폐지론자인 찰스 디킨스는 한 편지에서 "인도의 군지휘관이 되어 인도인이라는 그 인종 자체를 지구상에서 모조리 지워 버렸으면 하는 것이 나의 꿈"이라고 했으며, 그의 동료인 시인 마틴 파쿼 터퍼는 "그 종양을 칼로 베어 불로 태워 버리고 그 반란 지역을 일체 파괴하고 모든 개 같은 하층 토착민들을 교수형에 처하자."고 주문했다.

아프리카로부터 미국으로의 노예 수입은 1808년에 끝났다. 그러나 유럽 식민지에서는 노예 소유가 수십 년간 더 허용되어 스페인 노예상들은 교역 금지로 더 많은 이익을 얻었다. 그들은 세 배나 많은 노예를 구입했기 때문에 배 세 척 가운데 한 척만 도착해도 충분히 돈을 벌 수 있었다. 그들은 1814년 모든 노예무역을 막기로 합의한 영·미 군함이 자기들의 배에 접근하면 겁에 질려 비명을 지르는 노예들을 화물처럼 바다에 던져 버렸다. 악취가 그들의 죄를 입증했지만 방해하지는 못했다. 힘이 바로 법이고 우등 인종이 열등 인종을 힘으로 축출하거나 전멸시키는 것은 자연의 법칙이라는 논리가 유럽의 내부자에게도 적용돼 제2차 세계대전 때 유태인 학살로 이어진 것이다. 유럽에서는 이미 제2차 세계대전 이전의 식민지 전쟁 경험을 통해 낮에 과학적으로 수백 명의 열등 존재들을 처단한 뒤에 저녁에 집에 돌아와 커피를 마시고 아이와 장난칠 수 있는 학살에 익숙한 근대인들이 만들어진 것이다. 한나 아렌트가 말하는 '악의 평범성'인 것이다.

미국인들이 인디언들을 학살하면서 인간이 아니기 때문이라는 개념을 내세운 것은 미국 역사의 수치스러운 부분 중에서도 으뜸이다.

1890년 사우스 다코다의 운디느니(Wounded Knee)전투[48] 이후 완전히 설 땅을 잃은 인디언들은 서서히 강제수용소로 밀려났고 빈곤과 알코올 중독에 찌들어 절망의 나락으로 떨어졌다. 운디드니 대학살은 터키 아나톨리아에서 아르메니아인이 대학살을 당하기 불과 25년 전, 그리고 나치의 크리스탈나흐트(Kristallnacht)[49] 사건보다는 48년 전에 일어났지만 보스니아·르완다·수단의 대학살은 그토록 신문에서 걱정스럽게 떠드는 반면 이에 대해서는 언급되는 일이 거의 없었다. 그 후 미군은 다른 학살지로 이동했다. 20세기 초에 일어난 필리핀 대학살은 몸서리쳐지는 역사적 사건이지만 놀랍게도 많은 사람들은 그 사실조차 모르고 있다.

몇몇 중미 국가에 대한 미국의 비열한 개입은 대량 학살로 분류되지는 않지만 소규모 학살이라 해도 그 파장이 매우 크다. 히로시마와 나가사키에 투하된 원자폭탄은 단 두 발이었지만 10만 명이 넘는 민간인을 살해했는데 그것은 불필요했을 뿐만 아니라 정당화될 수 없는 결정이었다. 역사가들은 프랭클린 루즈벨트가 나치 죽음의 수용소의 존재를 알고 있으면서도 늑장 대응을 했다고 믿는다. 미국이 과테말라 민주 정부를 전복시키는 바람에 수만 명의 주민이 미국이 후원하는 군부 독재자들에게 살해당하기도 했다.

오래 전부터 미국 대통령들은 자국에 유익한 동맹국이 저지른 학살극에 대해서는 눈감아 왔으며 그런 예는 수도 없이 많다. 터키의 쿠르드족 학

---

48) 미국 사우스다코타 주 남서부 파인리지 인디언 보호구역에 있는 북아메리카 인디언과 미국 정부군 사이에 두 차례의 충돌이 벌어진 현장이다. 1890년 12월 29일, 200명 이상의 수족(族) 남녀와 어린이들이 운디드니전투라고 불리는 싸움에서 미국 군대에 의해 살해되었는데, 역사적으로 운디드니 전투는 유럽에서 건너온 백인과 원주민인 인디언 사이에 벌어진 '인디언전쟁'의 마지막 전투로 꼽힌다. 그것은 인디언들에게 자유의 종말을 의미했다. 살아남은 자들은 모두 좁디좁은 보호지역으로 유폐되었으며, 그리고 그들의 꿈도 함께 갇혔다. 백인들의 서부 개척사는 인디언의 몰락사였다.

49) 1938년 11월 9일, 나치 대원들이 독일 전역의 수만 개에 이르는 유대인 가게를 약탈하고 2백50여 개 시나고그(유대교 사원)에 방화했던 날을 말한다. 1938년 나치는 파리 주재 독일 외교관이 유대인 차별에 항의하는 한 유대인 소년에 의해 피살된 사건을 기화로 시나고그와 유대인 상점에 대대적인 방화와 약탈을 자행, 유대인 91명을 살해하고 3만 명을 체포했다. 당시 깨진 유대인 상점의 진열대 유리창 파편들이 반짝거리며 거리를 가득 메웠다고 해서 '수정의 밤' 사건으로 불린다.

살, 이라크의 쿠르드족 및 시아파 학살, 인도네시아의 동티모르 학살, 수단의 다푸르 사태, 캄보디아의 킬링필드 등 이들 중 일부는 터키군의 쿠르드족 인종 청소의 경우처럼 미국산 무기들이 대거 동원되었으며, 또 다른 일부는 미국의 베트남전 패배와 그 여파로 발생한 캄보디아 대학살의 경우처럼 미국의 잘못된 정책이 낳은 결과였다.

최악의 사태였던 르완다 대학살을 미국이 외면한 것은 정치적 손익에 따른 것이 아니라 단지 비겁했기 때문으로 보인다. 클린턴 행정부는 르완다 대학살이 일어나기 직전에는 물론이고 학살이 자행되는 시점에도 침묵으로 일관했다. 이 학살에서는 단 몇 주 동안 50만 명에서 1백만 명에 이르는 사람들이 희생되었다. 1948년 국제연합은 '대량학살협약'을 채택하고 이를 국제범죄로 인정하기에 이른다. 흥미로운 사실은 미국이 이 대량학살협약의 초안을 마련하는 과정에는 참여했으면서 1988년이 되기 전까지 거기에 서명하지 않았다는 사실이다. 아메리칸 인디언들이나 아프리카계 미국인들이 그 협약을 토대로 대량 학살 사건에 대해 정부를 고발할까 두려웠기 때문이다. 이 땅 위의 진짜 우상과 마귀는 제국주의와 전쟁과 폭력이다.

■ 수탈과 체념의 대지

로마시대부터 1842년 남경조약에 이르기까지 서유럽은 아시아나 이슬람에 비해서 상대적으로 허약했다. 인류의 역사를 바꾼 지리상의 대 발견은 유럽이 아니라 중국 명나라 영락제 시절의 환관제독 정화鄭和였다. 그는 1405년부터 1433년까지 일곱 차례에 걸쳐 18만 5천km의 항해를 통해 동남아·인도는 물론 중동·아프리카까지 진출했다. 그의 원정대는 총인원 3만 명에 60여 척에 이른 대 선단이었으며 가장 큰 배는 8천 톤급, 길이가 150m에 달했다.

1492년 콜럼버스가 아메리카 대륙을 발견한 것은 이로부터 90년 뒤의 일이었다. 당시 서구는 인도와 중국에 팔 수 있는 경쟁력 있는 상품이 없었다. 비단·자기·향료와 같은 고급 소비재에서 종이에 이르기까지 유럽은 이를 동방에서 수입해야 했다. 또한 유럽은 칭기즈칸과 티무르의 말발굽에 시달리기도 했다. 오스만트루크 세력이 콘스탄티노플을 점령하자 서유럽은 새로운 향료 무역 루트를 찾기 위해 대서양으로 갔다. 풍요의 땅인 인도와 중국을 동쪽 루트를 경유하여 가기에는 힘이 부쳤기 때문이다.

콜럼버스는 포르투갈 궁정에서 퇴짜를 맞은 무일푼의 건달이었으나 목숨과 기지를 담보로 시작한 벤처비즈니스가 스페인에서 빛을 볼 수 있었다. 카스티아의 군주 이사벨 여왕이 이베리아 반도에서 이슬람 세력을 물리친 기념으로 그의 사업 계획을 승인한 것이다. 콜럼버스에게 세습 직책으로 대양의 제독이라는 칭호와 함께 발견될 땅에서 얻을 소득의 일정한 지분을 약속했다. 1492년 콜럼버스의 아메리카 상륙과 관련하여 승자의 역사책은 아메리카의 발견이야말로 인류사의 위대한 순간이었다고 기술한다. 그러나 과연 그럴까? 콜럼버스가 나타날 무렵 아메리카 원주민은 1억 명이나 되었다. 그즈음 전 세계 인구의 20%에 이르는 수치다. 그런데 이 많은 인구가 콜럼버스가 출현한 지 불과 수십 년 만에 거의 몰살당했다. 침략자들은 이들의 '오래된 세계'를 무참히 파괴했을 뿐만 아니라 아예 이곳에 눌러앉아 침략자가 주인 행세를 하기 시작한 것이다.

① 아메리카 발견의 비극

콜럼버스가 신대륙에 도착한 지 500년이 넘었다. 그것은 서양 중심주의 시각으로 보면 발견이겠지만 원래 거기서 살던 원주민의 처지에서 보면 침략이었다. 콜럼버스를 처음 발견한 인디언은 가장 나쁜 발견을 한 것으로 그것은 '발견의 비극'이었다. 지금도 라틴 아메리카 원주민 사이에는 콜럼버스가 온다는 말은 '난데없는 재앙이 덮쳤다'는 의미로 사용된다. 콜럼버스는 바하마제도에 상륙했을 때 자신을 환영한 사람을 묘사했는데 그들은 타이노스라고 불린 아라와크 인디언이었다. 그리고 다른 세상 사람처럼 생기고 말도 이상하게 들렸을 콜럼버스와 그의 부하 선원들을 그 사람들이 어떻게 맞이했는지 이야기한다. "그 사람들은 바닷물을 헤치며 걸어와서는 갖가지 선물을 주었다. 콜럼버스는 그 사람들은 무기를 소지하지 않았고, 내가 검을 보여 줬을 때 그것이 무엇인지 몰랐다. 검의 날을 잡다가 손을 베기도 했으며 그 사람들은 얌전하고 상냥했다."

콜럼버스가 원한 것은 무엇이었을까? 그가 일지를 적기 시작한 첫 두 주 동안에 하나의 단어가 75번이나 반복해서 나온다. 그것은 황금이란 말이다. 황금을 찾아 나선 콜럼버스는 인디언들 사이에서 황금조각을 발견했고 그곳에 엄청난 황금이 묻혀 있을 것이라고 생각했다. 콜럼버스는 원주민들에게 얼마간의 시간을 줄 테니 황금을 찾아오라고 명령했다. 그리고 할당량을 채우지 못하면 팔을 잘라 버렸다. 그 장면을 본 인디언들은 황급히 황금을 건네 왔다. 산으로 도망간 사람들은 사냥개에게 쫓겼고, 탈출한 사람들은 기아와 질병에 시달렸으며, 자포자기에 빠진 수천 명의 불쌍한 생명들은 고통을 끝내기 위해 카사바라는 식물의 독을 삼키기도 했다.

히스파니올라(지금 도미니카와 아이티가 있는 섬)라는 지상 천국에 살던 인디오들의 숫자는 1492년 약 300만 명에 달했으나 얼마 지나지 않아 겨우 200명 정도밖에 살아남지 않았다. 콜럼버스가 상륙하기 전에 이미 수천 년 넘게 이룩돼 온 인디언들의 문명은 무엇인가? 북아메리카의 영국인 식민지 개척자들은 뉴욕과 펜실베이니아에 걸쳐 살던 이로쿼이족의 특징인 공유와 관용의 정신, 공동체생활, 미적 감수성, 남녀평등 등 민주적 제도에 경탄했다. 미국 역사가 게리 내시는 이로쿼이족의 문화를 "유럽인들이 도착하기 전에 동부 산림지대에서는 법령이나 규정도, 보안관이나 경찰관도, 판사나 배심원도, 법정이나 감옥도 발견되지 않았다. 그런데도 용인될 수 있는 행동의 경계선은 명확히 존재했다. 각자의 자율성을 무척 자랑스러워하면서도 이로쿼이족은 옳고 그름은 엄격히 구분했다."고 묘사했다.

서부로 팽창해 가는 과정에서 새로운 나라 미국은 인디언들의 땅을 훔치고, 저항하면 살해하고, 식량과 보금자리를 없애고, 점점 더 좁은 구역으로 밀어 넣으며 인디언 사회를 체계적으로 파괴했다. 특히 대륙횡단 철도가 놓이면서 백인들의 침략은 가속화되었고 인디언들의 땅은 쪼개졌으며 그들의 지배는 더욱 견고해졌다. 북아메리카 인디언들과 벌인 수백 차례의 전투 가운데 하나인 블랙호크 전쟁이 벌어지던 1830년대 미시건 주지사 루이스 카스는 인디언들한테 수백만 에이커의 땅을 빼앗고는 그것이 문명의 진보이고 야만인들은 문명화된 공동체와 접촉하면서 살 수 없다고 말했다.

1880년대에 미 의회는 인디언들이 살고 있는 공유지를 해체해 사적 소유지로 만드는 법안을 마련하고 있었는데 그것은 바로 오늘날 일부 사람들이 찬양하는 사유화였다. 이 법안을 입안한 상원의원 헨리 도스는 체로키족을 방문했을 당시 자신이 느낀 점을 "개인 소유의 집을 가진 가족은 하나도 없었다. 극빈자도 없었고 달러도 갖고 있지 않았다. 이 사람들은 스스로 학교와 병원을 지었다. 그런데 이런 시스템에는 명백한 단점이 있다. 이웃집보다 자기 집을 더 번창하게 만들려는 적극성이 없다. 문명의 근저에 흐르는 이기심이 없는 것이다."라고 했다.

서구가 밟아 온 자유시장의 역사를 볼 때 그 자극은 끔찍한 결과를 낳았는데 서구 문명의 세기 내내 무자비한 제국주의가 생겨난 것이다. 또한 콜럼버스는 신세계의 복음 전파와 천주교의 세계 지배권 확립을 위해서는 이러한 방법만이 유일하다고 믿었던 모양이다. 과연 그것은 정당한 방법이었는가? 그것이 하나님의 뜻이고 교황의 지시이고 천주교의 유일한 선교 방법이었는지 묻지 않을 수 없다. 더욱 놀라운 것은 그들은 자기들의 노력을 통해서 원주민 지역이 복음화되었다고 선전하고 자부하였다는 사실이다. 하나님의 영광은 과연 그러한 것인가?

아메리카 대륙 최초의 선교사인 스페인 신부 라스카사스(Lascasas)는 종군사제로 참가한 쿠바 섬 정복전쟁에서 인디오에 대한 고문과 학살을 목도하고 격심한 양심의 가책을 느끼게 된다. 그는 종군사제의 지위를 버리고 1566년 세상을 떠날 때까지 여섯 차례 대서양을 건너가 일부 성직자들이 벌이고 있던 인디오의 자유와 생존권 지키기 운동에서 중심적인 역할을 하면서 국왕 카를로스 5세를 알현하고 정복을 즉각 중단하라고 호소했다. 그의 후반생은 식민 지배를 정당화하고 권익을 지키려는 보수파와의 논쟁에 바쳐졌다.

스페인의 가톨릭 성직자 후안 히네스 데 세풀베다는 바야돌리드 논쟁에서 "기독교도들이 그 야만인들을 복종시켜 지배하는 것은 지극히 정당하다. 자연법에 따르면, 이성이 결여된 사람들은 그들보다도 인간적이고 사리분별력을 갖춘 뛰어난 사람들에게 복종해야 한다. 인간 중에는 그 자연 본성에 의해 주인인 자와 노예인 자가 있다. 저 야만인들은 죽음의 위험에 처할지라도 정복당함으로써 매우 큰 진보를 이룰 수 있다."고 어처구니 없는 주장을 했다. 인간적 이성, 진보라는 말들을 이런 식으로 사용했다면 우리는 이성이라는 말에 차라리 절망하여야 한다.

라스 카사스는 스페인 국왕 카를로스 5세에 바친 인디아스의 파괴에 관한 간결한 보고서에서 "그들은 사람들 사이로 뚫고 들어가 어린이건 노인이건 임신부건 가리지 않고 몸을 찢었으며, 칼로 베어서 조각을 냈다. 울타리 안에 가둔 한 떼의 양을 습격하는 것과 다를 바 없었다. 그들은 끼리끼리 그들 가운데 누가 단칼에 한 사람을 두 동강 낼 수 있는지, 창으로 머리를 부술 수 있는지, 또는 내장을 몸에서 꺼낼 수 있는지 내기를 걸었다. 그들은 갓난아기의 발을 잡고 엄마의 젖가슴에서 떼어내 머리를 바위에다 패대기쳤다. 어떤 이들은 아기의 어깨를 잡고 끌고 다니면서 놀리고 웃다가 결국 물속에 던져 넣고 '이 작은 악질 놈아, 허우적거려 보라.'고 말했다. 그들은 또 구세주와 12사도를 기리기 위해 13개의 올가미를 만들어 원주민 13명을 매달고 그들의 발밑에 모닥불을 피워 산 채로 태워 죽였다. 나는 똑똑히 들었다. 산토도밍고에서 바하마제도로 가는 배는 나침반 없이도 바다에 떠 있는 인디언의 시체를 따라 항해 할 수 있다는 말을…."이라고 원주민들의 참상을 기록했다. 그는 "신이 에스파냐를 멸망시키려고 한다면 그것은 우리가 서인도에서 자행한 파괴 행위 때문이며 에스파냐에 대한 신의 판단은 정당하다."는 매국적 선언도 마다하지 않았다.

② 폭력에 의해 사라진 문명

독일의 역사가 오스발트 슈펭글러(Oswald Spengler)는 일개 스페인 정복자 무리의 손아귀에서 파괴된 아즈텍 문명의 운명을 생각할 때마다 솟아오르는 분노를 참을 수 없다면서 "그것은 하나의 문화가 폭력에 의해 사라진 슬픈 사례였다."고 했다. 그것은 굶주림으로 망한 것도 반란으로 진압되거나 좌절된 것도 아니다. 마치 지나가던 사람이 해바라기 꽃을 꺾어 버리듯이 그렇게 짓밟혔고 찬란하게 꽃피던 중에 학살당했다. 이는 포괄적인 정책, 신중하게 고안된 재정 체계, 고도로 발달된 법률이 있고, 찰스 5세의 가신들은 상상도 못했을 행정 관념과 경제적 전통이 있으며, 여러 언어로 이루어진 풍부한 문학이 있고, 서구에는 필적할 만한 것이 없는 위대한 도시의 찬란하게 빛나는 지성과 세련된 사회가 존재하는 제국이었다. 이 모든 것은 전쟁으로 무너진 것이 아니라 불과 몇 년 사이에 일개 도적떼에 의해 기억조차 담겨짐이 없이 철저히 말살되어 버린 것이다.

아즈텍 제국의 수도 테노치티틀란(신이 머무는 곳)은 커다란 호수 가운데 섬에 세워진 수상도시였다. 육지와 연결된 세 갈래 둑길을 통해 통행이 이뤄졌으며, 인구 20만 명이 넘는 동 시대의 북경·콘스탄티노플과 맞먹는 최대의 도시였다. 이곳에 1519년 11월 에르난 코르테스가 이끄는 스페인 병사들이 입성했다. 쿠바에서 출발 당시 스페인 병력은 500여 명으로 이들은 유카탄 반도에 상륙한 후 제국의 수도로 진격했는데 원주민이 한 번도 본 적 없는 기병·화승총·대포를 앞세워 원주민을 굴복시켰다. 황제 목테수마 2세는 처음에는 스페인 병사들을 케찰코아틀[50]의 재래라고 여기고 환영했다. 흰 얼굴과 금발을 한 그들이 신화에 나오는 신의 모습과 흡사했기 때문이었다. 그러나 코르테스는 이들의 환대에도 불구하고 일주일도 채 지나지 않아 황제를 인질로 잡고 수도를 장악한 뒤 황금에 대한 야욕을 채워 나갔다.

이듬해 5월 아즈텍 축제 기간 중 코르테스의 부하들이 아즈텍 귀족과 사제들을 대량 학살하는 만행을 저질렀는데 이에 분노한 주민들이 대거 봉기하여 스페인군을 공격했다. 중재에 나선 황제마저 주민들이 던진 돌에 맞아 숨지자 코르테스는 악전고투 끝에 겨우 테노치티틀란을 빠져나왔는데 병력은 채 절반도 남지 않았다. 스페인에서는 이날을 '슬픔의 밤(La Noche Triste)'이라고 불렀다. 도망친 코르테스는 스페인 지원군을 증원하고, 회유와 무력을 통해 원주민 부족들을 동맹으로 끌어들여 군대를 재정비했다. 1521년 5월, 스페인군은 다시 테노치티틀란으로 진격했다. 때마침 유럽의 전염병 천연두가 퍼지면서 아즈텍의 저항은 오래가지 못했다. 수도에서 벌어진 스페인과의 마지막 날 전투에서 약 4만 명이 살육을 당했고, 이후 전투와 질병으로 사망한 숫자가 약 20만 명으로 전체 인구의 4/5에 달했다.

8월 13일, 제국의 수도가 함락되면서 아즈텍 문명은 무너졌으며 테노치

---

50) 아즈텍 신화의 신 중 하나로 인간에게 농경을 가르치고 문명을 전달해 준 신으로 여겨지며 마야 문명에서는 쿠쿨칸이라고 부르기도 한다. 이름의 의미는 '깃털 있는 뱀'이란 뜻이며 얼굴이 흰 남성이라고도 여겨졌기 때문에 스페인의 코르테스가 침략해 왔을 때 처음에는 케찰코아틀의 재래라고 생각하여 극진히 대접했다고 한다.

티틀란이란 이름은 멕시코시티로 바뀌었다. 코르테스를 따라 멕시코 정복에 나섰던 베르날 디아스는 "물 위에 세워진 도시와 마을 전체, 대지 위에 서있는 또 다른 대도시, 그리고 멕시코로 통하는 평탄한 제방 길을 보았을 때 우리는 놀랐다. 물 위에 우뚝 솟은 이 위대한 도시와 사원들 그리고 건물들은 모두 석조 건축물이었는데 아미디스의 전설에서나 볼 수 있는 환상적인 모습으로 다가왔다. 병사들 중에 몇몇은 이것이 꿈이 아닌지 물어보기도 했다."고 당시의 놀라움을 기록으로 남겼다.

　1532년 11월 16일 토요일 아침, 안데스 산맥의 고원도시 카하마르카의 광장 안에는 무장한 스페인 병사 168명이 건물 안에 숨어 잉카군이 광장 안으로 들어오기만을 기다렸다. 아타우알파 황제와 그가 이끄는 5,000~6,000명의 잉카군이 출입구가 두 개밖에 없는 광장 안에 들어서자 보병·기마병·포병으로 나뉘어 있던 스페인군은 날카로운 단검과 장검·창을 휘두르며 잉카인들을 사정없이 난도질하기 시작했다. 갑자기 튀어나온 스페인 병사들이 잉카군을 한 번에 쓰러뜨리자 극심한 공포에 휩싸인 잉카인들은 좁은 광장 입구로 몰려들었고 서로 밟고 밟히며 탈출하려고 아우성이었다. 잉카군은 당황한 나머지 이렇다 할 저항 한번 해 보지 못하고 전멸했고, 아타우알파 황제도 프란시스코 피사로에게 생포되었다. 그들은 황금 가마에서 황제를 끌어내리고 피사로는 40㎡에 달하는 자신의 방을 금으로 채워 주면 자유를 주겠다고 약속했다. 잉카인들은 제국의 사원과 궁전에서 금으로 된 기와·접시·화병·성배·보석·신상 등을 가지고 왔다. 인디언 금세공 기술자들이 이 보물을 녹이는 데만 한 달이 걸렸다고 한다. 황제는 약속을 지켰지만 피사로는 천천히 도는 나사가 목에 건 쇠사슬을 조이는 교형틀로 황제를 교살했다.

　스페인과 잉카의 첫 충돌은 이렇듯 허무하게 끝이 났고 잉카인은 스페인의 지배를 받게 되었다. 금과 은을 가득 실은 배가 스페인으로 떠났고 카를 5세는 이것으로 전쟁을 치렀으며 아우스부르크·제노바의 은행에 진 빚을 청산하였다. 장장 4,000㎞가 넘는 대륙에 1,000만 명이 넘는 인구를 거느리던 대제국 잉카가 몰락하게 된 이유는 무엇이었을까? 20만 잉카 전사들이 채 200명도 안 되는 스페인 군대에 이렇게도 허무하게 당할 수 있는 것인가? 첫째 남미에는 소와 말같이 구대륙에는 흔한 동물이 없었다. 오랫동안 가축들과 함께 생활해온 구대륙 인들은 이들이 옮기는 병균에 대한 면역력이 있었으나 이들의 절대 다수는 면역력이 없어 사망하였다. 둘째 강철과 총의 부재였다. 은광과 금광은 많았지만 무기를 만드는 데 필요한 철광이 드물었기 때문에 이들의 무기는 석기시대 수준을 넘지 못했다. 셋째 문자가 없었다. 이들이 사용하던 키푸(Quipa: 結繩文字)는 밧줄과 끈의 매듭을 이용하여 정보를 기록하는 것으로 전투 시 의사소통을 주고받기도 어려웠다. 넷째 부족 간의 내전으로 힘이 분산되었다. 잉카에 무릎 꿇고 조공을 바쳐야 했던 수많은 부족들은 이들의 폭정에 반발하여 반 잉카의 선봉에 섰고 이것이 잉카 몰락을 앞당긴 것이다.

또 하나 잉카의 불운은 그들이 갖고 있던 은과 황금 때문이었다. 1530년대 스페인 선원들은 목숨을 걸고 바다에 나가는 대가로 대략 1년에 평균 금 2분의 1파운드를 받았다. 당시 스페인에서는 금 4파운드로 작은 범선 한 척을 살 수 있었고, 바다에서 20년 동안 고생하면 금 10파운드를 받을 수 있었다. 그런데 카하마르카 전투에 참여했던 기병이 각각 은 180파운드와 금 90파운드를 하사받았으니 일반 선원의 180년 치 봉급은 너끈히 넘는 금을 벌 수 있었던 것이다. 즉 이들에게 정복이란 모험의 문제가 아니라 평생 일하지 않고 살 수 있는 이해관계가 얽힌 사업이었다. 구두수선공·선원·대장장이·상인 등 낮은 신분 계층에 속했던 사람들은 잉카를 정복한 뒤 잉카 계급 피라미드의 상위권에 오를 수 있었다. 대표적인 인물이 바로

프란시스코 피사로다.

③ 테즈메니아(Tasmania)의 슬픈 전설

호주의 남단에는 태즈메이니아라는 섬이 있다. 이 섬의 크기는 90,700㎢로 남한 땅의 70%에 해당하는 큰 섬이지만 인구는 약 50만 명에 불과한 태고의 원시림으로 가득 차 있는 세계적으로 유명한 명승지이기도 하다. 이 섬은 거의 1만 년 동안 외부 세계와 전혀 접촉이 없는 세계로 남아 있었는데 네덜란드 사람들이 최초로 이 섬을 발견함으로써 유럽에 알려졌다. 1만 년 동안의 고립이 끝나고 유럽인의 접촉이 시작됐다고 하는 사실은 지금까지 그 섬에서 대대손손 행복하게 살고 있던 그들의 삶에 상상하지 못할 큰 불행이 닥쳐왔다는 것을 뜻하였다.

1642년에 네덜란드인들이 이 섬을 처음 접촉한 후, 1804년 영국의 코린 대령 인솔 하에 65,000명의 영국인 흉악범 남녀 죄수들이 이 섬에 상륙을 했다. 영국인들의 상륙은 살인의 역사가 시작되었다는 신호탄이었다. 이들이 상륙하여 여기저기 퍼져 정착하였는데 제일 처음 행동한 것은 원주민들을 마구 살해하고 땅을 갈취하는 것이었다. 1804년에 영국인 죄수들이 집단으로 처음 섬에 상륙했을 때 원주민 총 인구는 약 5,000명으로 추산한다. 그런데 40년 후 1840년경에 이르러서 생존한 섬의 원주민 인구는 300명으로 극감했다. 최초에 정착한 영국인 흉악범 죄수들은 원주민들을 인간으로 여기지 않고 동물로 취급하여 원주민들의 땅을 마음대로 갈취하고 서로 분할하여 나누어 가졌다.

테즈메이니아 원주민들은 남녀노소를 막론하고 영국인을 만나는 순간이 곧 죽임을 당하는 순간이었다. 섬의 원주민들이 살아남을 수 있는 유일한 방법은 오직 밀림 속에 깊이 숨는 방법밖에 없었다. 영국인들은 젊은 남자들은 노예로 부려먹고, 여자들은 강간하기 일쑤였고, 늙은 남자들은 불구자로 만들어 죽였고, 늙은 여자들은 나체로 장작불에 태워 죽였다. 남자들의 목을 잘라 여자들의 목에 걸어 주는 장난을 했고, 남자의 생식기를 잘라 바다에 던지기도 했다. 이렇게 원주민들을 살해했지만 영국 이민 정부는 일절 관여하지 않고 방치하고 있었다. 죽이고 또 죽여도 살아남아 있는 극소수의 원주민들은 감옥처럼 운영되는 무인도 섬의 수용소에 모아 놓았다.

1847년에 이르면 살아남은 원주민은 5,000명 중에서 47명뿐이었으며, 1869년에는 47명 중에서 남자 한 명, 여자 두 명만이 살아남았다. 1876년에 최후의 생존자인 할머니가 죽음으로써 원주민은 완전히 멸종되고 말았다. 최후의 생존자 노인 할머니는 죽은 후에 자신의 시체가 백인들의 손에 찢기는 것이 싫어 바다에 수장할 것을 유언으로 남겼다. 하지만 영국인들은 그녀의 유언마저 들어주지 않고 그녀의 시체를 과학적 연구용으로 박물관에 보관했다. 그러다가 그녀의 사후 100년이 되는 1976년에 화장되어 바다에 흩뿌려졌다고 전해지고 있다.

이들에게 원주민들은 한낱 짐승에 불과했다. 채찍질하고, 싼값으로 고용하고, 심심풀이 삼아 총으로 쏘아 버리는 일도 허다했다. 원주민들은 점차 떠돌이와 사냥감이 되었다. 그들은 세계에서 가장 비극적인 민족의 하나이며 그들의 전통적 문화와 관습은 무지막한 파괴처럼 스러져 갔다. 호주 본토의 사정도 다를 바 없었다. 1910~1970년 사이 약 10만 명에 이르는 아이들이 출생과 동시에 어머니와 떨어졌는데, 아이의 피부가 검으면 기독교 고아원에 수용되었고 피부가 밝으면 백인 가정에 입양되었다. 정부는 원주민은 사라져 가는 종족이며 혼혈아는 멸종을 막고 보존해야 한다는 이유로 집단 유괴를 합법화했다. 이른바 백호주의(White Australianism)였다. 지금도 혼혈을 포함하여 45만 명 이상의 원주민들이 대도시 근교의 슬럼가에 살고 있는데, 아동 사망률은 호주 백인들보다 다섯 배나 높고 평균 수명은 15~20

년이나 짧다. 그들은 강제적인 서구화라는 쓰레기장에 웅크리는 인류의 찌꺼기가 되고 말았다.

2008년에 이르러서 호주 총리 캐빈 터드는 "자랑스러운 민족과 문화를 경멸하고 그들의 권한을 박탈했던 것과 가족이 파괴되는 고통을 당한 빼앗긴 세대와 그들의 부모들에게 사과합니다."라고 말했으나 그들의 보상에 대해서는 말이 없었다. 테사 모리스 스즈키 호주 국립대 교수는 호주가 아직도 선주민인 애버리진(Aborigine)에 대한 수탈의 연장선상에 있다며 "나는 직접 토지를 빼앗지 않았을지 모르지만 그 도둑질한 토지 위에 거주하고 있다. 나는 학살을 실제 하지 않았을지 모르지만 학살의 기억을 말살하는 프로젝트에 관여하고 있다. 나는 타자를 구체적으로 박해하지 않았을지 모르지만 정당한 보상 등의 대응이 이루어지지 않은 과거의 박해를 통해 수익을 올린 사회에서 살고 있다."고 그들의 잘못을 말한다.

④ 아편전쟁과 중국의 굴복

제국주의 서구 열강이 제3세계에서 일으킨 많은 전쟁들 중에서 가장 추악한 전쟁은 영국이 일으킨 아편전쟁(Opium war)이라 할 수 있다. 영국은 차 마시는 문화가 유행하자 청나라의 차를 대량으로 사들였다. 이에 따라 영국의 은이 청나라로 대거 빠져나갔고, 이를 막고자 영국은 인도에서 재배한 아편을 청나라로 밀수출했다. 옹정제雍正帝 초기인 1729년 아편금지령이 내려지지만 이미 아편에 중독된 중국 국민들의 수는 폭발적으로 늘어 갔다. 도광제道光帝는 임칙서를 특사로 보내 광주에서 이루어지는 아편 거래를 금하게 하고, 임칙서는 2만 상자나 되는 아편을 몰수하여 모두 불태웠다. 중국의 행위는 누가 봐도 정당한 자위권 행사였다.

그러나 매년 차 값을 치르느라 영국은 무역적자가 쌓이고 있었으며 주력 수출품인 면화와 모직은 따뜻한 중국 남부에서 팔리지 않았다. 대안은 아편의 밀수출이었다. 이 사건으로 인하여 1840년 3월 19일, 영국 하원은 중국에 군대를 보내느냐 마느냐를 두고 논의를 시작했으나 의회 분위기나 의사당 밖 여론은 이미 전쟁으로 기울어 있었다. 한마디로 세계 최강국의 체면을 건드린 하룻강아지를 응징하는 하자는 것이었다. 이때 서른 살의 자유당 의원 윌리엄 글래드스턴(William Gladstone)이 조용히 자리에서 일어났다. "저는 아편도 경제도 잘 모릅니다. 그 나라 법을 따르지 않는 외국인을 어떻게 다루는 것이 정답인지도 모르겠습니다. 그러나 역사가 이것만큼 부정한 전쟁, 이것만큼 영국을 불명예로 빠뜨린 전쟁은 없었다고 기록할 것이라는 것은 알겠습니다." 발언은 파문을 일으켰다. 조금 찔리긴 하지만 대세가 그러하니 어쩔 수 없다고 포기했던 많은 의원이 용기를 내기 시작하여 논쟁은 한 달 동안 이어졌다. 4월 10일, 표결로 파병 안은 결국 가결됐지만 표 차이는 9표(271 대 262)였다. 글래드스턴은 "영국 양심의 무게가 고작 이 정도냐"고 한탄했다고 한다.

영국 정부는 중국 원정군으로 군함 40척과 4,000여 명의 군사를 동원하여 마카오를 향해 출동하였다. 강력한 무기와 선진 산업을 바탕으로 한 영국군의 무력 앞에 청나라는 종이호랑이에 불과했다. 영국은 1차 아편전쟁으로 남경조약이라는 불평등조약을 체결하면서 홍콩을 양도받고 5개 항구를 개항하였다. 그러나 아편의 교역량 부진에 불만을 느낀 영국은 애로호사건을 조작하여 2차 아편전쟁을 일으켜 톈진조약을 체결하면서 아편무역을 합법화하고, 10개 항구를 추가 개방하며, 그리스도교를 공인받게 된다. 그러자 중국 민중들의 반영 감정이 고조되어 두 나라가 극한 대립을 하게 되면서 영국은 프랑스군을 끌어들여 영·불 연합군이 베이징을 점령하게 된다. 전쟁에 패한 청나라는 과도한 전비 배상과 민중의 불만이 폭발하여 서서히 쇠퇴하였다.

이 전쟁의 특징은 상대방을 굴복시키기 위한 방법이 아편이었다는 납득하기 어려운 부도덕이었다. 1786년의 기록에 의하면 영국은 해마다 1년에 2,000상자의 아편을 중국으로 수출했다. 영국의 아편 무역은 크게 증가하여 1800년대에 들어서는 해마다 1년에 4,570상자를 수출했으며, 1830년대 초에는 해마다 1년에는 21,800상자, 1839년 말경에는 1년에 40,000상자 이상을 중국에 수출했다. 4만 상자는 금액으로는 2천 5백만 냥이었는데, 19세기 초 청의 1년 세입이 약 7천만 냥이었으니 정부 재정 수입의 1/3이 넘는 거액이 아편 수입에 사용된 것이다. 광주에 거주한 영국인 의사 다우닝은 1836년에 청나라로 수입된 아편의 양으로 보아 중국 내 아편 흡연자가 약 1,250만 명일 것으로 추산했다. 오늘의 현실도 다르지 않다. 세계 최강국의 지위를 이어받은 미국은 세계 최빈국들을 상대로 명분 없는 탐욕의 전쟁을 벌이고 있다. 영국 뒤에 아편이 있었듯이 미국 뒤에는 불공정한 FTA 협정과 다국적기업, 무기와 석유가 있는 것이다.

제어받지 않은 위선 '좋은 전쟁(Good War)'

자본주의 경제는 전쟁의 북소리가 울림과 동시에 삐걱거리는 것도 정체된 것도 모두 멈춘다. 평상시에는 자본주의 경제학에서 도저히 실현될 수 없는 상품의 전면적인 생산이 전시에는 실현된다. 이때 비로소 자본주의는 인간·자재·기계·자금을 완전히 사용할 수 있다. 그것은 무슨 목적을 위해서일까? 완전한 파괴, 그 자체를 위해서이다. 수백만 인간의 꿈과 희망과 생명의 파괴, 수천의 학교·병원·공장·철도·다리·항만·광산·발전소·농장과 삼림의 파괴가 그것이다.

사람들이 군복을 입고 전쟁을 시작할 때부터 묘지에 누워 전쟁이 끝날 때까지 거기서 보이는 것은 낭비의 연속이다. 수백만의 노동자가 전차·비행기·폭탄·군함을 만들고 있는 것은 그만큼 노동자들이 필요로 하는 상품의 생산으로부터 분리되는 것이다. 군복을 걸친 수백만의 사람들은 식량·의복·기타 생산물을 소비하지만 결코 생산은 하지 않는다. 그들은 정말로 필요한 것은 만들지 않고 만들어지는 것은 파괴의 목적으로 사용하는 군수품뿐인 것이다. 부상당한 자의 고뇌, 살아남은 자의 죽은 자에 대한 애착을 계산하는 것은 어느 누구도 불가능한 비극의 생산인 것이다. 산업자본주의는 대체로 150년의 역사를 갖고 있지만 이 짧은 기간을 통해 인간의 생산 능력은 그때까지의 모든 시기를 전부 합친 것 이상으로 커졌다. 만약 비능률·낭비·전쟁이 아니라고 한다면 인류의 필요가 충족될 뿐만 아니라 모든 사람이 모든 종류의 위안을 얻을 수 있을 것이다.

1929년 대공황 직후 미국은 800만 명 이상의 실업자가 발생했고, 산업 시설의 50% 이상이 가동되지 않았다. 역설적으로 이러한 경제 상황은 산업 시설을 전쟁 용도로 동원하고 대규모 실업자를 병력으로 충원하는 데 적합한 환경을 제공했다. 2차 세계대전 중인 1941년 5월, 미국의 국방부는 군수물자증산계획을 발표하여 비행기 6만 대, 탱크 4만 5천 대, 대포 2만 문, 선박 1800만 톤을 생산하여 연합군 쪽에 제공했다. 이에 따라 2차 대전 종료 때까지 약 500억 달러(현재 가치로 약 6,000억 달러)의 군수물자가 연합군 측에 제공되는데, 그 규모가 워낙 절대적이었기 때문에 유럽은 작전 지휘권을 비롯한 군사정책의 주도적 위치를 양보하게 된다. 이를 바탕으로 미국은 전후 세계 군수산업의 72%, 세계 공업생산의 53%, 금 보유의 71%를 차지하는 패권국으로 도약한다.

20세기 초까지 산업 규모와 인구, 영토가 엇비슷했던 유럽은 이제 미국의 상대가 되지 않았다. 흔히 뉴딜이 미국 자본주의를 공황에서 구해 냈다고 하지만 좀 더 정확하게 말하면 2차 세계대전이 미국 경제를 살린 것이다. 전쟁은 자본이득을 증가시키고 투자 기회를 확대했으며 고용 문제나 경제난을 한 방에 해결했다. 미국은 2차 세계대전 개입 후 전쟁 호황에 놀라서 스스로 입을 다물지 못할 정도였다. 미국인들은 2차 대전을 '좋은 전쟁'이라고 부른다. 미국인의 입장에서 보면 전후 유럽 복구를 위한 마셜플랜(Marshall plan), 냉전적 봉쇄 전략, 그리고 트루먼의 한국전쟁 개입 결정은 패권을 유지하고 미국 경제를 구제해 준 가장 현명하고 탁월한 사업이었다고 볼 수 있다.

미국이 전쟁을 멈추지 못하는 이유는 무엇인가? 미국의 시스템 자체가 영원한 전쟁을 만들어 내고 있다고 보아야 한다. 제2차 세계대전 이후 끝없이 군사력을 확장하고 전쟁을 벌이도록 미국 정치와 군부의 구조가 계속 진화하여 왔기 때문에 현재의 시스템을 바꾸지 못하면 어떤 대통령이 집권하더라도 지구의 경찰 노릇을 멈출 수 없을 것이다. 미국만이 국제 질서를 운영할 특권과 책임을 갖고 있다는 미국의 신조와 이를 구현하기 위한 미 군사력의 세계적 주둔, 세계적 개입주의의 삼위일체가 강고한 워싱턴 룰을 형성하고 있다.

20세기 1백 년간을 통해 본토에서 전쟁의 참화를 겪은 일이 없다는 것이 미국 역사의 한 가지 특이성이다. 1865년 남북전쟁이 끝난 후 미국 본토에서 최대의 군사적 참화는 1876년 커스터가 이끈 2백 명의 기병대가 인디언을 공격하다가 섬멸당한 일일 것이다. 이후 미국의 군사적 활동은 계속 늘어나고 군사적 위상은 상승했다. 1899년의 스페인 전쟁으로 열강의 말석에 끼어들었고, 제1차 세계대전을 통해 강대국의 반열에 들었으며, 제2차 세계대전을 통해서는 양대 초강대국의 입지를 확고히 했다. 한국전과 베트남전에서 미국이 앞장선 것은 초강대국의 위상 때문이었다. 뉴욕 테러는 미국에게 참혹한 타격이다. 그러나 과거 수십 년간 세계 각지에서 미국이 개입하고 저지른 참화에 비하면 그리 큰 타격이라 할 수도 없다. 세상이 일부 국가 소수 기득권층의 탐욕과 음모에 지배당하는 것이라면 차라리 우리는 자유와 민주주의에 반기를 들어야 한다.

■ 전쟁 국가의 탄생

1917년 미국이 제1차 세계대전에 참전하면서 윌슨 대통령은 세계 민주주의의 안전을 위한다는 이유를 들어 참전하였고, 제2차 세계대전 참전 시 프랭클린 루즈벨트 대통령도 같은 이유를 들었다. 이런 결정에는 군수산업에 의한 경제적 이익과 숨길 수 없는 인종차별적 편견이 숨어 있음을 알아야 한다. 1915년 미국이 불황에 접어드는 듯했으나 서방의 군수품 주문으로 군수산업이 활기를 띠고 번영하기 시작하였다. 전쟁으로 번영을 누리기 시작한 미국은 독일의 잠수함 작전으로 군수품 수송에 차질을 빚자 참전을 결정하였다. 1914년 제1차 세계대전이 발발한 이유와 미국이 여기에 뛰어든 것은 모두 자국의 경제적 이익 때문이지 민주주의 운운하는 것은 수식어에 불과한 것이다.

미국은 지중해의 트리폴리 왕국을 공격한 제1차 바버리전쟁(1801~1805년), 제2차 영·미전쟁(1812~1815년), 국경선 분쟁인 멕시코전쟁(1846~1848년) 같은 굵직굵직한 전쟁을 벌이더니 1898년 스페인전쟁을 통해 쿠바·푸에르토리코·필리핀·괌에서 스페인군과 충돌하여 10만여 명의 희생자를 냈다. 이어 미국은 필리핀 독립전쟁(1899~1902년)에서 100만 명 웃도는 필리핀 시민을 학살했다.

미국의 무력 도발은 사연도 가지가지다. 한국전쟁·중국의 국공내전·베트남전은 공산당의 위협 때문이라는 말로 정당화되며, 쿠바(1822년)·푸에르토리코(1824년)·그리스(1827년)를 해적 소탕 빌미로 공격했고, 수마트라(1832년)·일본(1853년)·조선(1871년)은 개방을 요구하며 쳐들어갔다. 그런가 하면 미국 탐험대·선원·외교관 공격에 대한 보복으로 피지(1840년)·사모아(1841년)·포모사(1867년)·중국(1866년)을 침략했다. 또 아르헨티나(1852~1853년)·우루과이(1855년)·파나마(1856년)·앙골라(1860년)·이집트(1882년)·하와이(1889년)·칠레(1891년)·니카라과(1896년)·콜롬비아(1901년)·온두라스(1903년)·시리아(1903년)·터키(1912년)·도미니크공화국(1965년)은 정치적 혼란으로부터 미국 시민과 재산을 보호한다며 군대를 파견했다. 그레나다(1979년) 침공은 미국 의대생을 구출한다는 명분으로, 파나마(1989년)는 마약 거래를 막기 위해, 유고슬라비아(1995~1999년)는 인종 청소를 중지시키고, 제1차 걸프전(1990년)은 쿠웨이트를 해방시킨다는 명분이었다. 미국이란 나라가 태어나면서부터 전쟁을 먹고 자랐다는 사실이 드러난 셈이다.

제2차 세계대전 뒤 부터는 미국이 개입한 전쟁에서 희생자 수가 치명적으로 늘어났다. 제2차 세계대전 뒤 미군이 개입한 첫 대규모 국제전인 한국전쟁에서 교전 당사국의 군인 및 민간인 500만 명이 사망했다. 이어진 베트남전쟁(1955~1975년)에선 미국이 본격적으로 개입하기 시작한 1965년부터 1975년 사이에 340만 명(로버트 맥나마라 미국 전 국방장관 추산)에서 510만 명(1995년 베트남 정부 발표)에 이르는 희생자가 발생했다. 베트남전쟁 기간 동안 미국은 라오스를 인도차이나 반도의 공산화를 막는 방파제라 부르며 1964년부터 1973년까지 50만 톤 웃도는 각종 폭탄을 라오스에 쏟아 부어 20만 명에 이르는 시민을 학살했다. 이른바 비밀전쟁(Secret War)이라 불렸던 라오스 공습이 끝나고도 지난 40년 동안 2만여 명이 집속탄을 비롯한 온갖 불발탄에 목숨을 잃었다.

마찬가지로 미군은 베트콩을 잡겠다며 1969~1973년 사이에 이웃 중립국 캄보디아에 폭탄 54만 톤을 퍼부어 30만~80만 명에 이르는 시민을 학살했다. 그 50만 톤 폭탄이란 건 미군이 제2차 세계대전에서 일본에 투하했던 16만 톤을 세 배나 웃도는 양이었다. 그 뒤로도 미국은 1980년대 소비에트가 점령한 아프가니스탄의 무자헤딘 지원을 비롯해 이란·이라크전쟁(1980~1988년), 엘살바도르(1981년)·레바논(1982~1983년) 전쟁에 개입했다. 이어 미국은 1991년 제1차 이라크 침공으로 군인과 민간인 포함 약 20만 명을 살해했고, 대 이라크 경제제재로 최소 56만 명에 이르는 어린이를 의약품 부족과 기아로 숨지게 했다. 전쟁사 연구자들은 제2차 세계대전을 포함해 그 동안 미국이 전쟁에서 죽인 사람 수를 2천만~3천만 명으로 추산한다.

미국은 1945년 2차 대전 이래 65개 이상의 국가와 전쟁을 치렀다. 또한 최근 약 10년 동안 걸프전, 아프가니스탄 침략, 이라크 침략까지 전쟁을 세 번이나 하고 있으면서 다음 침략 대상국으로 이란과 북한을 겨냥하고 있다. 전쟁의 요인은 여러 가지 있겠지만 기본적으로는 미국의 정치·경제구조가 잘못되어 있기 때문이다. 전쟁은 군인이 일으키는 것으로 착각하기 쉽지만 군인들은 이용만 당할 뿐이다. 대통령이 전쟁을 일으키는 것은 자기에게 거액의 정치자금을 댄 무기회사·석유회사·건설회사를 비롯한 군산복합체들의 로비 때문이다. 군산복합체는 이제 국가의 이익을 위해 움직이지 않는다. 독자적으로 움직일 동력을 갖게 되었기 때문이다. 20세기 들어서 250회 이상의 전쟁이 벌어졌고 이로 인해 1억 6,000만 명이 목숨을 잃었다. 공산주의·사회주의·파시즘이 꽃을 피웠다가 시들어 가는 동안 군사주의는 죽지 않고 살아남아 활개를 치고 있는 것이다.

최근 흥미로운 추세가 등장했다. 군산복합체의 기세가 등등해지면서 미국이 전쟁에서 승리하는 능력은 실질적으로 저하되고 말았다. 제2차 세계대전 이후 미국이 주요 전쟁에서 완승을 거둔 사례는 거의 없다. 한국전쟁에서도 미국은 남한의 자본주의를 지켜 냈으나 5만 명 이상의 미군이 전사하는 큰 희생을 치렀다는 점에서 '피로스의 승리(Pyrrhic Victory)[51]'만을 거두었다.

베트남전은 두말할 필요도 없는 참담한 패배였다. 첫 번째 걸프전은 쿠웨이트를 해방시켜 원래의 독재 왕정으로 복귀시켰으나 이라크의 침략자 사담 후세인을 권좌에서 몰아내지 못했다. 이 와중에 이라크인 수만 명이 후세인에게 학살당하고 말았다. 두 번째 이라크전은 후세인을 몰아내는 데 성공했지만 내전을 촉발시켜 수천 명의 미군과 수만 명의 애꿎은 민간인이 사망했다. 수조 달러의 비용이 들었음은 물론이다.

미 해군 소위로 시작해서 33년 4개월 동안 근무하다 제독으로 전역한 스메들리 버틀러는 양심선언에서 해군 생활의 대부분을 "대기업과 월스트리트 은행가들의 앞잡이 노릇이나 하는 고위 폭력단원 생활이었다."고 고백했다. 멕시코 침공은 미국석유회사의 이익, 아이티와 쿠바 침공은 내셔널시티은행의 이익, 니카라과 침공은 국제 금융회사인 브라운브라더스의 이익, 도미니카 침공은 미국 설탕회사의 이익, 온두라스 침공은 미국 과일회사의 이익 때문이었다는 것이다. 그는 이런 말도 남겼다. "그 기간 동안 나는 거물급 사기꾼이었다. 나는 명예와 훈장, 칭찬을 받았다. 알 카포네가 우리한테 무언가 배운 것 같은데 그는 기껏해야 3개 도시를 누볐을 뿐이다. 우리 해군은 3개 대륙을 누볐다." 모두 정치인과 그들에게 뒷돈을 댄 회사들의 이익을 위해 전쟁에 동원됐다는 것이다. 오래 전의 고백이지만 지금도 딱 맞는 전쟁과 제국주의의 분리할 수 없는 속성이다.

다른 나라의 영토와 백성, 자원과 역량을 자기 손에 마음대로 쥐자면 거대한 군대가 필요하고, 그 군대는 언제나 침략과 정복을 위한 전쟁 준비에 몰두하게 마련이다. 제국의 탐욕에 자기통제란 태생적으로 불가능하다. 제국을 지휘하고 지배하는 소수의 지배계급은 자신들의 이익을 위해 만인을

---

51) 패전이나 다름없는 상처뿐인 승리를 말한다. 고대 그리스 지방의 왕 피로스(Pyrrhus)가 로마와 전쟁을 해 이겼으나 많은 부하를 잃어 결국 멸망하게 된 데서 나온 말이다.

희생시킨다. 냉전 시기의 매카시즘은 2차 세계대전 이후 미국이 평화 시에도 제국주의 전쟁 체제를 가동하기 위해 내부 반대 세력을 숙청한 이데올로기적 광란이었다. 인류의 평화와 생명을 겨냥한 이 야만적 광기는 겉모습을 바꾸어 가면서 오늘날에도 거침없이 작동하고 있다.

제국에게 선의를 기대하는 것은 역사와 현실에 무지한 소치이다. 실제로 미국은 이미 상시전쟁(permanent war) 체제에 들어선 상태다. 최근에도 미국은 제1차 이라크 침공(1991년)에 이어 코소보전쟁(1999년), 제2차 이라크 침공(2003~2011년), 아프가니스탄 침공(2001년~) 같은 전 지구적 규모의 전쟁을 줄줄이 벌여 왔다. 이 전쟁들의 전비와 파괴력 그리고 동맹군 수는 제2차 세계대전 규모를 웃돈다. 여기에 파키스탄을 비롯해 팔레스타인과 시리아를 낀 중동전쟁을 묶으면 이름만 붙이지 않고 우리가 인지하지 못했을 뿐 미국은 이미 새로운 형태의 제3차 세계대전을 벌이고 있는 셈이다. 미국은 철저하게 자본의 권력 체계와 그 명령에 따라 움직이는 속성을 가진 무장한 독점자본의 성채다.

■ 영원한 제국은 있는가?

인류의 역사는 '문명과 힘의 축'의 이동으로 특징지어진다. 수메르·아카디아문명에서 이집트문명으로, 희랍문명으로, 로마문명으로, 게르만문명으로, 스페인·영국·불란서의 흥망과 성쇠로, 그리고 20세기에는 세계문명의 주축으로 미국이 확고하게 자리 잡았다. 20세기 초기에 잠깐 영국의 해군력이 세계를 제패해본 적이 있지만 현재 미국의 군사력은 미국을 제외한 세계 모든 나라의 군사력을 합친 것보다 더 강하다. 그리고 미국의 지배 영역은 인류사상 존재했던 어떤 제국, 알렉산더의 헬레니즘제국이나, 카이사르의 로마제국, 칭기즈칸의 몽골제국보다 글로벌하다. 그 영향력이 전 지구촌 구석구석 아니 미치는 곳이 없으며, 세계의 주요 해협을 다 장악하고 제공권 또한 막강하다. 유럽 역사의 모든 위대한 전통이 프로테스탄티즘과 함께 미 대륙으로 결집되고, 히틀러의 패전이 유럽 최상의 과학자들과 최고의 무형문화재들을 자유의 여신상 아래로 집결토록 만들어 주었다. 20세기 미국은 미증유의 제국이 되어 버린 것이다.

얼마 전 영국의 한 TV가 인기리에 방영했던 프로그램은 로마제국을 분석함으로써 미국과 놀랄 만한 유사점을 보여 주었다. 우선 두 국가는 최대의 돈과 최고의 기술로 무장한 군사력을 가지고 있어 당대의 어떤 경쟁 상대도 허용하지 않을 정도로 막강했다는 것이다. 미국과 로마의 국방 예산은 나머지 국가들의 전체 국방 예산을 합친 것과 거의 비슷했다고 한다. 식민지 보유에 있어서도 비슷하다. 미국은 공식적인 식민지를 거느리고 있지 않지만 전 세계에 걸쳐 군사기지나 기지 사용권을 가지고 있으며, 132개국에 어떤 형태로든지 군사력을 배치하고 있다. 제국의 시작도 다르지 않다. 미국이 7천만 명의 아메리카 원주민을 학살하고 세워졌던 것처럼 로마도 지중해 연안을 정복하면서 수많은 사람들을 학살했다. 특히 줄리어스 시저는 갈리아 족을 100만 명, 그리고 예루살렘 정복 전쟁에서 로마 장군 티투스는 수십만의 유대인을 학살했다.

비슷한 점은 그뿐이 아니다. 로마가 자신의 힘을 과시하기 위해 콜로세움에서 검투사 경기를 활용했듯이 미국은 군사작전과 전쟁을 TV로 중계 방송하였다. 로마제국은 패권 장악 이후 천 년간이나 감히 따를 자가 없을 정도로 놀라운 도로 시설을 갖추고 있었으며, 상업적으로도 이러한 교통의 이점을 이용하여 막대한 부를 챙겼다. 미국의 경우엔 전통적 도로 기반은 물론이고 정보통신까지 지배하고 있다. 그러나 무엇보다 로마의 가장 위대한 정복은 피정복자들을 유혹하는 문화였다. 그중에서도 목욕, 성대한 만찬 문화, 화려한 패션 등을 통해 피지배국의 정신적인 노예화를 추구했다. 미국 역시 스타벅스, 코카콜라, 할리우드 영화 등을 통해 한편으로는 부를 얻고, 한편으로는 미국의 상업문화에 중독되도록 하였다. 교육의 중심이었던 로마에서 공부를 한 속국 엘리트들이 고국으로 돌아가 친 로마정권의 우두머리가 되었듯이 현재 미국의 일류대학들은 전 세계에서 모여든 인재들로 넘쳐 난다.

심지어 로마시대에 9·11 테러와 비슷한 사건이 있었다고 전한다. 기원 전 80년, 그리스의 왕 미스리다테스는 추종자들에게 특별한 날을 정해서 그리스 내에 있는 모든 로마 사람들을 살해하도록 지시했다. 이로 인해 8만 명의 로마인들이 목숨을 잃었는데 당시 로마인들은 큰 충격을 받았다는 것이다. 작은 도시국가였던 로마가 세계 제국을 건설할 수 있었던 데에는 내 가족과 내 땅을 지키겠다는 시민병들의 높은 의지와 용기가 중요한 역할을 했다. 그런데 로마가 세계 제국이 되자 방비해야 할 국경선과 전쟁 기간이 길어졌다. 로마가 아직 작은 나라였을 때는 봄부터 가을까지 농사짓고 겨울에만 전쟁이 나가면 됐지만 이제는 평균 복무 기간이 7~10년에 이르게 된 것이다. 자연히 병사들의 사기는 떨어지고 고향에 두고 온 가족들을 향한 걱정과 그리움도 커졌다. 그러자 당시 로마황제였던 클라우디스 2세는 아예 결혼금지령을 내렸다. 서로 사랑하는 청춘남녀가 결혼할 수 없게 되자, 이를 안타까워 한 발렌티누스 사제는 자신의 교회에서 몰래 결혼식을 주제하다가 잡혀 순교했다. 밸런타인데이는 바로 이 발렌티누스 신부의 순교를 기리는 날이다.

몇 년 만에 전쟁에서 돌아온 병사들이 목격한 로마는 어떤 사회였을까? 가장이 없는 동안 남은 가족들은 빚을 얻고 땅을 팔아 생활할 수밖에 없었다. 가장들이 돌아왔을 때는 이미 집도 땅도 모두 빚쟁이들에게 넘어간 뒤였고, 아내와 자식들은 거지나 귀족들의 노예가 되어 있었다. 반면에 귀족과 부자들은 사치스럽기 그지없는 방탕한 생활을 즐겼다. 시민들의 분노가 극에 달하자 귀족들은 콜로세움 같은 경기장에서 검투 시합을 열어 그들의 불만을 다른 것으로 돌리려고 했다. 검투 시합의 인기가 시들해지면 더 큰 자극을 주고자 사람을 맹수와 싸우게 했다. 단지 종교가 다르다거나 인종이 다르다는 이유로 사람을 사자 우리에 집어넣는 사회, 산 채로 맹수의 먹이가 되는 사람들을 보며 즐기는 사회, 타락과 불의에 국민들을 동원하고 함께 공범이 되기를 강요하는 사회, 그러한 사회는 더 이상 유지될 수 없는 것이 당연하다. 로마가 세계 제국이 될 수 있었던 것은 평범한 시민들이 기꺼이 목숨을 바쳐 자기가 속한 사회를 지키고자 했기 때문이다. 하지만 귀족들의 탐욕으로 집과 땅과 가족을 모두 잃어버리고 만 시민들은 더 이상 그런 로마를 지키려고 하지 않았다. 로마는 그렇게 멸망한 것이다.

미국 쇠락의 출발점은 구소련의 붕괴이다. 1991년 구소련 몰락 후 미국은 더 이상 평화유지를 내세워 국제사회를 통제하고 무기를 수출할 수 없게 됐다. 엄청난 경제적 손실을 입은 미국은 아프가니스탄·이라크·국적이 모호한 소규모의 비밀조직까지 포함하는 적들을 선택하게 되었다. 제2차 세계대전 이후 가장 많은 돈을 쏟아 부은 이라크전쟁은 수렁이 된 반면, 군사기술은 빠른 속도로 저렴하게 적들에게 확산되었다. 값싼 미사일, 휴대성과 정밀성이 향상된 폭탄들을 누구나 쉽게 손에 넣으면서 이제 세계는 누구도 통제할 수 없고 어느 곳도 안전하지 않은 곳으로 변해 버렸다.

이러한 시대의 변화 속에서도 미국의 무기업자들, 권력과 야망에 불타는 정치인들, 그리고 병적으로 전쟁을 선호하는 국방부는 여전히 공격적인 대외정책을 펼치고 전쟁을 일으키며 미국을 막다른 골목으로 몰아넣고 있다. 더구나 실패한 중동정책은 미 제국의 쇠락을 더욱 앞당기고 있다. 국내외 정치와 국제관계로 인해 무너져 내리고 있는 미국의 패권은 경제위기라는 철퇴를 맞아 완전히 휘청거리게 되었다. 20년 간 자기 주머니를 불린 금융 투기꾼들은 미국의 자본주의 체제를 뿌리부터 흔들었고, 잠복해 있던 사회적 투명성의 결여, 복잡성, 리스크의 불명료성 등은 서브프라임 모기지 사태를 만나 미국과 국제금융시스템을 무너트렸다.

에이미 추아(Amy chua) 예일대 교수는 "이제 미국의 힘은 되돌릴 수 없을 정도로 쇠락하고 있다. 미국이 지배하던 세기도 막을 내리고 있다. 세계의 패권을 갖기 위해서는 총·달러·관용이 필수적이고 미국은 관용을 잃으면서 패권을 상실해가고 있다."고 진단했다. 미국의 정치학자 이매뉴얼 월러스틴(Immanuel Wallerstein)이나 역사학자 니얼 퍼거슨(Niall Ferguson)도 미국 패권시대의 종말은 피할 수 없는 것이라 예측한다. 그리고 그 이후에는 또 다른 패권의 등장이나 질서 있는 다극시대가 아니라 무정부적인 혼란의 시대가 올 것이라고 경고한다. 미국의 역사학자 알프레드 맥코이(Alfred W. McCoy)는 서구의 모든 제국이 외양상 강력한 것처럼 보였지만 일단 충격이 가해지면 급속도로 몰락했다고 한다. 그의 주장에 따르면 제국의 몰락에는 오직 경착륙만 있고 연착륙은 존재한 적이 없다는 것이다. 포르투갈은 1년, 소련은 2년, 프랑스는 8년, 오스만터키는 11년, 대영제국은 17년 만에 힘을 잃었다는 것이 그의 진단이다. 미국이 이라크를 공략한 2003년을 기준으로 25년째 되는 2025년에 이르러 대영제국과 유사한 몰락의 과정을 맞을 것이라는 그의 분석이다. 맥코이의 분석이 타당한 것인지는 좀 더 시간이 지나 봐야 알 수 있겠지만 동서고금을 막론하고 영원한 일등 제국은 존재한 적이 없다는 사실 만큼은 분명하다.

패배할 수 없는 혁명

|

우리가 보통 레닌과 로자는 혁명가라 불러도 김일성과 스탈린을 혁명가라고 하진 않는다. 혁명가라는 것은 민중의 존경과 역사의 긍정적 평가가 결부되는 어떤 이미지다. 강요된 숭배가 아니라 자발적인 존경을 얻은 사람에게 어울리는 호칭인 것이다. 그런 뜻에서 체 게바라는 정치적 입장을 떠나 그를 혁명가로 불러주는 데 모두들 인색하지 않다. 혁명은 기존 사회체제를 변혁하기 위해 이제까지 국가권력을 장악하였던 세력을 타파하고, 피지배세력이 그 권력을 비합법적인 방법으로 탈취하는 권력 교체의 형식이다. 1970년대까지 제3세계의 목표는 반서방·반자본 사회혁명을 통한 근대화였다. 1980년대부터는 민주화의 도미노 현상과 함께 민중의 의사를 절차적 민주주의에 수렴하면서 근대화를 추구해야 하는 것이 과제가 되었다.

제2차 세계대전이 끝나고 자주독립을 지향하던 제3세계는 제국주의로부터 강탈 당했던 국가주권을 되찾고 대중주권의 권리를 실현할 수 있는 다양한 제도를 건설해야 했다. 특히 민족주의의 드센 파고 속에서 서구 제국주의로부터 아시아 각국의 독립, 특히 사회주의 해방을 성취한 중화인민공화국의 수립은 중동과 북아프리카 지역의 독립투쟁을 고무하는 기폭제가 되었다. 실제로 제2차 세계대전 이후 1960년까지 아시아에는 16개국, 아프리카에서는 23개국이 독립함으로써 전쟁 직후 세계 총면적의 33%를 차지했던 식민지가 1960년대에는 10%로 축소되었다. 그러나 이러한 국가주권 회복이 자연스레 대중주권의 제도화로 이어지지는 않았다. 물론 자유민주주의를 통로로 해서 사회주의로 나아가고자 했던 '칠레의 길'과 '산디니스타 실험'이 미국이 후원하는 군부쿠데타 혹은 반군에게 좌절됨에 따라 제3세계에서의 혁명적 민주주의의 진전 가능성은 그만큼 비관적일 수밖에 없었다.

결국 자주 독립국가의 정치 발전과 경제 발전을 이루어 내는 것이 용이하지 않음을 보여 준 것이 20세기의 제3세계였다. 아시아·아프리카·라틴아메리카에서의 사회주의 실험은 그 방법이 일률적이지는 않았지만 기본적으로 서구와의 연결 고리를 금기시하는 반제국주의를 중심으로 하고 있다. 그러나 사회주의권 붕괴에서 비롯된 탈냉전과 함께 반제국주의·반식민주의 노선은 대폭 수정될 수밖에 없었다. 도이 모이(쇄신)로 일컬어지는 사회주의 개혁 실험에 들어간 베트남과 같은 제3세계 사회주의 국가를 보아도 이제 더 이상 반제국주의가 반서방·반자본이 아니다. 기독교가 천국의 이름을 걸고 지금을 희생하도록 하는 것처럼 혁명도 미래의 희망을 믿고 오늘의 희생을 강요했으나 이제 도덕·정열·선동·반제국주의만으로는 민중을 고무할 수 없다. 그들은 지쳤고 먹지 않으면 안 되기 때문이다.

■ 혁명의 불멸을 믿다

체 게바라는 1928년 아르헨티나의 로사리오에서 태어났다. 그의 조상은 바스크와 아일랜드계 가문으로 고집세고 개성 강한 두 핏줄이 그에게도 흐르고 있었다. 아버지는 토목기사였으며 아르헨티나의 중상류층이었다. 체 게바라는 1947년 부에노스아이레스 의과대학에서 의학 공부를 시작한다. 자신의 천식을 고치겠다는 의지와 가난한 민중들을 치료해 주겠다는 신념에서 선택한 공부였다.

1952년에는 동료 알베르토 그라나도와 함께 포데로사(Poderosa)라 이름붙인 오토바이를 타고 라틴아메리카를 여행했다. 이 여행에서 체 게바라는 단순히 한 젊은이의 낭만적인 경험을 넘어서 라틴아메리카 대륙에서 소외당한 민중들의 참담한 삶을 직접 온몸으로 체험했다. 특히 여행을 마치고 부에노스아이레스로 돌아오기 전에 들른 부와 환락의 도시 마이애미에서 체 게바라는 가난한 이들을 착취해서 돈을 버는 미국 자본의 실상을 목격하고 크게 분노했다. 그리고 헐벗고 굶주린 자들의 편에 서서 싸울 것을 결심했다.

이미 두 번의 여행을 통해서 혁명가의 꿈을 키우기 시작한 그에게 의사라는 직업은 더 이상 의미가 없었다. 취직한 지 두 달 만에 병원을 그만두고 볼리비아로 갔다. 그러나 역사상 최초로 탄생한 볼리비아 혁명정부가 민중들의 삶에 희망을 주지 못하고 있음에 실망한 그는 그해 12월 과테말라로 갔다. 당시 과테말라는 하코보 아르벤스가 이끄는 혁명정부가 들어서 있었다. 그러나 과테말라 정부는 CIA의 공작으로 붕괴되고 말았다. 체 게바라는 혁명정부의 붕괴를 보면서 "아홉 개를 가진 자가 하나를 가진 자를 공격해서 열 개를 채우는 모습을 좌시할 수 없다."며 자신이 싸워야 하는 적은 바로 제국주의임을 확신했다. 그는 멕시코로 갔다. 당시 멕시코에는 카스트로가 있었다. 카스트로는 쿠바의 몬카다 병영 습격사건 실패로 투옥되었다가 사면되어 새로운 무장투쟁을 준비하고 있었다.

체 게바라는 쿠바혁명을 준비하고 있던 카스트로를 만나 낭만주의 청년에서 총을 든 게릴라로 변신했다. 1959년 1월 1일, 마침내 꿈이 이루어졌다. 바티스타가 쿠바에서 도망을 쳤고 3일 뒤 카스트로가 유격대원들을 이끌고 아바나에 입성하여 내전의 영웅이자 새 국가의 2인자로 부상한다. 카스트로는 아르헨티나 출신의 체 게바라를 쿠바 시민으로 선포하여 그의 혁혁한 공로를 인정하였다. 혁명 때는 의사이자 처단자로 활동했던 체 게바라는 혁명 후엔 쿠바의 중앙은행장이 되었고, 나중에 산업자원부 장관으로 임명되었다. 그런데 그는 돈에 대한 혐오감의 표시로 새로 찍은 지폐에 '체 (che)'라고만 서명하였고 구멍 난 양말을 신고 손님을 맞았다. 그는 인간의 욕망이 물질로부터 자유롭고 노동이 즐거운 놀이가 되는 경제 건설을 꿈꾸었다. 그는 화폐나 국가 개념을 부정했고 소련이 쿠바에게 제공하는 유상차관을 비판했다.

체 게바라의 이러한 태도는 소련의 불신을 불러 왔으며 쿠바의 경제정책을 시행하는 데 대 내외적인 갈등을 유발했다. 이러한 비판에 직면한 그는 카스트로에게 이별의 편지만을 남기고 제국주의가 있는 곳이면 어디든 가서 싸워야 한다는 사명감을 품고 아프리카의 콩고로 떠났다. 그러나 9개월 간 콩고에 체류하면서 콩고가 아직 혁명을 받아들일 준비가 되어 있지 않았음을 깨닫고 1966년 11월, 라틴 아메리카에서 또 다른 혁명을 꿈꾸며 볼리비아로 잠입했다. 당시 볼리비아에는 바리엔토스 군사독재정부가 집권하고 있었다. 체 게바라는 볼리비아 공산당 지도자인 마리오 몽헤와 연합하여 라틴 아메리카 대륙에 새로운 사회주의 정부 건설을 계획했다. 이는 볼리비아가 남미의 한가운데 위치해 있어서 볼리비아에서 혁명이 성공한다면 아르헨티나·칠레·브라질 등 남미 여러 나라에 혁명의 불길이 번지는 도화선이 될 수 있다고 믿었기 때문이다.

그러나 볼리비아는 쿠바의 상황과 달랐다. 볼리비아의 혁명 세력들은 농민들에게 위협적이거나 적대적인 태도를 취하지 않았지만 농민들은 비협조적이었고 정부군에 이들의 정보를 제공하는 등 혁명 세력은 곤경에 처하였다. 1967년 10월 8일, 그들의 은신처가 노출되어 게바라와 대원들은 CIA의 지원을 받은 볼리비아 정부군과 최후의 결전을 치르던 중 부상당한 동료의 안경을 주우려 다리에 총상을 입고 사로잡혔다. 그는 카스트로의 우려대로 남아메리카 연방의 꿈을 품고 볼리비아의 황량한 야산에서 꿈을 접었으며, 볼리비아 정부는 그를 사살하고 양 손목을 자른 뒤 그 손목을 쿠바로 보내 그의 죽음을 입증하였다.

1997년 볼리비아의 바예 그란테 지방에서 그의 시신이 발견되어 체 게바라는 30년 간의 침묵을 깨고 혁명의 조국인 쿠바로 돌아왔다. 1967년 10월

18일, 아바나 혁명광장에서 열린 체 게바라의 장례식에서 그는 신화적인 민중영웅의 지위를 얻었다. 그의 추모집회에 모인 100만 명의 민중들 앞에서 오랜 동지 카스트로는 "우리는 생각하는 인간으로, 행동하는 인간으로, 때 묻지 않은 도덕적 인간으로, 따뜻한 인간성을 가진 인간으로, 오점 없는 행동을 한 사람으로, 그의 사상이 보편적인 가치를 지니고 있다는 것을 의심하지 않습니다. 체 게바라처럼 모든 미덕을 갖춘 사람을 찾기는 어려운 일입니다. 또한 그와 같은 성격이 자연스럽게 생겨나기도 쉽지 않습니다. 그와 비슷한 사람을 찾기도 쉬운 일은 아니며 그를 뛰어 넘을 사람을 찾기란 현실적으로 불가능합니다. 그러나 나는 그의 존재가 그와 비슷한 사람이 생겨나게 하는 데 많은 도움을 줄 것이라고 생각합니다."라고 그의 혁명적 열정을 그리워했다.

지금껏 지구상에서 그렇게 철저히 강탈당한 것에 대한 분노를 엄청난 열정과 의지력으로 쏟아 부은 사람은 없었다. 민중에 대한 사랑이나 인류에 대한 사랑, 정의감과 관대함이 없는 혁명가는 진정한 혁명가일 수 없다던 그는 인간에 대한 애정을 혁명의 모티브로 삼아 투쟁한 뜨거운 가슴의 소유자였다. "승리할 때까지!(Hasta La Victoria Siempre!)" 이는 인간의 존엄성 회복을 위한 투쟁에서 승리를 위해 항상 고뇌하고 이를 실천에 옮겼던 체 게바라를 상징하는 말이기도 하다. 사르트르(J. P. Sartre)는 '우리 시대의 가장 완벽한 인간'이라 그를 불렀다. 그는 마침내 불멸이 되었고 또 한 사람의 박애주의자 예수에 비견되는 신화가 되었다.

■ 헌신과 승리의 이름

노벨상 수상 시인 파블로 네루다는 "내 조국은 우리가 사는 이 시대의 그 어느 나라보다 많은 배신을 당했다. 그리고 거기 맞서 초석 사막에서, 해저 탄광에서, 우리 민중의 손으로 캐내는 구리가 묻힌 저 거친 언덕에서 거대한 자유의 물결이 솟구쳤다. 그것은 더 이상 늦출 수 없는 개혁과 정의를 펼치기 위해 그리고 우리의 자원을 외국인들의 손아귀에서 다시 찾아오기 위해 아옌데라는 이름의 사나이를 일으켜 세웠다."고 했다.

칠레는 혁명이 별로 없었으며 안정적이고 보수적이며 지극히 평범한 정부를 가졌던 오랜 역사의 나라이다. 1973년 9월 11일, 쿠데타로 사망한 살바도르 아옌데(Salvador Allende)대통령은 코민테른의 지시를 받지 않고 독자적으로 가동하는 사회주의 정당을 꿈꾸며 사회당 창당을 주도했고, 1970년 대통령 선거에서 칠레 공산당 후보이자 노벨 문학상에 빛나는 시인 파블로 네루다의 양보를 받아 진보 진영 단일 후보로 대통령에 당선되었다.

그러나 여러 산업분야를 독점하고 있던 미국은 아주 불편했다. 쿠바에는 폭력으로 정권을 잡았다는 반민주 규탄이 가능했으나 선거라는 민주적 절차를 통한 사회주의의 이행이라면 시비할 명분이 마땅치 않았기 때문이다. 미국의 텃밭에 들어선 쿠바와 칠레의 좌파 정부를 두고 키신저 안보보좌관은 서반구에서 두 개의 공산주의와 공존은 곤란하다는 우려를 회고록에 적었다. 그것은 기본 문제가 아니라 이해의 문제였다.

일례로 미국의 아나콘다 구리회사는 1969년 전 세계에서 행한 투자의 17%를 칠레에 돌렸을 뿐인데 이익의 79%를 칠레에서 챙겼다. 아옌데가 동광의 국유화를 외쳤을 때 그의 제거는 이미 예고된 운명이었다. 미국은 선거에는 졌지만 경제와 군대가 남아 있었기 때문이다. 닉슨 대통령과의 대책회의에서 중앙정보국 헬름스 국장은 "칠레 경제에 비명을"이라는 메모를 남겼다. 구리의 국제가격을 폭락시켜 광산 국유화를 단행한 아옌데의 숨통을 쥔 것도 미국이었고, 쿠데타가 일어나던 날 칠레의 각 항구에서 포신을 번뜩이는 전함을 배치한 것도 미국이었으며, 쿠데타가 일어나기 일주일 전 밀 30만 톤을 긴급히 판매해 달라는 칠레의 요청을 무시했던 미국은 아옌데가 죽자마자 2,450만 달러어치의 밀을 칠레에 외상으로 판매하도록 승인하였다. 중산층 주부들에게 빈 냄비를 들려 냄비데모에 나서게 하고, 반정부 노조 투사들을 해외에서 훈련시켜 파업을 벌이도록 했다. 남북으로 4,270km나 뻗은 칠레에서 트럭 운송은 생필품 운송의 결정적 수단인데 미국 공작원들은 트럭 소유주와 상점 주인들을 끌어들여 사장들의 파업을 부추겼다. 사사건건 대통령의 발목을 잡으며 개혁을 저지한 야당과 언론 매수를 위해 미 중앙정보국은 거액의 반정부 공작금을 살포했다. 제국은 강력한 만큼 비열하였다.

1973년 9월 11일, 칠레의 수도 산티아고의 하늘은 맑았다. 그런데 라디오에서 이상한 말이 흘러 나왔다. "산티아고에 비가 내린다." 산티아고 시민들은 의아했다. 하지만 그 궁금증은 곧 풀렸다. 그것은 아옌데 정부를 전복하기 위해 쿠데타를 일으킨 군부의 암호로 대통령 관저인 모네타 궁을 폭격하라는 신호였다. 아옌데 대통령은 즉시 모네타 궁으로 갔다. 쿠데타를 일으킨 군인들은 아옌데가 칠레를 떠나도록 설득할 수 있으리라 생각했다. 그러나 아옌데는 라디오 방송을 통해 결코 항복하지 않을 것이라는 자신의 결의를 표명한다. "저는 그렇게 하지 않을 것입니다. 명예를 걸고 서약한 군인들이 그 서약을 저버리고 있습니다. 그것입니다. 그것은 철회될 수 없는 결정입니다. 저는 우리에게 소중한 원칙을 지키기 위해 내 목숨을 바칠 것입니다."

그러나 아옌데가 쿠데타를 저지하기 위해 할 수 있는 일은 아무 것도 없었다. 그는 마지막 연설을 했다. 이 역사적인 연설은 라디오 '마가야네스'를 통해 생중계된다. "이것이 분명 여러분께 제 말씀을 드릴 수 있는 마지막 기회일 것입니다. 공군이 라디오 '프로탈레스'와 '코르포라시온'의 안테나를 폭격했습니다. 제 말씀에는 신랄함이 아니라 실망이 담겨 있습니다. 제 말씀은 자기들의 서약을 저버린 사람들에 대한 도덕적인 징벌이 될 수도 있습니다. 이 역사적 갈림길에서 저는 국민 여러분이 보여주신 신의에 제 목숨으로 보답하겠습니다. 저는 항상 여러분의 곁에 있을 것입니다. 여러분은 자기 조국에 충실했던 한 사람을 기억하게 될 것입니다. 민중은 스스로를 지키되 스스로를 희생해서는 안 됩니다. 민중은 몰살을 당하거나 총알받이가 되어서도 안 되고 모욕을 당해서도 안 됩니다. 내 조국의 노동자 여러분, 저는 칠레를 믿고 칠레의 운명을 믿습니다. 반역이 횡행하려고 할 때 다른 사람들이 이 어둡고 혹독한 시기를 딛고 일어설 것입니다. 앞으로 나아가십시오. 곧 자유로운 인간이 활보할 넓은 길이 열리고 더 나은 사회가 건설되리라는 것을 잊지 마십시오. 칠레 만세! 민중만세! 노동자 만세! 이게 저의 마지막 말입니다. 저는 제 희생이 헛되지 않으리라 확신합니다. 결국에는 제 희생이 중대한 범죄와 비열함과 반역에 대한 응징이 되리라 확신합니다."

쿠데타군은 대통령 관저에 사격을 가하기 시작했다. 아옌데는 자기를 따르는 사람의 생명을 구하기 위해 결단을 내린다. "이제 항복할 때가 되었소." 그들은 사격을 멈추었다. 아옌데는 대통령 관저에서 모든 사람을 내보낸다. 그런 다음 카스트로가 선물한 총으로 장렬한 최후를 맞았다. 그는 쿠데타를 일으킨 반역자들에게 스스로를 끝까지 내주지 않았다. 지금 칠레는 아옌데의 말대로 되었다. 지금 모네다 궁 앞에는 아옌데의 동상이 우뚝 서 있고, 그 앞을 사람들이 자유롭게 걸어간다. 동상 밑에 그의 최후 연설이 새겨져 있다. 그는 지난해 칠레 국민 150만 명이 뽑은 칠레 역사상 가장 위대한 인물 1위에 올랐다.

피노체트 쿠데타 이후 일주일 간 3만 명의 시민과 인민연합 지지자들이 학살당했고, 이후 사망자 3천여 명, 실종 1천여 명, 고문불구자 10만 명, 해외망명 및 국외 추방자가 100만 명에 이른 유례없는 폭압의 정치가 진행되었다. 이 시기에 저질러진 수많은 인권침해는 민정 이양 이후에도 명확한 책임 소재 규명이나 책임자 처벌없이 묻혀 있었다. 피노체트 18년 간의 철권통치는 아옌데가 추진했던 사회주의적 정책을 모조리 폐지한 뒤 정반대 노선을 걸었다. 그는 시장만능주의 경제학의 메카인 시카고 대학 출신들을 경제부처에 배치하여 국유화를 취소하고 모든 것을 시장에 맡기는 시장만능주의 정책을 폈다. 이들을 '시카고 아이들(The Chicago Boys)'이라 부른다.

쿠데타 몇 달 뒤 시카고 대학 경제학과 교수 밀턴 프리드먼과 아널드 하버거가 칠레를 방문해서 "칠레 경제에 기적이 일어났다."고 찬양했다. 그러자 시카고 대학 출신으로서 종속이론 중에서 유명한 '저발전의 발전' 가설을 만든 안드레 군더 프랑크는 공개편지를 학술지에 실어 살인마 정권을 찬양한 두 명을 정면 비판했다. 결국 지난 73년부터 83년까지 군사 통치 기간 중에 벌어진 많은 스페인인 피살·실종 사건 가운데 구체적 증거가 수집된 80여 건과 관련하여 1998년 스페인의 발따사르 가르손 판사의 요구에 의해 피노체트가 영국에서 구속되었으나 피노체트는 대처 총리의 도움으로 무사히 칠레로 돌아갔고, 2006년 늙어 죽을 때까지 정의의 심판을 받지 않았다. "하늘의 그물이 성긴 듯하나 빠트리는 법은 없다.天網恢恢 疏而不漏"고 했으나 역사의 법칙도 그에게는 적용되지 않았다.

■ 애국과 혁명의 길

호치민은 청빈한 삶을 고집했던 유학자의 아들로 태어나 유교적 소양을 쌓으면서 어린 시절을 보냈다. 그는 21살 때 프랑스 식민주의에 대한 저항 활동으로 수배령이 떨어지자 1911년 사이공 강 부두에서 프랑스 화물선의 주방 보조로 취직해 프랑스 마르세유로 떠났다. 이후 무려 30년 간 타국을 돌며 혁명을 도모하였다. 제1차 세계대전과 그 후의 격동하는 시기에 런던과 파리에서 정원사·청소부 등으로 생계를 유지하면서 국제공산주의 조직에서 반식민지 투쟁의 대의를 알리기 위해 열정적으로 일했다. 호치민은 헌신적인 공산주의자이자 민족 독립을 열망하는 민족주의자였으며, 국제 정치의 복잡성을 이해하고 그에 따라 행동할 줄 아는 냉철한 현실주의자였다. 또한 호치민은 베트남 공산당의 창건자이고 해방된 조국의 주석이었을 뿐 아니라 최고의 전략가이자 민족해방운동의 상징이었다.

1930년 2월 3일, 홍콩의 주룽 노동자 마을의 작은 집에 베트남의 공산주의 운동가들이 모였다. 국외에서 활동하고 있는 베트남의 혁명세력은 세 분파로 나뉘어 갑론을박하고 있었다. 호치민은 부드러우면서도 단호한 어조로 말했다. "우리는 분열해 있는 혁명세력을 하나의 당으로 뭉쳐야 합니다. 그래야 프랑스 제국주의와 싸울 수 있습니다." 호치민의 말에는 거역할 수 없는 힘이 실려 있었다. 혁명가들은 통합정당의 이름에서부터 하나하나 의견을 좁혀 나갔다. 그리하여 베트남 공산혁명 세력의 공식적인 통합정당인 '베트남 공산당'이 탄생하였다.

1945년 8월 16일, 일본의 항복 소식을 들은 호치민은 전국 인민대회를 소집하여 총봉기를 일으키고 하노이를 무혈점령하였다. 그는 중국인 구역의 평범한 2층짜리 상가 건물에 자리를 잡고 은둔한 채 낡은 타자기를 붙들고 씨름하며 며칠을 보냈다. 이 타자기는 그가 모스크바로부터 중국 남부를 거쳐 1941년 초 고국에 돌아올 때까지 10여 년 동안 들고 다니던 것이었다.

1945년 9월 2일 오후 2시가 조금 지나 하노이 바딘광장의 임시 단상 위의 연단에 그가 올라섰다. 빛바랜 카키색 양복이 바싹 여윈 몸을 헐렁하게 감싸고 있었으며 발에는 고무 슬리퍼를 신고 있었다. 그는 고향 사투리가 분명하게 드러나는 높은 음조의 목소리로 나라의 독립을 선포하고 새로운 헌법을 읽어 나갔다. "모든 인간은 평등하게 창조되었다. 그들은 창조주로부터 양도할 수 없는 권리를 부여받았다. 생존·자유·행복의 추구 등이 그러한 권리이다." 애국자 응우옌(호치민이 제2차 세계대전 종전 이전에 사용하던 이름)은 20년 동안 그의 동포들에게는 희망의 이름이었으며, 그들을 지배한 프랑스 식민지 관리들에게는 공포와 증오의 이름이었다. 이제 그는 호치민이라는 새로운 이름으로 등장하여 베트남인들에게 새로운 나라의 초대 주석으로 자신을 소개했다.

그해 9월 12일, 영국 점령군이 도착하여 프랑스 식민지 권력을 복원시키면서 전쟁이 발발하였다. 1954년 5월, 디엔 비엔 푸 전투를 승리로 이끌면서 프랑스가 베트남을 떠나자 미국이 인도차이나 문제 개입을 선언한다. 그해 7월 17도선에서 베트남 분할이 결정, 남베트남에서는 고 딘 디엠 정권이 수립되어 종교적·정치적 탄압을 강행하면서 하노이의 총선 제안을 거부한다. 호치민은 1959년 남부 통일을 최우선 순위에 놓고 남베트남 민족해방전선을 수립하여 공식적인 무장투쟁을 선언한다.

1964년 통킹만 사건 발발로 참전 미군이 20만 명을 넘어서고 북베트남도 정규군을 파견하여 본격적인 전쟁이 벌어진다. 미국은 인도차이나에서 700만 톤 이상의 폭탄을 투하했다. 이는 제2차 세계대전 중 영국에 투하된 폭탄의 80배나 되며 1945년 일본에 투하된 원자폭탄의 300배 이상 되는 것이었다. 이 폭탄들은 폭 20~50피트에 깊이가 5~20피트나 되는 폭탄 구덩이 2,000만 개를 남긴 것과 같았다. 폭격 후 베트남의 대부분은 달의 표면처럼 보였고 이후에도 상당 기간 동안 아무것도 자랄 수 없었다.

존슨은 호치민에게 강자가 약자를 누르는 원칙을 적용했으나 베트남 민중들은 이성을 초월할 정도로 투쟁과 고통과 죽음을 불사하고 기꺼이 미국에 대항했다. 이러한 현상은 포로들의 심문에서 명확하게 나타났다. 점점 더 많은 미군이 들어오고 점점 더 많은 폭탄이 떨어진다면 어떻게 되겠느냐고 질문했을 때 포로들은 매우 침착한 태도를 보이며 "그때는 우리 모두 죽을 것이다."라고 대답했다고 한다. 약자인 호치민의 전략이 존슨의 힘의 전략을 압도한 것이다. 1960년대 미국의 베트남 정책 입안자 중 한 사람이었던 러스크는 "개인적으로 나는 두 가지 실수를 했다. 하나는 북베트남 사람들의 불굴의 의지를 과소평가했고, 다음은 미국인의 인내력을 과대평가한 것이다."라고 말했다.

1975년 4월 30일 아침, 소련제 북베트남 탱크들이 사이공 북부 교외를 통과하여 도심의 대통령 관저로 향했다. 군용 작업복 차림에 황금별이 박힌 철모를 쓰고 탱크 위에 앉은 병사들은 임시혁명정부 깃발을 흔들었다. 불과 2시간 전까지 남아 있던 미 해병대원들이 대사관 지붕위에서 마지막 헬리콥터를 타고 떠났다. 대사관에는 미국인의 그림자도 볼 수 없었다. 선도탱크가 대통령 관저 앞에서 잠시 멈칫하는가 싶더니 곧바로 문을 뭉개고 들어갔다. 깃대에서 베트남공화국 깃발을 내리고 빨간색과 파란색이 어울린 임시혁명정부 깃발을 올렸다. 호치민과 베트남 민족의 지상과업인 민족통일을 성취하는 순간이었다.

1954년 디엔비엔푸에서 프랑스를 패배시킨 후 호치민은 베트남 국민의 존경은 물론 모든 제3세계에서 존경받는 인물이 되었다. 마오쩌둥은 다른 중국인을 격퇴시킨 데 불과했지만 호치민은 서구 강대국을 물리친 것이다. 호치민의 가장 두드러진 특징은 청렴결백이었다. 그는 직위가 높아질수록 권위주의적 장신구를 떼어내었다. 그는 기념 휘장·원수복장·장군이 다는 별 등을 피하고 간편한 잠바 차림을 좋아했다. 존슨이 조롱했던 그의 검은색 파자마는 사실 힘의 원천이었다. 호치민의 일생은 조국의 운명과 함께한 것이었다. 조국이 노예 상태였기에 그는 외국을 돌아다니며 온갖 험한 일을 마다하지 않았는데, 그의 일생은 투쟁의 교과서와도 같은 것이었다. 마른 몸매에 약간 겁먹은 것 같은 베트남인 특유의 큰 눈, 한없이 인자하고도 부드러운 표정 속에 호치민의 강인한 에너지가 들어 있었다. 그는 권력을 통해 어떠한 부귀영화도 누리지 않았고, 조금의 안락도 추구하지 않았으며, 끝내 친근한 '호 아저씨'의 이미지를 안고 떠났다. 그는 소박하고 온화한 지도자였을 뿐 아니라 카리스마 넘치는 영웅으로서 반은 레닌이고 반은 간디의 모습을 한 완전한 베트남인이었다.

호치민 사후 국민들이 호치민 기념관을 만들려고 했다가 다시 한 번 놀라 눈물을 흘렸다. 그가 남긴 재산은 딱 세 가지였다. 쓰고 있던 안경과 입고 있던 인민복, 신고 있던 슬리퍼 그것이 전부였다. 기념관을 만들려고 했으나 갖다 놓을 물건이 없었다는 것이다. 평생을 독신으로 살아온 그는 가난한 조국을 운명처럼 사랑했다.

베트남전쟁을 승리로 이끈 또 한 사람의 영웅 보 구엔 지압(Vo NguyenGiap) 장군은 2004년 미국이 처한 상황에 대한 피가로와의 인터뷰에서 "당신들이 당신들의 의지를 외국에 강요하고자 한다면 패배할 것이다. 독립을 위해 투쟁하는 모든 나라는 이길 것이다. 우리는 모든 사람이 선택한 것을 보존하고 발전시킬 권리를 위해 싸웠다. 우리는 또한 모든 사람이 국가주권을 향유하도록 하기 위해 싸웠다."고 말했다. 미국이 듣기에는 비통한 말이었다.

2) 반동이 된 자본주의

결핍과의 전쟁 (War on Want)

지금 세계는 인구의 1%가 전 세계 재산 총액의 40%를 차지하고 더욱이 가장 부유한 상위 10%가 전체 자산가치의 85%를 독점하고 있다. 통계적으로 보면 불과 0.14%의 사람들이 가진 재산으로 세계 인구의 40%가 24년 동안 살 수 있다는 결과가 나온다. 또한 전 세계 부의 격차는 지리적으로 차이가 극명하다. 세계 전체 재산의 1/3은 세계 인구의 6%에 불과한 북아메리카에 있으며, 유럽은 1/3에 약간 못 미치고, 1/4은 일본과 오스트레일리아 등 부유한 아시아 태평양 국가들이 가지고 있다. 그리고 그 밖의 지역이 나머지를 나누어 갖고 있다. 또한 전체 인류 가운데 부유한 국가에 사는 1/6의 사람이 목재의 75%, 종이의 70%, 전체 일차 에너지(Primary Energy)의 절반 이상을 소비하고 있다. 전 세계 자동차의 70%가 산업선진국에서 운행되며, 비행기 탑승객의 3/4이 선진국 국민이다. 구리·아연·납 같은 원자재는 대부분 북반구 선진국에서 소비된다. 미국인 한 사람이 평균 사하라 남부 아프리카 주민 30명보다 전기를 더 많이 소비하며, 미국인 한 사람의 일차 에너지 소비량은 인도인 16명이 소비하는 양과 같다.

부의 지역 편차보다 더 심한 것은 개별국가 내 부유층과 극빈층 간의 양극화 문제다. 각 나라마다 개인 간의 소득 격차는 점점 더 가파르게 벌어지고 있는데 문제는 물질적 자산 분배의 불균형이 지속되면서 부유층의 정치적 영향력도 함께 커지고 있다는 점이다.

해마다 수천만 명의 인간이 남녀노소를 가리지 않고 기아 때문에 죽어간다는 것은 우리 시대의 거대한 참극이다. 현시점에서 전 세계의 농업은 120억 명 정도는 문제없이 먹일 수 있으며 기아 문제는 식량의 절대 부족이 아니라 분배 구조의 왜곡, 즉 인재에서 비롯된 것이다. 식량 부족의 이유를 경작지의 격감 때문이라고 말하는 사람들이 있다. 인구 증가와 경제 성장으로 인하여 공장과 회사들이 많이 건축되는 것이 경작지를 격감시키는 원인이 된다고 이들은 주장한다. 또 어떤 사람들은 자동차 때문이라고 한다. 자동차가 달릴 수 있는 도로의 확장과 자동차를 주차하기 위한 주차장이 농경지를 격감시키므로 굶주림의 문제가 발생한다고 주장한다. 자동차 문제보다 더 심각한 문제는 환경 파괴로 인한 기후변화와 사막화의 문제가 심각하며 또 건축물의 증가로 인하여 산림 파괴가 사람들을 굶주리게 한다고 주장하는 사회과학자들도 많이 있다. 그러나 이러한 주장은 사실과 진실을 왜곡하는 것으로 보다 더 넓은 시야와 올바른 판단으로 사실과 진실을 관찰해야 한다.

미국의 켄터키 주에는 유명한 '켄터키 말 공원'이 있다. 이 공원의 크기는 126만 5천600평이나 된다. 그런데 이 광대한 끝이 보이지 않는 기름진 땅이 오직 말을 위한 공원이며, 그 넓은 땅이 오직 경마와 관련된 용도로 사용되고 있을 뿐이다. 이 거대한 기름진 땅에는 끝이 보이지 않는 잔디밭이 펼쳐져 있을 뿐 옥수수·감자·콩 같은 기초 식량을 위한 땅은 단 한 평도 찾아 볼 수 없으며 심지어 말 공동묘지까지 있다. 이와 같은 현상은 미국의 50여 개 주 그 어느 주에 가든지 흔히 볼 수 있는 사실이다. 그러므로 농경지가 부족해서 이 지구상에 굶주림의 비극이 있다고 하는 말은 절대로 옳은 말이 아니다.

더욱 놀라운 사실은 전 세계에서 수확되는 옥수수의 1/4을 부유한 나라의 소들이 먹고 있다는 사실이다. 미국 캘리포니아의 소를 키우는 어느 한 목장에서 소비되는 옥수수의 양은 아프리카의 잠비아 같은 나라의 민중들이 1년 간 필요한 옥수수 양보다 더 많다고 한다. 그러므로 말과 소는 배부르게 먹고 살찌는데 사람은 굶주림으로 죽어 간다는 말이 절대로 과장된 말이 아니다. 뿐만 아니라 미국은 원유 가격 상승에 따라 대체에너지의 원료로 옥수수를 사용하고 있다. 2009년도 자료에 의하면 미국은 옥수수 생산량의 30%를 자동차 대체연료 제조에 사용했다고 한다. 미국은 옥수수를 더 많이 생산하기 위하여 제3세계의 주식이 되는 쌀과 밀, 콩의 생산량을 계획적으로 감소시키는 부도덕한 짓을 저지르고 있다.

이러한 자본주의의 원천적 천민성이 자본주의의 태생적 한계이며, 인간에 대한 자본의 지배를 극복하지 못하는 사회는 여전히 야만적 사회일 수밖에 없다. 나이키 운동화의 생산 여정을 역추적하면 학대에 가까운 베트남의 노동 착취 공장이 나오고, 바비인형의 조그만 옷은 스마트라의 아동 노동으로 만들어진다. 스타벅스의 라테는 태양이 내리꽂는 과테말라의 커피밭이, 쉘의 기름은 니제르 델타(Niger Delta)의 오염되고 가난한 마을들이 그 출발이다. 당신의 휴대폰에는 콩고 주석광산의 어린 노동자들의 눈물이 있으며, 1,620번 이상 바느질을 해야 공 하나를 만드는 파키스탄 아홉 살짜리들이 작은 손으로 하루에 만들 수 있는 축구공은 세 개가 고작이다. 그들의 눈물겨운 일당으로는 쌀 한줌을 살 수 있을 뿐이다. 이 세상은 지금 결핍과의 전쟁 중이다.

■ 자본주의의 본질은 천민성인가?

19세기 초 영국 의회에서도 노동시장 유연성을 주장하는 목소리가 높았다. 주로 자본가의 논리를 대변하던 의원들은 성인 남성 노동자의 임금이 높으니 여성이나 15세 이하 어린이들도 노동시장에 들어 올 수 있게 하는 법안을 제출했다. 여기에 찬성표를 던진 의원들이 많아 결국 그 나쁜 법안은 통과되었고, 영국의 남성들은 실업자로 전락하고 낮은 임금의 여성 노동자들과 15세 이하 어린이들이 그 자리를 차지했다. 끊임없이 낮은 임금을 지향하는 자본의 속성은 시간이 지나도 여전히 바뀌지 않는 모양이다.

산업혁명의 기치 아래 근대화가 진행되던 영국에서도 기계의 고된 노동으로부터 인간을 해방시키지 못했으며, 여성과 아동들까지 하루 12시간 이상 탄광 갱도와 시끄러운 공장에서 일하도록 내몰았다. 오늘날에는 거의 모든 일을 수행하는 탄광 기계가 당시에는 없었다. 광부들은 땅속을 벌레처럼 기어 다녔고 거의 눕거나 무릎을 꿇은 채 일을 했다. 덥고 역한 공기가 가득 찬 2~5km에 이르는 갱도는 지옥과 같은 고통이었으며, 저녁에는 다시 비참하고 지저분한 집으로 돌아가야 했다.

자본주의 초기에 노동자 계급의 실태는 어느 정도였을까? 1866년 영국에서 작성된 아동노동 조사위원회 5차보고서 '7세 때부터 기계 앞에 선 아이'의 일부 내용이다. "나는 열세 살입니다. 지난 겨울에 우리는 밤 9시까지 일했는데 발의 상처가 쑤시고 아파서 거의 매일 밤을 울면서 보냈습니다." 또한 아이의 어머니는 "내 아이가 일곱 살 되던 때부터 매일 그 아이를 업고 눈길을 왕복했습니다. 내 아이는 하루 보통 16시간씩 일했습니다. 나는 가끔 아이가 기계 옆에서 일하는 동안에 무릎을 꿇고 앉아 음식을 먹여준 적이 있습니다. 그 아이는 기계를 떠나서도 안 되고 기계를 멈추어서도 안 되기 때문입니다."라고 하였다.

영국의 경제학자 프레드 앤더슨은 재산을 갖지 못한 노동자와 자본가의 관계를 다음과 같이 말하고 있다. "나에게 노동할 기회를 주십시오. 그 기회는 당신이 좌우합니다. 나는 내 자신의 생계를 지탱하는 것 이상을 생산할 수 있습니다. 내가 생산하는 것은 전부 당신에게 바치겠습니다. 나는 동물적인 필요를 간신히 채우는 것으로 만족합니다. 매일 아침 6시에 종소리에 놀라 깨어 나오면 밤늦게 피로할 때까지 계속 일합니다. 나와 나의 계급, 우리들은 쉬지 않고 계속 일하지만 우리들이 생산한 것은 전부 당신들의 것이 될 것입니다. 다만 그중에서 우리들의 최소한의 생활비만 되돌려 주시면 됩니다. 우리들은 당신들의 생활을 지탱해 주고 당신들을 위해 밝은 세계를 만듭니다. 우리들의 노동에 의해 당신들은 웅장한 집·여행·스포츠·문화를 손에 넣고 즐길 수 있고, 갖가지 윤택함과 생활의 아름다움, 꽃밭을 가지며, 우리들의 자식은 당신들의 하인으로, 우리들의 딸들은 화류계 여자로 제공되고, 기타 당신들이 즐겁게 시간을 보내도록 무엇이든 바쳐집니다. 우리들은 당신들의 주택 구역에서 훨씬 떨어진 뒷골목 거리의 조그만 방에서 살고 우리들의 추함과 더러움으로 당신들 세계의 아름다움을 더럽히지 않도록 하겠습니다. 당신들의 부인께서는 아직 청춘의 아름다움에 빛나는 나이를 자랑하지만 우리들의 여편네는 벌써 완전히 핏기를 잃은 여자가 되어 있겠지요. 우리들의 아이들에게는 우리들이 한 것과 똑같은 조건에서 당신들에게 봉사하도록 훈련하고 교육합니다. 생활의 아름다움, 편안함, 아기자기함은 전부 빼앗아 가도 좋습니다. 다만 우리들 자신의 노동 중에서 최소한으로 필요한 빵 한 조각만큼은 남겨 주십시오. 그리고 우리들이 몹시 피곤에 지쳐 싫증이 날 정도로 생활이 비참하게 생각되면 잠깐 기분 전환하는 셈 치고 우리들을 위해 자선운동을 하고, 무료급식위원회에 얼굴을 내밀기도 하고, 우리들의 아이들을 위해 공민학교 기금을 모으기도 하는 것이 좋겠습니다. 우리들의 노동수단, 즉 생활수단은 당신들의 손아귀에 있습니다. 우리들은 이 수단과 맺어질 기회를 손에 넣기 위해 빵 한 조각이면 충분합니다. 당신들은 이러한 조건을 언제까지 고집해도 좋습니다. 우리들은 그것에 동의하지 않는 한 전혀 살아 갈 길이 없기 때문입니다."

온 가족이 공장에서 일을 해도 하루 세 끼 먹을 돈도 제대로 벌지 못하던 시대에 자본론은 쓰여졌다. 마르크스에게 철학이란 세계를 변화시키는 문제였다. 다른 철학자들이 그래 왔던 것처럼 세계의 원리를 밝히고 그것을 이해하는 것이 아니었다. 세계를 변화시키는 것, 그것은 마르크스에게 자본주의 세계의 혁명을 의미하는 것이었다. 공산주의는 스스로 태어난 괴물이 아니다. 초기 자본주의의 야만성과 제국주의 국가들의 잔인한 식민지 전쟁이 탄생시킨 극약 처방이었다. 더 원천적으로 보자면 자본주의야말로 인간의 이기적 본능이 낳은 자연스러운 현상이다. 그 이기적인 약육강식의 논리를 지나치게 관념적으로 부정한 것이 공산주의였다. 공산주의 관념적 독재가 가져온 인권유린의 피해는 실로 엄중하고 또 용서받을 수 없지만 그 이념이 가진 상대적인 진보성까지 모조리 부인한다면 현재의 자본주의를 지탱하는 수많은 공공의 원칙들이 존립의 근거를 상실하게 된다. 자본주의의 적은 마르크스도 급진주의도 아니고 자본주의 사회의 부패와 불평등, 그리고 인간은 항상 이기적이라는 이타성에 대한 부정이다.

프란치스코 교황은 교황청 누리집(vatican.va)을 통해 '복음의 기쁨'이란 권고문을 공개하면서 가난한 이들을 배제하는 고삐 풀린 자본주의를 새로운 형태의 독재로 통렬히 비판했다. 교황은 배제의 경제, 돈의 맹목성, 금융체제의 지배, 폭력을 부르는 불평등 등을 오늘날 세계가 맞닥뜨린 도전 과제로 꼽았다. 그는 "구약 시대의 10계명은 '살인하지 말라'고 가르쳤다. 이제는 '배제와 불평의 경제체제를 유지하지 말라'고 말해야 할 때다. 이런 경제체제야말로 사람을 해치기 때문"이라고 지적했다. 그는 "극소수의 소득이 기하급수적으로 늘어 가면서 절대다수와의 소득 격차도 갈수록 벌어지고 있다. 시장과 금융 투기에 완벽한 자율성을 부여해야 한다고 강조한 이데올로기가 만들어 낸 이러한 불균형이 결국 자기만의 법과 규칙을 강제하는 독재체제를 만들어 냈다."고 통박했다.

교황은 "자유 시장을 통한 경제성장이 결국 좀 더 정의롭고 포용적인 세상을 만들 것이란 낙수효과이론은 단 한 번도 현실에서 증명된 바 없다. 그것은 현 체제를 신성화하고 그 안에서 경제 권력을 쥐고 있는 이들의 선의를 맹목적으로 믿겠다는 조잡하고 순진한 발상일 뿐"이라고 지적하면서 "늙은 노숙인이 거리에서 숨진 채 발견되는 건 뉴스가 안 되지만, 주식시장이 단 2포인트라도 떨어지면 뉴스가 되는 게 말이 되느냐"고 묻는다. 인간마저 사용하고 버릴 수 있는 소비재 취급을 받는 세상에 대한 비판도 담겼다. 교황은 "배제된 이들은 우리 사회의 밑바닥도 변방도 소외된 것도 아니

다. 더 이상 우리 사회의 일부로도 여겨지지 않는다. 착취를 당하는 정도
가 아니라 아예 내쫓겼다. 버려져야 할 찌꺼기 취급을 받고 있다."고 탄식했
다. 자본주의의 원죄는 철학적 기반이 척박하고 생존의 원천을 '경쟁과 승
리'에만 집착하는 이데올로기가 주도함으로써 악의 무한질주가 더욱 가속
화되고 있다는 것이다.

경쟁과 낭비, 승자와 패자, 계급과 국가의 계층적 분화는 경제중심의 이
기주의, 천박함, 긍정적 전통파괴, 신계급의 구분, 전쟁과 폭력 등의 끝없는
갈등을 불러왔다. 더욱이 최근에는 땀 흘리지 않는 전쟁 즉 세계화를 통한
부의 편중과 신귀족주의의 탄생이라는 이데올로기의 종착역을 향해 파멸
의 질주를 하고 있다. 자유와 경쟁이 자본주의의 본성이라면 이를 완성시
킬 부에 대한 갈망에는 땀에 찌든 셔츠나 차갑게 식은 커피, 비벼 끈 담배
와 같은 실제적인 삶의 흔적이 필요하다. 이데올로기에 편향된 사회적 갈
등, 비이성적 정권, 탐욕과 부패를 부끄러워하지 않는 목적론적 사회의 부
도덕한 바탕으로는 이성적 자본주의가 가야 할 '다후다의 불빛'은 아직도
멀다.

국경 없는 세상이라는 허구

미국인들이 좋아하는 캣피쉬(cat fish)는 주로 베트남 메콩 강 델타에서
가난한 베트남 어민들이 잡아 미국으로 수출한다. 캣피쉬는 미국과 베트남
의 관계가 정상화된 이후 이 지역 베트남인들의 주요 생계 수단이 되었다.
그런데 최근 미시시피 강 유역의 캣피쉬 어민들이 미국 의회에 로비하여 베

트남산 캣피쉬를 반덤핑 제소하였다. 더욱 기막힌 일은 반덤핑 공세에 앞장선 의원들이 베트남산 캣피쉬가 베트남 전쟁 당시 미국이 고엽제를 뿌린 곳에서 잡힌다고 선전하는 것이다. 결국 수출길이 막혀 생계 수단을 잃어버린 베트남 어민들은 미국은 과거에도 우리를 고통스럽게 만들었는데 지금도 또 고통스럽게 만든다고 원망을 토해 냈다. 그 중 한 어민은 미국은 자유무역주의를 노래하지만 우리가 그 혜택을 보려 하자 곧 곡조를 바꾸어 버린다고 미국의 이중성을 꼬집었다.

지난 시절 미국이 베트남 사람들에게 준 엄청난 고통을 생각한다면 그냥 도와주어도 시원찮을 판에 가난한 지역 어민들의 생계 수단까지 차단하면서 자국의 어민들을 보호하려는 것이 바로 미국이 말하는 자유무역주의의 실상이다. 애덤 스미스의 고전적 자유주의에서는 정의사회를 위한 '결과의 공정분배'가 핵심으로 강조되었으나 신자유주의는 가난한 자로부터 부자를 보호하기 위한 이론이라는 것이 촘스키의 분석이다. 선진국과 그렇지 않은 국가들 사이에는 분명한 불균형이 존재하기 때문에 문제 제기적인 차원에서 세계화를 다시금 돌아볼 필요가 있으며, 강대국의 경제적 목적만이 난무하는 것을 경계하여야 함은 물론 일부 국가에 의해 만들어진 세계화 이데올로기의 허상을 걷어 내야 한다. 세계화는 미국과 서유럽의 시각에서 세계를 바라보는 일방적 방법론일 뿐이다. 1960년대 평균 3.5%이던 세계경제 성장률은 1970년대 2.4%, 1980년대 1.4%, 1990년대 1.1%, 2000년대에 와서 1% 정도에 그쳤다. 부의 새로운 창출은 갈수록 어려워지고 있는 것이다. 그럼에도 신자유주의가 경제 발전의 유일한 대안인 것처럼 여겨지는 것은 몇몇 지역이나 국가들이 다른 곳에 비해 높은 성장을 달성하고 있고 특히 상위 계급이 빠른 속도로 부와 권력을 집중하고 있는 현실이 만들어 낸 착시 현상 때문이다. 신자유주의화의 본질은 새로운 부를 창출하기보다 갈취를 통한 부의 이전, 곧 특정인이나 계급·국가가 다른 사람들이나 계급·국가들로부터 부를 빼앗아 가는 것을 말한다. 탈취에 의한 축적의 네 가지 주요 형태는 '위기관리와 조작' '민영화와 상품화' '금융화' '국가의 재분배'다. 신자유주의는 자유롭고 유동적인 삶이 미래의 생활양식이라고 대중에게 속삭이지만 기실 그것은 소수의 그룹에만 허용된 것이다. 정작 다수의 시민은 인간적인 삶을 자유롭게 느끼고 생각할 수 있는 기회를 박탈당하고 공동체적 연대에서 갈수록 멀어지는 소외를 크게 경험하고 있다.

결론적으로 1980년대부터 최근까지 지대한 영향력을 행사해 온 신자유주의 패러다임은 이제 그 전환점에 도달하였다. 신자유주의의 수정 모델이 등장할 것인지, 신자유주의를 넘어서 새로운 발전 전략이 제시될 것인지는 좀 더 지켜보아야 할 것이다. 한 가지 분명한 사실은 무한경쟁을 강화하고 양극화를 심화시키며 인간성과 연대의 가치를 훼손시키는 기존의 신자유주의 발전 전략은 지속 가능하지도 않을뿐더러 인류의 미래를 위해서는 결코 소망스러운 것도 아니라는 점일 것이다.

■ 상생相生이 축복이다

사람들은 누구나 손해 보는 걸 싫어할까? 아담 스미스 이후 굳건히 수호된 '이기적 인간'이라는 믿음에 대한 자본주의 사회의 공리는 정말일까? 우리는 매 순간 그렇게 손해 보지 않고 살고 싶어 하는 걸까? 북서부 아메리카 인디언 사회에는 포틀래치(Potlatch)라는 의례가 있다. 포틀래치란 '식사를 제공한다' '소비한다'는 뜻인데, 출생·성년식·결혼식·장례식 같은 통과의례나 추장 취임식·집들이 같은 세레모니를 통해 손님들에게 온갖 음식과 선물을 잔뜩 안기는 것을 말한다. 그런데 이건 기분에 따라 해도 좋고 하지 않아도 좋은 것이 아니다. 포틀래치를 통해 누군가에게 재물을 베풀어야 하는 것은 그 사회 구성원 모두의 의무이다. 주어야 하는 의무라면 받는 것은? 주는 것처럼 받는 것도 의무다. 만일 받지 않는다면 목숨을 건 결투의 신청이나 전쟁의 선포다. 따라서 원칙적으로 모든 선물은 항상 받아들여지고 칭찬된다.

나아가 포틀래치에는 하나의 규칙이 있다. 반드시 되갚아야 한다는 것이다. 그러니 그 사회에서 자기 것을 챙기는 지도자가 있다면 쩨쩨한 자라는 점잖은 저주를 피할 길이 없다. 누구나 무엇이든 요구하면 다 내줘야 하는 추장, 그래서 가진 것이 없고 누추한 곳에서 사는 추장, 축적이 아니라 나눔을 경쟁하는 사회, 그곳은 그런 윤리가 지배하는 세상이다. 내가 너의 일부고 네가 나의 일부인 세상에서 평화는 오히려 자연스러운 것이다. 그들에게 중요한 것은 이익이 아니라 순환이다.

우리는 지금 경제적 개념이 최우선인 비극의 시대를 살고 있다. 언제부터인가 우리는 경제적인 무관심 또는 실패가 인간 품위의 포기와 추락으로 직결된다고 믿어 왔다. 그러나 경제적 가치 또는 행위는 수단적 가치일 뿐 본질적 가치는 아니다. 그렇다면 우리가 추구하여야 하는 본질적 삶이나 인식의 방향은 무엇인가? 지속 불가능한 문명(에너지·물·식량)을 바탕으로 한 시장경제의 끝은 어디인가? 우리는 반드시 시장경제 체제에 속하여야만 살 수 있는 것인가? 시장경제의 조건은 완전한 계약, 완전한 조건, 투명하게 공개된 정보를 전제로 한다. 그러나 시장 실패 가능성에 대한 인식, 탐욕의 제재 등은 불가능한 전제인바 결과적으로 우리는 시장을 지나치게 과신하는 것은 아닌가? 우리들도 그간의 성공에 취하면서 자신도 모르게 과소비에 적응하고 있다. 우리들의 소비 수준도 아프리카 등 빈곤국의 25~30배에 이르고 있는데 지구의 생태적 위기가 도래하면 이 수치의 반비례만큼 우리의 생존을 위협받는 것은 당연하지 않을까?

미국의 역사학자 모리스 버만(Morris Berman)은 거대 소비주의를 극복하는 핵심적인 요소로 싸구려 속물주의, 소비주의 문화, 극단적인 이익 추구, 권력투쟁, 명성에 대한 동경, 자기과시 등을 과감히 배척하는 수도사적 해법이 중요하며 이를 우리의 생활 태도로 삼을 필요가 있다고 하였다. 아울러 그는 개인의 성실성, 학문에 대한 보호, 비판적인 사고, 계몽주의적 지적 전통, 환경 악화와 사회적 불평등에 대한 투쟁, 성취 및 독립적 사고에 대한 가치 부여 등을 사회적 극복 대안이라고 제시한다.

기업 주도의 소비주의 사회에서 불가피하게 나타나는 현상으로 소외감·고독·권태·무미건조한 환경을 들 수 있으며, 현실은 경쟁과 독선의 부작용이 세대를 넘어 인간의 종말로 치달리고 있으므로 사회적 구원을 위한 새로운 시스템은 더욱 절실하다. 또한 현재와 같은 야만적인 상황의 극복은 우선 탐욕을 극복할 수 있는 개인적 노력이 절실하며 '자발적 가난의 수용'을 통하여 자신이 선택한 주체적 삶의 방식에 대한 두려움과 경쟁 심리를 극복하여야 한다. 이것은 인간 파괴에 저항하는 인간의 본질적인 자존심의 촉진으로만 가능하다. 아울러 경제가 수반되지 않는 인간 활동의 순수성과 자발성에 주목하여야 하며 경제는 인간에 대한 결정론이 될 수 없음을 확인하여야 한다.

유한한 자원을 가진 지구에서 끊임없이 성장을 추구하는 경제는 왜 문제가 되는가? 로널드 라이트(Ronald Wright)에 의하면 인간은 1960년대 초까지 자연의 생태계 연간 산출의 70% 가까이 이용했지만, 1980년대 초에 100%에 이르렀고 1999년에는 125%를 넘었으며, 1908년부터 2008년 사이 세계 인구는 15억에서 68억으로 4.5배, 1인 당 국내총생산은 7,600달러로 6배 증가했으며, 이 때문에 1세기 전보다 현재 11배의 에너지와 8배의 물질을 사용하고 있다고 한다.

경쟁적인 에너지 과용과 낭비로 이루어진 성취가 인간의 자멸을 이끈다는 곳곳의 경고는 이제 당혹을 넘어 불길한 예감으로 다가서고 있다. 아무리 밝은 청사진을 내놓는다 하더라도 유한한 지구가 인간의 무한한 소비 증가를 감당하지 못할 것은 분명하기 때문이다. 더구나 지구 인구의 반을 넘는 중국·인도 등 개발 국가들이 미국 같은 선진 생활수준에 이를 때 소요될 그 막대한 에너지 소비는 어떻게 감당할 것인가? 디에츠와 오닐(Robert Dietz & Danael Oneill)은 우리 모두가 더 늦기 전에 지구 생태계 용량의 50% 이상을 과소비하는 경제성장주의를 지양하여 지속 가능한 세계로 만들어야 하며, '더 많이'라는 욕망에서 '충분'의 윤리로 반전해야 할 것을 요구하면서 이것의 실현 가능한 방향인 정상상태 경제로 구체화하여야 한다고 말한다.

우리는 넘치는 풍요와 부작용을 경험하면서 "끝없는 진보란 인간의 자멸을 위한 함정"이란 위기의식을 가지고 성장 없는 발전으로의 대전환을 찾아야 하는 이유는 해결 불가능에 대한 좌절이 아니라 그 속에 문제 해결에 대한 기본적인 답이 있기 때문이다. 다시 한 번 강조하지만 행복의 기준이 물질이 되어선 안 된다. 행복은 인간과 삶의 관계에서 제 몫의 규정이 지어질 때 그 자리에 나타나는 자연스러운 현상이며, 인간은 가야 할 길을 가고 있을 때 진정 행복을 얻을 수 있는 것이다. 우리는 지금이라도 죽음의 경쟁이라는 대량 소비사회의 덫을 벗어던져야 한다. 필요 이상으로 먹고, 필요 이상으로 가지려 하며, 필요 이상의 즐거움을 탐하는 과욕은 인간 불행의 기원이며, 자본주의라는 어설픈 경제 논리를 치유할 수 있는 유일한 대안은 '도덕과 절제'다.

참고자료

1장 ———————————

- 한국사/국사편찬위원회 1986

- 조선상고사/신채호/일신서적 1988

- 한국통사/박은식/계명대학교출판부 2005

- 한국상고사/최태영/유풍출판사 2000

- 한국고대사를 생각한다/최태영/눈빛 2003

- 잃어버린 역사를 찾아서/서희건/고려원 1987

- 우리 역사의 수수께끼/이덕일/김영사 2009

- 식민사학과 한국고대사/이희진/소나무 2008

- 한국고대사 연구의 새 동향/한국고대사학회/서경문화사 2007

- 최남선의 역사학/최남선/경인문화사 2003

- 바로 보는 우리 역사/역사학연구소/서해문집 2004

- 한국사의 재발견/천관우/일조각 1992

- 역사충돌/이종욱/김영사 2003

- 단군과 고조선사/노태돈/사계절 2007

- 고조선 연구/윤내현/일지사 1994 -1995

- 21세기 한반도와 주변 4강대국/강성현/가람기획 2005

- 조선과 중국 근세 500년을 가다/기시모토 미오·미야지마 히로시/
  역사비평사 2003

2장
- 동사강목/민족문화추진회/민족문화문고/1988
- 항몽전쟁/구종서/살림/2007
- 정묘·병자호란과 동아시아/한명기/푸른역사 2009
- 동학사상과 동학혁명/신일철 외/청아출판사 1989
- 1894년 농민전쟁연구/한국역사연구회/역사비평사/1995
- 한·일 민족의 원형/김용운/평민사 1988 -1989
- 조선의 청백리/이영춘/가람기획 2012
- 선비평전/이성무/글항아리 2011
- 선비, 사유와 삶의 지평/김기현/민음사 2009
- 풀어쓴 징비록, 유성룡의 재구성/박준호/동아시아 2009
- 임진왜란 비겁한 승리/김연수/앨피 2013

3장
- 한국근대사의 시련과 반성/조동걸/지식산업사 1989
- 동아시아 속의 한일 2천년사/요시노 마코토/책과함께 2005
- 우리가 몰랐던 동아시아/박노자/한겨레출판 2007
- 동아시아의 역사분쟁/송기호/풀 2007
- 망국의 역사, 조선을 읽다/김기협/돌베개 2010
- 일제는 조선을 얼마나 망쳤을까?/김삼웅/사람과사람 1998
- 한국민중사 1,2/한국민중사연구회/풀빛 1986
- 한국근대사/강만길/창작과비평사 1991
- 성호, 세상을 논하다/강명관/자음과모음 2011
- 근대일본의 조선인식/나카쓰카 아키라/청어람미디어 2005
- 민란의 시대/고성훈/가람기획 2000
- 근대 조선의 민중운동/김의환/풀빛 1982

- 암태도 소작쟁의/박순동/청년사 1983
- 조선의 최후/김윤희 외/다른세상 2004
- 개발 없는 개발/허수열/은행나무 2005
- 원형과 변용/박태균/서울대학교출판부 2007

4장

- 한국전쟁의 기원/브루스 커밍스/일월서각 1986
- 분단전후의 현대사/브루스 커밍스 외/일월서각 1983
- 전쟁과 사회/김동춘/돌베개 2000
- 동아시아의 전쟁과 평화/이삼성/한길사 2009
- 역사 화해는 가능한가?/아라이 신이치/미래 M&B 2006
- 대한민국 건어차기/한승동/교양인 2008
- 해방 40년의 재인식/송건호 외/돌베개 1985
- 해방 전후사의 인식/ 박현채 외/한길사 2004
- 인물로 본 8·15 공간/장을병/범우 2007
- 한국전쟁/박태균/책과함께 2005
- 해방일기/김기협/너머북스 2013
- 전쟁의 탄생/존 스토신저/플래닛미디어 2009

5장

- 민주화 20년의 열망과 절망/경향신문 특별취재팀/ 후마니타스 2007
- 대화/이영희/한길사 2005
- 대한민국의 함정/정희상/은행나무 2005
- 20세기의 문명과 야만/이삼성/한길사 1998
- 한국 근현대사와 북한실상/이선교/현대사포럼 2007
- 뉴라이트 비판/김기협/돌베개 2008
- 미 정부 비밀해제 문건으로 본 미국의 실체/황성환/소나무 2006

- 일본의 아이덴티티를 묻는다/테사 모리스 스즈키/산처럼 2005
- 대한민국 잔혹사/김동춘/한겨레출판 2013
- 분단과 전쟁의 한국현대사/강정구/역사비평사 1996

6장

- 박정희의 맨 얼굴/유종일 외/시사IN북 2011
- 노무현이 꿈꾼 나라/이정우 외/동녘 2010
- 미국 민중저항사 1,2/하워드 진/일월서각 1986
- 미국의 민주주의/A 토크빌/한길사 1986
- 탐욕의 시대/장 지글러/갈라파고스 2010
- 수탈된 대지/에두아르도 갈레아노/범우사 2009
- 제국의 미래/에이미 추아/비아북 2008
- 그들에게 국민은 없다/ 노암 촘스키/모색 1999
- 미국의 엔진, 전쟁과 시장/김동춘/창비 2004
- 나를 운디드니에 묻어주오/디 브라운/나무심는사람 2002
- 태양의 제국, 잉카의 마지막 운명/마이클 우드/랜덤하우스코리아 1998
- 콜럼버스가 서쪽으로 간 까닭은?/이성형/까치글방 2009
- 전쟁과 학살, 부끄러운 미국/홍윤서/ 월간 말 2003
- 밀실의 제국/김민웅/한겨레신문사 2003
- 세계화와 그 불만/조지프 스티글리츠/세종연구원 2007
- 기로에 선 자본주의/앤서니 기든스/생각의나무 2000
- 이만하면 충분하다/로버트 디에츠, 대니얼 오닐/새잎 2013

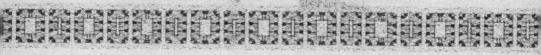

참고 Web Site

- 국사편찬위원회 www.history.go.kr

- 역사문제연구소 www.kistory.or.kr

- 제주 4·3연구소 www.jeju43.org

- 진실화해를 위한 과거사 정리위원회 www.jinsil.go.kr

- 민족문제연구소 www.minjok.or.kr

- 기타 관련 논문·일간지 등